그리운 스승 한암 스님

- 25인의 증언을 통하여 한암 선사의 진면목을 찾다 -

글·대담_ **김광식**

민족사

2024

한암 대종사 근영

법어

도림 법전
(대한불교조계종 종정)

    우주법계(宇宙法界) 속에 신령(神靈)스런 한 물건(物件)이 있습니다. 여러분의 면전(面前)에 출입(出入)하여 광명(光明)을 놓고 있습니다.

    천지(天地)는 이로부터 생명(生命)을 얻었고, 종사(宗師)는 이 한 물건(物件)을 깨달아 나고 죽음에서 벗어나, 불조(佛祖)의 혜등(慧燈)이 되었습니다. 종사(宗師)의 선지(禪智)는 대방무외(大方無外)하여 바다와 산을 눌렀고 대기대용(大機大用)은 드넓어 저 하늘을 치솟았습니다. 종사(宗師)가 지닌 성전일구(聲前一句)는 천성(千聖)도 전(傳)할 수도 없고 일기일경(一機一境)은 불조(佛祖)를 뛰어넘었으나 그 진상(眞相)은 두두물물(頭頭物物) 속에 드러나 있고 중생(衆生)의 간절한 마음이 있으면 우리 곁에 만덕(萬德)의 몸으로 응(應)하십니다.

이 가운데 종사(宗師)의 수행가풍(修行家風)과 진면목(眞面目)이 있습니다. 눈밝은 자는 종사(宗師)의 명근(命根)을 취(取)할 것이요, 미혹한 자는 보고 듣는 데 얽매일 것입니다. 종사(宗師)가 이 땅에 남긴 격외선풍(格外禪風)은 천년(千年)에 드날릴 것이고 교화(敎化)는 만대(萬代)에 빛날 것입니다.

누가 종사(宗師)가 남긴 자루 없는 반야보검(般若寶劍)을 가질 것이며 줄 없는 거문고로 본분소식(本分消息)에 화답(和答)할 것인가!

서래저일곡(西來這一曲)
천고몰인지(千古沒人知)
운출청소외(韻出靑霄外)
풍운작자기(風雲作子期)

서래(西來)의 한 곡조
천고(千古)에 아는 이 없네.
그 가락 하늘로 올라가니
바람과 구름이 화답하네.

치사

지관
(대한불교조계종 총무원장)

　한암 대종사(漢巖大宗師)께서는 경허(鏡虛)·용성(龍城)·만공(滿空) 선사와 함께 근대 한국불교를 대표하는 고승(高僧)입니다. 대종사께서는 1929년 조선불교 선교(禪敎) 양종(兩宗) 승려대회에서 7인(人)의 교정(敎正)으로 추대된 이후, 조계종 창종(創宗, 1941년) 때에는 초대 종정(宗正)으로 추대되는 등 열반하실 때까지 모두 네 차례에 걸쳐 종정을 역임하면서 근대 한국불교를 이끌어 오신 고승입니다.

　선사(禪師)께서는 근대의 여러 고승 가운데에서도 우리 모두가 본받아야 할 훌륭한 분이십니다. 선사께서는 사상적으로 정혜쌍수(定慧雙修)와 선교융합(禪敎融合)을 주창하셨으며, 수행적인 면에서는 계(戒)·정(定)·혜(慧) 삼학을 겸수(兼修)할 것을 강조하셨습니다.

주지(周知)하다시피 정혜쌍수와 선교융합 그리고 계·정·혜 삼학은 불교의 기본 정신이자 수행방법입니다. 계행을 닦지 않으면 사표(師表)가 될 수 없고, 신심(身心)의 업(業)을 녹일 수 없습니다. 선정(禪定)을 수행하지 않으면 여래(如來)의 원각경계(圓覺境界)로 들어갈 수가 없습니다. 지혜를 닦지 않으면 불법(佛法)에 대한 안목을 넓힐 수가 없습니다. 계정혜 삼학이 마치 솥발처럼 치우침 없이 병행될 때, 정혜쌍수가 이루어질 수 있으며, 동시에 우리는 역대의 선지식과 같은 훌륭한 인격을 갖춘 각자(覺者)가 될 수 있는 것입니다.

선사께서 열반하신 지(1951년) 어언 60여 년이 지나가고 있지만, 여전히 한국불교의 종도(宗徒)들은 선사의 고결한 인품과 가르침을 잊지 못하고 있습니다. 그 이유가 바로 선사의 이러한 수행방법과 가르침 때문입니다. 특히 1925년 서울 봉은사 조실(祖室)로 계시다가, "내 차라리 천고에 자취를 감춘 학이 될지언정 말 잘하는 앵무새는 되지 않겠노라"시며 오대산 상원사로 들어가신 이래, 무려 27년 동안 산문 밖을 나오지 않으시고 정진하신 일화는, 오늘날 한국 승가(僧家)에서 거울로 삼아야 할 규범이자 상징이 아닐 수 없습니다.

훌륭한 선지식을 추모·흠앙(欽仰)하고 사상을 고양(高揚)·발전시키는 일은 불교의 정체성을 바로잡는 일이기도 합니다. 그러나 세월이 흐름에 따라 그분들의 생애와 사상·일화·가르침은 하나 둘씩 흩어져 가고 있습니다. 특히 근대 고승들의 경우 역사적 자료가 매우 부족한 이때, 당시 가르침을 받았던 분들의 구술을 정리하여

기록으로 남긴다는 것은 비문(碑文) 다음 가는 일이기도 합니다. 물론 구술(口述)이 그대로 역사적 사실로 인정될 수는 없다고 해도, 그분들의 정신과 가르침은 보전해 갈 수 있기 때문입니다.

　이러한 때에 한암 대종사의 생애와 사상, 그리고 가르침을 구술로 정리하여 자료를 보충한다는 것은 문도들의 훌륭한 안목이 아닐 수 없습니다. 이번에 출간되는 『그리운 스승 한암 스님』은 근대 불교 인물사 연구에도 새로운 전환점이 될 것입니다. 오대산 월정사 문도들과 이 자료를 정리한 관계자 여러분들의 노고에 진심으로 치하하는 바입니다.

부처님 전에 봉행하며

현해
(한암문도회 회장·월정사 회주)

세한연후(歲寒然後)에 지송백지후조(知松柏之後凋)라는 말이 있습니다. 이는 날이 차가워진 이후라야 소나무, 잣나무는 시들지 않음을 알게 된다는 뜻입니다. 저는 여기에서 나온 소나무, 잣나무를 떠올리면서 반드시 생각나는 인물이 있습니다. 그는 오대산 월정사의 큰스님이었던 근현대불교의 거장 한암 대종사입니다.

요즈음 한국불교의 현실을 조망해 보면 불법의 근본과는 거리가 먼 행태가 하나둘이 아닙니다. 더욱이 수행 풍토의 혼미, 치열한 납자의 쇠진, 근본이 부재한 불사 등을 생각하면 한암 종사의 가르침이 불현듯 저의 가슴에 치밀어 오르는 것을 느낄 수밖에 없습니다.

한암 대종사님은 철저한 수행, 엄격한 계율로 수행자의 본분을 보여 주었습니다. 그러나 대종사님의 가르침에는 따뜻한 자비가 함께하였습니다. 또한 대종사님의 수행과 가르침은 부처님 가르침에 철저히 부합하였을 뿐만 아니라 일반 사회의 사리와 의리에서도 전혀 어긋나지 않을 정도로 그 폭이 광대하였습니다. 그리하여 대종사님의 의지와 원칙은 바위처럼 굳고 무거웠습니다. 대종사님은 당신의 의지와 원칙을 지키기 위해 고투하였지만 대의명분과 교단을 위해서는 자신을 희생하였던 아름다움이 있었습니다. 때문에 저는 한암 대종사에게서 참다운 수행자의 표상을 만날 수 있었습니다. 아니 수행자이기 이전에 진정한 인간의 고귀함을 보았습니다.

이러한 한암 대종사의 가르침은 대종사가 살아 계시던 그 시절에도 각처의 납자들이 오대산 상원사 선방으로 몰려들었던 근원적 요인이었습니다. 이에 대종사의 회상에서 탄허, 보문 선사 등이 배출되었으며, 한국 현대불교를 이끌었던 효봉, 고암, 서옹, 석주, 청담, 월하 스님 등이 수행을 하였습니다. 일제의 가혹한 통치가 기승을 부리던 그때, 잠자리도 불편하여 칼잠을 자야 했고, 죽을 먹으며 연명할 정도로 열악 했음에도 불구하고 한암 대종사의 가르침을 배우려던 수행자들의 발길이 한시도 끊어진 적이 없었습니다.

이렇게 대종사의 이력과 정신은 한국불교사에서 찬란하였건만, 대종사의 자료를 모으고 연구하는 후학들의 노력이 그에 절대적으로 미치지 못하였으니 그것은 진정 가슴 아픈 일이었습니다. 이에 제가 월정사 주지 소임을 볼 때『한암일발록』을 펴냈으나 늘상 대종사의 전모를 그려 낼 수 없었음을 안타깝게 여기고 있었던 차에, 한암문도회 스님들과 월정사 주지스님이 큰 원력을 내어 대종사의 수행과 정신을 담은 증언집을 발간하게 된 것을 치하드리는 바입니다. 만시지탄의 감이 없지는 않지만, 본 증언집이 한암 대종사의 정신을 바르게 이해하는 데 도움을 주고 연구 활성화의 촉매제가 되기를 기대합니다. 그리고 본 증언 채록의 인터뷰에 응해 주신 스님들과 재가자들, 그리고 증언집 발간의 실무를 담당한 김광식 교수 등의 헌신과 노고에 경의를 표합니다. 본 한암 대종사의 일화집이 한국불교의 발전과 조계종단의 미래에 조금이나마 도움이 되었으면 하는 마음 간절합니다.

한암 선사를 생각하며

정념
(월정사 주지)

　오대산, 월정사에는 한국 근대불교를 이끌었던 선지식 한암 큰스님이 계셨습니다.

　한암 스님은 암울한 식민지 시대의 한국불교를 밝혀 주었던 거목이었습니다. 스님은 다방면에서 한국불교의 이정표 역할을 다하였습니다. 우선 수행면에서 계정혜 삼학을 체득, 실천하였습니다. 한암 스님의 그러한 지향은 한국불교의 전통이 혼미를 거듭하였던 그 시절 스님들의 등대가 되었습니다. 그리고 한암 스님은 간화선 수행에 있어 교학적 전통을 배제하지 않는 균형적인 수행자상을 보여 주었습니다. 이는 스님의 사상적 특성이 탄력적인 개방성을 갖고 있었음을 말해 주는 것입니다. 또한 한암 스님은 승가

오칙이라는 수행과 일상생활이 일체화된 독창적인 생활의 규범을 제창하였습니다. 참선, 간경, 염불, 의식, 수호 가람이라는 승가 오칙은 스님들을 참다운 수행자로, 사찰 공동체가 원융적으로 활동할 수 있는 준칙이었습니다. 한암 스님은 이 승가5칙을 제시하였을 뿐만 아니라 그를 실천하고, 널리 보급하고자 하였습니다.

또한 한암 스님은 한국불교를 대표하는 종정을 네 차례나 역임하였을 정도로 근현대 한국불교를 대표하는 큰스님이었습니다. 즉 1929년 자생적인 승려대회를 통한 자주종단, 1935년 수좌대회를 통해 나타난 조선불교 선종, 1941년 불교 통일운동의 산물로 나온 조선불교 조계종, 해방공간 불교 교단 등에서 교정과 종정으로 추대되었습니다. 이러한 사례는 한국불교에서 찾을 수 없는 유일무이한 역사입니다.

이러한 한암 스님의 행적, 사상, 수행, 정신 등은 근현대불교사에서 당당히 자리매김해야 할 고귀한 역사적인 사실입니다. 그러나 스님에 대한 역사적인 복권 작업은 스님이 가신 지 50여 년 동안 방치되어 왔습니다. 지금껏 스님에 대한 연구·접근은 한암문도회에서 펴낸 『한암일발록』과 일부 학자들의 몇 편의 글이 있었을 뿐이었습니다. 더욱이 작금의 조계종단, 한국불교의 혼미상을 유의할 경우 한암 스님의 수행과 정신은 불교의 미래를 가늠해 줄 등불로 인식되어야 할 것으로 생각됩니다.

한암 스님이 주석하였던 오대산, 월정사를 중심으로 스님의 행적과 자료를 수집하여 스님의 정신을 계승하려는 사업이 활성화

되는 것이 정도이겠지만 엄혹한 역사의 시련으로 인해 그 접근 자체가 난관이었습니다. 이제 한암문도회의 적극적인 후원, 그리고 김광식 교수의 동참에 힘입어 한암 스님의 수행과 정신의 일화를 모은 증언집을 발간하게 되었습니다. 한암 스님과 관련된 다양한 문헌자료가 대부분 유실된 현실에 즈음하여 한암 스님의 수행 일화집 성격을 갖는 본 책자를 발간할 수 있었던 것에 작은 위안을 삼고자 합니다. 하지만 이런 책자 발간도 10년 전에 나왔으면 더욱 충실한 자료집이 되었을 것이라는 아쉬움이 진하게 남습니다.

본 책자 발간을 계기로 한암 스님의 정신, 사상을 계승하고 재창조할 수 있는 일에 더욱더 매진할 것을 한국불교와 조계종을 아끼시는 사부대중에게 약속을 드립니다. 아울러 아낌없는 후원과 매서운 질책을 부탁드립니다. 본 책자 발간에 후원을 해 주신 문도 스님, 그리고 한암 스님의 증언 채록에 정성껏 응해 주신 스님들, 재가자 여러분에게 감사의 말씀을 드립니다.

차례

펴내는 글

여기, 참다운 선승이 있다.

그 스님은 한암 큰스님이다.

한암 스님(1876~1951)은 조선불교 조계종(1941~1945)의 초대 종정
과 해방공간(1948~1951)의 불교 교단에서도 교정을 역임하였다. 그리
고 일제하 수좌들의 치열한 수행처로 유명한 월정사 산내 암자인
상원사 선원의 조실이었다. 필자는 근현대불교를 연구하면서 이 땅
의 수많은 큰스님에 관한 자료를 분석하고, 그 관련 자료를 찾으러
전국을 수없이 순방하였다. 그때, 두근거리는 가슴을 주체할 수 없
었던 경우가 간혹 있었는데, 그 대상자 중 최우선 순위를 꼽는다면
한암(漢巖) 스님이다.

필자가 한암 스님을 두근거림의 최우선 대상으로 삼은 이유
는, 한암 스님이 수행을 하였던 상원사 선방에서 한국 현대불교의
기라성 같은 선지식들이 다수 배출되었다는 점 때문이다. 그래서
필자는 의문점이 들었다. 상원사 선방, 한암의 회상은 어떻게 수행

을 하였고, 무엇을 가르쳤기에 그렇게 훌륭한 수행자들이 나왔을까? 한암 스님의 회상을 거쳐 간 스님들은 효봉 스님, 청담 스님, 고암 스님, 서옹 스님, 월하 스님, 탄옹 스님, 보문 스님, 고송 스님, 탄허 스님, 자운 스님, 지월 스님, 석주 스님 등 조계종단의 종정을 역임하였거나 수행의 표상으로 한국 현대불교를 지킨 버팀목이었다. 이렇게 한암 스님의 회상에서 고승이 많이 나왔다는 그 사실 하나만 갖고도 한암과 상원사 선방은 한국의 불교사에서 결코 잊어서는 안 될 대상이다.

　　그러면 어떤 이유로 한암 스님은 지금의 우리들에게 잊혀진 존재로 남게 되었던가? 필자는 그것을 한암 스님의 수행자로서의 모습과 정신이 지금의 스님들과는 너무나도 동떨어진 것에서 찾고 싶다. 한암 스님은 올곧은 수행자였으며, 부처님 말씀에 근거한 스님으로서의 행동을 실천하였고, 계율에 철저하였으며, 승가 화합과 대중 화합에 투철하였고, 스님이기 이전에 인간으로서 사리에 밝았다. 한암 스님의 이러한 모습은 지금의 스님들과는 전혀 다른 면모를 보여 준다. 한암 스님을 바르게 이해하고, 계승하고, 나아가서 근현대불교사에서 적절한 자리매김을 하려면 한암 스님의 수행과 정신을 바로 실천하는 길밖에 없다.

　　한암 스님을 설명하는 내용과 일화는 수없이 많다. 그 중에서 우리가 기억하고 있는, 기억해야 할 것은 다음과 같다. 한암 스님은 계정혜 삼학에 철저하였고, 승가오칙(참선, 간경, 의식, 염불, 수호 가람)을 제시하여 승려의 본분을 가르쳤으며, 선방에서 어록과 경전을 가르치면서 보조지눌의 정혜결사를 계승하였고, 27년간 동구불출하면서 수행하였을 뿐만 아니라 결국 자신의 몸을 던져 상원사를 수호하였으며, 좌탈입망으로 수행자의 마지막을 보여 주었다. 이러한 한암 스님의 수행정신이 있었기에 그 시절 수좌들은 잠잘 곳이 좁아 '칼잠'을 자며, 먹을 것이 부족해 매일 죽으로 끼니를 때우면서도 상원사로 끊임없이 몰려들었다. 나라가 망하고, 불교까지도 일본불교에 침탈되었던 그 시절 한암 스님은 한국불교의 자존심이었다.

필자가 지난 2년간 한암의 수행과 정신의 일화를 찾아 전국을 찾아다닌 것은 탐구의 길, 아니 뜨거운 여정이었다. 그 당시 필자를 정성으로 대해 준 스님들, 인연 있는 불자들에게 고마움을 전한다. 한암 스님은 가셨지만, 한암 스님과 인연 있는 분들의 증언 녹취 작업을 통하여 본서가 출간될 때까지 많은 후원을 해주신 한암 문도회의 스님들과 월정사 주지인 정념 스님에게 진심으로 감사의 말씀을 드린다. 그 스님들의 정성과 후원이 없었다면 이 책자는 결코 세상에 나올 수 없었을 것이다. 거듭 고마움을 표한다.

한암 스님의 수행과 정신이 이 땅의 불교 현장에서 다시금 꽃 피우기를 고대하면서.

2006년 3월 김광식

서릿발처럼 엄하면서도
자비로웠던 스님

범룡 스님

- 대담 일시_ 2005년 1월 10일
- 장소_ 동화사 비로암

유점사 출가
삼본산 승려수련소 수학
동화사 주지, 봉암사 조실
조계종 전계대화상
동화사 비로암 조실

스님의 올해 춘추가 속랍으로 어떻게 되시나요?

올해 나이는 아흔한 살이야. 내 고향은 평남의 맹산이고.

스님은 몇 살 때 입산 출가하셨나요? 그리고 출가를 한 특별한 이유가 있었습니까?

내가 유점사로 출가한 것은 스물두 살 때인데, 처음에는 스님이 되려고 한 것이 아니에요. 스무 살 때 서당 다니며 공부하다 세계일주를 해야겠다고 작정했지요. 그런데 그때 마음으로는 세계일주를 하기 전에 금강산을 먼저 보아야겠다는 생각을 했어요. 왜냐하면 다른 나라 사람이 우리나라 금강산이 얼마나 좋으냐? 어떤 산이냐고 물었을 때 답을 못 하면 안 되겠다고 생각해서였지요. 그런데 금강산 구경을 하다가 유점사에 가 보니 분위기가 너무 좋아 주저앉아 버린 게지요.

출가할 때 부모님의 허락은 받으셨나요?

유점사에는 선방, 강당, 염불당이 있었고 각 처소에서 수행에 전념하는 스님이 있었는데 그 모습이 마치 신선같이 보였어요. 마침 그때 유점사에 『불교』라는 잡지가 있었는데 거기에 이런 문구가 있었어요.

"사람이 물을 마심에 차고 뜨거운 것은 스스로가 안다(如人飮水 冷溫自知)."

이 문구를 보자 그만 눈이 번쩍 뜨여 불교에 관심을 갖게 되었어요. 그래서 출가를 결심하고 집으로 아버지에게 출가를 하면 어떻겠냐는 편지를 내었지요. 처음에는 출가를 허락할 수 없다는 편지가 왔지만, 내가 회신을 하지 않자 다음 편지에는 "인생이 일장춘몽 아니더냐. 너 좋을 대로 하라"는 요지의 뜻이 전해 왔어요.

그런데 내 아버지는 본래 유학자였지만 어느 날은 술을 끊기 위해서 예수를 믿겠다고 할 정도로 특이한 분이었어요. 그러면서도 스님들과 잘 어울렸지요. 내가 보통학교 다닐 적인데 아버지와 우리 집에 묵었던 탁발승 간에 한 대화 내용이 지금도 기억이 나요. 아버지가 탁발승에게 "스님, 인생에는 사난득(四難得)이 있다는데 그런 말을 들어 보셨는지요?" 탁발승이 아무 말을 못 하자 아버지가 설명하였지요. 인생난득(人生難得: 사람으로 태어나기 어렵고), 장부난득(丈夫難得: 사람으로 태어나도 장부가 되기 어려우며), 출가난득(出家難得: 장부가 되어도 출가, 즉 스님이 되기 어렵고), 불법난득(佛法難得: 출가해서 외도를 만나지 않고 불법을 만나기도 어렵다)이라는 내용이었어요. 그때 아버지가 한 그 말이 내 출가에 작용한 셈이지요. 그래 만허 스님을 은사로 출가하였어요.

유점사에서는 어떻게 지내셨나요?

나는 유점사에서 행자가 당연히 해야 하는 채공이나 공양주 같은 것은 하지 않고 바로 공부를 했어요. 유점사에서는 나이 어린 강사에게 『초발심자경문』을 한 시간 만에 다 배우고 바로 『서장』을 읽게 되었지요. 그때에는 절집 생활이 어려워 겨울날에는 도둑밥을 해먹기도 했어요. 학인들끼리 심지를 뽑아 밤참을 해먹었는데, 나이 든 학인도 심지에 뽑히면 공양간에 가서 밥을 하고, 밤중에 양동이 하나씩 들고 마을에 가서 김치를 얻어 와 먹기도 했지요.

그러면 오대산 상원사로 오게 된 연유를 말씀해 주시죠.

유점사 강원에서 공부를 했는데 1년 중에 3분의 1은 놀 정도였어요. 이래서는 안 되겠다 싶어 공부를 더 할 수 있는 곳을 찾게 되었는데, 마침 그때 오대산 상원사에서 승려 수련소를 설치한다는 공문이 왔기에 내가 지원을 하였지요. 다른 사람들은 안 가려고 그랬어요. 그때 우리 절에서 열 명이 상원사로 갔어요. 내가 상원사로 가려고 나오는데 은사스님이 절문까지 쫓아 나오셔서 "더도 덜도 말고 중노릇은 한암 스님만큼만 하거라"라고 한 말씀이 생각이 나네요. 그때 건봉사, 유점사, 월정사 각 절에서 열 명씩 보냈지요.

유점사에서 상원사까지는 걸어오셨습니까?

고인(古人)들은 선지식이나 도인들을 참배할 때, 일보 일보 걷고 절을 하면서 찾아다녔대요. 나는 그리는 못 해도 걸어가자고 했지요. 그 당시에는 선(禪)과 교(敎)가 호월지격(胡越之格)이었어요. 이는 원수 사이라는 것을 뜻하는데, 그럴 정도로 서로 배격하였지요.

한암 스님을 처음 뵌 인상을 들려주시죠.

인상으로 말할 수는 없고, 도인이라고 하니까 도인이라고 믿고서 신심(信心)으로 간 게지요.

상원사에서의 하루 일과는 어떻습니까?

참선은 틈만 나면 하는 것이니 말할 필요도 없고, 아침 공양이 끝나면 바로 경을 보고 점심 공양이 끝나면 각자 경을 보기도 하고 또는 일을 하기도 하였지요. 참선하고 경 보는 것이 일과였지요.

아침 공양은 어떻게 했습니까?

옛날에는 조반석죽이라고 하였지요. 그런데 상원사는 반대였어요. 아침에는 죽, 점심에는 밥, 저녁에는 오후불식을 하였지요. 물론 오후불식은 한암 스님만 하시고, 대중들은 오후 네 시경에 밥을 먹었지요.

한암 스님은 아침 일찍 여섯 시경에 죽을 잡수시고 점심을 약간 늦게 열두 시경에 잡수시니 그 간격이 6~7시간이 되지요. 아침 먹고 가서 공부하는 사람은 공부하고, 게으른 사람은 한잠 자도 되는 시간이지요. 이렇듯이 아침에는 매일 죽을 먹으니 다들 불평했어지요. 아침에 죽은 우리네에겐 안 맞아서 불평하니까 한암 스님께서 "이게 내 가풍이다. 내 죽어서는 모르지만 내 살아서는 그대로 해라"라고 말씀하셨지요.

수련소에 있던 스님들과 선방 수좌들은 점심을 먹은 후 큰방에서 경전 공부를 하였습니까? 탄허 스님이 경을 새기고 한암 스님이 설명하는 방

식으로 하였다고 알고 있습니다.

우리가 갔을 때는 이미 『화엄경』도 끝나가고, 『전등록』도 끝나가고, 『염송』을 보고 있었지요. 그때만 해도 책이 귀해 인쇄물이 없을 때이니, 목판으로 찍은 책 한 권을 놓고 대여섯 사람이 죽 둘러앉아서 들었지요. 그러면 탄허 스님이 하루 전에 미리 배워서 한 줄 한 줄 해석했지요. 그걸 듣고 대중 가운데에서 의심이 나는 것을 물으면 한암 스님이 대답해 주고 그랬지요. 우리가 가기 전에 수련소 1기생들이 『범망경』을 보았고, 우리는 『금강경삼가해』라고 해서 한암 스님이 직접 토를 단 것을 보았어요. 『보조법어』, 『육조단경』도 배웠지요. 그때 이통현 장자의 『화엄경론』을 구하였는데, 중국 북경에서 구하려다 못 구해 남경에서 구했다고 했어요.

그때 경전을 처음 볼 때에는 내용을 잘 몰랐지요. 그러나 지금 와서 생각해 보니 법문은 알아 들어도, 못 알아들어도 무조건 자주 들어야겠더군요. 그때 꿈같이 들은 것이 여러 해 뒤에 들어도 번쩍번쩍 다시 생각이 나요.

한암 스님의 현토가 좋다는 말이 있었지요?

그때만 해도 현토(懸吐)하는 방법이 사람마다 달랐지요. 그래도 한암 스님의 토가 가장 낫다고 해서 통도사 어느 스님은 한암 스님의 『육조단경』 토를 그대로 베껴 갔어요. 그때 한암 스님이 토를 달 때 보니, '~하고' '~하니' '~하며'로 해야 하는가를 두고 한참 동안이나 고민 하시더군요. 그런데 탄허 스님은 전혀 머뭇거림이 없

한암 스님의 법을 이은 수제자 탄허 스님. 한국 현대불교의 선지식으로 명망을 떨쳤다.

이 그대로 죽 읽어 내려가는 것이에요.

한암 스님과 탄허 스님이 토를 다는 방법을 두고 논쟁하였다고 하던데요.

　　한암 스님이 있는 데서는 그러지 않았지만 우리끼리 있을 때에는 간혹 "이런 것 하는 데에는 젊은 놈이 낫지 뭐"라고 하였지요. 또 한암 스님도 "탄허가 나보다 나아." 가끔 그런 말은 했어요. 상좌지만 칭찬했지요.

　　탄허 스님은 입산 이전에 『장자 남화경』을 연구했는데, 유서(儒書)를 읽을 때에는 잘 몰랐는데 불경을 배우고 나서 보니 그 뜻이 저절로 이해되었다고 하더군요. 일본에 가서 공부를 한 관응 스님도 『장자』에 대해서는 일가견이 있었어요. 관응 스님은 "내가 장자에 대해서 이만큼 배웠으니 한국에 가면 제일이겠지" 하고, 탄허 스님과 토론해 보니 탄허 스님은 『장자』 원문을 다 외우고 있더라는 거예요. 그만 손들고 말았다고 해요. 역사가 황의돈 선생이 탄허 스님에 대해 말하기를, "처자를 두고 와(입산해), 그래 『장자 남화경』을 줄줄 외우고 있어"라고 격찬했다고 해요.

한암 스님이 보조국사 지눌에 대해 말씀하셨지요?

한암 스님께서는 "너희가 몰라서 그렇지, 우리나라 보조 스님이 역대 조사들을 떡 주무르듯이 하였다"라고 하였어요. 말하자면 중국 고승들의 법(法)을 환히 알았다는 것이지요. 그리고 『금강경 오가해』도 함허 스님의 설을 높이 평가하였지요. "우리나라 사람이 우리나라 사람을 알아주지 않고 남의 나라 사람만 높이는 것은 사대주의"라고 하면서 함허 스님의 것을 배워야 한다고 하였지요.

당시 수련생들이 한암 스님의 호칭과 평은 어떻게 하였나요?

조실스님으로 불렀고, 모두가 다 한암 스님은 법이 훌륭하다고 하였지요.

한암 스님의 수행에 대한 회고를 들려주시죠?

한암 스님은 서릿발처럼 엄하시면서도 자비롭고 진실한 분이셨지요. 다른 사람들은 대부분 자기 자랑하느라고 침이 마를 날이 없었는데, 이 스님은 절대 자기 자랑 하시는 일 없고, 남 흉보는 일이 없어요. 잠도 주무시는지 안 주무시는지, 밤새도록 앉아서 참선하시는 모습을 볼 때마다 '도인도 저렇게 일구월심으로 공부하는데' 하는 생각을 하면서 나도 반성을 했지요.

그 당시 상원사 수련소에 온 젊은 스님들중에 한암 스님에게 야단맞은 스님도 있었습니까?

수좌들이 한암 스님에게 가서 "하룻밤만 놀고 오겠습니다" 하면 "그래, 놀아라" 그러시는데, 간혹은 허락도 안 받고 놀다 오는 사람도 있었지요. 그럴 때에는 스님에게 혼났어요. 그리고 간혹 밤중에 월정거리라는 곳까지 가서 감로다라는 막걸리를 먹고 온 스님들도 있었어요. 그들은 술을 먹고서는 술 냄새를 없애기 위해 입에다 솔잎을 씹어 먹었지요.

울력을 할 때 한암 스님도 참가하셨나요?

울력은 모든 대중들이 다 참가했어요. 그러나 한암 스님은 직접 하시지는 않지만 동참은 했어요. 울력을 할 때 기왓장을 져 올리는데 탄허 스님이 중강으로 "강의 준비를 해야 하므로 저는 못하겠습니다"라고 하니, "야! 네가 나가서 하는 척이라도 해야지 빠지면 되냐"라고 하였어요. 이는 당신 상좌라고 뺄 수는 없다는 뜻이겠지요. 그때 한암 스님도 걸망에 기와 두 장을 들고 다녔어요.

아무리 힘이 없어도 기와 두 장은 질 수 있지 않겠어요?

수련소 시절에도 설날에는 떡국을 먹었나요?

　설날에는 집집이 떡국을 먹는데 누구라고 안 먹겠어요? 남이 다 떡국을 끓여 먹으니 우리들도 떡국을 먹었지요.

그 당시 월정사 산내 암자인 지장암의 비구니스님들도 한암 스님에게 배웠다는 말이 있습니다만.

　그것도 그냥 온 게 아니라 소임 맡은 비구스님한테 먼저 물어봐서 승낙하면 오지 아니면 못 와요. 비구니들은 주로 결제와 해제 때에 한암 스님 법문을 들으러 왔지요.

수련소를 마칠 때 수료식 행사를 가졌는데, 그때 『금강경』 외우는 것을 시험으로 보았다는 말이 있습니다.

　우리가 할 때에도 수료식은 있었는데, 우리는 『금강경』을 다 외울 수는 없고, 『금강경』 해설 중에서 야부 스님, 종경 스님 것만 외웠다고 생각나요.

상원사 선방은 일제시대 때 모든 수좌들이 한철 나고 싶은 선방으로 유명하였지요?

　맞아요, 유명하였지요. 한암 스님의 도력과 정신이 있었으니 그리 된 것이지요.

혹시 한암 스님께서 나라 걱정을 하시는 말씀을 들었나요?

　　한암 스님은 나라 걱정을 많이 하셨고, 또 부모님에 대한 은혜도 잊지 말아야한다고 하였지요. 나라 걱정에 대하여 말씀하시는 것을 탄허 스님이 받아 쓰는데, 탄허 스님이 일본놈 시대이니 "너무 심하게 써서는 안 된다"고 하자, 한암 스님께서 "그래서는 안 된다! 사실대로 써야 된다"고 하였지요. 그 글은 어디로 보내는 것이 아니고 그냥 써 놓은 것으로 생각납니다만……

역사가인 황의돈 선생도 상원사에 있었다는 말이 있는데요?

　　상원사 서대에 있었지요. 그분이 한암 스님께 "스님, 저도 참선을 할 터이니 화두를 하나 주십시오"라고 부탁드리자, 한암 스님께서 "선생은 아는 게 많으니까 '마삼근' 화두를 참구하시오"라고 하였지요. 황의돈 선생이 큰방에 들어가 앉아 있으니 역사 공부하던 것만 떠오를뿐 화두는 들리지 않았답니다. 그래서 한암 스님에게 가서 "저 서울에 갈라요" 하니까, 한암 스님이 "이 더운 때에 서울에 가서 뭐 하시겠소? 산중이 선선하니 한여름 놀다 가시오"라고 했답니다. 그러니 간다고 우길 수 있겠어요? 개울가에 가서 노는데 마침 부목집 근처에 삼대가 말라 죽은 것이 있거든요. 그걸 보니까 '마삼근' 생각이 난단 말야. 그래서 그걸 꺾어서 들고는 잊어버리면 보고서 '마삼근' '마삼근' 했지요. 해제하고서 서울로 갔는데 버스간에 앉아서도 마삼근 생각이 나서 '이거 뭐 되는가' 생각하셨지요. 그 이듬해에는 아예 사람을 하나 데리고 와서 서대에 빈집 하나를 달라고 해서 거기서 '마삼근' 화두를 잘 들었지요. 날마다 일기도 적었어요. "오늘은 몇 시간 했다", "내일은 몇 시간 했다"라고. 그런데 참선은 무조건 해야지 '몇 시간 했다'는 식으로 하는 것이 아닙니다. 참선은 시간적으로 과학적으로 하는 것이 아니거든요. 그렇게 하면 깨칠 수 없어요. 그저 신심으로 나도 하면 된다고 하는 심정으로 달려들어야지요.

상원사에 원보산 스님이 계셨지요?

그 스님은 한암 스님에 대해서는 지극 정성이었어요. 아주 자비롭고, 일도 많이 하고, 대중외호도 잘하고 불사를 많이 했어요. 한암 스님이 간행한 『금강경』도 그 스님이 화주를 한 것이지요.

상원사에서 나와 어디로 가셨나요?

책 보따리는 본사인 유점사에 내던지고, 걸망 하나 짊어 지고 여기저기 선방에 돌아다녔지요. 유점사 종무소에서는 강원에 가서 경을 보라고 그래요. 그러나 "나는 싫다, 선방에 가겠다"고 하면서 선방을 열대여섯 곳을 다녔지요. 선방에 다니면서 참선 체험을 해 보니 그때야 비로소 경이 보여요.

1941년 선학원(서울, 안국동)에서 개최된 고승 유교법회에 한암 스님이 초청을 받았지만 가시지는 않으셨지요?

처음에는 고승법회로 하려고 한 것인데, 한암 스님께서 "중이

자칭하여 고승법회라고 하면 말이 안 된다"고 지적하여 유교법회
(遺敎法會)로 바뀐 거예요. 그때 내가 한암 스님 옆에 있었어요. 한
명은 청담 스님이고, 또 한 사람은 원보산 스님인 것 같았습니다.

혹시 시봉하는 상좌들이 대회에 참가하라고 권유하지는 않았나요?

탄허 스님인지는 기억이 잘 나지 않지만 상좌들이 선학원의 유
교법회에 참가하라고 권유하였지요. 그러나 스님은 "내가 한 번 나
가면 두 번 가게 되고, 두 번 가면 세 번 가게 되고, 그러면 자주
나가게 된다"면서 거절했지요.

**한암 스님이 조계종의 종명을 정하였다는 말에 대해서 어떻게 생각하시
나요?**

역사가들이 조계종이 옳다, 아니다 하고 논란이 있으니 한암
스님에게 와서 물었겠지요. 물으니까 "그게 옳다"고 하였겠지요.

**해방 직후에 상원사에 불이 나서 한암 스님 자료가 별로 남은 것이 없어
요.『일발록』을 보셨는지요?**

한암 스님의 저술인『일발록』을 탄허 스님이 보겠다고 하여 가
져다 놓고 어느 암자에 간 사이에 상원사가 불이 나서 몽땅 타 버
렸다는 말을 들었어요.

스님은 한암 스님의 화엄경을 보관하고 계셨지요?

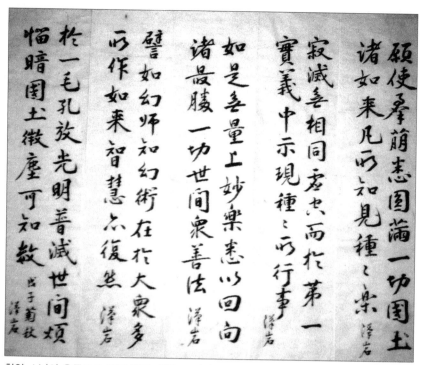

한암 스님의 유묵으로 만든 병풍. 범룡 스님이 평생을 보관하고 있었다.

한암 스님이 『화엄경』 80권에 토 다는 것을 보았습니다. 6·25 전 해에 내가 홍천 수타사에 있을 때 봉은사판 『화엄경』을 한 질을 샀는데, 토가 없으니 볼 재주가 있어야지요. 그래서 '토를 달아야 하겠는데 어떻게 하나' 하고 생각하고 있는데 마침 한암 스님이 수타사에 오셨어요. 한암 스님이 6·25 전 해에 상원사에 있는 고려대 장경에 토를 달았던 것이 생각나서, 상원사에 가시면 그걸 좀 보내 달라고 말씀드렸더니, 직접 가져가라고 하셔서, 중대에 있는 것을 가져왔어요. 한암 스님이 열반하신 후에 『화엄경』을 갖다 놓고 알거나 모르거나 쭈욱 읽어 가면서 토를 달았지요. 농사일이 바쁠 때에는 시간이 없어 겨울에만 토를 달았는데 한 2년 걸렸지요. 토를 달고 나서 그걸 갖다 줄까 말까 하다가 누가 보나 마찬가지이다 싶어 여태 갖고 있다가 최근에 그것을 영인해 돌렸지요. 그후 원본은 월정사 주지인 현해 스님에게 돌려주었지요.

6·25 때 한암 스님이 상원사 소각을 저지하셨다는 말이 있지요?

그때 군인들이 소대가 둘이나 와 있었지요. 인민군들이 와서 절에 진을 치고 있게 되므로 태워야 한다고 했지요. 그때 한암 스님은 가사 장삼을 입고 법당에 가서 "이제 불을 놔라" 하면서 "너희는 군인이니 명령을 실천하고, 나는 중이니 법당을 지켜야 한다"고 했지요. 군인들이 하는 수 없이 절의 문짝을 뜯어 불을 놓으니 연기가 난단 말이에요. 그래 절 아래에 있는 상관들은 연기를 보고 절에 불 놓은 것으로 알게 되었지요. 그때 문짝을 불태운 군인이 내려가면서 불을 놓았다는 표시로 증거물을 달라고 하여 스님이 옷칠한 깨진 죽비를 주었지요.

한암 스님은 좌탈입망으로 입적하셨는데 그때 지켜보았습니까?

옆에 있었지요. 그때 나는 중대에 있었는데, 매일 낮 열두 시가 되면 노스님 병문안을 갔어요. 그런데 하루는 보문 스님의 상좌인 희섭 스님이 중대 앞 산등성이에 와서 소리를 질렀어요. 그래 내가 "왜 그러냐"고 하니 "노스님이 돌아가셨다"고 그래요. 나는 속으로 '돌아가시면 할 수 없지' 하면서 내려가 보니 좌복에 앉아 돌아가시고 말았어요. 옆에 있는 '가사 장삼은 두었다 뭐 하냐' 하는 생각으로 입혀 드렸지요. 처음에는 고개가 안 넘어갔지만 조금 있으니 머리가 뒤로 넘어갔어요. 그때 마침 김현기라는 사람이 군부대의 정훈장교인데, 사진을 찍어 부산으로 가서 총무원에 주어서 한암 스님이 돌아가신 것을 알게 된 것이지요.

五犬高僧語錄出版

普照法語 全一冊 定價 一 圓 送料 六 錢
奔附涵虛和尚顯正論

懶翁集 全一冊 定價 二 圓 送料 八 錢

太古語錄 全一冊 定價 二 圓 送料 六 錢

涵虛集 全一冊 定價 一 圓 送料 六 錢

眞覺國師語錄 全一冊 定價 二 圓 送料 八 錢

모두가 稀世의 聖典이오 無上의 法語인즉 諸位는 速히 座右에 一部식備置하야 朝夕으로 閱讀하지오

本昌郡珍富面東山里

發行所 五臺山月精寺

월정사에서 발간한 책을 광고한 『불교』지의 내용.

그 정훈장교는 젊었을 적에 중노릇을 했는데 간혹 상원사에 올라와 한암 스님과도 법담을 하였지요. 그이가 올라오기 세 시간 전에 스님이 돌아가셨어요. 그이가 없었으면 몇 달 후에나 알았을 거예요.

범룡 스님은 한암 스님의 입적 전후 상황을 잘 알고 계시겠군요.

한암 스님 모시고 상원사에 있을 때 6·25가 났는데, 나는 피란 가는 것보다 도인스님 곁에 있는 게 나을 것 같아서 함께 상원사 중대에서 6·25를 맞았어요. 돌아가실 적에 꿀물 한 잔 풀어 드리니 마셨는데, 말씀할 기운은 없었으나 정신만은 좋았어요. 날짜 가는 것을 일일이 손으로 꼽아서 다 알고 계셨지요.

한암 스님은 6·25 전에 탄허 스님이 남쪽으로 내려가자는 것을 왜 거절하셨나요?

보통 때는 가시자고 하면 간다고 하셨다가, 정말 갈 시간이 되어 가시자고 하면 "나는 못 가" 하셨지요. 결국은 안 가셨어요.

한암 스님은 승가 5칙(참선, 경, 예불, 의식, 가람수호)을 강조하는 등 스님들이 배울 점이 많지요?

대개 스님네들은 한두 가지 정도만 잘하였지만, 한암 스님은 고루고루 잘 하셨어요. 우선 계행이 철저하고, 선지(禪旨)에 밝고, 그 다음에는 한문으로 된 유교의 속서(俗書)를 많이 알았고, 불경

謹詢崇年

大法體若何淸安伏慰所詢等不均也

伏違言念冤中長時病熱去運

東去適來更學人倘香山中

輕違似爲信使攻告望敎字以傳

許久之從悵可上沉說

法體大康旺今年神氣比昔不

頓禮

六月二七 重遠上

한암 스님의 담백하고 단아한 글씨. 한암 스님이 통도사 경봉 스님에게 보낸 편지로 경봉 스님의 안부를 묻고 있다.

도 많이 읽어 한문 실력이 대단했어요. 그리고 글씨도 잘 쓰고, 말씀도 잘하는 등 다섯 가지 재주가 있어요. 스님은 자비롭게 말씀하는 게 특징이에요. 스님에게서 온 편지를 보면 글씨가 깨끗하니 거기에 모든 사람이 탄복하지요.

탄허 스님도 한암 스님의 정신을 계승하였지요?

탄허 스님은 한암 스님에게서 배웠으니 더 이상 말할 것도 없지요. 탄허 스님에게 전법게를 써 주지는 않았지만 말로써 "너는 우리나라 불교의 동량이 되겠다"고 하였지요. 한마디로 하면 한암 스님은 탄허 스님을 하나 길러낸 셈이지요.

한암 스님의 제자로 지행(智行)이 뛰어나다는 난암(유종묵) 스님과 보문 스님을 만난 적이 있나요?

난암 스님은 잘 모르고 보문 스님은 만난 적이 있어요. 나는 금강산 유점사가 본사이지만, 사람들은 내가 상원사에 오래 있었다고 해서 오대산 문중으로 알고 있어요.

상원사 시절의 수행과 요즈음의 수행을 비교하여 한 말씀 해주세요.

선방을 다닐 적에는 해제하면 누가 뭐라고 할 것 없이 걸망 지고 도망치듯 도량을 빠져나왔어요. 누가 간다고 하면 대중들이 나와 "잘 가라"고 인사하니까, 대중이 쫓아 나오는 것이 거북하여서, 미리 걸망을 준비해 놓고 있다가 후원 공수간에서 찬밥 한술을 떠

41

범룡
스님

먹고 냅다 혼자 달아나 버리는 게지요. 그런데 요즈음에는 해제비라 하여 1, 2백만 원을 준다니 큰 일이 아닐 수 없어요. 글쎄 해제비를 많이 주는 데 가서 방부를 들인다니 딱한 일이지요. 돈 벌려고 선방 가는 거지, 참선하러 간다고 볼 수는 없지요.

후배 스님들이 한암 스님에게 배울 점은 무엇인가요?

그거야 무엇보다도 계행이지요.

스님은 이따금 한암 스님이 생각나세요?

어쩔 때에는 생각도 나지만 요즈음은 나이가 들어 옛날 일들을 다 잊어버리고 기억나는 것이 없어요.

한암 스님의 정신을 계승할 제2, 제3의 한암이 나와야 하는데 심히 우려되는 바가 많아요.

이런 풍토하에서는 나올 수 없어요.

오늘 한암 스님, 상원사 시절을 회고하여 주셔서 고맙습니다.

수고했어요.

인과를 철저히 알고
사리에 밝았던 스님

도원 스님

- 대담 일시_ 2005년 1월 19일
- 장소_ 파계사 대비암

파계사 출가
월정사 주지
원로회의 의장
동국학원 이사
파계사 대비암 주석

스님에게는 한암 스님이 어떤 존재이신지요?

내가 지금까지 중노릇 해 온 것은 한암 스님의 가풍대로 살아왔다는 말로 대신하고 싶어요.

스님이 오대산 상원사로 와서 한암 스님과 맺은 인연을 알려 주시죠.

나는 원래 경북 영천 출신인데, 내 나이 열네 살 무렵(1941. 3. 3)에 파계사로 입산 출가하였어요. 나는 고송 스님을 은사로 모시고 출가하였는데 그후 3년간 갖은 고생을 다 하면서 행자 생활을 거치고 절집의 풍습을 익히면서 스님을 시봉하였지요. 그런데 3년이 지나자 은사스님인 고송 스님께서 하루는 부르시더니 "너도 이제 할 만큼 하였으니 앞으로 네 일을 해야 하지 않느냐? 무엇을 하고 싶으냐?"고 물었어요.

나는 출가하기 이전에 가정이 어려워 교육을 못 받아 중등학교를 가지 못한 것이 항상 가슴에 한으로 남아 있었어요. 지금은 대구 능인고등학교이지만 당시에는 은해사에서 경영하던 오산학교가 불교계에서 운영하는 학교였어요. 나는 파계사 주지 소개로 오산학교에 입학시험을 보려고 했어요. 그 시험을 보기 위해서는 출신 보통학교 교장의 추천서가 필요했어요. 당시 교장은 일본인이었어요. 교장은 나에게 "부모님을 모시고 와라", "혹은 너는 중이면서 왜 속인들이 다니는 학교에 다니려고 하느냐? 그런 학교에 가면 중노릇 못 한다"면서 나를 설득했지요. "중이면 도를 닦아야지" 하면서. 가만히 그 교장의 말을 듣고 보니 그 말이 일리가 있었어요. 지금 생각해 보면, 그때 오산학교에 갔으면 나도 속가로 나갔을 거예요.

그런데 여러 절의 강원이 있었을 터인데 하필이면 상원사로 오셨나요?

그때는 왜정 말기라 송광사, 대원암, 동화사, 은해사 등 제방에 강원이 있었지만, 다 문을 닫았어요. 그래서 글공부를 하느냐, 아니면 참선을 하려면 만공 스님이 계시던 수덕사의 정혜사로 가야 했지요. 그러나 나는 글공부를 하고 싶어서 오대산의 한암 스님에게 간 것이지요. 당시 상원사에는 승려 수련소가 있어서 글을 배울 수 있었어요. 은사스님이 탄허 스님에게 소개장을 써 주셔서 그것을 가지고 상원사로 들어오게 된 것이지요.

상원사로 들어온 과정을 회고해 주시죠.

그때 내 나이가 열여덟 살인데 걸망을 지고 월정사로 가는 중에 일본 순사에게 다섯 번이나 심문을 당하였어요. 고생고생하며 걸어서 월정거리에서 막 들어가려고 하는데 박씨라는 신도 한 분이 "스님, 어디 가십니까?" 해서 "상원사에 갑니다" 하니, 그 신도가 조금 있으면 상원사로 들어가는 산판 차가 오니 그것을 타고 들어가시라고 해서 그 차를 타고 월정사까지 왔지요. 월정사는 처음이니 서먹서먹하고, 아는 사람도 없었어요. 월정사 서별당 객실에서 하룻밤을 자고 다음날 상원사로 올라갔지요. 그때는 상원사 가는 길도 변변히 없고, 20리라 하는데 근 30리나 되었지요. 꼬불꼬불한 길을 따라 개울을 건너서 갔어요.

상원사에 오셔서 한암 스님에게 인사를 하셨나요?

한암 스님에 대해서는 은사인 고송 스님으로부터 대강은 들어서 어떤 분이라고 알고 있었지요. 상원사에 도착해서 한암 스님께 인사를 드리니까 한암 스님께서는 아무 말씀 안 하시고, "나는 사람을 받는다, 안 받는다를 할 수 없으니 원주한테 가서 이야기하라"고 하셨어요. 그때 원주를 탄허 스님이 보았는데, 탄허 스님을 찾아가서 은사스님이 써 준 소개장을 내놓고 "제가 여기에 공부하러 왔습니다"고 하였지요. 그랬더니 탄허 스님이 소개장을 다 읽어 보시고 말씀하시길 "여기는 대중이 많고, 그대도 알다시피 왜정 말기라 식량이 대단히 어려운 실정이라 받기가 난감하다"고 그러시더라고요. 나는 탄허 스님에게 "제가 만일 여기에서 공부를 못 하고 돌아간다면 저의 중노릇은 끝이 납니다. 은사스님께서 제가 상원사에 가서 공부할 인연을 맺지 못하면 저하고는 인연을 끊겠다고 하셨으니 어떤 어려움이 있더라도 꼭 저를 받아 주셔야만 되겠습니다"라고 말씀을 드렸지요. 그랬더니 탄허 스님이 "그러면 일단 객실 방에서 기다리라"고 했어요. 객실 방에서 사흘을 묵었더니 사흘 만에 큰방으로 들어오라고 연락이 와서 가 보니 대중이 한 40여 명이 모여 있더라고요.

조실스님이 "식량이 없어서 받기가 어렵지만, 그렇다고 멀리 남쪽에서 찾아왔는데 안 받을 수도 없구나. 받기는 받는데 단 조건이 있다. 네가 공양주를 맡아 주면 좋겠다. 마침 해제를 하고 나서 공양주 하던 수좌도 가 버리고 없으니 그대가 공양주를 해 줄 수 없

금강산 장안사에서 치열한 수행을 하였을 때의 고송 스님(사진의 왼쪽). 수행 도반들과 기
념촬영.

는가?"라 하셨어요.

그런데 나는 서너 명이 살던 암자에서 밥을 해먹고 있다가 수좌 40여 명, 일꾼 40여 명이나 되는 큰절의 공양주 노릇을 할 생각을 하니 걱정이 태산 같았지요. 그래서 한암 스님께 "저는 조그마한 암자에서 살다가 이렇게 대중들이 많은 곳에서 잘할 수 있을까 그것이 걱정이 됩니다. 하지만 어렵더라도 열심히 해 보겠습니다"는 요지로 말씀을 드렸어요. 그랬더니 한암 스님께서 좋다고 하시면서 "나이가 열여덟 살이나 되니 능히 할 수 있지 않겠느냐"면서 "한번 해 보라"고 하시면서, 원주에게도 "잘 가르쳐 주라"는 하명을 하시더라고요.

그랬군요. 상원사에 오셔서 공양주부터 하였으면 고생이 적지 않으셨겠군요.

공양주 노릇 하느라고 고생을 단단히 했어요. 거기는 결제를 하면 100여 명, 평소에도 40여 명의 대중이 있었는데 그 대중들의 밥을 해야 하니. 그때만 해도 쌀에 돌이 많아 조리를 이용하여 돌을 건져 내고, 이남박을 흔들흔들하면서 돌을 건져 내야 하는데 그것이 잘 안 돼요. 쌀에 있는 돌을 건져 내면 돌이 한줌이나 나오고 그랬어요. 차가운 물에 쌀을 넣고 조리로 이으면 잔돌이 뜨는데 처음 해보는 솜씨가 잘 되겠어요? 대중들이 야단이지요. 그때에 건봉사, 유점사, 월정사 3본산 승려 수련소라는 것을 했어요. 강원도 지사가 주관하여 매년 젊은 승려들에게 교육을 시켰지요. 당시 수련생들은 모두가 젊은 승려들이었는데, 내가 밥을 하게 되면서 돌이 자주 씹힌다고 야단들이었어요. "제대로 할 수 없으면 공양주를 내놓든가 할 일이지, 건방진 놈이 남의 이빨 다 부러뜨리겠다"고 하면서 야단들이었지요. 탄허 스님도 뜨거운 물에서 돌을 건져 내는 방법을 일러 주시면서 몇 번 경고를 주시더군요.

　　그리고 상원사에서는 식량이 부족하여 밥을 할 때에도 다섯 가지 곡식을 섞어서 했어요. 감자, 콩, 팥, 강냉이, 감자, 쌀 등이었지요. 어떤 때는 세 가지로 하기도 하고 어떤 때는 네 가지로 하기도 하고, 특히 강냉이와 쌀은 늘 50 대 50이었어요. 그리고 감자도 많이 먹었지요. 부목이 나무를 잘 대주어야 하는데 젊은 부목이 아직 덜 마른 생장작을 주니 연기만 피식피식 나고, 고생을 참 많이 하였지요. 다른 절에서는 아침에는 죽을 먹고 점심, 저녁에는 밥을 먹었는데 이곳은 반대였어요. 당시 상원사는 일꾼이 많아서 아침, 점심에는 밥을 먹고 저녁에는 죽을 먹었어요. 일꾼들은 죽을 먹고는 힘을 쓰지 못하기 때문이었지요. 공양주로 한철을 나니 나는 아주 그만 지칠 대로 지쳤어요.

고생스런 공양주 노릇을 계속하셨나요?

　　공부하러 왔는데 이렇게 공양주만 하고 안일하게 생활해서는 안 되겠다고 생각하였지요. 그래서 탄허 스님에게 사집(四集)을 배우게 되었어요. 나 같은 처지의 사람들이 서너 명이 있어 함께 공부를 했지요. 때론 탄허 스님이 일이 있으면 보경 스님에게 배웠어요. 그러다가 다음 겨울 결제 때가 돌아와서 대중공사를 하여 방을 짜는데 한암 스님께서 "공양주 노릇을 한철 더 하면 어떻겠느냐"고 하셨어요. "저는 더 못 하겠습니다. 저는 한 철을 쉬어야 하겠습니다"고 말씀을 드렸지요. 그랬더니 한암 스님께서 "경상도 고집은 절대 옮기기 힘드니, 공양주를 바꿔 줘라"라고 하셨어요. 공양주는 쉬었지만 그다음 맡은 것이 채공이었어요. 그런데 그 이듬해에는 또 공양주를 맡았어요. 상원사에서 공양주 2년, 채공 2년을 했지요. 하여간에 상원사는 어떻게 일이 많은지 말도 못해요. 맨날 감자 농사를 짓고, 가을이면 채소 농사, 무 농사를 짓고. 아침부터 일터에 가서 농사하고 밥을 하고 반찬을 하고 저녁에야 들어와 겨우 책을 보니, 공부가 잘 될 리가 없었지요.

그리고 스님은 한암 스님 시봉을 하였다고 알고 있는데요?

고생만 하다 보니, 법문을 한 번도 제대로 들어보지 못했어요. 법문이라는 것은 글 배우는 과정을 말하지요. 7년 동안 상원사에 있으면서 조실스님 시봉을 2년 했어요. 나는 민첩하지 못한 사람이라 항상 제대로 시봉하지 못한 것은 아닌가 하여 걱정을 했어요. 한암 스님은 반찬도 아무 것이나 잡수시지 않았지요. 항상 준비하는 것이 김, 두부, 표고버섯, 배추, 갓나물 등이었어요. 표고버섯도 국물만 잡수시고, 시금치는 잡수시지 않았어요. 그리고 스님은 아침에 늘 죽을 잡수셨어요. 내가 죽 종류를 세어 보니 근 열다섯 가지나 되었어요. 잣죽, 콩죽, 깨죽, 흰죽, 대추죽 등이었지요. 시봉을 하니까 신경쇠약 비슷한 것이 오더라고요. 2년을 하다가 그 뒤에는 문언이라는 스님이 시봉을 하였어요.

상원사에 계시면서 한암 스님으로부터 법문을 들어 보셨는지요?

　　내가 상원사에 있으면서 법문은 딱 한 번 들어 봤어요. 스님이 법상에 오르셔서 법문을 설하시는데, 한참 법문을 하시다가 "나는 그렇지 않다, 그러면 여기에 있는 대중은 어떻게 하겠는고?" 했어요. 탄허 스님이 그 자리에 있다가 퍼뜩 일어나 나오셔서 두 손으로 뭘 받는 형식을 취해요, 조실스님이 아무 말 않고서 탄허 스님 앞으로 주장자를 던져 주시더라고요. 탄허 스님이 두손으로 주장자를 받았지요. 내가 생각건대, '스님, 보여 주십시오. 어떤 것입니

도원 스님의 은사인 고송 스님. 한암 스님의 수행 정신을 이은 수행자이다.

까? 그러면 받겠습니다' 한 것이 아닌가 생각하지요. 그리고 한번은 4월 결제 때인데 첫날 눈이 잔뜩 왔어요. 스님께서 눈에 관한 법문을 하시면서 "이것이 문수보살과 같은 것인가, 같지 않은 것인가? 같다고 해도 맞지 않고 같지 않다고 해도 맞지 않으니 시회(時會) 대중은 일러 보라"고 하셨어요. 대중들이 아무 말을 안 하자 스님이 자대(自對, 스스로 대답)를 하셨어요. "오늘이 4월 보름이 아니오" 이렇게 말씀을 하셨어요. 법문은 이렇게 딱 두 번 들어 봤어요. 그리고 노스님은 법상에 잘 안 오르셨어요.

제가 알기로는 큰방에서 대중들에게 경전 공부를 많이 시키셨다고 하던데요?

그것은 대중 모두가 모여 아침 차공양을 할 때, 항상 조사어록을 갖고 탄허 스님이나 보경 스님이 먼저 해석해요. 그러면 대중들이 그것을 죽 봐요. 그후에 한암 스님께서 대중에게 질문을 하라고 해요. 대중들이 의문나는 것이 있어 질문을 하면 그때 설명을 해주셨지요. 그게 법문이었어요. 경전과 조사 어록, 『화엄론』, 『보조법어』 등 여러 가지를 했어요.

상원사에 불이 나서 스님의 저술인 『일발록』이 타고 그랬는데 그때 그곳에 계셨지요?

그렇지요. 상원사에 불이 났을 때 조실채가 따로 있었고, 나하고 보경 스님이 한방에서 살고, 탄허 스님은 객실채에서 살고 그랬는데, 그해에 눈이 얼마나 왔는지, 눈이 오면 산골짜기로 가서 물을 길어 먹었어요. 그런데 그날은 내가 물 긷는 당번이 되었어요. 물을 길어 오는데 '불이야' 한단 말이야. 내 예감에 조실방에서 불이 난 것 같았어요. 그때 조실방 부엌이 서너 계단 아래로 내려가야 아궁이가 있는데, 평소에도 일꾼들이 아궁이 옆에 장작을 싸 놓았어요. 아마 아궁이에 불을 때다가 그 불씨가 타다닥 뛰면서 장작더미에 옮겨진 것일 거예요. 조실채는 잣나무로 되어 있었기에 화약고였지요. 처음에는 법당과 상당히 떨어져 있어서 타지 않을 것 같았는데 결국에는 법당에도 옮겨 붙더라고. 그래서 조실스님도 밖으로 나오셨지요. 불은 꺼야 하는데 해제철이라 대중은 없지요. 얼음만 있고 물이 있어야 불을 끄지요. 법당에 있는 부처님과 경전 등을 밖으로 끄집어냈지요. 『화엄경』과 서너 함의 경전은 타 버렸어요.

　　절이 전소되었으니 복구해야 하므로 대중운력으로 기왓장을 날랐지요. 대중들이 '한암 스님은 나오시지 말라'고 해도 기어이 나오셔서 기왓일을 하시다가 그만 병환이 나서 돌아가실 뻔했지요. 불이 난 후에는 수련생들이 쓰던 서너 칸 가운데 중간 방은 조실스님이 쓰시고, 나머지 하나는 원주가, 그리고 하나는 나하고 우리 또래 몇 명이 쓰고, 탄허 스님과 희찬 스님은 중대로 올라가셨지요. 상원사 복구에는 지암 스님이 힘을 많이 쓰셨어요.

상원사가 전소된 이후 도원 스님의 신상에는 변화가 없었나요?

　　대중과 함께 살면서 그냥 밥을 얻어먹고 살 수는 없어서 한암

53

도원 스님

도원 스님이 한암 스님 밑에서 공부하던 시절 경전을 필사해 놓은 노트.

스님에게 말씀드려 너댓 명의 사미에게 사집 과정을 가르쳤지요. 그리고 나 자신도 제대로 사교(四敎) 과정을 공부하지 못했으므로 그 과정을 당신(한암 스님)이 꼬박꼬박 강의해 주셨지요. 『원각경』을 보다가 시국이 어수선해서 중단하고, 『능엄경』은 보지도 못했어요.

시국이 어수선한 내용이 무엇인가요?

상원사 근처에 공비가 나타나고, 적멸보궁에 빨갱이가 총을 들고 들어와 있다가 경찰에게 잡혀가는 등 여러 가지 일들이 나타나기 시작한 것이지요. 탄허 스님은 여기서는 곤란하다고 판단하여 당분간 어른 모시고 남쪽으로 옮길 생각으로 혼자 통도사에 갔다

오셨어요. 당시 통도사의 경봉 스님은 한암 스님이 오시면 기꺼이 모시겠다고 하였고, 백련암을 내주기로 했어요. 그해 여름, 해제하자 마자 나하고 탄허 스님, 보경 스님, 그리고 성도 수좌 이렇게 네 명이 먼저 통도사로 가서 백련암을 접수하려고 하니, 대처승이 내놓지 않았어요. 한 해 살림은 못 하고, 우선 나 혼자서 방 하나를 빌려 있었지요. 그 이듬해에 가서 비로소 이사를 했어요. 그때 대중이 열한 명이 모여서 각자가 열심히 공부를 해보자고 했지요. 이 처사는 장자를 공부하고, 나는 『화엄론』을 공부하고, 그 밑으로는 사교반과 사집반도 있었어요. 이렇게 전적으로 공부를 하자고 하여서 두 달간 알찬 공부를 하였지요. 거기서 공부를 계속하였으면 성공을 할 수 있었는데….

그런데 상원사에서 한암 스님이 편찮으시다고 해서 탄허 스님과 보경 스님이 상원사를 다녀오셨지요. 마침 그때 우리는 소개령이 내려 백련암에 있을 형편도 못 되었어요. 거기도 빨갱이들이 난리를 피우니까. 할 수 없이 우리는 그 이듬해 봄에 철수하여 통도사 보광전에서 탄허 스님과 합류하였지요.

그때가 6·25 전인데도 각 지방의 치안 사정이 그랬군요.

결국은 통도사에 있을 수도 없어 탄허 스님 일행은 경기도 고양의 도림사라는 보살절로 가게 되었지요. 대원경 보살이 소개했어요. 그곳에 보따리를 풀고 4·8을 지내려고 하는데, 그 보살이 우리를 마치 머슴 취급하면서 거만을 피웠어요. 탄허 스님 성격에 그런

꼴을 볼 수가 없으니 다른 곳으로 가려고 하였지요. 그런데 마침 흥국사 주지가 우리를 초청했어요. 그는 대처승이었지만 자식 없이 내외가 조촐하게 살고 있었는데, 우리보고 같이 살자고 해서 가게 되었지요. 하루는 모를 심고 있는데 전방 쪽에서 탕! 탕! 하는 대포 쏘는 소리가 들리는 거예요. 그래서 저 소리가 무슨 소리냐고 하니, 군인들이 훈련하는 소리인데 가끔 그런 소리가 나니 걱정 말라고 그래요. 그런데 그게 아니야. 6·25 난리가 일어난 것이었어요.

그러면 어떻게 하셨나요? 한암 스님은 그때에도 상원사에 계셨나요?

인민군이 들이닥쳐서 매일같이 김일성 노래, 북한 애국가를 부르라고 닦달을 했지요. 또 사람을 동원하라고 하여 절에서 서너 명을 보내 자원하였는데, 마지막에 가서는 모두 인민군에 지원하라고 해서 우선은 지원해 놓고 대중이 모여 의논을 하였지요. "가면 죽는다, 북한으로 끌려가면 다 죽는다"고. 그래서 "각자가 살길을 찾는 각자도생을 하는 게 좋겠다, 남으로 갈 사람은 남으로 가고 북으로 갈 사람은 북으로 가라면서 단체행동은 안 되겠다"고 했지요. 이제 중노릇 하기는 어려운 것 같다는 생각이 들어 마지막으로 한암 스님이나 한 번 뵙고 어디로든 가야겠다는 생각에 열흘 걸려 도보로 노스님에게 찾아가니 대단히 반가워하셨지요. "같이 살아야 하는데 식량 사정도 그렇고 시국도 이러니 난감하다"고 하셨어요. 그래 "저희들도 살라고 온 것은 아닙니다. 3, 4일 후에 떠날 것입니다"라고 말씀드렸지요.

그때 월정사 승려인 성도 스님이 각화사 근처에 토굴이 하나 있는데 그곳이 살기도 괜찮고 난리도 피할 수 있으니 그곳으로 가서 감자 농사를 하면서 살자고 하여 그리로 가려고 하였지요. 상원사로 가서 노스님께 마지막으로 인사를 하고 월정사로 내려오는데, 그만 월정사 총무 와운 스님에게 붙들렸지요. "이 시국에 식량은 어디를 가나 별 수가 있나" 하면서 "나하고 월정사에서 같이 살자"고 해서 잠시 월정사에 있게 되었지요.

그 무렵이 1·4 후퇴 때가 아닌가요?

맞아. 그때가 1·4 후퇴 때였지요. 마침 그때 강릉 법왕사로 가서 산 지 얼마 안 되어 1·4 후퇴 한다고 소식이 왔어요. 그래서 법왕사에 있던 양청우 스님 양모와 처사 두 분, 희찬 스님 등 네 분만을 남기고 전부 피란을 하기로 했어요. 그때 우리 식구 일행은 모두 열한 명이었지요. 그 속에는 관응 스님 권속(부인, 딸인 명성 스님, 명성 스님의 남동생, 조카), 우리 식구 네 명, 비구니 등이었어요. 피란을 가야 하니, 쌀을 있는 대로 가져다가 떡을 만들어 말렸어요. 또 1인당 소두 닷되어치의 떡을 나누고, 생쌀도 1인당 한두 되씩 넣고, 화폐개혁 한 돈으로 2,000원을 넣고 하였지요. 떠나기 전날 저녁에 양청우 스님이 이제 우리는 생사기로에 섰다고 하면서, 지금 우리가 지고 가는 것은 마지막 생명선이니, 얻어먹고 얻어먹다 어찌할 수 없을 때에는 최후로 짊어지고 가는 떡과 쌀을 사용하라는 요지의 비장한 말을 하였지요.

일행은 걸어서 울진 불영사까지 갔어요. 일행 전부가 불영사로 들어갈 수는 없었기에 둘로 나누어 탄허 스님, 보경 스님, 나, 희윤 이렇게 네 명만 불영사에 들어가 한겨울을 났지요.

그러면 울진 불영사에서 6·25 난리 동안 내내 계셨나요?

불영사 근처 산에서도 아군과 적군이 총격전을 해서 봄에 다시 부산으로 갔어요.

나는 범어사로 갔고 탄허 스님은 금정사에 계셨지만 합류하지는 않았지요. 그 시절 범어사는 피란 온 스님들이 100여 명이나 모여 있어 웅성웅성하였지요. 식량 사정 때문에 애를 먹었어요. 운허 스님은 대중들에게 『능엄경』을 가르쳤지요. 나는 그곳에서 한 1년 살다가 몸이 쇠약해져 대중생활을 하기가 어려워 부산 수영 금수사로 갔어요. 그 절을 나가암이라고 하였는데, 오대산에 와서 중이 된 비구니가 탄허 스님을 모셨지요. 나는 그곳에서 2년 살다 휴전을 보고 파계사로 돌아왔어요.

한암 스님이 입적하시고 부산에서 추도회가 개최되었는데 거기에 참석하셨나요?

나는 참석하지 못 했어요. 피란 도중에 돌아가셨다는 말은 들었지만, 젊은이가 다니면 군인으로 끌고 갈 판이니 다닐 수도 없었지요. 어른이 돌아가셨다고 하지만 문상 갈 형편이 되지 않았어요.

혹시 상원사에 계실 때에 유명한 학자들이 한암 스님을 뵈러 오지 않았나요?

　　일본인 사토(佐藤) 교수가 온 것을 보았어요. 나는 그 시절 매일 일만 하는 처지였기에 자세히 보지는 못했지요. 관응 스님이 일본 교수를 안내해 가지고 왔고, 조명기 박사도 학생 신분으로 함께 왔지요. 나는 후원에 있었으니 대담하는 장면만 보았어요. 후일 들으니 "불법이 무엇인가"라는 질문에 한암 스님은 안경집을 들어 보이셨다고 그러더군요. 그때 그 일본 교수가 무척 감명을 받았다고 그랬어요. 한암 스님이 "산중에 오셨으니 적멸보궁이나 참배하고 오시라"고 그랬지요.

　　그런데 그 일본 교수가 아랫마을 진부에 가서 유지들을 다 모아 놓고 "당신들은 대단한 행복을 누리는 사람들이다. 저런 큰 선지식을 모시고 산다는 것 자체가 얼마나 행복한가? 우리는 멀리 있어서 뵙지도 못한다. 너희는 가까이서 모시고 사니 얼마나 좋은가?" 하면서 극찬을 하였다고 그랬어요. 또 총독부 정무총감이 다녀갔는데 한암 스님에게 "일본하고 미국이 전쟁을 하는데 어느 나라가 이기겠습니까?" 하고 묻자, 노스님이 "덕(德)이 있는 나라가 이긴다"는 말씀을 한 것은 유명한 이야기이지요.

삼본산 승려 수련소가 언제까지 지속되었는지 분명치 않은데요, 스님이 상원사에 계실 때에도 수련소가 있었나요? 수련소가 있었다면 운영에 어려움이 있었다고 보아야 하나요?

내가 있을 때에도 있었어요. 수련소의 운영은 한암 스님이 계셔서 문제가 안 됐어요. 1주일에 편지가 한 뭉치씩 와요. 그 편지에 전부 돈을 부쳐 오는데, 내용은 자기 집안 아들이 징용, 징병에 끌려갔으므로 그들이 잘 되도록 큰스님께서 기도를 해 달라는 것이었어요. 그 돈은 다 사중 운영에 반영되었어요. 또 큰절(월정사)에서 일정량의 식량을 대주었지요. 여유는 있었지만 대중들이 시도 때도 없이 찾아오니까. 어느 때는 50명도 되고 80명도 되어 예측을 할 수 없으니 늘 비축을 해 놓지 않으면 안 되었어요. 어른은 공부를 하겠다고 찾아오면 적더라도 같이 나누어 먹으면서 살자는 주의였어요. 그러니 살림살이가 철저하지 않으면 안 되었지요. 젊은 사람들은 먹고 싶은 것을 못 먹게 하니 싫어했어요. 그곳 스님들은 부엌 화덕에 불이 많으니 감자를 묻어 놓고 익으면 꺼내서 먹고 그랬어요. 상원사에서는 1년 감자를 100가마씩 했어요. 무 농사도 많이 하여 월정사로 내려보내기도 했어요. 하여간 나는 3년 동안 몸서리칠 정도로 일을 했지요.

상원사에 제사가 많다는 말은 어떻게 된 것인가요?

내가 보니 제사는 많이 지내지 않았어요. 주로 불공을 많이 했어요. 그러나 그것은 주로 보경 스님이 하고, 노장스님은 간혹 읽어 보는 정도였어요. 보경 스님이 살림살이를 알뜰하게 했어요.

한암 스님의 근검 정신을 알 수 있는 사례를 알려 주시죠?

상원사에 대중이 100명 가까이 되어도 감기약 하나 없이 겨울을 지냈어요. 누가 독감이 들면 스님은 당신 방에 있는 꿀 한 공기를 내려보내요. 그래도 당신은 한번도 잡수신 적이 없지요. 꿀이라는 것은 수백 마리의 벌들이 만든 것인데 그 공을 함부로 할 수 없다고 하셨지요. 어느해 겨울에는 빙판에 미끄러져 다쳐서 두세 달간 허리를 앓으셨어요. 그때에도 초선탕이라고 당신이 손수 처방을 내어 한약만을 달여서 잡수셨을 뿐이었지요. 그리고 오대산에는 산삼이 많이 나요. 보경 스님이 산삼을 드리면 산삼은 잡수시지 않았어요. 산삼을 먹으면 중노릇을 못 한다고 하시면서. 스님이 당신 몸을 위해서 약을 잡수시는 것을 나는 한번도 못 봤어요.

지장암 비구니들도 간혹 상원사에 왔습니까?

지장암의 인홍 스님과 그 은사스님이 왔지요. 지금 대구의 서봉사 주지스님인 경희 비구니가 그때 행자로 있으면서 간혹 왔어요.

혹시 도원 스님은 한암 스님에게 야단맞은 일이 없었나요?

한암 스님은 야단 안 쳐요. 나는 스님 시봉하면서 늘 공양을 올리면서 스님 표정을 봐요. 어른의 얼굴이 좋으신가, 안 좋으신가를. 그리고 상을 내오면서 다시 살피지요. 공양을 잘 잡수셨으면 표정이 좋으신 거고, 그렇지 않으면 공양을 잘 못하신 거니까. 그런데 스님의 밥은 항상 그릇의 7부만 담았어요. 그런데 간혹 특이한 것을 하면, 예를 들어 찰밥을 하면 약간 많게 8부를 담았어요. 그러면 스님께서 "야! 이놈아, 늙은이가 먹고 똥 싸라고 이렇게 많이 담느냐"고 하셨어요. 내가 "스님 못 잡수시면 남기십시오" 해도 스님은 절대 원래의 양 이외에는 안 잡수셨어요. 한 숟가락을 더 잡수시면 속이 불편하시기 때문이었지요. 때로는 한 숟가락을 남겨 놓으실 때도 있었어요. 스님은 늘상 큰방에서 대중공양을 하셨는데, 허리를 다친 이후로는 혼자서 공양을 하셨지요. 스님 시봉을 할 때에 반찬거리 준비를 제대로 해야 한다는 데에 보통 신경이 쓰이는 것이 아니었어요. 주로 두부라든가 김과 갓김치를 준비했어요. 나는 공양 준비에 노이로제가 되었어요. 여법히 모셔야 하니까요.

한암 스님은 보조 스님을 계승한 면도 있는데요, 이에 대한 도원 스님의 의견은?

스님께서 조계종 초대 종정을 지내시고, 종명을 만든 것도 다 거기서 나왔지요. 스님은 『보조법어』를 매우 귀중히 여겼어요. 보조 국사는 『서장』으로 벗을 삼고, 『화엄론』으로 스승을 삼았다고 하였으므로, 오대산 상원사에서는 이통현의 『화엄론』으로 교재를 삼아 전 대중이 배웠지요. 주로 탄허 스님이 강의하고 석사

한암 스님의 보조국사(지눌)의 계승을 파악할 수 있는 『보조법어』. 한암 스님이 상원사판으로 간행하였다.

(釋詞)하셨지요. 나는 탄허 스님에게 『화엄경』을 섭렵하였지만, 내가 들어가기 이전 수좌스님인 고암, 탄옹, 석호, 석주, 고송 스님들도 이미 그 과정을 마쳤지요. 조실스님은 조사어록을 많이 강의 하셨어요. 『보조법어』, 『서장』, 『선요』 등을 많이 강의하셨는데 "내가 아무리 법문을 잘해도 고(古) 조사나 부처님만 하겠느냐? 법문을 따로 들으려고 하지 말고 경전이나 어록 속에 담겨 있으니, 내 말보다도 부처님 말씀과 경전을 잘 배워야 한다"고 하셨지요. 오대산에서는 주로 『금강경삼가해』를 공부했는데, 과정은 2년이었지요.

수련생들이 밤에 나가서 몰래 막걸리도 먹었다고 들었습니다.

그랬지요. 수련생들의 삶을 보면 말이 아니었어요. 수련생들은 저녁 아홉 시가 지나면 산문을 나가 5리나 떨어진 신선거리에서 막걸리를 먹고 새벽 두 시나 되어 들어오기도 했어요. 거기엔 산판하는 사람들이 있어서 주점이 생겼지요. 그래도 스님은 아무 말을 안 하시지만, 간혹은 심하게 꾸지람을 하셨지요.

한암 스님은 대중의 뜻을 귀하게 여겼다고 합니다. 이에 대한 비화(秘話)가 있으면 알려 주시죠.

당신은 계행이 철저해도 대중들이 결정한 것은 따랐어요. '명이'라고 해서 마늘처럼 냄새가 나는 나물이 있어요. 먹으면 고소해. 그러나 냄새가 말도 못해요. 대중들은 먹고 싶은데 조실스님이 있어서 먹을 수가 없었지요. 그래 대중들이 모여 의견을 정한 뒤 젊은 수좌들이 한암 스님에게 가서 "대중이 원하여 한번 먹겠으니 허락해 주세요" 하고 건의를 했어요. 그러자 한암 스님께서 "그것은 오신채라 수좌가 먹을 수 없는데, 중으로서 말이 안 되는 소리지. 그러나 대중들이 원한다면 먹을 수도 있는데, 단 조건이 있다. 한 사람도 빠지지 말고 전 대중이 다 먹어라" 하셔서 그 조건으로 먹은 적이 있었어요. 그 나물을 먹은 사람은 괜찮지만 안 먹은 사람은 그 냄새가 역겨워요. 명이를 삶아도 먹고, 생으로도 먹고, 부쳐 먹고 그랬지요. 당신은 싫어도 대중이 좋아하면 허락을 하시더라고요.

대중의 의사를 따르는 것과 스님이 강조하신 사리판단의 관계를 어떻게 보아야 하나요?

그것을 알 수 있는 것이 있지요. 상원사에 불이 나기 이전에는 상원사에는 여자들, 비구니는 절대로 못 살았지요. 상원사 선방에서는 할머니라도 여인네들이 한철 난다는 것은 있을 수 없었어요. 다녀가는 것은 몰라도. 노보살들이 늦게까지 머무르면 야단이 나요. 그런데 불이 난 이후에 대원경 보살 같은 공로가 많은 보살 네 명이 한 철을 나겠다고 애원하니 난감해하셨지요. 사리가 밝은 분이었지만, 상원사 중창에 그들의 공로를 무시할 수도 없어서 허락을 했어요. 보살 네 명이 방부를 들이니 젊은 스님네들이 좋아할 리가 없지요. 같은 방에서 참선을 해야 하니. 수좌들이 한암 스님에게 "조실스님, 이거 안 되겠습니다. 이것은 사리에 맞지 않습니다"고 말씀을 드렸어요. 그랬더니 한암 스님께서 "그래 맞다, 사리에 어긋난다. 그렇지만 상원사 중창에 그들의 신세를 무시할 수 없지 않느냐? 나도 여러분의 뜻을 모르는 것은 아니다. 우리가 전부 시주의 도움을 받아 집을 짓고 살고 있다. 특히 그들은 불사에 많은 보시를 한 사람들인데, 한철 나고 싶다는 인연을 매정하게 끊을 수가 없다. 여러분이 진심으로 발심을 했다면 양귀비를 갖다 놓은들 무슨 상관이 있겠느냐? 그들에게 선방 스님네 생활을 알려 주고, 그들에게 가르쳐 주기를 바란다. 그러니 내 뜻을 받아 주기 바란다"고 하셨지요. 조실스님의 뜻이 그러하니 대중들이 조용해질 수밖에.

이처럼 한암 스님은 사리와 의리를 중히 여겼어요. 그때부터 보살들도 한철씩 나기 시작하였지요.

그전에는 지장암에 있었던 계명 스님과 인홍 스님이 상원사 부엌에서라도 자고 가겠다고 하였지만 야단을 맞았지요. 그만큼 철저했어요. 지장암 비구니들도 해제·결제 법문 시에도 허락을 받아야 오지 허락 없이는 절대 못 왔어요. 노보살들의 방부를 허락한 것은 스님께서 남의 신세를 많이 졌기에 허락하셨던 것이고, 사리에 어두운 분은 아니었구나 하는 것을 보여 주신 것이지요.

도원 스님은 한암 스님과의 인연이 각별하신데 한암 스님을 어떻게 생각하시나요?

내가 중노릇 하는 가풍은 어디까지든지 한암 스님의 가풍을 그대로 답습하고 있어요.

한암 스님 가르침에서 지금도 생각나는 것이 있다면 소개하여 주시죠.

한암 스님은 우리에게 평소 가르치시길, "중노릇을 잘하려면 부처님 탁자 밑에서 살아야 한다"고 하셨어요. 우리에게 늘 "중노릇을 잘하려고 생각해야 한다, 절대 딴 생각을 갖고 그곳을 떠나서는 안 된다"고 하신 이 말씀은, '중은 독살이 하면 죽는다'는 뜻이지요. 이는 '중은 절집 생활을 해야 한다, 대중 처소를 떠나지 않아야 한다'는 것을 강조하신 뜻이지요. 그 다음으로 한암 스님은 중노릇을 잘하려면 다섯 가지를 잘못하면 중이 안 된다고 하셨어요. 그 다섯 가지는 참선하는 것, 간경 보는 것, 염불, 대중을 위해서 봉사하는 것 등이었어요. 마지막으로 나가서는 중생에게 교화(포교)하는 것이었지요. 이 다섯 가지에 참여 못 하면 중이 아니라고 하셨어요. 한국불교 현실을 볼 때에 이 다섯 가지에 참여해야 한다고 누누이 말씀하셨지요.

그리고 늘 말씀하시는 것은 말세 중생들은 근기가 허약하기 때문에 수승한 인연을 맺기가 어렵다고 하시면서, 참선하는 대중이 모여 있는 곳이었지만 예불을 마치고는 꼭 관음정근을 두 시간 하셨어요. 칠십 넘은 노인이 첫새벽에 일어나셔서 꼬박 서서 두 시간씩 정근을 하시고 그랬어요. 우리들에게도 두 사람씩 짝을 이루어 예식을 가르쳤어요. 한 사람은 법주를 하고 다른 사람은 바라지를 하고. 천수를 치면서 제 위치에서 관음정근을 하도록 하셨지요.

혹시 선방 수좌들이 그에 대해 비난은 하지 않았나요?

물론 수좌들은 참선하는 선방에서 염불하는 것에 대하여 이의를 달고 그랬어요. 그러나 한암 스님은 이에 대하여 확고한 신념을 갖고 있었어요. 당시 "말세 중생들은 근기가 약하여 참선만 가지고서는 안 된다. 수승한 인연을 맺어 놔야 내세에 가서도 머리를 내밀 때에 좋은 반연이 얻어지지 그렇지 않으면 안 된다. 그래 관음정근이라도 시켜야 한다"고 강력히 주장하셨지요. 그러나 선방에서 염불을 한다는 것은 매우 특이한 것이었지요.

그 밖에 한암 스님의 가르침을 알려 주시죠.

한암 스님이 말씀하신 것은, 중은 인과를 제대로 알아야 하고, 사리를 분명히 알아야 한다고 하셨지요. 스님은 자주 '지인과 명사리(知因果明事理)'를 말씀하셨는데, 그분처럼 인과를 철저히 알고 사리에 밝은 스님도 드물다고 생각해요. 인과를 분명히 알면 중노릇을 하지 말라고 떠밀어도 저절로 중노릇을 하지 않을 수가 없다고 하셨어요. 그리고 사리판단을 잘 해야 한다고, 사람이 세상 살면서 사리판단을 잘못하면 자기 생활도 그르친다고 하셨지요.

한암 스님은 시주물에 대한 엄격성을 강조하셨다고 들었습니다.

중은 시주 물건을 무섭게 알라고 하셨어요. 한암 스님의 가르침을 요즈음 스님들의 행동과 비교해 보면 기가 막혀요. 스님은 도량을 거닐다가 쌀이나 팥, 무 껍데기, 콩 등 먹을 것을 보면 그것을 주워서 부엌으로 가져오시거나, 애들을 불러서 전해 주셨어요. 음식물이 얼마나 많은 사람들의 공이 든 것인지를 모르면 안 된다고 하셨지요. 스님들은 항상 시주물을 무섭게 알아야 한다고 강조하셨어요.

한암 스님이 시주물을 균등히 분배하셨다는 말을 들었어요.

한암 스님에게 궁녀나 신도들이 두루마기나 버선 등을 보내 오면 1년간 전부 모아 두어요. 그랬다가 음력설이 되면 원주에게 그것을 전부 내놓으라고 하여 당신의 옷 두 벌만 남기고는 모두 대중에게 나눠 주라고 하셨어요. 하여간에 스님은 검박하게 생활을 하셨어요.

도원 스님은 한암 스님에 대한 인연이 지중하실 것으로 보이는데요?

딴 법문보다 평소에 우리보고 늘 하시는 말씀이 "중노릇 잘하라"고 강조하시고, "절집을 떠나지 말아라, 대중 처소에서 생활해라, 인과를 분명히 하는 생활을 해라, 중으로서 지켜야 할 다섯 가지를 참여하지 못하면 중이 아니다"라는 정신 속에 내가 지금껏 살아왔어요. 여태 중노릇을 해 온 것도 한암 스님의 가풍을 지키며 산 것입니다. 나는 참선도 제대로 못 하고, 제대로 이력을 마치지는 못 하였어요. 시절이 왜정시대이고, 6·25 전쟁통인지라 시국이 어수선하여 그럴 형편이 못되었지요. 왜정시대에는 일본놈들이 보국대라 하면서 스님들을 다 끌고 가 절에는 아무도 없을 정도였어요. 어떤 때에는 나하고 스님밖에 없을 때도 있었지요. 스님에게는 아침 저녁으로 『금강경』을 조금 배우고, 탄허 스님에게 『서장』, 『도서』, 『절요』는 배웠으나 『선요』는 못 배우고 해방을 맞았지요.

상원사에서는 늘상 밥하고 일하였기에 이력을 제대로 볼 처지가 안 되었어요. 그래도 사교(四教)는 보아야겠다고 노스님에게 말씀하니 그리 해보라고 하셨지요. 그러나 낮에는 일하고, 아침과 저녁에 보려고 하였지만 그것이 어디 쉬운 일인가. 더욱이 토도 달리지 않은 것을 갖다 놓고 보니 제대로 될 리도 없지요. 그것도 다 못하고 남쪽으로 나오게 되었지요. 장소와 스승이 잘 맞았어야 하는데 그게 잘 안 되었어요. 일과 식량, 장소와 스승, 시국 이런 것들이 잘 안 맞았어요. 학문은 복이 있어야 해요. 후일 영은사에서 탄허 스님을 모시고 3년간 공부를 하였는데 그때도 밤낮으로 일을 했어요. 탄허 스님을 모시고 월정사로 들어가서는 공부 좀 하려고 하니 대처승들하고 싸움이 났어요. 그때 나는 폐병이 나서 내 몸 추스리기도 벅찰 때니 모든 것이 잘 될 수 없었지요.

제가 보기에 한암 스님은 수행자의 표상인 것 같은데 지금껏 그 정신이 계승되지 않은 것 같아요.

지금 한국불교의 젊은 수좌들이 한암 스님처럼 중노릇을 하였다면 한국불교가 이렇지는 않았을 것이라는 생각이 들어요.

오늘 한암 스님과의 인연을 말씀해 주셔서 고맙습니다.

수고하였어요. 한암 스님의 정신 계승에 열심히 뛰어 주시기 바랍니다.

사리(事理)에 밝으신,
전무후무한 스님

보경 스님

- 대담 일시_ 2005년 2월 17일
- 장소_ 신도림동(서울)

—
보
경
스
님

상원사 출가
한암 스님 시봉
영은사 주지
대전 자광사 주지

스님의 춘추가 어떻게 되시나요?

1919년생이니, 여든여섯 살인가?

스님의 고향은 어디신가요?

고향은 충청남도 서산군 대산면 운산리라는 곳이지요.

스님은 어느 절로 입산하셨나요?

제 나이로 열일곱 살, 동짓날에 수덕사로 갔지요. 제가 본래는 한문 배울 욕심으로 절에 왔어요. 제가 여덟 살에 동네 서당에 입학해서 3년을 다녔는데, 마침 훈장님이 잡혀가는 바람에 더 배울 수가 없었지요. 한문을 꼭 배우고 싶어서 수덕사로 간 것이지요. 수덕사에 얼마 안 있다가, 정월 보름 해제날(1935)에 상원사에 사는 어느 스님을 따라서 엿새 동안 걸어 상원사로 들어오게 된 거죠. 나를 상원사로 가게 해준 스님은 수덕사 입승이었던 강월 스님이었지요.

고향에서는 한문을 배울 수 없었나요?

우리 집이 가난해서 배울 수가 없었어요. 그런데 작은어머니 형부 되시는 분이 수덕사에 자주 다니셨는데, 만공 스님하고 친하고 학식도 있었어요. 그분을 만났더니 나에게 "너 절에 가면 공부할 수 있다. 내가 데려다주겠다"고 말씀하였어요. 그래서 그길로 수덕사로 들어갔지요.

수덕사에 들어왔는데 왜 상원사로 오시게 되었나요?

　　수덕사에 들어와 만공 스님에게도 인사를 드렸는데, 어른들이 나에게 무슨 생각으로 절에 왔느냐고 물어요. 저는 한문을 배우러 왔다고 대답하였지요. 그랬더니 어른들이 수덕사는 선을 하는 곳이므로 한문은 배울 수가 없다고 그랬어요. 그때 한암 스님 상좌로서 수덕사 선방 입승을 보던 강월 스님이 저에게 "그러면 잘됐다, 오대산에 가면 한문을 배울 수 있는데 마침 한암 스님 시봉을 하던 희열이라는 사람이 혜화전문학교에 가는 바람에 노스님 시봉이 없으니 거기 가서 시봉을 하면서 한문을 배우라"고 하더군요. 나는 얼른 가고 싶어서, 당시 수덕사 선방 수좌인 문희종 스님하고 상원사로 오게 되었지요.

상원사에 입산해서는 한암 스님의 첫 인상이 어떠하였으며, 와서는 무엇을 하셨나요?

　　인상은 훌륭한 스님 같았어요. 오자마자 한 것은 주로 노스님 시봉을 하였지요. 새벽 세 시에 일어나 노스님의 이부자리 개고, 세숫물을 떠드리고, 살림살이를 살피고 그랬지요. 제가 그때에도 키는 작았지만 약삭빠르고 시봉을 부지런히 하였어요. 그랬더니 노스님이 "저 애가 각단 예불을 잘 드리므로 얼른 계를 주어야겠다" 하셔서 4월 보름 결제날에 사미계를 받았지요. 절에서는 보통 3년은 행자 생활을 해야 계를 받는데 저는 입산 후 석 달 만에 받았으니 상당히 빨리 받은 것이지요.

한문 배우러 상원사에 왔는데 출가까지 하셨네요?

한 5년 정도 한문을 배워서 속세로 내려온다고 갔는데 그게 그만 한암 스님과 인연이 된 게지요. 그즈음 한암 스님이 하신 법문, 즉 "산은 높은 대로 바다는 깊은 대로 평등한 것이다. 오리의 다리는 짧은 대로 평등한 것이고 황새의 다리는 긴 대로 평등한 것이다. 산을 깎아 바다를 메우면 산은 산대로 바다는 바다대로 불평을 하게 된다. 오리의 다리가 짧다고 해서 황새의 다리를 잘라 붙일 수 있겠는가"라는 말씀은, 저에게 큰 영향을 주었지요.

나는 가정이 어려워 하고 싶은 공부를 못 해 불평등에 대하여 불만을 갖고 있었어요. 어떤 이는 잘 살고 어떤 이는 못 살고, 부귀빈천이라는 차별에 대한 감정이 있었지요. 그런데 한암 스님의 말씀을 들으니 불평이 확 풀려 증오심이 가라앉아 버리더라고요. 빈부 해설을 불교적으로 하시는데 그 원인은 자기가 전생에 지은 결과라는 것이지요. 노스님(한암)의 말씀은 저의 불만을 일순간에 허물어뜨리고 불교를 새롭게 보는 계기가 되었지요.

그때 스님의 은사이신 탄허 스님도 계셨나요?

탄허 스님은 제가 입산(1935)하기 전 해인, 1934년 음력 8월에 입산해서, 그해 10월 보름에 계를 받았어요.

탄허 스님과 고향에서 함께 온 사람도 있었습니까?

탄허 스님을 포함해서 세 사람인데, 권중백과 차도진이지요.

이들은 그후에 나가 버렸지요. 권중백은 강릉 칠성암 주지까지 하였고, 차도진은 차천자의 조카였지요.

계를 받을 때 한암 스님의 상좌가 되지, 왜 탄허 스님 상좌가 되었나요?

　　사미계를 받는 날 아침 큰방에 여러 스님들이 앉아 있었어요. 저는 구석에 무릎을 꿇고 앉아 있었는데, 노스님께서 저에게 "네가 스승을 택하라"고 하셨어요. 그래 저는 탄허 스님 앞으로 가서 절을 올렸지요. 이는 제가 마음속으로는 한문을 배우러 절에 온 것과 탄허 스님이 입산 이전부터 한문에 대해서는 해박한 실력으로 절에 들어온 것과 저절로 연결이 된 게지요. 한마디로 글 배우고

항일승려인 백초월이 일제에 의해 옥에 수감된 모습. 초월 스님은 봉원사, 동학사, 월정사에서 강사를 하였는데 한암 스님이 탄허 스님의 지도강사로 추천하였다.

싶어서 탄허 스님을 은사로 모신 것이지요.

탄허 스님도 처음에는 참선을 하러 절에 갔는데, 왜 경학 쪽으로 공부를 하셨나요?

　　탄허 스님은 처음 시작할 때 3년간 묵언, 참선을 하시려고 하였지만, 한암 스님께서 "참선도 좋지만 자네 같은 사람이 부처님 교리를 알아야 후생들이 도움을 받을 수 있다"고 말씀하셨지요. 노스님이 탄허 스님에게 강원에 가서 일대장교(一大藏教)를 마쳐야 된다면서 박한영, 진진응, 백초월 이 세 스님을 추천하셨어요. 처음에는 탄허 스님이 아무 말도 안 했어요. 제가 알기로는 처음에는 화엄사의 진진응 스님에게 가라고 권유했는데 탄허 스님이 "스님이 책을 펴 주시면 스님한테 배우지 공부하러 딴 데로 가지 않겠습니다. 여기서 살겠습니다"라고 답변하셨어요.

승려 수련소가 생기면서 탄허 스님이 그 수련소의 중강으로 있으시지 않았나요?

　　노스님이 탄허 스님에게 강원에 가라고 서너 번 권유하셨지만 거절하였어요. 그러나 수련소가 생기자 중강(中講) 자리는 거절하지 않으시고 맡은 것으로 알아요.

수련소 설립에는 강원도의 주선도 있었지요? 그리고 수련소생을 위한 숙소는 어떻게 하였나요?

그때 강원도 참의관이 와서 노스님을 뵙고 간 이후에 수련소가 생겼어요. 상원사는 선방이지만 한암 스님의 학문을 승려들에게 가르쳐야 하겠다고 진언하여 수련소가 생겼어요. 수련소 간판도 탄허 스님이 써서 걸었지요.

제가 기록을 보니 스님과 탄허 스님이 그때 설립된 3본산 승려 수련소의 수련생이셨더군요.

맞아요. 저하고 탄허 스님이 3기생이었어요. 수련생이 오기 전에는 수좌가 4, 50여 명이었는데, 수련소가 생긴 이후로는 대중이 거의 80여 명이 되었고 어떤 때에는 100여 명도 되었어요. 탄허 스님이 수련생으로 등록한 것은 수련소 규정에 수련소를 마치면 대덕 법계를 주게 되었기에 그리 된 게지요. 수료증도 주었는데 내 것은 불타 버리고 없어요.

상원사에 상선원(上禪院)이 있었다고 하는데, 이것은 별도의 선원이 있었다는 말입니까?

상선원이라고 있었지요. 당시 상원사에 담허 스님이라고 하는 분이 있었어요. 그 스님이 주동이 되어 조실채를 지어야 한다고 해서 영산전 뒤에 지었어요. 지암 스님은 월정사 주지이므로 적극 그 불사를 후원하였지만 주동한 것은 담허 스님이었지요. 처음에 노스님은 못 짓게 했어요. 노스님은 바람기가 있으면 몸에 안 좋으시다고 하시면서 전에 쓰시던 조실방을 좋아하셨어요. 조실방은 입구

(ㅁ)자 집의 중간에 있어 좋다고 하셨지요. 새로 지은 조실채를 상선원이라고 했어요. 기존의 노스님 방의 건넌방을 중선원, 서별당을 하선원으로 불렀지요. 그러나 보통은 새로 지은 것을 상선원으로만 불렀지요. 노스님은 그 조실채를 쓰지 않으셨어요. 외풍이 세어서 그 방은 탄허 스님과 내가 주로 있었지요.

일제 말기 조계종보에는 월정사 선원의 명칭이 금강선원으로 나오거든요. 보통 청량선원이라고 했는데, 이것은 어떻게 된 것인가요?

글쎄, 나는 그런 기억이 없어요. 본래 오대산을 청량산으로도 불렀기에 상원사 선방을 청량선원으로 불렀거든요. 상원사에 불이 나서 다시 집을 지은 후에 탄허 스님의 글씨로 청량선원이라고 써 붙인 것이 지금까지 붙어 있는 것이지요. 종단 기록에 그런 기록이 있다는 것을 들어 본 적은 없어요.

상원사에서는 특히 『화엄경』을 철저히 배웠지요?

그때 북경에 있는 출판사의 책 목록을 보고 『화엄경합론』을 신청했어요. 처음에 20질 주문했다가 나중에는 열 질 더해서 30질이 왔지요. 그때 허몽성 스님 할머니가 그 책 구입비를 모두 시주했지요. 큰방에 대중들이 차례대로 죽 둘러 앉으면 먼저 탄허 스님이 새기고 그 다음에 의심나는 것은 노스님이 답했지요. 탄허 스님은 그 전날 미리 읽어 두었어요.

화엄경 해석이라든가 토를 다는 것에 대해 한암과 탄허 스님 사이에 이견은 없었나요?

탄허 스님은 워낙 한문에 훤하니까 토를 갖고 해석하는 것에 대해서 이견이 있었지요. 어떤 때는 그것을 갖고 노스님과 오전 시간을 다 보내는 수도 있어요. 그래도 탄허 스님이 한번도 한암 스님을 이겨 본 적이 없어요. 탄허 스님은 한문의 문리에 합당해야 한다고 하였지만, 노스님의 답변은 "불교는 유학과 다르다. 불교는 인도에서 시작되어 중국을 거쳐서 한문으로 번역되었기에 사서삼경과는 다르다"고 지적하셨지요. 예를 들어 불교의 진언이나 다라니는 번역할 수 없으므로 그대로 두어야 한다고 하셨지요. 노스님은 『능엄경』, 『화엄경』 등 어떤 경에도 해당된다고 하셨어요. 하여간에 조목조목 의견을 대도 탄허 스님이 한번도 이겨 본 적이 없었어요.

선방에서 경을 읽는 것이 특이하였네요. 수좌들의 비판도 있었을 텐데요?

선방 수좌들의 비판이 엄청났지요. '이게 강당이지 선방이냐'고. 한암 스님은 "참선을 하더라도 남을 가르치려면 한문을 알아야 한다"고 하셨지요. 경을 읽는 것은 노스님이 주장해서 한 것이지요. 선방 수좌들의 시비와 반발이 대단했어요. 그 여파가 참 컸어요. 그래도 여전히 수좌들에게 예식도 가르치셨어요. 강의는 주로 오전에 하고, 오후에는 참선도 하고 그랬지요. 상원사 출신 중은 모두 다 어디 가도 대우를 받았어요. 선방 수좌이지만 주지를 할 자격이 있다고 했어요.

상원사 선방 수좌들이 한암 스님과 탄허 스님을 어떻게 불렀나요?

한암 스님은 조실스님으로, 탄허 스님은 중강스님으로 호칭하였지요. 당시 그곳에는 내로라하는 수좌스님들이 많았어요. 효봉, 고암, 서옹, 탄옹, 월하, 용명 스님 등 탄허 스님이 비록 나이는 어려도 모두가 다 인정했어요. 탄허 스님은 교만하다는 것이 통 없었어요. 월하 스님은 서너 철 났어요. 서옹 스님도 오래 계시면서 입승도 하시고 그랬지요. 고송 스님과 효봉 스님도 여러 철 계셨어요. 그분들은 으레 오시면 입승을 보셨지요. 비룡 스님도 조금 계셨고.

상원사에서 수행한 수좌들에게 법호나 게송을 자주 주셨나요?

많이 써 주셨어요. 접어서 봉투에 넣고 하였는데 내 손으로 접은 것만도 수백 장이 돼요. 스님들이 오시거나, 혹은 선방에서 수행을 하고 가면 으레 게문(偈文)을 받아 가요. 그냥 가는 경우는 없어요. 그것을 수게상좌(授偈上佐)라고 해요. 상원사에 와서 지낸 분치고 선게제자(禪偈弟子) 아닌 사람이 없어요. 으레 노스님께 청해서 선게를 받아요. 누구든지 접는 두루마리에다가 써 주셨지요.

탄허 스님도 입산 직후의 법명은 택성이었는데, 탄허라는 법호를 받은 이후부터 탄허 스님으로 불리었지요.

만공 스님은 몇 번 상원사에 다녀가셨는지요?

경허 스님의 법을 이은 만공 스님.
상원사에 들러서 한암 스님과 법
거량을 하였다.

　만공 스님은 보궁에 기도하러 몇 번 다녀가셨어요. 보궁기도
많이 했어요. 한번은 만공 스님이 1주일을 기도하고 돌아가시니까
노스님이 신선골 큰 다리까지 내려오셨어요. 다리 건너서 하직(下
直) 인사를 하고 돌아오셔서 다리에 당도했는데, 만공 스님이 "한
암 스님" 하고 부르시면서 한암 스님에게 조그마한 돌 하나를 슬
쩍 집어던졌는데, 노스님께서는 그 돌을 집어 옆 개울가로 벼락같
이 확 던져 버리셨어요. 그러시곤 다리를 건너오셨지요. 제가 보기
에 이것은 일종의 법거량인데, 그 두 스님의 성격을 분명하게 드러
낸 것으로 보여요. 두 스님의 행동과 성격이 나오는 거지요.

제가 볼 때에 만공 스님은 수좌들에게 "되었다, 그만하면 되었다"는 칭찬의 말씀을 많이 하셨어요. 수좌들은 자신이 인가받았다고 판단하게 되지요. 노스님은 자상하고 자비롭지만, 법거량에서는 엄격하시거든요. 법(法)에 대해서 굉장히 밝으셨기 때문에 기면 기고, 아니면 아니고가 분명했어요.

만공 스님의 입적이 1946년 가을인데요, 혹시 조문이나 특별한 의사 표시는 안 하셨나요?

조문은 안 보냈어요. 노스님께서는 그런 형식은 불가하다고 하셨어요. 제가 탄허 스님과 상의해서 혼자 갔다 왔지요. 제 고향이 서산이고 그 근처가 수덕사이므로, 고향 간다는 핑계로 참여하였는데 아마 노스님은 모르셨을 거예요. 노스님은 만공 스님에 대해 칭찬하지 않으셨어요. 경허 스님의 법을 받은 선배 예우는 하셨지만 칭찬은 하지 않으셨지요. 노스님께서는 참 철저하거든요. 특히 계율에 대해서는 철저했어요.

한암 스님의 법을 이었다는 보문 스님을 뵈었는지요?

그럼요. 보문 스님은 주로 중대에서 2, 3년 계셨어요. 희섭 스님이 상좌이지요. 그 스님은 수좌이고, 계율은 아주 깔끔하지요. 또 훌륭했어요. 입산은 금강산에서 하셨고 한암 스님에게는 건당 제자이지요.

탄옹 스님도 입승을 보았다고 하는데, 탄옹 스님에 대해 회고를 해주세요.

그분은 우리가 뵙기에도 공부에 상당히 힘을 많이 얻으신 것 같아요. 수마를 항복받아서 잠을 안 주무셔요. 잠 주무시는 것을 못 봐요. 참선 하고 아홉 시에 눕는데, 다른 사람이 다 잠들면 일어나 앉아 밤을 샜어요. 그리고 이튿날 아침에 수강하는데, 잠을 충분히 잔 사람도 꾸벅꾸벅 조는데 탄옹 스님은 한번도 졸지 않았어요. 그게 공부 힘 아니고 되겠습니까? 노스님께서 참 많이 사랑했어요.

수련소는 언제까지 운영되었나요?

내가 3기생인데, 4기생인 후배도 있었어요. 기억이 잘 나지 않지만 해방되기 전에 3본사의 중견 승려가 많이 다녀갔으니, 해방 전까지는 있기는 있었는데 잘 기억이 나지 않아요.

수련소 동기인 스님들에 대해 기억하시나요?

오래 되어서 잘 생각이 안 나지만 김경석, 박동선, 박준용, 이동우, 윤해심 등이 생각나네요. 탄허 스님도 3기생으로 등록은 하였지요. 원천일은 원보산 스님인데 주로 원주를 보았지요.

승려 수련소의 입소식 행사는 어떠하였나요?

삼본산 수련소의 입소식과 출소식을 구분해서 하였는데, 강원도지사는 꼭 왔어요.

수련소에 일본 사람도 있었는지요?

　　일본의 조동종 승려가 와서 선방에 방부 들이고 있었지요. 일본 승려가 와서 여러 철 났어요. 두 철인가 났어요. 수좌들과 같이 대중 생활을 했어요. 나이는 한 삼십이었고, 깔끔하게 생기고 키도 컸지요. 탄허 스님이 일본 사람을 그렇게 미워하셨어요. 탄허 스님은 배일 사상이 대단하셨지요. 보천교가 그거 아니에요?

월정사에서 강원도 승려 강습회를 할 때 한암 스님도 참석하셨나요?

　　추울 때라서 못 내려가셨지요. 관리들도 오고 김태흡 스님, 권상로 스님, 이종욱 스님도 와서 법회를 같이 하자고 그랬을 거예요. 몇 번인가 모시고 가려고 했지만 못 모셨지요. 마치고 나서 다 모두 올라 와 인사드렸지요.

스님은 한암 스님이나 탄허 스님에게 야단맞지 않으셨나요?

　　노스님에게는 꾸중을 듣진 않았어요. 그러나 탄허 스님에게는 혼이 나갈 정도로 야단 맞았지요. 수련생들이 밤에 감로다라는 막걸리를 먹으러 회사거리, 또는 50리나 되는 월정거리까지 다녀오고 그랬어요. 그런 일이 여러 번 있었지요. 한번은 저를 불러서 대단히 야단을 치셨지요. 다른 수련생들에게는 안 하셨지만 저는 상좌이니 꾸지람을 하신 것이지요. 김경석은 술은 안 먹었지만 꼭 같이 다녔고, 이동우는 술꾼이었어요.

조영암 스님이 한암 스님에게 매맞은 일을 기억하시죠?

기억나고 말고요. 운력에 참가하지 않았다고 해서 노스님이 종 아리를 걷게 하고 회초리를 치셨지요.

그 무렵 월정사 강원의 강사로 온 백초월 스님 기억나시죠?

초월 스님이 강사로 와서 노스님에게 인사하러 오셨어요. 훌륭 한 강사인데 오래 있지는 않았어요. 아마 이종욱 스님이 모셨는데, 그분들이 3·1 운동 때 같이 독립운동하고 그랬을 거예요. 그리고 노스님(한암)이 스님(탄허)보고 강원 가라고 할 때에 초월 스님 이야 기도 했어요. 노스님이 초월 스님 말씀을 많이 했어요. 그러나 탄 허 스님은 "스님이 책을 펴 주시면 배우고 강원에는 안 갈랍니다"라 고 하였어요.

조계종명을 한암 스님이 지으셨다는 말에 대해서는 어떻게 생각하세요?

지암 스님이 오셔서 상의하셨는데, 대부분 한국불교의 족보를 캐는 분들은 조계종이 맞지 않다고 그래요. 태고 보우 국사 계승 이 맞고 육조 스님 계승은 될 수 없다고 했지요. 노스님께서는 선 종을 주장하시면서 조계종이라고 해야 맞는다고 하셨지요. 승려치 고 육조 스님 후예 아닌 사람이 누가 있느냐고 하시면서요.

조계종 종정으로서 결재는 직접 하셨나요?

종정이 되시고 한 달에 한 번 총무원에서 두 부장이 한 보따리씩 서류를 갖고 오면 결재를 꼬박꼬박 하셨어요. 밤새 검토하셔서 아주 제쳐 놓은 것도 있고, 수결을 하신 것도 있고. 이것은 수정해 가지고 오라고 하시면 다음 달에 가지고 와서 결재받고 그랬지요.

한암 스님의 글이 일제시대 『불교』 잡지 등에 실렸는데, 이 글은 직접 쓰셨나요? 간혹 종단 사서실장이 대필하였다는 말도 있는데요.

글쎄, 간혹 그랬는지도 모르지만 직접 썼다고 봐야 할 거예요. 그런데 대개 월정사 사무 보는 스님이 와서 받아 가기도 하고, 써서 우편으로 보내시기도 했어요.

한암 스님이 월정사 승려들을 일본 군대에 안 끌려가게 하셨다는 말이 있어요.

근로보국대라는 것이 만들어졌는데, 청년들을 끌고 가 전쟁하는 데 여러 가지 일을 시켰지요. 주지 종욱 스님이 일부러 노스님을 찾아와서 지금 나라 형편이 좋지 못해 승려들도 전부 보국대 가는데 어떻게 하면 좋겠느냐고 여쭈었어요. 그랬더니 노스님께서 그러면 안 가도록 해보라고 하여 월정사는 절 안에서 보국 활동을 하였지요. 그때는 상원사에서 내려가면 개울가 근처가 전부 밭이었어요. 그래 그 밭을 논으로 만들고, 거기서 나오는 쌀을 군량에 보태겠다는 핑계로 월정사 본말사 승려들은 절 안에서 보국대를 하였지요. 월정사, 상원사뿐만 아니라 월정사 본말사에서는 군대에 끌

宗正에 方漢岩老師

今日、太古寺의 臨時中央宗會서 決定

방한암 스님이 조선불교 조계종의 초대 종정으로 선출되었음을 보도한 『매일신보』의 기사(1941. 6.).

려가지 않았어요. 중견 승려 30여 명이 와서 일을 하고, 탄허 스님도 나도 가서 일을 했지요.

탄허 스님과 양청우, 전관응 스님이 친하셨다고 들었어요.

양청우 스님은 강릉 칠성암에 계셨지만 그전에는 상원사 중대에 계셨어요. 관응 스님은 월정사 강사를 하시고 이후에는 강릉 포교당 포교사를 하셨지요. 세 분이 친했고 말고요. 삼총사라는 말도 들었어요.

탄허 스님은 상원사에서도 노자, 장자 책을 보셨나요?

　책은 가지고 있었고 개인적으로 많이 보았어요. 그런데 노스님은 그런 것 안 막으셨어요.

한암 스님은 탄허 스님을 당신의 법제자로 인정하셨나요?

　그럼요. 노스님은 탄허 스님을 법제자로 인정하셨지요. 그래서 뭐든지, 글씨도 부탁받으면 탄허에게 가라고 했지요. 탄허가 나보다 낫다는 말씀을 자주 하셨어요. 노스님이 탄허 스님을 굉장히 사랑했어요. 인정하는 것이 표현에 나타났어요.

한암 스님은 27년간을 동구불출한 것으로 유명한데, 간혹은 두세 차례 나갔다는 말은 있어요.

　제가 본 것은 서울에 치아 치료차 두 번 가시는 것을 봤어요. 탄허 스님이 모시고 갔지요. 그리고 강릉의 강치과 의사가 상원사에 와서 치료를 해드리기도 했고요.

상원사 출신 스님들의 모임이 있습니까?

　있었는데, 지금은 거의 다 죽어서 없어졌어요. 친목 모임 이름이 '보림회'였지요. 설산 스님도 회장을 했어요. 보림은 깨달은 후에 보임한다는 뜻에서 만든 이름이지요.

스님은 한암 스님의 가르침을 어떻게 생각하시나요?

제가 보기에 한암 노스님은 사리에 밝으셨어요. 잘못된 것이 있으면 어김없이 깨우쳐 주시곤 했지요. 그리고 노스님께서는 늘 상(相)이 없어야 된다고 말씀하셨고, 누가 고집을 부리기라도 하면 어김없이 부처님 말씀을 적절히 예로 들어 설명하셨어요. 이것이 제가 지금껏 60여 년 넘게 절집에서 살아오면서도 잊지 않는 것이에요.

한암 스님은 승가 5칙을 강조하셨다고 알고 있습니다.

한암 스님께서는 평소에 부처님 제자로서 갖추어야 할 다섯 가지를 강조하셨어요. 참선, 염불, 간경, 예식, 가람수호가 그것이죠. 한암 스님은 그 다섯을 다 할 수 있으면 좋지만, 그것이 어려우면 한 가지만이라도 철저히 해야 양가득죄(兩家得罪), 즉 속가와 불가에서 죄를 면한다고 하셨어요. 나는 이 중에서 참선을 으뜸으로 삼았어요.

예식도 많이 가르치셨다고 합니다만, 이에 대한 이야기를 해주시죠.

내가 상원사에 있을 때 봉은사 스님으로 범패를 잘하는 박대응 스님이 왔어요. 그이는 노스님 밑에서 참선을 하러 온 것이지만, 한암 스님은 대응 스님이 오셨으니 모두 예식을 배우라고 하시며, 젊은 스님들에게 예식을 배우게 하셨지요. 그래 지금도 내가 하고 있는 의식은 상원사 시절 그 스님에게 배운 것이지요. 해방 후에 오대산 중이면 전국에서 모두 받아 주었고, 전국에서 이름이 났어요. 상원사 선방 수좌도 배우기를 원하면 다 배웠어요. 박대응 스님은 후에 대하 스님이라고 불렀던 모양인데 월정사 노전도 보시다가 월정사에서 입적하였지요.

한암 스님은 대중 화합을 강조하셨지요?

대중 화합을 많이 강조하셨지요. 노스님께서는 항상 "울뚝배기 살인치고, 허욕이 망신하고, 고집불통 패가한다"는 말씀을 자주 하셨어요.

혹시 한암 스님이 월정사 밖의 스님들에 대한 말씀은 안 하셨나요?

노스님은 평생 동안 타인에 대해서는 말씀 안 하셨어요. 그리고 평생을 당신 자랑은 안 하셨어요. 다만 "내가 젊어서부터 이름 석 자가 알려져서 공부에 손실이 많았다"는 말씀은 두고 두고 하셨어요.

대처승에 대한 말씀은 없으셨나요?

수좌들한테 한 부탁이 '불평하지 말라' 이거예요. 국법(사찰령)이 그렇게 되어 있으므로 인정해야 한다고 하셨지요. 자칫 정화한다고 잘못하다가는 국민들한테 실망을 준다고 말씀하셨어요.

그런 말씀을 언제, 어떤 계기에 의해서 하셨습니까?

청담 스님이 정화해야 한다고 찾아와서 말씀하셨지요. 청담 스

해방공간 불교 교단에 분규가 일어나자, 한암 스님이 공의(公議)에 입각해 사건 해결을 지시한 특명서.

님은 수좌들도 행정을 맡아야 한다고 하면서 한암 스님에게 말씀 드렸지요. 한암 스님이 종정이시니 종정 승낙을 받으려고 온 것인데, 그때 노스님은 그래서는 절대 안 된다고 하셨어요. 그때가 해방 후 청담 스님이 몇 차례 오셨을 때인데, "가만히 놔두는 것이 더 낫다"고 간곡히 말씀하셨어요.

그 무렵 불교계 일각에서 신도들이 스님에게 삼배하는 것이 시작되었거든요. 혹시 이에 대한 한암 스님의 말씀은 없었나요?

그때는 스님에게 절하는 것은 한 번이었어요. 그 무렵 총무원에서 청담 스님이 오셔서 3배를 했는데, 노스님이 야단치시더라고요. 노스님은 무조건 세 번 하는 것을 반대하셨어요. 박복한 자들이 중노릇하는데, 절을 세 번 받으면 더 박복해지므로 세 번씩 하지 말라고 했어요. 간혹 외부에서 온 스님이 한암 노스님에게 절을 하면 첫절만 받으시고, 두세 번은 손을 흔들어 거부하시면서 딴 곳을 쳐다보셨어요. 부처님에게만 삼배하는 것이지, 산 사람에게 삼배를 하면 안 된다고 했어요.

상원사가 불탈 때 한암 스님의 저술인『일발록』이 소실되었지요?

저녁 먹고 나가니까 불이 붙어 있었어요. 처음 불이 날 때 발견하였다면 여러 자료를 건지는 건데 그러지를 못했어요. 한암 스님『일발록』도 당신이 평생을 두고 쓴 편지, 누구에게 게송 주시고, 현판 같은 것을 써 주시고 그런 것을 한지에 적어 놓고 묶어 놓으셨거든요. 그런『일발록』을 다 태워 버렸잖아요. 그때 탄허 스님이 보신다고 가져와 원주실에 나뒀다가 불에 타버렸지요. 제일 안타까운 게『일발록』이에요. 그리고 상원사에는 옛날부터 율사가 많이 계셨던 모양이에요. 법당에 문수동자, 문수보살 두 분을 모셨는데 양쪽 탁자밑에 천 권가량 있었어요. 율문(律文)이 어려운데 노스님께서는 그걸 다 현토하셨어요. 나중에는 눈병이 다 나시더라고요. 불이 난 이후, 탄허 스님이 그 내용을 대강 외우고 계셔서 그래도 좀 전해진 게지요.

6·25 전에 한암 스님을 통도사로 모시려고 하였잖아요. 그런데 그게 잘 안 되었지요?

상원사에 공비가 나오니까 통도사로 모시려고 했어요. 수차 가시자고 하니까 "정 그렇다면 너희들이 먼저 가서 자리를 잡아라. 그래야 내가 갈 수 있지 않느냐"라고 말씀하셨어요.

스님이 통도사와의 인연은 있었지요?

평소에도 통도사에서 모셔 가려고 했어요. 노스님은 통도사 승적이 있었거든요. 승적이 일정 때 두 군데 있었어요. 입산 본사인 장안사에 있으시고 통도사에도 있으셨지요. 장안사는 입산 본사이고, 통도사에는 법답이 있으셨어요. 상원사에서 출가 은사인 행름 스님에 대한 제사를 모셨다는 기억은 없어요.

6·25 전의 상원사는 어떤 형편이었기에 통도사로 모시려고 하였나요?

오대산이 위험지구 아닙니까? 빨치산이 보궁에 들어오기도 했으니까. 하루는 빨치산이 보궁에 들어왔어요. 신고를 안 할 수 없어서 신고를 했더니 경찰들이 올라왔어요. 가더니 단번에 총살시켜 버리더군요. 그때는 죽이는 게 보통이었으니까요.

한암 스님을 통도사로 모시지 못했는데, 그렇다면 누가 남아서 시봉을 하였나요?

주로 만화 장희찬 스님이 남아서 시봉을 하였지요. 평등심 보살도 시봉을 했지요. 한암 스님을 남쪽으로 모시려고 별 수단을 다 써도 안 됐어요. 1·4 후퇴 무렵에는 강릉 칠성암에 있던 범룡 스님이 중대로 올라가시고, 희섭 스님이 함께 시봉을 하였지요.

통도사에 있다가 한암 스님이 편찮으시다고 해서 상원사로 올라간 일이 있지요?

노스님이 병이 나셔서 저하고 탄허 스님이 죽을 고생을 하면서 상원사에 갔지요. 군인들이 상원사를 불지르려고 하자 노스님은 "나는 숨만 붙어 있는 송장과 같은 껍데기이니, 차라리 나와 건물을 함께 불질러라"라고 하셨어요. 상원사 전체가 인민군의 근거지가 되는 것을 막기 위해 강릉에 있었던 1군단과 경찰들이 노스님을 다른 곳으로 모시려고 세 차례나 가마를 보냈지만 거부했어요. 하는 수 없이 문짝 120개를 뜯어 태웠지요.

6·25 때는 어디에 계셨나요?

고양 흥국사에 있었지요. 그때 주지스님이 대처 스님인데 아주 신심이 대단했지요. 절 전부를 다 맡기겠다고 했어요. 내가 어디 가든지 부지런히 설치니까 그 스님이 나를 좋아했어요. 거기에서 탄허 스님을 모시고 있다가 6·25 사변을 만났어요. 그런데 자꾸 인민군이 와서 정치 강연을 들으라고 하고 또 의용군에 들어오라고 하여 안 되겠다 싶어 몰래 빠져나왔어요.

그러면 어디로 가셨나요?

며칠 걸어서 오대산으로 갔지요. 오대산에 들어갔는데 식량 때문에 살기 어려웠지요. 그래서 양청우 스님이 계신 강릉 법왕사로 갔지요. 본래는 칠성암이라고 했어요. 거기서 1·4 후퇴 때 탄허 스님을 모시고 동짓달에 출발하여 울진 불영사까지 갔어요. 불영사에서 설을 보냈지요. 2월 달에 탄허 스님을 모시고 걸어서 영덕으로 갔는데 영덕 사거리 교차로에서 어떤 사람이 쫓아와요. 보니까 월정사 강원에 있던 정대권이라고 하는 스님이 쫓아오더라고요. 그 친구가 한암 노스님이 돌아가셨다고 하더라고요. 우리는 감쪽같이 모르고 있었지요. 2월 열나흘 날 돌아가셨는데, 그믐께 그 사람을 만나서 소식을 들었지요. 그때 불영사에는 영암 스님의 건당은사인 설운 스님이 계셨어요. 그 스님은 오대산에 자주 오셨지요.

한암 스님이 설운 스님과도 교분이 있으셨겠네요?

자주 상원사에 오시고, 두 분이 대화를 많이 하셨지요. 그리고 한암 노스님께서는 사람 차별을 안 하십니다. 세 살 먹은 어린아이가 와서 절해도 가만히 앉아서 받지 않고 맞절해서 받으셨어요. 겸손하셨어요. 설운 스님은 노스님 앞에 와서 교만을 부리거나 그런 게 통 없었지요.

부산 묘심사에서 개최된 추도회에 가셨지요?

그럼요. 탄허 스님하고 같이 갔지요. 노스님 49재를 묘심사라는 일본 절에서 성대하게 모셨어요. 6·25로 피란 온 전국의 스님, 그리고 신도들이 많이 모였지요.

만약 한암 스님을 모시고 통도사로 오셨으면 그때 안 돌아가셨을 수도 있었겠네요.

탄허 스님이 "희찬이 너 때문에 성공 못 했다. 너까지 떠났으면 스님이 따라가시는데 네가 안 가서 그랬다"고 하셨지요.

내려가시다가 영은사에도 들르시지 않았나요?

큰 길가에서 10리 쯤 되는 거리에 영은사가 있어서 들렀지요. 주지스님이 반가워해요. 본래 보국대 할 때 같이 한 스님이에요. 하룻밤 자고 나니까 벼를 한 가마니 내주었어요. 방아를 찧어서 떡을 만들었어요. 절 앞에 전답이 만 6천 평이나 있어요. 자급자족해서 한 20명이 살 수 있다고 했어요.

부산에 가서 지암 스님을 만났지요. 지암 스님이 그때 국회의원 됐어요. 탄허 스님께서는 지암 스님을 만나서 영은사 얘기를 하셨지요. 영은사에서 자작농 하니까 좋다고. 그러자 이종욱 스님이 그러면 거기에 가서 살 거냐고 물으셨어요. 탄허 스님이 "주시기만 하면 살고 말고요" 하고 답했어요. 수복한 다음 해 봄에 창신동 댁으로 찾아뵈러 갔더니 임명장을 끊어 주셨어요. 그래 영은사에 가서 살았지요. 그때가 1953년입니다.

한암 스님의 가르침이 잘 계승되지 않았지요?

요즈음 출가자들이 한암 스님의 가르침을 얼마나 지키고 열심히 수행하는지는 생각해 보아야 해요. 계율은 잘 지키고 있는가,

공부는 열심히 하는가를 각자가 반성해야 합니다.

한암 스님이 스님에게만 주신 가르침이 있다면 소개하여 주시죠.

　특별히 저에게만 주신 것이라기보다는, 다만 1948년에 노스님이 어느 날 이력을 다 마쳤으니 호(號)를 주시겠다고 대중에게 공표하시면서 계첩을 쓰신 것을 주시더라고요. 노스님께서 미리 글씨를 써 오셔서는 그것을 읽으시고, 뜻을 다 이야기하셨지요. 저에게 보경당이라는 법호를 주신 것이지요. 게문(偈文)은 "보고 듣는 것이 모두 꼭두각시 놀음, 육진은 본래 공한 것이, 가히 공할 것이 없는 곳에 밝은 달빛은 맑은 바람을 일게 하네." 아직도 생각나요. 안이비설신의 육근(六根)과 색성향미촉법의 육진(六塵)이 본래 없는 것이며, 또 공(空)이라고 할 수 없는 곳에 명월청풍이 있다는 말인데, 없

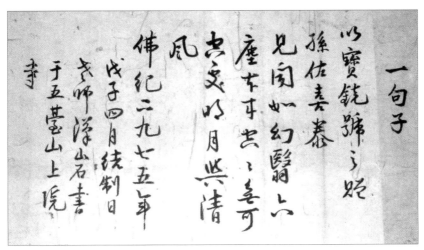

보경 스님이 한암 스님에게 받은 '일구자' 계첩문(1948).

는 것과 있는 것을 둘로 보지 말라는 의미를 담고 있습니다. 경계를 버리면 사방이 다 불법이고, 그 속에 진리가 있다는 것이지요.

스님은 이 시대의 선지식이었던 한암 스님, 탄허 스님을 모신 것을 남다른 복이라고 보시지 않나요?

저는 참으로 좋은 인연을 지은 것인데, 중간에 코 수술을 받아 그 후유증으로 공부를 제대로 못 한 것은 아쉬웠어요. 상원사 규칙이 엄해 노스님 시봉을 하면서 틈틈이 혼자 공부를 하였지요. 축농증이 생겨 강릉에 가서 수술을 받았어요. 수술을 받으니 머리가 아프고 기억력이 좋지 않아 자연적으로 공부를 못하였어요.

그리운 스승 한암 스님

한암 스님에 대해서 간략히 표현해 주세요.

제가 볼 때에 한암 스님은 사리에 매우 밝으셨어요. 저는 한암 스님을 사리에 밝으신, 전무후무한 스님으로 보고 있습니다. 대개 큰스님들을 보면 사리에 밝은 분들이 없어요. 강이면 강(講), 선이면 선(禪), 염불이면 염불 그것 하나만 고집하지 한암 스님처럼 골고루 하는 분은 없어요.

오늘 한암 스님을 모신 옛날의 일들을 알려 주셔서 고맙습니다.

수고했어요.

선지식이고, 도인입니다

화산 스님

● 대담 일시_ 2005년 2월 2일
● 장소_ 보광원(대구)

통도사 출가
마하연, 상원사에서 수행
일본 임제종대학 유학
해방공간 불교혁신운동
보광원 조실

스님의 고향, 출가 인연을 알려 주세요.

저는 1919년생이니 세속 나이로 여든여섯 살이고, 고향은 통도사 밑 양산이에요. 본래 누구든지 산에 들어와 종교의 문을 두드릴 때, 입산할 때에는 다 동기가 있습니다. 그 당시 통도사 아래 신평이라는 동네에 학인들이 불교소년회를 만들어 놓고, 거기 와서 1주일에 한 번씩 강의를 하고 갔어요. 그때 나는 그 소년회에 한 3년 정도 다녔는데, 강의하는 분 가운데 윤범이라는 스님이 있었어요.

우리는 절에 오기 전에 돈, 권력, 지식 같은 것이 행복하게 해줄 수 있다고 여겼어요. 항상 남들에게 천대, 괄시받고 억눌려 살았다는 것이 가슴 가운데에 남아 있었는데, 그 윤범이라는 스님으로부터 부처님 일대기를 듣고 나서는 그런 생각이 없어졌지요. 아버지 정반왕은 석가모니 부처님에게 왕궁과 나라를 맡겨서 석가족을 부흥시키고, 천하통일을 했으면 좋겠다는 생각을 갖고 있었다고 해요. 그런데 싯달타는 그런 것에는 생각이 없었다고 해요. 싯달타는 인생은 죽지 않으면 안 되는가? 그 문제 외에는 다른 생각은 갖지 않았다고 해요. 그래서 부귀공명을 다 헌신짝처럼 버렸다는 대목에서 나는 생각이 달라졌지요.

그 이야기를 듣고서 스님은 참다운 발심을 한 것이군요.

그래요. 나도 이런 것을 한번 찾아야 되겠다고 생각했어요. 그것이 동기가 돼서 산으로 가겠다는 생각을 하였지요. 당시 통도사에 허몽초라고 하는 스님이 있었어요. 몽초 스님이 나를 불러 "너,

중 되고 싶은 마음 없나?" 하시길래, 당장에 "예, 저도 머리 깎을랍니다" 하고 대답해 버린 것이 오늘까지 온 것이지요.

입산해서는 어떤 공부를 하셨나요?

처음에는 공부를 하지 못하고 그 스님의 시봉을 했어요. 은사를 여법하게 모시고, 순종하고, 새벽에 일어나 밥하고, 김치 담그고, 빨래하고, 스님의 이부자리 개고, 큰노장스님의 자리 깔아 드리고, 물 떠다 대령하고, 그렇게 궂은 일을 3년간이나 했어요.

시봉살이를 마치고 통도사에서 강원 공부를 하셨나요?

3년간 시봉을 하고나서 어느 정도 경 공부를 하게 되니, 하루라도 일찍 나의 길을 찾아야겠다는 생각을 했어요. 참선해서 도를 깨쳐야 부모의 은혜, 중생의 은혜를 갚을 수 있다고 하여 바로 금강산으로 떠났지요. 그때는 선교양종(禪敎兩宗)이라 해서 교와 선에 치우치지 않았어요. 지금처럼 선밖에 모를 정도로 선법만 횡행하지는 않았어요. 그때만 해도 통도사에도 선방이 백련암에 있었어요. 정운봉 스님이 조실로 있었는데 그리 활발하지는 않았어요. 내 생각은 생사윤회를 면하고 부귀영화를 버리는 것이 초점이니, 참다운 도를 닦는 것은 선밖에 없다고 하여 노장님에게 사집 과정을 배우고서는 금강산으로 가기로 약속을 하였지요. 그때는 금강산에 가서 수행을 해야 한다는 것이 발심상의 통설로 되어 있어, 나도 발심하면서 금강산에 가서 정진하기를 동경했어요. 그래서 우선 서울로 왔는데 선학원에 가니 강석주 스님이 원주를 맡고 있었어요. 선학원은 수좌들이 가고 오며 쉬는 장소였는데, 마침 만공 스님이 올라왔다고 그래요. 참 기회가 좋다고 생각하고 가서 인사를 하자, 노장님은 딱 나를 쳐다보시고는 "참선은 와 하려고 그래" 하시더군요. "생사윤회를 면해야 되지 않겠습니까?" 하였더니 만공 스님이 "허~허, 잘해 봐" 하시더라고요. 그게 나하고 만공 스님과의 대화는 처음이자 마지막이었어요.

금강산은 어떤 경로로 가셨나요?

시주금 축내면 죄받는다는 생각으로 500리 길을 걸어서 갔지요. 첫날은 소요산 자재암에서 자고, 다음날에는 여염집에서 신세를 졌는데, 이튿날 일어나 보니 신발이 없어져서 그냥 맨발로 갔어요. 그때 등짐장수가 신다가 버린 것을 주워서 신으니 맨발보다 걷기가 좋았지요. 그때 내 나이가 스물한 살 때예요. 세상에 대해서는 전연 무식하였지요. 자재암에서는 폭포를 쳐다보면 환희심이 나고 그랬어요. 그곳은 당시 염불방이었는데 내가 갖고 있는 돈 1원 50전을 모두 주지스님에게 주어서 대중공양을 냈지요. 공양이라고 해봐야 찹쌀에 김, 두부 정도였는데, 공양을 받은 노장스님들이 수좌가 낸 밥을 잘 먹었다는 말을 하더군요. 아침에 밥을 바리때에 넣어 걸머진 채 걷고 걸어서 금강산 마하연에 도착했지요. 그곳에는 우봉, 성철, 자운, 고봉, 운봉, 본공, 청담 스님들이 있었어요. 그곳에서 한철을 나고서는 신계사, 장안사, 표훈사, 유점사 등을 돌았어요. 금강산에 오면 이런 절들을 보지 않고서는 제대로 보았다고 할 수 없어요.

　장안사에서 겨울을 났는데, 그곳엔 선방이 없고 회광전이라는 염불방이 있었어요. 신심이 나서 그곳에서 한철 나겠다고 하니 노장들이 좋아했지요. 거기서 염불을 구성지게 한번 하니 관광객들이 좋아하고 그랬어요. 그때는 선보다 염불을 주로 했어요. 염불사상이 많았지요.

금강산에서 참선 정진은 잘 되셨나요?

　유점사에 가니 김달진이라는 사람이 방부를 들였지요. 또 사불산 대승사에서 대강사를 지낸 김설하라는 노장이 늦게 발심해서 강사를 내던지고 거기에 와서 선을 했어요. 그런데 유점사에서 선방의 양식을 다섯 명 분만 준다는 거예요. 우리는 열 명인데. 그래 나도 떠나려고 하는데, 설하 스님이 하는 말이, "금강산에 온 인연으로 같이 한철 났으면 좋겠는데 왜 가려고 하느냐"고 해서 양식 때문에 그렇다고 하니 그 노장이 "하루에 두 끼만 먹지 뭘 그러느냐"고 해서 그 말에 감복하여 남게 되었어요. 양식을 아끼려고 공양주와 채공은 돌아가면서 했지요. 먹을 것은 콩 한 말, 들깨 한 말, 그리고 앞 사람이 독에 묻어 놓은 무 김치밖에 없었어요. 또 무쇠밥이라고 해서 보통 밥하는 것보다 시간이 두 배 걸리는 것인데 꼭 죽같이 해먹었어요. 거기는 얼마나 추운지, 그래도 신심이 나서 해보자고 하여 정진하는데, 배고픔을 이기기 위해 아침에는 질경초 말린 것에다 깨를 갈아서 먹기도 했지요. 그때 설하 스님이 말하기를 "중대원에서 내려온 물이 산삼 썩은 물인데 그게 약이라"고 하며 찬물을 한 주전자씩 담아 와서 모두들 한 컵씩 먹으면서 수행했어요. 그때 나는 '이뭣꼬' 화두를 챙겼는데 여간해서 소식이 안 오는 거라, 속은 불이 나는 것처럼 타오르고 가슴은 답답하고 머리는 뜨겁고, 가만히 생각하니 이게 수행이 잘 되는 것인가 하여 그 정황을 점검받아 보아야겠다 싶어 길을 나섰지요.

오대산에는 왜 가시게 되었고, 어디로 해서 가셨나요?

그거야 내가 수행이 잘 안 되니 그걸 점검하기 위해서 간 거지요. 작정하고 간 곳이 오대산이에요. 오대산에는 도인으로 유명한 한암 스님이 계시다는 얘기를 들었거든요. 유점사에서 고성으로 가자면 개잔령을 넘어야 했어요. 눈은 오지 않았지만 이미 겨울 내내 내린 눈으로 길 옆은 온통 눈이었지요. 눈을 헤치며 고개를 넘다가 그만 눈구덩이에 미끄러지는 바람에 걸망은 걸망대로 몸은 몸대로 도망가고, 온몸에는 땀이 자르르 흘렀지요.

그런데 입에서 저절로 싯구가 흘러 나오는 거예요. 한소식을 얻었던 것이지요. 내가 읊은 시(詩)는 다음과 같았어요.

"설만건곤의무로(雪滿乾坤疑無路), 안비청천성락처(雁飛靑天聲落處), 목마장명석인무(木馬長鳴石人舞), 등한일소월정명(等閒一笑月正明)."

번역을 하면 "눈은 하늘과 땅에 가득 찼지만 의심은 끊어지고 없어, 기러기는 푸른 하늘을 날고 그 소리는 흩어지네. 목마는 길게 울고 돌사람은 춤을 추더라. 까닭 없이 한바탕 웃고 돌아서니 달이 훤하게 밝았더라."

　이 게송을 순간적으로 읊고 나니 매우 기분이 좋았어요. 죽는 것도 겁 안 나고, 먹고 싶은 것도 없고, 갑갑했던 마음이 후련해지고, 말로 표현하지 못할 경지가 느껴지더라고요. 그러면서도 다시 생각해 보니, 내가 미쳤나? 혹시 내가 수행의 길을 잘못 들어선 것은 아닌가 하는 생각이 불현듯 났어요. 이래서는 안 되겠다, 얼른 선지식인 한암 스님에게 가야겠다고 해서 간 거예요.

한암 스님에게 가서는 어떤 대화를 하셨나요?

　상원사에 가서 노장어른께 절을 올리고 여쭈었어요. 내가 지금까지 수행한 것, 유점사 반야암에서 화두를 들었는데 잘 안 된 것, 고개를 넘다가 눈에 빠졌다 나온 직후 읊은 게송 등을 차분히 말씀드렸지요. 그리고 내가 한소식을 한 것이 기쁜 소식인가, 나쁜 소식인가? 공부하는 사람이 이런 길이 있습니까, 없습니까? 있다면 다행인데 아니면 제가 미친 것인지 여쭤 보았어요. "한암 스님께서는 대선지식이므로 길을 가르쳐 주이소"라고 하면서 이게 바른 길인지 말씀 좀 해 달라고 여쭈었던 거예요.

　한암 스님께서는 "풀을 헤치고 걸망을 지고 허덕거리는 것은 견성하기 위함인데, 네 성품자리가 어데 있노?" 이러세요. 가만히 생각해 보니 그 소리에 정신이 번쩍 들어요. 성품이 여기 있고, 저기 있고, 따로 있는 것이 아니거든요. 그래 내가 "행주좌와처를 여

105

화산 스님

의지 않건만 한 물건도 보일 수가 없습니다"라고 답하니, 스님이 "식득자성(識得自性)이면, 안광낙처시(眼光落處時)에 어떻게 벗노?" 그래요. 이는 내가 내 성품자리를 알면 그만이지 죽을 때(안광낙처시) 생사를 어떻게 벗는가 하는 말이에요. 그 말은 내가 생전 처음 듣는 소리거든. 그래서 "스님, 본래 입은 것도 아닌데 또 새삼스럽게 벗을 게 뭐 있습니까?"라고 했어요. 그러니 한암 스님께서 "야! 이 사람아, 니 길, 니가 가거라"라고 하셨습니다. 그때 내 생각은 '아, 그러면 그런 길도 있는가 보다, 가면 된다'는 생각이 들었어요. 일어나면서 "옛날 묵은 무덤 속의 어린아이가 어머니를 생각해서 눈물을 흘리는데, 다만 저 돌사람만 그 도리를 알고 구름은 만리풍에 빗겼습니다"라고 답하면서 절하고 나왔어요. 그 이후로는 법이나 선에 대해서 물은 적이 없어요. 지금 생각을 해 보면 뭐 안다고 큰스님에게 대항했는지 부끄럽지요.

상원사에서 머물면서 수행을 하셨나요?

거기서 한철을 나면서 좋은 도반을 만났어요. 그 중 내가 제일 좋아하는 신보문 스님을 만났지요. 만난 수좌는 많았지만 세월이 오래 되어 기억이 안 나요. 또 금강산에도 들락날락하였어요. 한암 스님 모시고 한 3, 4년은 살았고 해방은 상원사에서 맞았어요.

상원사에서의 일과를 소개하여 주세요.

선방에서의 일과는 뻔하지요. 새벽 세 시에 일어나 밤 아홉 시

한암 스님의 현토를 기본으로 하여 펴낸
『금강반야바라밀경』 속표지요.

에 소등하는 건 기본이고, 밥먹고 30분간 쉬고, 그래도 선방은 바
빠요. 여름에는 대중운력으로 채소밭을 매요. 그 당시에는 승려 수
련소가 있어서 아침에 『금강경』을 강의했지요. 탄허 스님이 앞장서
서 죽 석사를 해 내려가다 의문스러운 대목이 있어 대중이 물으면
어지간한 것은 탄허 스님이 해결하고, 만약 해결이 안 나면 조실스
님(한암)에게 넘겨 설명을 듣지요. 수좌들도 참선하는 시간이지만
『금강경』을 같이 들었지요.

상원사라는 선방에서 『금강경』을 설하는 것은 어떤 의미인가요?

  이 점은 조금 조심해서 받아들여야 해요. 상원사라는 선방에
서 『금강경』 강의를 한 것은 한암 스님이 문자를 좋아해서 한 것이
아닙니다. 총독부에서 스님들을 수련시켜야 하는데 한암 스님이 도

인이니 맡긴 것이지요. 나는 지금도 우리 스님들을 재수련시켜야 한다고 봐요. 총독부에서 교육시키려는 것은 아상(我相)을 버리고, 사상(四相)을 버리기 위해 『금강경』을 가르치라고 해서 한 것이지요. 선방 수좌들에게 문자를 보게 하려고 한 것은 아니고, 다만 큰방에 와서 차담(茶談)을 할 때는 경전, 어록을 가지고 강의할 때는 같이 듣지요.

총독부에서 심전개발운동을 추진할 때 한암 스님에게도 부탁하였지만 거절하셨다는 기록이 있는데, 그 기록에 화산 스님의 이름이 나오는 건 어찌 된 것인가요?

상원사를 나와 만공 스님 회상으로 가려고 하였는데 은사스님이 병환이 났는데 자꾸 나를 찾는다고 해서 견성은 천천히 해도 안 되느냐고 해서 통도사로 왔지요. 어쩔 수 없이 시봉을 했지요. 시봉을 1년 하면서 은사 밑에서 경을 보았지요. 그때 큰절인 통도사에서 사중 돈으로 인재를 양성하고자 하여 선발대상에 내가 뽑혀 큰절로 경 보러 오라고 하여 경을 봤어요. 내 생각에 중생 교화를 하려면 문자를 알아야 하므로 경을 보았지요.

이력을 마치고 일본으로 가려고 하니 노스님이 만류해서 취소했으나, 가만히 생각해 보니 포교를 하려면 학문을 알아야 되겠다는 생각이 들어서 유학을 가겠다고 했어요. 일본에 가서 유종묵 스님을 찾아 임제종대학에서 1년간 공부했지요. 그때는 대동아전쟁 시기라 근로봉사만 시키고, 학생들도 여차하면 일본 군대로 끌고 가는 형편이었어요. 군대 가면 가는 날 죽는 날이라고 봐야 돼요. 이래서는 안 되겠다 생각되어 사형과 함께 돌아오려고 하는데 그것도 쉽지가 않아 일본 승려로 행세를 하고 왔지요. 연락선을 타고 부산에 내리는데 가슴이 조마조마하더라고요. 그때 고등계 형사는 학생과 양복 입은 사람은 무조건 잡아 부르고 그랬어요. 통도사로 오니 주재소 순사가 와서 군대는 안 가느냐고 독촉을 하여 속으로는 두근두근 했어요. 생각을 해보니 내가 도망갈 곳은 부처님 그늘밖에 없다고 판단되어, 다 벗어 버리고 다시 오대산으로 들어왔지요. 오대산에 들어와서는 주로 한암 스님의 비서가 됐어요. 전에는 손님이 오면 다 안내했지만, 내가 할 때에는 미리 누구인가, 어디에서 왔으며, 용건은 무엇인가를 알아서 차를 대접을 한 뒤에 한암 스님 방에 가서 알리고, 몇 분 정도 만나시는 것이 좋겠다는 것을 말씀드렸어요. 그 당시 평창군 총력계의 담당 직원이 있었는데, 그이가 한암 스님을 존경하여 자주 올라오곤 했어요.

상원사에 계실 적에 한암 스님 법문을 들으셨나요?

한번은 법상에 올라가셔서 법문을 하시는데 수좌들에게 이렇게 말씀하시더라고요. 법문이라는 것은 의문나는 것을 내가 풀어 주는 것이니 의문나는 것, 공부하다 어려운 것과 법에 대해서 물으라고 하셨어요. 누가 어떤 내용을 가지고 물으니 한암 스님이 "그리 해서는 안 된다"고 하시며 30년 후에 오라고 하셨지요. 거기서 보살계 산림을 했는데, 탄옹 스님이 점잖고 염불도 법문도 잘하여 주로 그 스님이 계를 설했어요. 우리는 저녁 아홉 시면 자는데 노장님(한암)은 그때도 앉아 있어요. 내가 3년간 거기 있었지만 한 번도 누운 것을 못 봤어요. 아프시거나 특별한 경우를 빼고서는 못 봤어요.

한암 스님은 여간해서 글씨를 잘 써 주시지 않는다고 하지요?

누가 와서 스님에게 글씨를 하나 써 달라고 하면, 당신은 못 쓰고 탄허 스님이 잘 쓴다고 하시면서 탄허 스님에게로 보내곤 하셨지요. 그때 내가 조실스님께 "평생 스님을 잘 모실 수 있다고 장담하지는 못합니다. 모시지 못할 때는 항상 스님을 모시는 양, 좌우명이 되는 글을 하나 써 주이소" 했지요. 그때는 종이도 없었어요. 그때도 역시 "탄허에게 가서 하나 써 달라고 하라"고 하셨어요. 스님에게 좌우명을 받으려고 하는 것이지 글씨를 받으려는 것이 아니라 하여 겨우 받았어요.

여기 이것은 노장님이 붓으로 쓰신 것이에요. "도심(道心)을 견고히 하고 모름지기 성품을 바로 보라"로 시작되는 이 글은 그때 받은 것(원본)을 복사하여 널리 배포한 것입니다. 친필로 보관하고 있는데, 그때는 그리 소중히 여기지는 않았어요. 이는 중국 중봉 스님의 법어이지만, 노장님의 전체 생활의 신조가 여기에 다 담겨 있다고 강조합니다. 한암 스님도 당신이 가장 좋아하고 실행하는 것을 나에게 전해 준 것으로 보고, 생명을 걸고 나의 신조로 지키고 있어요. 여기에 보면 해방되기 두 달 전에 쓰신 것으로 나와 있지요. 예전에 내가 갖고 있던 안거증, 졸업증서 이런 것은 다 없어지고 이것 하나 남았는데 보물로 여기고 지금까지 짊어지고 다녔어요.

　20여 년 전 탄허 스님이 입적하고 나서 장례식 치른 후에 1,000장 복사하여 전국 수좌들에게 나누어 주었어요. 탄허 스님도 자기 스님이지만 글씨를 받아 놓은 것이 없어요. 항상 받을 수 있다고 생각하여 챙기지 못했지요. 이것을 내가 받은 것이라고 탄허 스님에게 보여 주니 깜짝 놀라더군요. 갖고 싶은 생각이 있었던 것 같아서 탄허 스님에게 줘 버릴까 하였지만 주고 싶은 마음이 없더라고. 이것은 해방되던 그해 6월 11일에 쓰신 것이지요. 지금도 나는 6월 11일이 되면 감회가 남다릅니다.

이 글씨 말고 다른 것은 없나요?

　이것 말고도 또 하나의 글이 있었는데 최근 어떤 도둑놈이 와서 가져가 버렸어요. 다행히 그전에 복사를 하였지요. 좌측에 있는 글은 작은 세필로 쓰신 것으로서 그 의미를 보면 참으로 우리가 되새길 것이 많아요. 이것은 정말 좋은 글입니다. 이것만 가지고도 한국불교의 기둥이 됩니다. 이것만 실천해도 한국불교는 멋지게 잘 될 겁니다. 이것은 말세의 비구에게 예언한 것 같습니다. 한 번 들어보세요.

　"말세 비구는 몸은 사문같이 하지만 마음은 부끄러운 생각도 없고, 몸에는 법의를 입었지만 세속사를 생각하고, 입으로만 경전을 외우고 생각은 탐욕으로 꽉 차고, 낮에는 명리에 탐하고 밤에는 애착에 탐하고, 겉으로는 계행을 지키지만 안으로는 몰래 범하고 있어, 항상 세상의 일을 경영해 영원히 나올 것을 잊어버려, 망상에 치우치고 바른 정진을 다 떨쳐 버린다.”

어떻습니까? 예언한 것 아닙니까? 이것은 오늘날의 승려상을 예언한 것입니다. 오늘 우리가 중질 잘못하고 있는 것 아닌가? 우리 승려들의 하는 짓, 잘못, 행(行), 생활을 다 지적하고 있어요. 나는 이 글이 우리 스님들의 행태를 다 지적하고 있는 걸로 봅니다. 나는 자부심으로 말합니다. 이것은 예언의 글이에요.

한암 스님의 유묵에 담긴 내용을 설명하는 화산 스님의 모습.

한암 스님이 승가 5칙을 강조하셨다는 것을 들어 보셨죠?

수련생 중에 건봉사 출신인 조승원과 성종이라는 사람이 있었어요. 상원사는 대중운력 때는 다 나와서 해야 합니다. 어느 날 밭에서 풀을 베고 있는데, 일의 양이 점심 먹고 하기에는 적고, 그렇다고 점심을 안 먹고 하기에는 많았어요. 노전스님이 "점심 전에 다 마치고 밥을 먹읍시다"라고 하여 일을 하고 있는데, 마침 그때 노장님도 내려와서 서 있었어요. 그런데 그때 조승원과 성종 스님이 "점심 먹고 합시다! 아, 배고파라"라고 소리를 쳤어요. 물론 하던 일을 마친 뒤 점심을 먹었지요.

점심을 먹고 나서 조실스님이 그 두 사람을 불렀어요. "네 이놈, 성종아, 승원아, 매 해서 갖고 오너라." 매를 갖고 가니, "네 이놈들아, 네가 독립운동을 했나? 너희들이 나라를 위해서 뭘 해 놨다고 큰소리 치느냐. 다른 사람들은 배고프지 않나? 지금 세상에서 배고픈 사람이 얼마나 많은 줄 아나?"고 하시면서 마구 매질을 하셨어요. "여기 있는 대중 중에서 너만 배고프냐? 다른 사람은 참고 일하는데, 배고픔을 알아야 한다"고 하시면서 물푸레나무로 된 매를 사정없이 쳤지요. 조실스님이 때리는데 도망도 못 가지요. 그들은 종아리에 피가 나고 눈물을 흘렸지요.

6·25 사변 때에 한암 스님에게 매맞은 조승원이라는 사람을 부산에서 만났어요. 내가 "야, 너 승원이 한암 스님에게 매맞은 일 생각 안 나나?" 하고 물어보았어요. 그랬더니 그이가 "왜 생각 안나? 한암 스님이 나를 얼마나 생각하는 줄 알아. 매맞은 사람 나

밖에 더 있어? 스님이 나를 아껴 주셨으니 그리 하신 것이지" 하더라고요. 내가 "야, 승원이 너 정말로 수련한 가치가 있다. 네가 한암 스님 밑에서 있었던 것이 가치가 있구나. 그렇게 매맞은 것을 대단스럽게 생각하니"라고 얘기를 해 주었어요.

한암 스님이 시주물 아끼는 것을 매우 철저하셨다고 하지요?

한번은 이런 일이 있었어요. 상원사에서 상추를 뽑아 다듬은 뒤에 떡잎은 다 갖다 버렸어요. 배춧잎은 국도 끓여 먹고 하지만, 상추 떡잎은 잘 먹지 않아요. 갖다 버린 상춧잎을 보신 노장님이 야단이 났어요. "먹을 수 있는 것을 다 버렸다"고. "이것보다 못한 풀도 먹는다"고 하시면서 노장님이 앉아서 먹을 수 있는 것과 없는 것을 골라요. 그러면 우리가 가만 있을 수 있습니까? 우리도 전부 내려가서 같이 하지요.

요즈음 이런 얘기를 하면 세상이 바뀌었다면서 상관도 안 해요. 또 생활면에 있어서는 물론이고, 가람수호도 철저하고 알뜰하게 하라고 종종 이야기하셨습니다.

한번은 서울에서 손님이 와서 대중공양을 냈어요. 공양이라고 해봐야 콩두부, 떡 등이지요. 그것도 부처님과 영단에 올려놓고 보면 우리에게 오는 것은 거의 없어요. 콩탕이라고 해서 콩비지를 끓여서 나물을 넣고 해먹어요. 때론 음식이 좀 남을 때도 있어요. 그것을 노장님이 봤거든요. 그 이튿날 아침 공양할 때 노장님이 "희찬아, 어제 저녁에 먹다 남은 것 있지? 그것 좀 가져와라" 하세요.

먹다 남은 함지박을 가져오면 먼저 조실스님부터 바리때로 떠 갑니다. 그러니 대중들도 돌아가면서 한 숟가락씩 가져가서 먹어야지요. 그때 조실스님은 '이 음식을 여기까지 가져오느라고 얼마나 노고가 많았는데 그것을 알지 못한다'고 안타까워하셨어요.

상원사에서의 그 전통은 참 아름다운 것인데 계승 되지 않은 듯합니다.

　　상원사에서는 소금으로 양치를 못해요. 이를 닦을 때에도 치약이 없어 주로 소금으로 양치질을 하는데, 상원사에서는 버드나무를 다듬어서 쓰고 그랬지요. "너희들이 소금을 만들어 내냐, 월정사에서 상원사까지 40리를 땀 흘리고 지고 오는데 그것으로 양치질 한다"고 하셨어요. 이것은 우리들에게 공부 잘하라는 뜻인 줄 알게 하려고 강조한 것이지요. 시주물 은혜를 귀히 알고 공부를 잘할 수 있도록 절약하라는 말씀입니다.

　　그런 것이 기본적으로 몸에 배어서 나는 평생을 그렇게 살아왔어요. 그 정신은 『범망경』에 다 있잖아요. 한암 스님의 정신이 마지막으로 우리에게 전해지고 끝난 겁니다. 한암 스님께서 가르치신 것을 요즘 스님들에게 말하면 "요새는 안 그렇습니다"라고 해요. 아끼지 말고 그냥 살아도 된다는 것인지 알 수 없어요. 아무래도 괜찮다는 것인가요? 『범망경』에 그런 말이 있잖아요. 차라리 펄펄 끓는 쇠를 몸에 감을지언정 공부도 안 하면서 남의 시주에게 공양을 받지 말라고. 이런 것을 요즈음은 전연 도외시해요.

一、信力이 堅實로하야 於事業上에
有始有終한者
一、金錢上에 過失이 없은者
一、逆境界에 交接하야 能忍耐한者
一、於事於理에 明白圓融하야
心을 悅可케하는者
一、佛事門中에 功勞가 多하되 謙
慢이 없은者

한암 스님의 글씨. 이 글은 한암 스님이 이종욱 스님을 조계종 초대 총무원장으로 추천할 때(1941. 8) 그 기준을 제시한 내용이다.

그리운 스승 한암 스님

스님은 6·25 직후 부산에서 포교사로 활동하셨는데, 그때 한암 스님 추도회에 참석하셨나요?

종단에서 추도회를 할 때 3부 요인이 다 모였어요. 월정사 주지 이종욱 스님도 전쟁 통에 한암 스님을 모시고 나오지 못한 것을 원통해 했어요. 추모사에서 통곡을 했어요. 쓸쓸한 산중에 스님 혼자 두고, 우리는 모두 살려고 뛰쳐 나왔다고 하면서 한탄을 하였지요. 그때 돌아가실 적에 종단에서도 말이 있었어요. 종정스님을 모셔 내야 한다고. 간혹 어떤 사람들은 한암 스님이 입적하실 적에 상원사를 지키기 위해 좌정하시고서는 불을 지르라고 하셨다는 말을 합니다. 그것보다는 한암 스님의 정신을 제대로 봐야 합니다. 내가 보기에 스님은 생사좌당(生死坐堂), 즉 생사는 좌당하는 것이라는 것을 보여 주신 것입니다. 시자들이 피란 가자는 것을 한사코 응하시지 않은 것은, 당신이 7천 승려의 종정으로서 피란을 가겠다고 하는 것은 말이 안 되기 때문입니다. 당신이 무슨 체면으로 그런 행동을 할 수 있겠느냐는 의미로 보아야 한다는 것이 내 생각입니다.

지금도 생각나는 한암 스님의 말씀을 회고하신다면?

상원사에 있는 스님들은 점심을 먹고 나서는 30분 정도 산책했어요. 간혹 노장님을 만나요. 노장님도 이따끔 관대거리(상원사 아래 세조대왕이 목욕을 하기 위해 관(冠)과 옷을 벗어 놓았다는 곳)까지 내려갔다 오세요. 그때 두세 명이 같이 모여 다니면 야단이 나요. 같이 다니면 말을 하게 되고 그렇게 되면 화두(話頭)가 잘 들리지 않는다고, 그만큼 수행에 철저해야 한다는 말씀이 기억나요.

한암 스님의 가르침 중에서 후학들이 가장 우선적으로 계승할 내용은 어떤 것입니까?

어쨌거나 물질적으로는 모든 사람들이 잘 먹게 이바지하는 것을 늘 말씀하셨고, 또 의리를 지키라고 말씀하셨어요. 옛날 중국에서 의형제가 산을 넘어가는데 한 사람이 옷을 입고 가면 죽고 두 사람이 한 사람의 옷을 입고 가면 산다는 이야기를 하시면서, 의리가 없어 얼어 죽었다는 이야기도 하셨어요. 그리고 선죽교에서 정포은(정몽주)이 죽은 것에 대해, 많은 사람들이 글을 지었지요. 한암 스님은 그 글 중에서 제일 잘 지은 것이 있다고 하셨지요. "외로운 신하가 나라가 망한 뒤에 안 죽고 무엇을 하겠느냐?"는 글을 제일 잘 지은 글이라고 하셨어요.

스님은 해방공간의 불교에서 불교개혁운동의 일선에 참여하셨는데, 혹시 그 활동이 한암 스님의 정신이 구현된 것으로 볼 수 있나요?

그럼요. 나는 스님의 의리, 대중 화합의 영향을 받고 스님이 말씀하신 가르침을 실천하려고 하였어요. 그때 종단 분규가 일어날 때 한암 스님은 종정으로서 야단치고 성명서를 발표하고 그랬어요. 나는 불교청년당에 가입하여 활동하였는데, 나이가 어렸지만 조직부장, 선전부장을 했어요. 불교개혁을 하려고 하였는데, 그러다 보니 좌익과 우익으로 갈려 괴로웠어요. 나는 당시 태고사에서 열린 전국불교도대회에 참석하여 재건불교대책위원 33인에 선발되어 단상에 올라가서 "불교에는 33조사가 있습니다, 우리 민족대표에도 33인이 있습니다, 오늘날 재건불교대책위원이 33명이 선출되었다는 것은 역사적 의의를 갖고 있다"면서 연설을 하였어요. 우리 33인은 그 역사적 책임을 완수해야 한다, 그러니 우리들이 칼로 손가락을 자르고, 그 피로 혈판에 도장을 찍고 맹세하자고 제안을 했지요. 그랬더니 우레와 같은 박수소리가 쏟아졌어요. 어느 스님이 이 정도로 왕성하다면 혈판을 안 해도 완수할 수 있다고 해서 혈판 선서는 안 하였지요. 불교 개혁을 하자는 결의문이 있었는데, 그것을 한 번 더 강조하기 위해서 연단에 올라간 것입니다. 이제 와서 생각하니 젊은 혈기에 그리 주장한 것이고, 세상 모든 일들이 뜻대로 잘 되지 않아요. 그리고 백범 김구 선생도 따라다니고 그랬는데, 그때는 조국 광복을 위해서 일을 하였지요. 그때가 가장 행복하였어요.

스님은 평소 한암 스님을 어떻게 생각하시나요?

　나는 내 평생에 한암 스님을 가슴에 담고 살았어요. 한암 스님은 선지식이고 도인입니다. 그런데 불교계에서는 객관적·양심적으로 평가해야 하는데 그러지를 못해요. 이런 풍토가 하루 속히 개선이 되어야 한암 스님이 제대로 평가받을 수 있어요. 이 문제는 금방 되지는 않겠지만, 참말로 언제 정리될지 걱정이 많이 됩니다.

한암 스님의 가르침이 구현되어야 한다는 말씀이지요?

지금이라도 한암 스님의 가르침을 배워야 합니다. 한암 스님의 가르침만으로도 종단을 이끌어갈 수 있어요. 쉽게 생각하면 안 됩니다. 참선 공부도 한암 스님 가르침을 준수해야 합니다.

오늘 가슴에 담았던 귀한 회고를 해주셔서 고맙습니다.

하여간에 한암 스님 가르침대로 우리 불교가 그 방향으로 나갈 수 있도록 힘을 써 주세요.

우리가 본받아야 할
한암 스님의 중노릇

도견 스님

● 대담 일시_ 2005년 3월 2일
● 장소_ 해인사 극락전

월정사 동관음암 출가
조계종 종회의장
대흥사 및 해인사 주지
조계종 원로회의 의원
해인사 극락전 한주

올해 스님의 춘추는 어떻게 되시나요?

제가 1925년생이니, 금년이 여든한 살입니다.

고향은 어디이시며 출가의 인연은 무엇인가요?

고향은 강화도 하점면 부근리이지요. 강화읍에서 10리 정도를 더 들어가면 있어요. 일제시대 때 일본놈들이 자꾸 군대에 끌고 가려고 해서 도망을 갔어요. 제 나이 열일곱 살 때에 무작정 지리산 영원사로 갔는데, 밥 얻어먹기도 힘들었어요. 화엄사에 갔더니 대처승들이 새까만 장삼을 입고 있었는데 있을 곳이 못 되어 칠불암으로 갔어요. 칠불암에는 선객들이 참선을 하고 있었는데 설석우 스님이 조실로 계셨어요.

그러면 어떻게 오대산으로 들어오시게 되었나요?

지리산에 있을 때에 사촌 형이 찾아왔어요. 내가 이렇게 찾아서 올 정도면 일본 경찰은 너를 찾지 못할 것 같으냐고 그래요. 그래서 일단은 집으로 돌아왔어요. 집에 와 보니, 군인 갈 나이도 안 되었는데도 붙들어 가려고 그래요. 제 형님은 이미 징용에 끌려가고 없었어요. 그러니 아무래도 집에는 못 있겠더라고요. 무인도에 가서 새우 말리는 일도 하다가, 다시 집을 도망 나와서 인천의 여관에 가 있었어요. 그 여관 주인집 아주머니가 평안도 사람이었어요. 평안도 사람들이 『정감록』 비결을 보았는데 일본놈들의 탄압을 피할 수 있는 곳이 강원도 인제면 을숙골이라는 것입니다. 나보

그리운 스승 한암 스님

고 양말과 옷을 기워 입고 생활하는 것이 꼭 스님 같다고 하시면서 "스님 한번 해보라"고 그래요. 제가 "소개해 주십시오" 하였지요. 그래서 그 아주머니를 따라 닷새를 걸어 오대산으로 들어오게 되었지요. 그 아주머니는 동관암(오대산 관음암)에 다니는 신도였어요.

그때 관음암에는 지월 스님이 계셨는데 처음 뵌 인상이 어떠하였나요?

처음 뵈니 아주 도인 같아 뵈고, 가사는 물론 양말까지 누덕누덕 기워 입은 모습이 인자하기 그지없었어요. 마음속으로 지월 스님을 의지해서 살려고 생각하였지요. 지월 스님과 단 둘이 살고 있었으니, 행자라는 것도 모르고 살았어요. 그리고 지월 스님은 아주 인자하셔서 저에게 '이래라 저래라' 시키는 법이 없이 스님 스스로 모든 것을 하시고, 저는 그것을 따라서 하는 형편이었지요. 진부장에 가서 짚세기를 사 와서 슬며시 제가 신도록 해 주시고, 제가 목욕을 하고 나면 스님이 미리 제 옷을 다 빨아 놓고 그랬어요. 저는 절에서는 으레 은사가 제자 옷을 빨아 주는 줄로만 알았습니다. 스님은 자비보살의 모습을 저에게 보여 주셨어요.

스님과 여법히 깨끗하게 사는데 언제인가 얼굴이 시키면, 코가 크신 스님이 오셨어요. 알고 보니 그 스님은 지월 스님과 금강산에서 같이 수행을 하셨던 분이었는데, 오셔서는 제가 하는 것을 보고 막 야단을 치셨어요. 제가 지월 스님 시봉을 잘못 한다고 눈물이 날 정도로 혼이 났어요. 그것은 저더러 스님 보필을 왜 그렇게 하느냐고 지적하신 것이지요. 이제 와 생각해 보니, 제가 시봉을 잘해 드려야 하는데 그것이 거꾸로 되었으니 야단을 맞을 만하였지요. 그래 그때부터 행자라는 것을 알고 지냈어요.

지월 스님은 자비보살로 유명하고, 한암 스님을 모시고 수행한 것으로 알고 있습니다만.

우리 스님(지월)은 처음에는 자비하지 않았답니다. 싸움을 잘하셨는데, 만공 스님 회상에서 수행할 적에 한생각을 돌린 뒤로는 어른이고 애고 할 것 없이 존경하고 그랬대요. 지월 스님이 자비한 것과 관련된 일화가 있어요.

언제인가 어느 처사가 지게에 겨우 질 정도로 큰 감자를 캐서 관음암으로 가져왔어요. 그 감자는 하도 커서 자재감자라고 하였는데, 제가 물어보니 해마다 그렇게 감자를 갖고 온대요. 사연인즉 상원사의 신선골 건너편에 상왕봉이라는 산이 있는데 그 산골짜기에 문둥병 환자가 살았어요. 문둥병이 있으니 사람들이 모두 싫어하잖아요. 그런데 문둥병 환자가 산신령에게 3년 동안 살려 달라고 기도하였더니, 어느 날 산신령이 나타나서 "나는 이 산을 관리하는 산신이다. 하지만 너를 살려 낼 수 있는 능력이 없다. 저 산 중턱의 관음암에 있는 스님에게 가면 너를 치료해 줄 것이다"라고 하였다는 것입니다.

지월 스님은 자신을 찾아온 문둥병 환자에게 향로, 목탁 등을 제공하고 방에 도배까지 해주고 부처님에게 기도하면서 관세음보살을 부르도록 하였더니 3년 만에 깨끗하게 치료가 되었답니다.

동관음암 모습. 이 암자에서는 자비보살로 유명한 지월 스님이 수행하였다.

행자 생활을 하면서 한암 스님은 어떻게 뵙게 되셨나요?

행자 생활은 근 1년 하였어요. 그때 지월 스님이 저보고 오대산의 각 암자에 가서 마지를 올리라고 그러셨어요. 그래서 상원사를 비롯해서 서대, 중대 등으로 마지를 올리면서 자연히 산중 어른이신 한암 스님을 뵈었지요.

그 당시 한암 스님에게 경전을 배우시지는 않았나요?

저는 한암 스님에게 사미계를 받았는데, 그때 비구니 한 명, 남자 행자, 저 이렇게 셋이서 계를 받았어요. 한암 스님에게 『금강경』을 배웠지요. 그때 도원 스님은 『능엄경』을 배웠고 저는 『금강경』을 배웠어요. 특히 『금강경』 서문의 내용이 마음에 들어 열심히 배웠어요.

『금강경』을 배우면서 혹 생각나는 일화는 없으신지요?

그때 저하고 함께 배우던 사람이 있었는데, 글자를 자꾸 까먹었어요. 앞의 글자를 배우면 뒤의 것을 잊고, 뒤의 글자를 배우면 앞의 것을 잊었지요. 그렇게 둔하니, 한암 스님께서 그 사람에게 물어보셨어요, "친가와 외가의 할아버지, 할머니, 아버지, 어머니가 글을 읽었는가?" 하고. 그랬더니 집안에 아무도 글을 읽은 사람이 없다는 것을 아시고는 그러면 더욱 열심히 해야 한다고 말씀하시더라고요. 저는 그때 금강경이 마음에 와 닿고 해서 열심히 외우고 다녔지요. 그랬더니 한암 스님이 도원 스님에게 "어디서 불종자(佛

種子)가 든 애가 들어왔다"고 하시면서 좋아하시더라는 말씀을 하였다고 했어요. 자꾸 까먹던 그 사람은 중간에 자기 집으로 가 버렸어요. 한 1년 한암 스님에게 『금강경』을 배웠어요. 막막하기만 했던 앞길이 환하게 열리는 듯한 체험을 했지요.

『금강경』을 배우실 때가 해방될 무렵인데, 당시 상원사에 사람이 많이 찾아왔지요?

해방이 되었다고 해서 별별 사람들이 다 찾아왔지요. 어떤 사람들은 한암 스님이 도인이니, 뭐든지 다 안다고 하는 사람도 있었고, 어떤 신도의 아이들은 한암 스님이 도인이니 밥도 안 먹고, 오

한암 스님의 사상과 정신이 스며든 『현토오가해금강경』과 『보조 선사어록』의 『불교시보』의 광고 문안.

줌도 안 눌 것으로 생각했답니다. 해방되기 전에도 일본 승려가 많이 찾아왔어요. 높은 손님이 오면 우리는 옆에 가지 못해요. 다만 다녀갔다는 소리만 듣고 그랬지요.

그 무렵 상원사에 불이 나서 다시 중창불사를 했는데 그때 거기 계셨나요?

있었어요. 그때가 저녁 무렵인가, 그날 상원사 인근의 신선골에 산불이 나서 대중들이 불을 끄고 와서는 고단해서 누워 있었는데, 시자들이 자는 방에서 연기가 나더니 그만 불이 났지요. 불이 났는데도 한암 스님은 조금도 당황하지 않고 지시를 다 하시더군요. 먼저 법당의 대장경을 끌어내라고 하셨지요. 하지만 대장경 궤짝도 반 정도밖에 끄집어내지 못했어요. 지월 스님도 그때 돌아가실 뻔했어요. 지월 스님의 짐을 조실스님 방에 두었는데 조실 방의 문을 열고 보따리를 꺼내려고 하는데 불길이 순간적으로 지월 스님의 얼굴에 확 달려들었어요. 약간의 화상을 입었지만 고생은 하였지요. 조금만 더 불길이 세었다면 돌아가실 뻔했어요. 불이 나니 손을 쓸 수 없었어요. 날씨가 추울 때라 물이 얼어서 받아 놓은 물밖에 없었고, 더욱이 법당이며 건물이 전부 목재이니 타는 것을 보기만 했지요.

그때 도견 스님은 상원사에서 어떤 소임을 보셨는지요?

제가 불이 난 직후에 자원해서 공양주 소임을 보았어요. 한암 스님은 항상 저에게 고칠 점, 배울 점에 대해 말씀해 주시고 그랬어요. 제가 간장을 퍼 오는데 한암 스님께서 저에게 다가와서는 "그러지 말고 단지를 땅에다 놓고, 바가지를 하나 더 가져와서 그걸 바가지 밑에 놓고 하면 간장을 흘리지 않고 담을 수 있다"라고 일러주시더라고요. 그리고 채소밭에서 채소를 가져와 다듬으면, 한암 스님도 노인이라 근력이 부치는데도 대중과 함께 같이 다듬곤 했지요. 채소를 다듬고 일어나실 때에 신음소리를 내서서 그때는 왜 저런 소리를 하시나 그랬는데, 제가 그 나이가 되어 보니 저절로 그런 소리가 나요. 하여간에 대중과 똑같이 하셨지요.

그때 대중들도 상원사 불사에 전부 참여하였지요?

그럼요. 불이 난 후에는 대중들이 각자 자기 양식은 월정사에서 지고 올라왔어요. 한번은 돌아가신 혜암 스님이 출가하고 얼마 후에 상원사에서 지냈는데, 보리쌀을 지고 가다가 갑자기 없어졌어요. 눈이 많이 와서 온 천지가 눈밖에 안 보일 정도라 뒤에 오다가 그만 길을 잃어버린 거지요. 찾아보니 골짜기에 빠져 얼굴은 보이지 않고 발만 보였어요. 눈구덩이에 빠져 있었어요. 나에게 보리쌀을 넘겨주고 겨우 빠져나왔어요.

한암 스님의 가르침인 승가 5칙(참선, 간경, 염불, 의식, 가람수호)을 들어 보셨지요?

물론 들어 보았지요. 한암 스님은 조계종의 제일 어른이셨지만 염불을 가르치셨어요. 중노릇 하면서 부처님 밥은 내려 먹어야 한다면서. 예식은 주로 대응 스님(박대하)이 인도해 주셨지요.

내가 거기 있다가 스물네 살에 이곳 해인사로 왔는데, 와 보니 예식(염불의식)을 할 사람이 없었어요. 내가 많이 가르쳤어요. 다 상원사에서 배운 것이지요. 당시 해인사는 비구승, 대처승이 양쪽에서 같이 살던 시절이었지요. 효봉 스님을 조실로 모셨지요. 선방 스님들이 법당 노전을 보아야 했는데 노전 볼 사람도 없어 제가 노전을 보았어요. 해인사에서는 예식 잘하는 스님으로 소문났었지요. 나중에는 모른다고 그래 버렸어요. 노전과 예식을 보면 공부도 못하고 참선을 할 수 없었기 때문이지요.

결제, 해제할 때에 한암 스님의 법문을 들어 보셨지요?

그럼요. 많이 들었지요. 법문과 관련해서 재미 있는 이야기 하나 해 줄 게요. 한 해에는 설날이 돌아왔어요. 다른 곳에서는 윷놀이를 하였지만 상원사에서는 성불도(成佛圖) 놀이를 했어요, 성불도에서 이기면 성불하게 되어 있는데, 성불한 사람은 법상에 올라가서 법문을 하도록 하였지요. 그런데 어떤 비구니가 성불을 하여 배짱 좋게 법상에 올라가 '척 하니' 법문을 하고 있을 때 한암 스님이 문을 확 여시며 "뭣들 하는 거냐?"고 물으셔서, 성불도 놀이를 하고 성불한 사람이 법문을 하는 중이라고 답변하니, 어른이 못 본 척하고 그냥 가신 일이 있어요. 거기서는 정월이면 꼭 성불도 놀이를 했어요. 성불도 놀이를 하다 보면 생사고해를 건너기 위해 인과 법문을 듣는 것보다 저절로 그것을 알게 되거든요.

도견 스님의 은사인 지월 스님. 한암 스님의 영향을 받았으며 자비보
살로 유명하였다.

설날에는 세배를 하고 보궁에 올라가고 그랬지요?

월정사에서도 올라오지만 우리들이 먼저 올라가지요. 그때는 상원사 보궁을 제일로 치고 석가모니 사리를 모신 곳은 거기밖에 없다고 했어요. 우리가 보궁에 세배하고 내려오면 월정사에서 올라가고, 그 후에는 먼 데서 온 스님들이 세배하러 오고 그러지요.

한암 스님과 지월 스님 간의 긴밀한 관계를 알 수 있는 일은 없었나요?

오대산에는 오대(五台)가 있는데 한암 스님은 북대에 가서 살겠다고 하면 허락을 안 해요. 그전에 북대에 스님 한 분이 살았는데 속인에게 맞아 죽은 일이 있었대요. 북대 너머 촌락에 강릉에서 소금 장사하는 사람이 있었는데, 그 장사꾼이 보니 스님은 특별히 하는 일도 없이 하얀 쌀밥만 먹고, 자기는 매일 감자밥만 먹으니 나쁜 생각이 들어 처음에는 "밥을 달라", 그후에는 "쌀을 달라" 하다가 나중에는 쌀가마를 반씩 가르자고 하였대요. 그러니 그 스님도 오기가 나서 "이 날도둑놈아" 하면서 싸움을 하다가 그만 스님이 맞아 죽었지요. 나중에 형사가 가 보니 돌로 스님의 머리를 쳐서 죽여 버렸다는 것이지요. 그 뒤로 한암 스님은 북대에 가서 살 수 있는 사람은 수행력이 있고 자비한 지월 스님밖에 없다고 하셨어요. 누가 와서 달라고 하면 주어야 하는데 지월 스님은 몸뚱이라도 주려는 마음이 있는 스님이었거든요. 그러나 지월 스님은 토굴살이를 원치 않으셨어요. 그때 선방의 입승을 보았지요.

도견 스님도 선방에서 정진하셨지요?

　　제가 있을 적에는 지월 스님이 주로 입승을 보셨어요. 상원사에 불이 난 이후에는 선방에서 보살들하고 같이 참선을 하고 그랬는데, 그 당시 수좌로 와 있던 정도원 스님이 한암 스님에게 항의를 했어요. '왜 선방에 젊은 여자들의 방부를 받아들이냐'는 것이었지요. 젊은 수좌들의 눈이 자꾸 보살 쪽으로 돌아간다는 거예요. 한암 스님이 답변을 하시기를, "상원사에 불이 나서 신도의 신(信)에 의지해서 집을 짓고 있는데 그들이 한철을 같이 공부하겠다는 청을 거절하기가 어렵다"라고 하시면서 이해해 달라고 하였습니다.

점심 공양 후에는 경전을 갖고 나와 자연스럽게 수좌들과 대화하셨지요?

　　한암 스님은 결제 기간에는 참선을 하고 해제 기간에는 이런저런 경전 강의를 하시고 그랬어요. 그리고 차를 마시면서 이야기하는, 즉 소참법문이라고 하는 것을 많이 하셨어요.

청담 스님이 해방 직후에 오셔서 정화를 해야 한다고 한암 스님께 건의하였다는 말이 있는데 이 장면을 보셨는지요?

　　옆에서 들었지요. 한암 스님은 평화스럽게 사는 것을 주장하시지 비구 대처로 나뉘어 싸움하는 것을 절대 반대하셨어요. 그리고 정화를 해도 큰절 몇 개에 총림을 세워서 거기서 수도를 하고, 나머지 작은 절들은 대처승들에게 주라고 말씀하셨지요. 정화하기 훨씬 전에 그런 주장을 하셨어요.

월정사, 상원사에서는 비구 대처 간의 갈등은 없었나요?

월정사는 사판절이고 상원사는 이판절이었어요. 대처승하고 선객하고는 갈등이 많이 있었는데, 그 산중은 이종욱 스님이 총무원장이고, 주지이고, 또 국회의원이고 해서 심한 갈등은 없었어요. 종욱 스님은 대처승 가운데에서도 온건파였고 파계사 주지였던 최갑환은 강경파였어요. 최갑환 스님은 비구스님은 숫자도 몇 안 되니 내쫓아야 한다고 하면서 밥도 주지 말라고 그랬어요. 결국에는 이 박사가 장가간 대처승은 왜색승이니 절에서 나가라고 해서 정화가 시작되었지만.

한암 스님은 월정사 산중에서는 이판, 사판이 싸워서는 안 된다고 하시면서 사판승들도 발심시켜서 상원사에서 참선하도록 해야 한다고 하시자, 이종욱 스님도 그리 해야 한다고 동감했지요.

정화의 방법을 온건하고 합리적으로 해야 한다는 말씀은 정말로 새로운 증언이네요.

한암 스님은 아주 사리에 밝은 분이에요. 그리고 한암 스님은 유서(儒書)를 다 읽고 절에 들어오셔서 글과 세상사에 밝으셨어요.

그런데 도견 스님은 언제 상원사에서 나오셨나요?

언제인지는 기억이 나지 않지만, 한암 스님에게 남쪽 선방에 가서 참선을 하겠다고 인사를 하고 나왔지요. 그랬더니 한암 스님이 아주 좋아하시더라고요. 대구에서 해인사까지 들어올 때에는 차가 없어서 화물차를 얻어 타기도 하고 걷기도 하면서 왔어요. 견성성불하기 전에는 절대 안 나가겠다고 생각했지요. 들어와 보니 해인사에는 빈대가 많아서 고생을 했지요. 3년 결사를 반쯤 했을 때인 여름에 들어왔는데 2년이 안 되어 6·25 사변이 났어요.

한암 스님의 정신, 가르침이 후세에 전달되지 않은 것이 아쉽지 않으세요?

한암 스님 권속 가운데에서 그를 널리 알리고 연구하려는 스님이 없어요. 그것이 제가 가장 아쉬워하는 것이지요. 저도 선방에 다녔지만, 한암 스님의 행적을 퍼트리고 싶어도 나서는 분이 없으니 생각을 하다가 그만 두게 되지요.

한암 스님의 상좌 중에서 보문 스님이라는 분을 잘 아시지요?

그럼요. 그 스님이 상좌 가운데에서는 아주 철저하게 선종 사상을 되살리고, 명철하게 공부를 해서 혜안이 열린 스님이었지요. 불행하게도 일찍 돌아가셨어요. 성철 스님하고 함께 봉암사에 계셨지요. 성철 스님과 보문 스님은 뜻이 맞지 않아 보문 스님은 속리산 복천암으로 옮겨가서 수행을 하셨어요.

도견 스님과 보문 스님 간에 숨겨진 사연은 없나요?

돌아가시기 전에 저하고 보문 스님, 그리고 장보안 스님하고 셋이서 팔공산 삼성이라는 곳, 동화사 옆의 부인사 인근에다가 토굴을 짓고 살았어요. 그런데 보문 스님이 어느 처사가 지어다 준 약을 먹고 잘못되어 일찍 돌아가셨어요. 저는 보문 스님이 더 사시다가 가셨으면 한국불교의 선종에 상당한 영향을 주었을 것이라고 생각하지요. 너무 일찍 가셔서 안타깝게 여기고 있어요.

스님의 은사이신 지월 스님도 한암 스님을 귀중히 생각하셨지요?

그렇지요. 지월 스님은 한암 스님을 늘 숭배하셨지요. 우리 스님은 저보다 한암 스님을 더 모시고 오래 사시다가 6·25 사변 직전에 나오셔서 선산 도리사에 계셨어요.

스님은 한암 스님의 친필 같은 것 보관하고 계신 것이 있나요?

그런 것 없어요. 그때는 어른에게 감히 그런 것 써 달라는 생각도 못 내고 그랬어요. 그리고 저는 게문도 받은 게 없어요.

한암 스님의 가르침 중에서 가장 우선적으로 배울 것은 무엇일까요?

제가 볼 때에는 스님의 승행(僧行)이지요. 한암 스님은 돌아가실 때까지 행전을 꼭 치시고 사셨어요. 저도 한암 스님의 본을 따서 행전을 꼭 치고 살았는데, 작년부터 발목에 피가 안 통해서 금년부터는 안 칩니다만, 한암 스님의 승행은 꼭 배워야 해요. 한암 스님은 오대산에 들어가서 아예 나오시지를 않았어요. 이와 같은 승행을 가진 이가 없어요.

스님께서는 가끔 한암 스님 생각이 나시는지요?

근래에 한암 스님만큼 모든 것을 다 갖추고 수행한 스님이 없다고 보거든요. 오대산 권속들이 계승을 못하니 안타깝지요.

오늘 귀중한 시간을 내주시고 가슴에 담은 추억을 살려 주셔서 고맙습니다.

하여튼 늦기는 늦었지만 한암 스님에 대해서 행적과 사상을 밝히고, 계승할 수 있는 일에 참여하시는 것을 고맙게 생각합니다.

근검절약에 철저하셨던 분

설산 스님

- 대담 일시_ 2005년 1월 20일
- 장소_ 서울 정토사(평창동)

건봉사 출가
삼본사 승려 수련소 수행
월정사 강원 수학
혜화전문학교 졸업
도선사 실달학원 원장

스님은 올해 속랍으로 몇 세신가요?

저는 이제 설 쇠면 여든여덟 살이니, 미수(米壽)이지요.

고향이 어디세요?

문경인데, 제 나이 네 살 때에 그곳을 떠나 철원에 가서 살았죠.

스님은 출가 인연에 의병 할아버지의 의지가 작용하였다고 알고 있습니다.

우리 할아버지는 의병이었지요. 강원도 양양에서 왜놈과 크게 싸웠지만 패하고 말았지요. 그 뒤 건봉사 밑 대진 마차진 쑥고개에서 다시 왜놈들과 사흘 동안 싸웠지만 역시 대패했지요. 이쪽은 화승총이고 저쪽은 신식총인데, 비가 오니 화승총은 물이 들어가서 총이 나가지 않았고 왜제총은 오히려 총신을 식혀 주니 결과적으로 패했지요. 할아버지는 왼쪽 다리에 총이 관통을 해서 건봉사로 숨어 들어오셨지요. 절에서 부목으로 계시다가 마지막으로 나를 보아야 하겠다고 생각하여 아홉 살인 저를 건봉사로 데려온 것이지요.

그러면 아홉 살 때에 출가하셨나요?

아닙니다. 아홉 살 때에 건봉사에 왔지만 그냥 방 한 칸에서 할아버지와 밥을 해먹고 살았지요. 그때는 불교에 대해서는 전혀 알 수 없었지요. 그런데 제가 열세 살 때에 말이죠, 그때 할아버지는 맨날 "조선! 조선"만 찾으시고 조선이라는 소리만 하셨어요. 할아버지는 평소 저에게 "너는 출가를 해라, 출가를 하면 훌륭한 스

건봉사의 부처님 오신 날 행사인 가장행렬을 마치고 기념 촬영. 설산 스님은 행사 도중 만
세를 불러 일제 경찰에게 곤욕을 치렀다.

님들이 너를 인도할 것"이라고 하시며, "네가 배워서 조선을 구하
라"는 말씀을 하셨기 때문에 자연스럽게 출가했어요. 그때가 열네
살이었지요.

**그랬군요. 그런데 건봉사에서 공부를 하다가 왜 상원사로 오시게 되었습
니까? 그 전후 사정을 알려 주세요.**

　저의 은사는 의산 스님이었지만 실제적인 가르침은 이금암 스
님에게 받았어요. 이 스님은 저희 아버지와 동지였고 제 은사의 수
계 스님이었지요. 제가 상원사로 온 것은 건봉사의 가장행렬 사건
과 건봉사 부설학교인 봉명학교의 폐교와 연결되어 있었어요.

　우선 가장행렬 사건은 제가 봉서소년회의 회장으로 두 해를
거듭하여 4월 초파일 기념으로 주최한 것인데, 가장행렬 중 참석
한 군중들이 "너도 만세! 나도 만세! 모둘떼기 만세!"라 하여 일본
경찰의 끄나풀 형사인 정중섭에게 끌려가게 되었어요. 순사부장
이 저하고 박종운이라는 사람을 불러서 "이놈들이 주동을 하였다"
라고 하면서, 저에게 "너 만세라는 뜻이 무엇이냐? 왜 만세를 부르
게 하였느냐?"라고 추궁을 하였어요. 저는 "만세라는 것은 기분이
가장 좋을 때 하는 것이고, 그날 행사 때에 부처님, 꽃, 만국기, 그
리고 사람이 가득하니 기분이 좋아서 만세한 것이다. 한 군데 모여
만세를 부르면 다 좋아하지 않느냐?" 말하고서는 "부처님이 오셨으
니 너도 오래 살고 나도 오래 살자, 우리 다 같이 오래오래 살자"는
뜻이라고 대답을 하고 겨우 풀려났습니다.

만세 사건이 있은 후 봉명학원에서 조선어를 못 가르치게 했지만 우리는 봉명학원에서 조선어를 배웠지요. 형사 두 놈이 와서 그걸 조사해 갔어요. 그로 인해 학원의 학감인 금암 스님이 불려가기 시작했어요. 저는 금암 스님의 밑에 있으니 요시찰 인물로 왜놈들의 감시를 받게 되고, 봉명학원도 조선어 강습문제로 문을 닫게 되니 갈 데가 없잖아요. 그런데 다행히 오대산에서 3본산 승려 수련소라는 것을 만들어 수련생을 모집하였고, 건봉사에서도 거기를 갔다 오면 학교도 보내 준다고 하여 지원하였지요. 그때만 해도 공부를 해서 주지 같은 것을 하려고 하였지, 누가 참선방에 가려고 했나요? 그때가 제가 열아홉 살 되던 해 봄이었어요.

상원사에 올 때에는 어디를 거쳐 왔고, 몇 명이 함께 왔나요?

옛날에는 건봉사에서 상원사로 가려면 신흥사에서 하룻밤을 자고, 명주사에서 자고 거기서 100리 가까운 길을 걸어 마둔령인가 하는 데로 하여 상원사로 왔어요. 그때 다섯 명이 같이 왔는데 이제는 다 죽고 나 혼자 남았어요.

상원사에서 배운 것을 알려 주시죠.

거기서는 『금강경』을 배우고 참선을 했는데, 17명 정도가 탄허 스님에게 경을 배웠어요. 그런데 거기엔 수좌로서 사상가도 있었어요. 스스로 와서 자발적으로 하는 사람도 있었어요. 제가 거기에서도 좀 알려졌어요. "저놈은 건봉사에서 쫓겨 온 놈이다", "왜놈하고는 딴판이다"라고 하였지요. 수좌 중에는 면장 하다 온 사람, 선생 하다 온 사람이 있었는데 그들은 모이면 나를 놓고 떠들었어요, 내가 강원에 있을 때 학인들 중에 공산주의자들이 있어서 그들을 카프라고 했어요. 그들은 『이러타』라는 잡지를 내고 그랬는데, 건봉사 안에 있는 사상가들이 서적을 갖고 와서 배우곤 하였지요.

그래서 저는 만해 한용운 선생에게 불려가 혼이 나기도 했어요. 만해 스님이 우리보고 "너희들 프롤레타리아가 뭐냐? 제가 딛고 있는 땅을 다 빼앗겼는데 그것을 찾아야지, 잘 살고 못 살고 부자고 가난하고 그것이 무슨 소용이 있느냐?"면서 꾸지람을 하셨지요. 저에게는 "너는 의병 자손일 것 같으면 조선을 찾아야 하지 않느냐"라고 하셨습니다.

수련소에서의 일과를 말씀해 주시죠. 그리고 수련생들이 간혹 막걸리를 먹고 그랬다지요?

그들은 맨날 막걸리도 먹고 새벽에 올라왔어요. 저는 거기 있는 동안(4년) 술 한 잔 안 먹고 지냈어요. 일과는 새벽 세 시에 일어나면 참선하고, 다섯 시에 공양하고, 아홉 시에 『금강경』을 배워요. 탄허 스님이 강의하고 우리는 그걸 외웠지요. 탄허 스님이 해석을 하시면 한암 스님은 그 옆에 딱 앉으셔서 지켜 보세요. 수련생들이 잘못 외우면 한암 스님이 직접 종아리를 때리세요. 참선할 때 참선하고, 글 외울 때 외워야지 그렇지 못 하면 혼나지요. 그리고 오후 참선 시간 전에 『금강경』을 외우고 쓰기도 했지요.

수련소생들이 안거를 마치고 해제하면 각자 출신 사찰로 돌아가나요?

　　그렇죠. 해제를 하면 전부 자기 절로 돌아가요. 안거가 시작되면 다시 오지요. 저는 건봉사로 가지 않고 큰절인 월정사에 가서 해제 기간에 사교(四敎)를 보았어요. 그 당시에는 쌀을 가지고 가야 했지요. 그런데 월정사에 아는 사람이 없으니 누가 쌀을 주나요? 나보다 수련소를 먼저 나온 봉석 스님이 월정사에 있었는데, 그 스님 신세를 많이 졌어요.

수련소에서 1년 과정을 마치고 시험을 보았지요?

　　시험도 중요하지만 평소에 뭘 보느냐가 중요하지요. 한번은 보경 스님을 따라 조실스님 방으로 들어갔더니 스님이 저에게 "용 수좌는 무엇을 했는고?" 하세요. 그래 저는 "네, 밥을 먹고 잠을 잤습니다"라고 하였지요. 스님께서 갑자기 "무엇이 밥을 먹고 잠을 잤는가?"라고 물으셨어요. 그래 "저는 잘 알지 못하겠습니다" 하니 스님은 "무엇이 밥을 먹고 잠을 잤는가? 나가거라"라고 하셨어요. 이것은 저에게 '시심마', '이뭣꼬'를 질문한 것인데 저는 답변하지 못하여 그 후에는 늘 마음에 새기려고 노력하였지요. 시험은 『금강경』을 무조건 외워야만 되었어요. 먼저 탄허 스님이 『금강경』에 대한 내용을 물으면 제가 해석을 하는 것이에요. 또 제가 묻는 것에 탄허 스님이 답을 못하면 제가 1등이 되는 거지요. 이렇게 하여 끝마치면 그날은 국수를 만들어 먹어요. "『금강경』 때문에 국수를 먹는다" 하고 먹었지요.

상원사에 불공이 많았다고 들었습니다.

　　상원사에 선지식 스님이 계시다는 것은 전국적으로 다 알려졌잖아요. 서울에서 맨날 제사 지내 달라고 편지에 10원, 20원을 보내옵니다. 그걸 갖고 불공을 지낸 후에 계피떡 두 개하고 마른 나물하고 먹어요. 전 대중들이 있을 때 똑 같이 돌리기에 그 이상 먹을 수가 없어요.

한암 스님이 시주물 은혜를 중히 여기라는 말씀을 강조하셨다고 들었습니다.

　　한암 스님께서는 대단한 근검절약가셨지요. 근검절약을 하시니 그 산중에서 배 안 고프고 지낼 수 있었던 것입니다. 당신은 오후불식이지요. 그리고 밥은 정해진 양(量)만 잡수시지, 넘으면 일체 잡숫지 않아요. 산중에는 표고버섯 같은 것이 많아요. 그것을 말려 음식으로 했지요. 봄이 되면 변소를 쳐서 인분을 날라 풀과 섞어 퇴비를 만들어요. 그 퇴비를 배추에 주면 배추 하나가 사람 머리만 해져요. 그걸 갖고서 반찬을 충당하니 식사가 유지되었지요.

상원사에는 뱀이 많다고 들었어요.

　　제가 별좌로서 제사를 지내는데, 하루는 부엌에서 큰방으로 음식을 갖고 가는데 처마 끝 사이사이에 뱀대가리가 놓여 있어요. 내가 가만히 서면 뱀도 머리를 들고 있어요. 나의 영혼, 마음이 있잖아요. 참선을 하니 한암 스님이 하는 염불 소리를 내가 들어요.

마음으로 헤아리고 극락을 그린단 말이에요. 그런 것이 마음에 떠오르고, 염불 속에서 받아들인다는 것이지요. 그런데 잠깐 있다가 가 보니, 염불이 다 끝나고 뱀도 없어요. 뱀이 그 소리를 들은 거예요. 구멍 구멍마다 뱀이 한암 스님의 법문을 들은 것이지요. 상원사는 뱀혈이라고 그래요. 밤중에 화장실을 가기 위해 신발을 신으면 신발 안에 뱀이 있고 그랬어요.

그때 수좌들 중에서 기억나는 스님을 회고해 보시죠.

그 당시에 월하, 서옹, 지월, 고암, 입승을 보았던 탄옹 스님들이 생각나요. 그 중에서도 탄옹 스님은 걸출하신 스님이지요. 동대 이사장 했던 녹원 스님의 은사이시죠. 저는 그분들을 닮기 위해 죽자사자 애쓰는 도리밖에 없었지요. 남 잘 때 같이 자면 참선을 제대로 할 수 없다는 생각으로 탄옹 스님 뒤에 앉아 허벅지를 쥐어뜯어가며 밤을 새웠어요. 그리고 서옹 스님이 불교전문대학을 마치고 오셨어요. 그 스님이 하는 것을 보면 힘이 대단해요. 당시 수좌들이 전문대까지 나와서 참선을 한다고 수근댔지만 그 스님은 절대 말을 안 해요. 가끔 조실스님하고는 몇 마디씩 했지요.

혹시 수좌스님들이 사찰 운영에 대하여 이의를 제기하진 않았나요?

간혹 젊은 수좌들이 조실스님에게 이의를 제기했어요. "맨날 왜 죽만 줍니까?" 하면서. 저도 처음에는 못 먹겠더군요. 그런데 1년 먹고 나니 소화도 잘 되고, 그게 약이에요. 어느 미련한 수좌가 매일 죽 먹는 것에 이의를 제기하자, 한암 스님께서 "그러면 그대는 죽을 먹지 말고, 죽 대신 냉수를 하루에 세 번 세 사발을 먹어 봐라. 그러면 네가 장사가 될 것이고 힘을 쓸 것이다"라고 하셨어요. 그 수좌가 하루를 냉수만 먹어 보니 눈이 쏙 들어가고 죽겠지 않겠어요? "아이고! 죽이라도 먹겠습니다" 하였어요. 그래 한암 스님께서 "네가 이제 죽 먹는 법을 아는구나" 하셨지요.

상원사는 선방이면서 염불소리가 나는 특별한 곳이었지요?

우리에게 염불하는 것을 배우라고 했어요. 그때 염불 잘하는 대응 스님이 있었는데, 그 스님한테 어산, 범패 등을 배웠지요. 그 스님은 월정사에서 살다가 돌아가셨죠.

한암 스님 회상에서 수행정진한 서옹 스님.

개인적으로 상원사가 특히 기억나는 이유는 무엇인가요?

제가 그곳에서 수행하다 얼마 안 되어 제 어머니가 돌아가셨다는 전보를 받았어요. 한암 스님께서 저를 위해 금강경 강론도 쉬고 제 모친을 위한 설법을 해주셨지요. 그 설법은 물거품 같은 인과와 윤회에 대한 것으로 마음을 닦아야 한다는 것으로 기억해요. 그리고 대중에게도 제 모친의 영가천도에 동참하라고 권유하시며, 49일 동안 기도할 것을 말씀해 주셨어요. 저는 일어나서 한암 스님과 대중 스님들에게 오체투지의 절을 하였지요. 대중들은 고성염불을 하고, 죽비를 세 번 치니 흩어졌어요. 이후 저는 참선 시간과 간경 시간을 빼고는 늘 법당에 모신 모친의 위패에 가서 기도했어요.

그러면 한암 스님의 영가천도라든가 염불, 기도 같은 것을 옆에서 지켜보셨겠군요.

한암 스님께서는 사시기도를 할 때면 법당에서 백팔염주를 돌리세요. 영가천도 때에는 의식을 집전하는 법주 스님 옆에 증사로 앉으세요. 앉아서는 염주를 가슴에 대고 헤아리며 영가 위패 쪽을 관하십니다. 그러면 대중이 운집하고, 목탁소리만 절 안에 나는 것이지요. 저의 어머니에게는 "파평유인 윤예숙 영가여! 뜬 구름 자체가 본래 실다움이 없으니 나고 죽고, 가고 오는 것이 또한 이런 것이로다. 항상함이 없으니 나고 죽는 것에 걸릴 것이 또한 없음이로다"라고 법문을 하셨지요.

시식이 끝나는 동안 영가가 무애해탈의 희열 속에서 윤회의 인연을 끊고 정토극락으로 왕생하신 것을 한암 스님은 모든 대중과 저에게 보여 주고 관찰하신 것이지요. 제가 조용히 일어나서 조실 스님과 대중 스님들께 삼배를 드리자, 그 어른은 "용 수좌, 윤예숙 영가가 극락왕생하는 것을 알았으리라. 효행은 불제자의 안심입명 처이니라"라고 하셨지요. 그러면서 그 어른은 문을 활짝 열어 놓고 제 뒤에 딱 가만히 서 계시는 거예요.

그 밖에 한암 스님과의 특별한 인연은 없나요?

그때 제가 다른 수련생들과는 달리 열심히 수행하였다고 생각해요. 한번은 해제 전날 진수성찬을 차려 먹고 그동안의 고생과 공부에 대하여 이야기를 했지요. 스물두 살 때인가 점심 시간이 끝나고 차를 마시며 한암 스님의 말씀을 들었는데, 그 어른께서 글로써 해오(解悟)한 바를 알아보시자며 운자로 신 혜(蹊), 갈 거(去)자를 내놓으셨어요. 그러면 각 대중이 이 운자를 이용하여 자기의 견처라든가 느낀 바를 표현하는 것이지요. 어떤 이는 우물가로 가고, 산으로도 가고 자기 자신의 표현을 위해 애를 썼지요. 얼마 후 목탁을 쳐서 대중을 운집케 하여 차례대로 자기가 지은 시를 조실 어른께 보여 드려서 점검을 받지요. 간혹 어떤 스님들은 걸망을 지고 그대로 달아나기도 했어요. 마침내 제 차례가 와서 저는 제가 지은 시를 입승인 탄옹 스님에게 넘겨주었죠.

"공(空)과 환(幻)이 본래 없음이여(空幻本無處)/ 푸른 묏뿌리를 지나매 신발이 쓸모없네(靑嶂踏不蹊)/ 삶과 죽음을 훨훨 털어 버리니(超

脫生死苦)/ 어제와 오늘과 내일이 한갓 거추장스럽도다(洞徹三際去)"

이를 보신 그 어른은 고개를 끄덕이면서 "그래 좋다, 용 수좌는 '통철삼제거' 했구나"라고 말씀하셨죠. 그러나 탄옹 스님에게는 "대답은 해서 무엇 하느냐? 물러가거라"라고 말씀하여 말도 못하고 나왔던 기억이 새롭네요. 그것은 제가 생각하기에 그 어른이 '이놈은 그래도 혜(慧)에 눈을 떴구나'로 여기신 것이 아닌가 생각하지요.

스님에게는 한암 스님이 어떤 존재인가요?

제가 이렇게 승려 생활을 하는 것은 그대로 한암 스님에게 부처님 도리를 배웠기 때문에 살아가고 있다고 보지요. 그때 거기서 공부를 했기 때문에 오늘까지 중노릇을 하고 있어요.

한암 스님은 대중의 의견은 따르신다는 증언이 있어요.

그 산중에는 산배 나무에 산배도 많이 열리고 머루, 다래도 많이 열려요. 젊은 스님들이 열매를 담가 먹자고 하거든요. 열매를 몇 소쿠리 주워다가 큰 독에 넣어 둡니다. 봄이 되면 그 배가 과일주가 되어 버린단 말입니다. 스님들이 한 숟가락씩 먹으면 얼굴이 벌겋게 취해요. 이 어른이 아시고도 절대 말씀 안 하세요. 간혹 대중들이 의견을 내면 조실스님께서는 따르기도 하지요. 한번은 산나물 캐러 가는데 보통 때면 쌀 세 말만 필요한데 대중들이 네 말을 하자고 의견을 냈어요. 그러자 입승은 원주에게, 원주는 조실스님에게 말씀드려 그렇게 했어요.

한암 스님을 한마디로 표현해 보시지요.

저는 그 어른을 천진난만한 것으로 봐요. 그 어른은 오줌을 눌 때에도 옷을 바짝 올리고 일을 보라고 하시고, 채소를 많이 먹으면 속이 좋지 않다는 등 아주 단순하게 이야기하세요. 천진난만한 분이지만 법문을 설하실 때에는 사자 같은 눈이 번쩍번쩍 해요. 법문을 하실 때에는 세상이 조용하지요. 눈에서 빛이 나요. 그 바람에 오대산이 살아났지요. 월정사가 저당잡히고 그랬잖아요. 그런데 법우행이라는 분이 한암 스님에게 귀의하고서 그때 돈 5만 원을 냈지요. 그래 저당잡힌 것 다 찾았지요.

한암 스님이 스님께 일본어 공부를 하지 말라는 말씀을 하셨다고 회고록에 쓰셨는데 그 말은 언제 하신 건가요?

그것은 왜놈의 학문을 하지 말라는 뜻이지요. 그 말을 하신 것은 수련소생들이 공부를 제대로 안 하니까 책망을 하실 때 한 말씀이에요. 수련생들이 왜학에만 신경쓰고 수행을 게으르게 하니 한 말씀이지요.

이런 일화가 있어요. 일본 천황이 나라가 망하게 되니까, '전국의 명인(名人)을 방문하여 묘안을 찾아보라'고 해서 대신들이 명인을 찾았으나 없었답니다. 조선에도 찾아봐라 했단 말이에요. 그래 찾아와 어떻게 해야 우리가 이기겠느냐고 물었지요. 한암 스님은 "덕으로써 하면 이긴다"라고 말씀하셨지요.

**설산 스님은 상원사에서 4년을 있다 나가서는 혜화전문을 다니고 일본
사람에게도 공부를 배우시지 않았습니까?**

　　물론 저는 그랬어요. 상원사에서 나와 건봉사로 돌아가 혜화
전문을 다녔지만, 그것은 왜학을 배운 것이 아니에요. 제가 왜학을
하면 왜 제가 일본 군대에 안 가려고 발가락을 잘라요? 그때에 유
진오 박사는 일본어로 강의하였지만, 일본인 교장은 퇴경 선생에
게 당신만은 조선말로 하라고 하였지요. 한암 스님이 왜학을 하지
말라고 하신 것은 수련소생들이 왜학에만 열중했기 때문에 한 말
씀이에요. 왜놈의 종살이를 하지 말라는 뜻이지요. 내가 일본 군
대 안 가고 살았으니 왜놈들한테 굴복을 하지 않은 것이지요. 그때
지암 스님은 내가 입원한 병원에도 찾아오시고 병원비도 주고 그랬

혜화전문학교 시절의 설산 스님.

지요. 한암 스님께서 해주신 말씀이 저의 평생 수행에 큰 힘이 되었지요. 결과적으로 왜학을 하지 말라는 말씀을 어기고 학교에 들어갔기 때문에 평생 다리를 절룩이게 되었으니 조금은 죄송스러울 뿐입니다.

지장암의 비구니스님들도 한암 스님을 찾아오지 않았나요?

내가 있을 때에는 비구니들은 별로 못 봤어요. 비구니들을 선방으로 들어오게 하지는 않지요. 한암 스님이 계실 적에 지장암 비구니들이 공양을 차려 놓고 오시라고 해도 안 갔어요.

상원사에서 나온 이후에 한암 스님을 뵈었나요?

한번도 뵙지를 못했어요. 저는 스님이 돌아가신 것도 즉시 알지 못했어요. 저는 6·25 때 12년 동안 남해의 욕지도라는 곳에 가서 국어 선생을 하고 나왔기에 전혀 몰랐지요. 서울에 와서 알았지요.

한암 스님의 근검절약에 대해서 평가하신다면?

다른 사람들은 그분의 근검절약을 놓고 "한 푼을 아낀다", "절약을 한다"라는 말들을 하지요. 그러나 생각해 보세요. 그 산중에 80명씩 사는데 근검절약을 안 하면 어떻게 먹습니까? 누가 쌀을 가져옵니까? 그러니 아침에 죽을 먹고 그랬지요. 영암 스님이라고 살림살이 잘하기로 유명한 스님이 있었잖아요. 그 스님이 오대산 감무를 하시면서 한암 스님으로부터 돈을 아끼고 하는 것을 배우신 거예요. 그분이 저에게 "내가 오대산의 한암 스님에게 배웠어"라고 하였어요. 그분이 종욱 스님하고 오대산을 살린 거예요.

한암 스님은 참선, 간경, 의식, 가람수호 등 승려로서 지켜야 할 다섯 가지 원칙을 강조하셨다고 들었습니다.

그 어른은 참선 외에도 특히 염불, 의식을 강조하셨어요. 한암 스님은 부처님이에요. 한암 스님의 법은 옳고 맞아요. 제가 지금도 염불, 시식 및 영가 법문을 하는데 그분에게서 배웠지요. 제가 상원사에서 나간 이후 건봉사에서 배우고, 동국대에서도 3년을 배웠지만 그게 다 우스워요. 나가서 배워 보니 한암 스님 말씀이 구구절절 다 맞아요. 그러니까 내가 극락세계에 간다고 하여도 부처님 법을 하나만 깨달으면 모든 것을 깨칠 수가 있어요. 하나만 제대로 알면 모든 것을 이해할 수 있지 않겠어요?

설산 스님은 한암 스님을 어떻게 평가하시나요?

모두가 한암 스님을 '참다운 스님이다', '올곧은 스님'이라고 하는데, 그 말은 모순이 많아요. 참다운 스님, 올곧은 스님에 대한 정확한 내용을 안 연후에 한암 스님을 바라보아야 하는데 그렇질 못해요. 어린아이의 기준으로 어른을 평가한다는 말이 있잖아요. 우리가 어떻게 스님을 평가할 수 있겠어요? 제가 그분의 진공묘유(眞空妙有)를 감히 어떻게 평가할 수 있겠어요? 지금껏 여든 살이 넘도록 부처님을 모시는데 이것은 한암 스님과의 인연에서 나온 것이지요. 그분은 부처님과 같은 분이지요.

오늘 한암 스님과의 인연, 그리고 숨겨진 이야기를 알려 주셔서 고맙습니다.

수고가 많습니다. 한암 스님의 가풍이 하루빨리 되살려져야 합니다.

그리운 스승 한암 스님

생불(生佛)이었던 한암 스님

천운 스님

● 대담 일시_ 2005년 3월 20일
● 장소_ 향림사(광주)

내장사 출가
화엄사, 대흥사 주지
조계종 교무부장
대흥사, 향림사 조실
조계종 원로회의 의원

우선 스님의 출가 인연부터 말씀해 주시죠.

저는 1932년생으로 고향은 전북 고창군 성내면 월산리예요. 제가 7남매의 장남이었는데 1946년인 열여섯 살에 집을 나왔어요. 그전에 그러니까 해방되던 해에 소학교를 마쳤지만 집에서 중학교를 안 보내 주었어요. 완고한 한학자이셨던 저희 집안의 할아버지가 정씨가 왕이 된다고 하면서 한문만 배우라고 하여 고창의 한학자인 월곡 유상수라는 선생에게 2년간을 다녔지요. 그것은 과거시험에 대비해야 한다고 그리 된 것이지요. 그래 그때부터 가출을 하려고 마음을 먹었는데, 그때 저를 부추긴 것은 중학교를 다니던 친구들이었어요. 과거시험 보던 시절은 지나갔으니 학교를 다녀야 된다고 이야기 하였어요.

서울에 가서 고학을 하며 학교에 다닐 생각으로 도망을 나왔는데, 돈을 많이 갖고 나와야 했지만 조금밖에 갖고 나오지를 못했어요. 정읍에 오니 돈이 다 떨어져서 배는 고프고 갈 곳이 없어 며칠을 방황하였어요. 그때 마침 내장사에서 내려온 비구니를 만나서 먹을 것을 얻어 먹고, 갈 곳이 없으면 같이 절로 들어가자고 하여 안내를 받아 간 데가 내장사였어요. 저는 그때 생각으로 절에서 우선 밥이나 먹고 심부름을 해서 돈을 얻어서 다시 서울로 가려고 하였지요. 그때가 해방 이듬해인 1946년 2월인데, 내장사에 들어가 박한영 스님을 만난 게지요.

그때 석전 박한영 스님이 저에게 "절에 왜 왔느냐?"고 물었어요. 저는 당돌하게 학교에 가고 싶은데 부모님이 학교에 보내 주지 않아 가출했다고 대꾸했죠. 그 말을 들으신 한영 스님은 "내가 공부를 가르쳐 주마, 공부만 잘해라" 해서 그 스님을 모시고 3년을 산 것이지요. 그래서 한영 스님 밑에서 행자 생활을 하면서 승려로서의 기본, 조석 예불하는 것, 독경 공부,『초발심자경문』,『사미율의』등을 가르쳐 주니까 그것을 다 외우고 배웠어요. 그리고 중학교를 보내 주어 정읍의 오남중학교도 다녔어요.

한영 스님은 당시 종정이셨지요. 일제시대에는 강백으로 이름을 떨치며 독립운동에도 관여한 스님에게 출가의 인연을 맺으셨군요. 학교를 가겠다고 집을 나와 스님이 된 것도 간단치 않네요.

　　그럼요. 입산, 출가 때 한영 스님을 스승으로 모신 것은 큰 복이지요. 저는 지금까지 그 고마움을 가슴에 담고 있습니다. 한영스님은 상해 임시정부의 부인구제회에도 관여하시고, 3·1 운동 직후 인천에서 생긴 한성정부라는 곳에도 관여한 스님입니다.

　　그때 제가 출가를 결심한 것은 내장사에서 새벽에 도량석하는 스님의 염불소리 덕분이었어요. 구슬프게 들리는 염불이 저의 마음을 빼앗아 버린 것이지요. 그리고 저의 부모님은 당시에 돈독한 불자였기에 제가 가끔은 아버지를 따라 절에는 가 본 적이 있었는데, 그런 것도 조금은 작용하였겠지요.

　　제가 입산 직후에는 행자로서의 기본을 잘 지키지 못한 적도 많아, 주지스님과 소임을 보던 스님들을 한영 스님의 이름을 들먹이며 애를 먹이고 그랬어요. 그때 제가 한영 스님을 모시고 한 일들은 공양 상을 챙기고, 변소에 가실 때 모시고 가고, 목욕하실 때 도와드리는 것이었지요.

지금도 생각나는 한영 스님의 말씀이 있나요?

한영 스님이 저에게 말씀하신 것은 많이 있지만 기억나는 것은, 남의 말 절대 하지 말 것, 금전을 속이는 일이 없도록 할 것, 사람을 평등하게 대하고, 항상 길을 갈 때에는 옆을 보지 말고 앞만 보고 가야 한다는 말씀이었어요. 그렇게 한영 스님을 정성껏 모셔서 그랬는지는 몰라도 남들은 2년 정도 하는 행자 생활을 저는 6, 7개월 만에 마치고, 1947년에 사미계를 수계했어요. 그러니까 사미계는 한영 스님에게 받은 것이지요.

그때 6·25가 나지 않았습니까? 그 무렵의 천운 스님의 행적은 어떻게 되었나요?

제가 6·25 나기 전에 내장사에 있으면서 정읍의 중학교에 왔다 갔다 하였는데 6·25가 터졌단 말이에요. 처음에는 내장사에 있었지만 군에 잡혀갔어요. 그때는 영장도 없이 군인으로 데려가던 시절이에요. 저보고 혈서를 쓰라고 해서 혈서도 쓰고 그랬어요. 그리고 그때는 군인이 만기 제대가 없어요. 그래도 휴전이 되어 계급 제대라고 해서 군에서 나와 절에 다시 와 보니까 은사인 한영 스님도 돌아가시고 없고 해서 의지할 곳이 없으니, 내장사에 있기가 뭣해요. 그때는 전부 대처승이었어요.

천운 스님의 행적에는 그 무렵 선운사에서 공부한 것으로 나오는데, 이것과 관련하여 말씀해 주시죠. 그리고 이종욱 스님과 인연이 시작된 것도요.

제가 속세에서 많은 고생과 번민을 하다가 재출가의 형식으로 다시 간 곳이 선운사의 도솔암이에요. 도솔암에서 공부하고 있었는데 지암 스님이 오셨어요, 그때 지암 스님은 월정사에 계시다가 정화운동이라는 비구승과 대처승 간의 대립으로 인해 쫓겨나서 바람 쐬러 오셨다가 나하고 인연이 되어서, 그때부터 제가 스승으로 모시게 된 것입니다. 그때 도솔암 스님들이 나더러 전라도 중이 강원도 스님에게 은사를 하느냐고 막 뭐라고 그랬어요. 인연이란 것은 어떻게 막을 수가 없나 봐요. 그래서 1958년에는 지암 이종욱 스님을 모시고 구족계와 보살계를 받았지요.

지암 이종욱 스님은 월정사 주지를 역임하고 일제 말기부터 해방 직후까지는 오대산 상원사에서 한암 스님을 모신 분 아닙니까? 그러면 천운 스님도 한암 스님과의 인연을 맺은 것인데 이 사정을 알려 주시죠.

제가 처음으로 이종욱 스님과 인연이 시작될 때는 그런 것은 잘 몰랐어요. 세월이 더 가고 나중에 화엄사에서 지암 스님을 모시면서 한암 스님 말씀을 많이 들었지요. 그래 지암 스님을 모시고 있다가 탄허 스님에게 재판을 하여 이겨서 월정사에 들어갈 때 저도 따라갔지요. 그때 양철집에 법당 만들면서 그쪽 스님들과 같이 지내고 그랬어요. 그때에 지암 스님이 저에게 염불, 경전 공부를 집중적으로 가르쳤어요. 하여간에 저는 지암 스님에게 글을 다 배우고, 승려로서 읽을 것 다 읽었어요. 그런데 지암 스님은 월정사에 있을 수가 없었어요. 월정사는 공부하는 비구승들이 맡아서 해야 한다고 하며 대처승 갖고는 안 되겠다고 하면서 나오셨기에 전라도 용암사에서 몇 년을 모셨어요. 그래도 지암 스님을 모시려면 본사급 절이 되어야 하겠다고 해서 제가 화엄사 주지를 하면서 지암 스님을 모셨지요.

이종욱 스님은 일제시대에 월정사 주지도 오래 하셨고, 또 한암 스님과의 인연이 깊은 스님이라고 봐요. 이제부터는 지암 스님에게 들은 말씀을 들려주세요. 이런 이야기는 지암 스님에게 여쭈어야 하지만 지금은 안 계시니 천운 스님의 기억에서 그것을 복원하려고 하는 것입니다.

우리 스님(이종욱)이 독립운동을 해서 징역을 3년 3개월인가를 살고 나왔어요. 그런데 지암 스님이 나온 지 얼마 안 되어 월정사가 빚 때문에 넘어가게 되었어요. 스님들이 계약을 잘못해서 그리 된 것이지요. 제가 알기로는 일본 식산(植産)은행에서 대출을 받으면서 오대산 나무를 담보로 했는데, 조건이 나무로 수레바퀴를 만들어 판매된 값으로 환산하기로 했다고 했요. 처음에는 빚이 10만 원 정도인데 늘어서 나중에는 30만 원이 되었다고 했어요. 월정사 스님들로서는 해결할 수가 없어서 주지할 나이도 안 된 우리 스님을 주지로 천거해서 수습위원으로 데려갔어요. 수습위원이 되어 일을 하는데, 총독부에서는 우리 스님을 회유하려고 했지요, 또 월정사를 살리는 대안을 만들어서 일본 국회를 통과시켜야 되니, 자

천운 스님의 은사인 이종욱 스님. 조계종 총무원장을 역임하였는데 한암 스님을 생불처럼 모시고 수행하였다.

연 하루 아침에 친일파가 되어서 종도들로부터 미친놈이라는 소리를 들었다고 해요.

　　당시 우리 지암 스님이 궁리한 것이 도인(한암) 스님을 모셔다 놓고 뭔가를 해결해야겠다는 생각을 한 것이 아닌가 합니다. 그때 한암 스님은 봉은사 조실로 계셨는데, 그 봉은사가 우리 스님의 법도량이었어요. 지암 스님의 법사가 설운봉인 스님인데, 설운 스님이 관여한 절이 백담사, 오세암, 불영사, 봉은사예요. 한암 스님이 봉은사에 계시니 지암 스님이 거기 가서 월정사로 가시자고 권유한 것이에요. 당신이 친일파를 면하려고 그리 하였다는 것을 들었어요. 이를테면 방한암 스님이라는 방패로 월정사를 구하고 당신에게 쏟아지는 화살을 막은 거예요.

제가 듣기로는 이종욱 스님은 총무원장을 할 때도 그렇고, 월정사를 떠나거나 오게 되면 늘상 상원사 한암 스님에게 인사를 하고 아주 깍듯하게 모셨다고 합니다만.

　　제가 듣기에는 우리 스님은 총무원에 다녀오면, 우선 상원사에 가서 모든 보고를 하고 일일이 지시를 받아서 하였어요. 그러니 지암 스님이 종단을 운영한 것이 아니라 실제로는 한암 스님의 운영법으로 한 것이고, 종단의 방향이 상원사에서 다 나왔어요. 우리 스님이 보기에는 한암 스님은 '진짜 승려다' 그 말이에요. 일본 놈들이 우리 스님을 친일파로 이용하려고 하였지만 우리 스님은 친일파라는 소리를 막으려고 그리 된 것이지요.

은사인 이종욱 스님이 한암 스님을 어떻게 표현하였나요?

방금 전에도 말하였지만, 우리 스님은 방한암 스님을 진짜 고승이라고 판단한 것으로 봐요. 제가 분명하게 들었는데, 한암 스님을 생불(生佛)이라고 하였어요. 당시 고승 중에서 네 스님을 생불이라고 하였는데, 그 첫째가 한암 스님이시고 다음으로는 경허, 만공, 용성 스님이었어요. 특히 만공 스님하고는 일화가 있었다고 들었어요. 그 유명한 31본산 주지회의에서 만공 스님이 '할'을 하였다고 하지 않아요? 회의 하기 전날인데 비가 부슬부슬 내리니 땅이 축축하잖아요. 그런 날 조계사에 만공 스님이 오시니, 우리 스님이 바로 나가서 비가 온 그 땅에서 만공 스님에게 절을 세 번 하였다고 해요. 그랬더니 만공 스님이 "이거 왜 이래, 미쳤어 미쳤어, 일어나"라고 하였대요. 그래서 우리 스님이 만공 스님에게 제가 스님을 잘못 모셔서 스님의 머리가 그렇게 되었다고 하였답니다. 그때 만공 스님은 가끔 머리를 기르시고 그랬어요. 만공 스님은 이 말을 듣고 "알았어, 내가 깎고 오면 되지" 하고는 가셔서 머리를 깎고 오셨고, 그 기분으로 31본산 주지회의에서 총독에게 '할'을 하시며 지옥 간다고 하셨다고 합니다.

이종욱 스님이 한암 스님을 도인으로 모셨다는 말씀이군요. 제가 듣기에는 서로 간에 존경하였다는 말은 들었어요.

　　만암, 한영, 한암, 만공, 용성 스님의 나이가 비슷하였어요. 그리고 우리 스님과 한암 스님도 나이가 비슷해요. 열 살 차이가 안 돼요. 여덟 살 차이예요. 그래도 한암 스님 밑으로 들어가 버리니 한암 스님이 말을 내릴 수가 없지요. 우리 스님이 도인을 모시는 것은 최고입니다.

한암 스님은 승가 오칙(선, 염불, 간경, 의식, 수호 가람)을 강조하셨다고 합니다. 지암 스님은 이 가르침을 어떻게 실천하셨다고 보아야 하나요?

　　한암 스님의 가르침이 바로 지암 스님이 하신 행동입니다. 조실이시니 조실스님의 지침으로 생활하시고, 그것을 실천하신 것이지요. 우리 스님은 참선밖에 모르십니다. 저에게 가르쳐 주신 염불, 예식이 다 그것이에요. 우리 스님이 의식을 엄청나게 잘했어요. 지암 스님은 사중이나 종단에서 소임을 보는 스님들의 노고를 늘 칭찬하셨어요. 공사를 구분하고, 휴식 시간에는 도량을 산책하시면서 이것저것을 돌보고, 시간 관념이 철저하셔서 새벽 2시 반에 일어나서 예불하고, 『금강경』 독송을 하시고, 그 후에 공양을 하셨지요. 그리고 신중단 영가까지 이어지는 축원의 정성은 대단하였지요. 아마 이러한 지암 스님의 수행 일과가 바로 한암 스님의 가르침이겠지요.

1941년에 조계종을 만드는 실무는 이종욱 스님이 하였지만 한암 스님도 일정한 역할을 하셨다고 볼 수 있지요?

조계종을 만들 때 한암 스님과 지암 스님에게 조언을 해 준 분은 퇴경 권상로 박사, 김포광 박사, 원보산 스님 등입니다. 이 분들이 조계종을 만들어 놓은 것이에요. 그때 한암 스님의 지침은 중국과 일본에 없던 종(宗)을 찾아내라는 것인데, 그것이 조계종이라고 결정을 한 것이지요. 그래서 본산 주지회의에 붙여서 결정하였는데, 주지들도 환영했어요. 그때에 지암 스님과 한암 스님 간에는 무엇인가 밀계가 있었다고 봐요. 한암 스님이 그렇게 했대요. 본산 주지는 총독부에서 임명하고, 말사 주지는 도지사가 임명하니 결국 우두머리는 조선총독이니, 총독부에서 불교를 운영하는 것이 아니냐? 이러면 안 되고, 우리가 운영하는 종을 만들자. 총독부의 간섭을 안 받는 것을 만드는 것 그게 핵심이지요. 그러니 한암 스님은 우리가 운영하는 종을 만드는 것에 사무친 양반이었어요. 그러니 종도들이 지암 스님 말을 안 들으면 안 되게 되었어요.

상원사에 승려 수련소를 만들어 한암 스님이 금강경을 가르치셨거든요. 그런데 지암 스님도 생전에 늘상 『금강경』을 독송하고 『금강경』을 널리 알리려고 하셨지요?

한암 스님이 상원사에서 하시던 것을 이어받아 널리 퍼트린 것이 우리 스님과 백성욱, 김법린 이런 분들이었어요. 지금 서울에 금강경독송회가 있지 않아요? 이것이 다 한암 스님의 교화 방편에

이종욱과 상해 임시정부에서 독립운동을 한 백성욱. 백성욱은 금강경 대중화운동에도 기여했다.

요. 한암 스님이 이렇게 하시니까 그것을 보고 우리 스님도 따라하신 것이지요.

일제시대나 해방 직후에는 월정사, 상원사가 한국불교의 중심이었는데, 이는 한암 스님이라는 큰스님이 계시니 그리 된 것이 아닐까요?

　　그래요. 일본의 천황도 한암 스님을 생각해서 시주금을 냈다고 그래요. 그런 것을 하도록 일을 주도한 것이 지암 스님이에요. 우리 스님이 한암이라는 도인을 엄청나게 잘 이용한 것입니다.

지암 이종욱 스님이 일제 말기에 군자금을 만들어 임시정부에 주고, 일본이 망하기 전에 비밀결사로 군사 봉기를 하였다고 하지 않습니까? 이런 이종욱 스님의 독립운동을 한암 스님은 알고 계셨을까요?

　　그런 비밀스러운 얘기는 두 분만 했지 아무도 들을 수 없었을 거예요. 제가 지암 스님을 모실 때, 주위에서 친일파라는 소리를 많이 했어요. 우리 스님의 제자들도 많이 가 버리고 그랬어요. 한번은 내가 단도직입으로 우리 스님에게 물어 보았어요. 그랬더니 우리 스님이 그랬어요. "독립운동, 종단, 동국대 재단 만드는 것은 나하고 한암 스님하고 귓속말로 해서 이루어진 것이야." 그렇게 저에게 말한 것을 보면 한암 스님도 우리 스님이 군자금 만들어 전달하는 것

한암 스님 현토, 이종욱 번역으로 간행된
『고려 보조국사 법어』(1948. 11. 15).

을 다 알았어요. 다 들었다고 봐요. 화엄사에서 그 이야기를 내가
들었거든요. 그래 내가 더욱 우리 스님을 존경하였지요. 그때 다른
상좌들은 우리 스님이 친일파 짓을 하였다고 말하고 그랬어요. 심
지어는 우리 스님의 집안으로 6·25 직후 월정사 총무를 보던 재훈
이도 저한테 "너는 완전히 스님에게 미쳐 버렸다"라고 하였어요. 그
때 우리 스님에게 분명히 내가 들었어요. 종단 만든 것, 교육기관
만든 것, 그리고 독립운동으로 김구 선생이 돈을 보내 달라고 해서
돈 보낸 것, 당신이 총독부를 제쳐 버리고 종단 운영을 하려고 하
였다는 내용을요. 그러시면서 "나 혼자 그것을 할 수는 없다. 내 뒤
에 방한암 노스님이 계시니 같이 한 거여"라고 말씀하였어요.

그러니 한암 스님이 하자는 대로 하신 것이고, 한암 스님이 명철한 지혜를 가르쳐 준 것이지요. 한암 스님과 지암 스님의 귓속에서 불교종단, 독립운동, 동국대 등이 만들어진 것입니다. 이렇게 두 분의 조화가 아니면 도무지 이뤄 낼 수 없는 것이에요. 정신적으로 밀어 주고, 의지처가 없이는 할 수가 없어요. 방한암 스님은 지암의 의지처입니다. 지암 스님은 한암 스님 이야기를 하면 눈물을 흘려요.

6·25 때에 한암 스님이 입적하시고 부산에서 추도회를 하였을 때 지암 스님이 추도사를 읽었던 것을 알고 계시지요?

그럼요. 6·25 동란이 터지니 지암 스님이 상원사에 가서 한암 스님에게 내려가자고 권유했어요. 그랬더니 한암 스님이 "내 나이가 얼마인데 갈 수가 있는가? 나는 여기를 지키다 가겠다"고 하셨답니다. 그래서 총무원을 부산으로 옮긴 것이지요. 한암 스님이 돌아가시고 부산에서 추도회를 할 적에 지암 스님이 추모사를 읽으니, 그 장소에 참석한 사람 가운데 울지 않은 사람이 없다고 그랬어요. 그때 지암 스님이 선암사 성월 스님에게 선방을 하나 내놓으라고 해서 수좌들이 공부할 수 있도록 한 것입니다. 우리 스님은 선밖에 몰라요. 언제든지 참선하고, 경을 읽고, 사상적으로는 선객입니다. 선암사에서 지월, 석호, 석암 스님이 공부하고 인환, 지견이도 그곳에서 중이 되었어요.

6·25 전에 청담 스님이 상원사에 오셔서 한암 스님에게 정화를 해야 한다고 건의하였지만, 한암 스님은 온건하게 합리적으로 정화해야 된다고 말씀하셨다는 말이 있어요. 혹시 이것과 관련해서 지암 스님의 이야기는 없나요?

우리 스님의 복안은 포교를 해서 신도들이 불교를 외호하도록 해야 한다, 일제시대에 승려들이 결혼을 하여 자식을 만들어 놓았으니 그들의 숫자만 갖고도 불교국가가 될 수 있다. 그러니 그 자식들을 어떻게 가르쳐 낼 것인가를 고민해야 한다는 것이었어요. 그리고 비구승이 생기면 그들에게 해인사 같은 큰 절부터 주고, 또 비구승이 생기면 말사도 주고 해서 점차적으로 정화를 해 나가야 한다고 했어요. 그런데 당시 비구측의 청담 스님, 대처측의 박성하 같은 사람들이 성질도 비슷하고, 처음에는 찬성하다가 끝에는 반대를 하였어요. 우리 스님을 친일파라고 하면서 총무원장에서 끌어 내리고 그랬어요.

지암 스님이 총무원장을 할 때 대의 스님이 만암 스님에게 건의하여 대처측에서 절 18개를 수좌들에게 주라고 하였지만 이행이 안 되었지요.

우리 스님의 주의는 점진적으로 하자는 것이었어요. 본사부터 정화하고. 해인사는 그렇게 하자고 동의를 하였어요. 통도사는 대처승들이 많아서 할 수가 없었고요. 한번에 비구승을 만들 수가 없다, 그렇지 않으면 절을 비우게 된다, 비구승을 길러 내자고 했어요. 만약 우리 스님의 복안대로 되었으면 지금보다는 불교가 훨씬

170
—
그리운 스승 한암 스님

일제 말기 상원사에서 하안거 수행을 마친 한암 스님과 수좌들의 기념촬영(1943). 상원사
는 수좌들이 한번은 거쳐야 할 선방으로, 치열한 수행처로 유명했다.

흥성했을 거예요.

정화 이후에 오대산 출신 스님들은 전국에서 공부 잘하고 예식을 할 줄 알아서 환영을 받았다는 말이 있어요.

　　그것이 월정사, 상원사의 가풍이지요. 한암 스님이 『금강경』을 억세게 읽혀 놓으니까 그리 된 것이지요. 제가 보기에 만공, 용성, 만암, 지암, 한암 스님들은 성질이 다 비슷해요. 그 스님들은 부정을 싫어하고, 남의 험담을 안 하고, 금전 문제에 깨끗해요. 그러니다 양반이시고, 그 정신으로 행동을 하시고, 다른 사람을 지도하셨지요. 우리 스님은 신도들도 계를 받지 않으면 신도가 아니라고 했어요. 전국에 다니시면서 보살계를 많이 설하셨어요.

　　그리고 우리 스님은 어산을 잘합니다. 정확하게 배운 것이에요. 그리고 우리 스님은 모든 것을 원만하게 했어요. 불교는 원만이에요. 그런데 지금 선을 주로 하는 스님들은 편협되어서 원만이 될 수 없지요.

지암 스님은 한암 스님을 어떻게 말씀하시던가요?

　　'생불'이라고 하셨어요. 저에게도 "생불한테 인사 잘해라, 생불에게 공양을 잘하라"고 하셨어요. "선지식은 다 생불이다, 생불에게는 거짓말 하지 말고, 돈이 있으면 갖다 드리고, 의복이 있으면 갖다 드리고 이렇게 외호를 해야 한다"라고 말씀하셨어요. 그렇게 하면 너도 성불된다, 성불될 짓을 해야 너도 성불되는 것이라고 가르쳤어요. 제가 그 말씀을 들었을 때에는 그 말이 무슨 뜻인지 몰랐지만 이제 와서 보니 그 뜻을 알 수 있습니다.

혹시 천운 스님은 한암 스님을 뵈었나요?

딱 한 번 뵈었어요. 한암 스님이 6·25 동란 때에 입적하셨으니 그 전이지요. 내가 내장사에 있을 때인데, 그때 어떤 스님이 월정사에 같이 가자고 해서 갔어요. 우리 스님을 존경하는 그 스님이 월정사에 가서 한암 스님을 뵐 일이 있다고 해서 상원사를 따라갔지요. 여러 스님들하고 단체로 한암 스님에게 인사를 하였지요. 그때 지암 스님이 우리보고 "생불이니라, 인사드려라"라고 하였어요.

지암 스님에게 받은 것 중에서 한암 스님의 유품은 없나요?

지암 스님이 한암 스님에게 받아서 가지고 온 장삼이 있었어요. 지암 스님이 저에게 주면서 "이것은 한암 스님 장삼이다. 너에게 주니 잘 받아 보관하라"라고 하셨어요. 무명으로 만든 재래식 장삼이었어요. 그러시면서 "생불의 것이니 잘 간직하라"고 하셨지요. 그런데 어느 날 이것이 누구의 것인가를 묻길래, 한암 스님의 것이라고 말을 한 적이 있는데, 그 뒤로 없어져 버렸어요. 내가 한암 스님 것이라고 하니까 귀중하다고 생각되어 몰래 가져가 버린 모양이에요.

그 장삼의 행방이 자못 궁금하네요. 천운 스님도 오대산을 고향으로 여

기고 계시겠지요?

　그렇지요. 저의 정신적인 고향이에요. 그래서 1년에도 몇 번씩 올라가지요. 가면 보궁도 참배해요.

한암 스님의 정신 및 사상의 계승이 안 된 것이 무척 아쉽지요?

　그렇지요.

오늘 귀중한 말씀을 해주셔서 감사합니다.

　아닙니다. 앞으로도 근·현대 생불이신 선지식들의 행적 복원에 힘써 주세요.

선견지명에 밝았던 스님

동성 스님

- 대담 일시_ 2005년 2월 3일
- 장소_ 배달정사(대천)

상원사 출가
강원종무원 재무부장
건봉사 주지
대흥사 주지
내장사 조실

스님의 출가 인연을 말씀해 주세요.

나는 고향이 충청도 논산이고, 열한 살 때에 중국으로 건너갔어요. 그런데 그곳에서 병이 나서 그만 고국으로 돌아오게 되었는데, 한암 스님이 도인이라고 해서 오대산으로 들어오게 된 것이지요.

그러면 바로 오대산으로 들어오셨나요?

처음에는 압록강을 거쳐 백두산으로 가서 천지를 보고, 평양을 거쳐 서울로 왔어요. 서울에 와서는 양복을 해 입고, 구두도 새로 맞추어 신고서는 어디로 갈까 생각하다 금강산으로 간 것이지요. 중국 사람들은 한국 사람을 보면 금강산 이야기를 해 달라고 했어요. 중국인들도 금강산 한번 보는 것이 소원이라는 말이 있으니, 나 역시 하루 속히 금강산 구경을 하고 싶었지요. 금강산에 들어오니 과연 기암절벽이며 폭포, 맑은 물 등이 그야말로 감탄이 나오지 않을 수 없었지요.

그런데 안내자를 따라 보덕굴에 오니, 절벽에다 구리 기둥을 세우고 그 위에 집을 지었는데 높아서 어지러울 정도였어요. 보덕굴 스님과 이야기하다가 한국에서 제일가는 도인스님이 방한암 스님이라는 것을 알게 되었지요. 한암 스님이 오대산에 있다고 하였어요. 그길로 유점사까지 가서 유점사 주지를 지낸 운학 스님을 만나 열흘간 있었지요. 그런데 자꾸 한암 스님 생각이 난단 말이야. 그래 안 되겠다 싶어 고성 해금강을 구경하고, 강릉을 거쳐 오대산 월정사에 도착하여 인근 여관에서 하루를 자고 다음날 상원사로 올라왔지요.

상원사에 가서는 한암 스님을 뵈었지요?

　　상원사에 가니 지객스님의 안내로 한암 스님을 뵈었어요. 한암 스님은 나에게 '집이 어디며, 왜 왔는가'를 물으시더라고요. 그래 나는 살기는 북간도 길림성에 살며, 스님의 고명한 존함을 듣고 찾아왔다고 하였지요. 그런데 금강산 보덕굴에 갔을 적에 보덕굴 스님이 나에게 "부모로부터 태어 나오기 전에 어디서 왔는가?"를 물어보았는데, "그것을 알 수 없어서 스님께 여쭈어 보려고 왔습니다"고 했어요. 그랬더니 한암 스님께서 나보고 가까이 오라고 하시더니, 내 귀에다 대고 크게 소리를 지르시더라고. "알겠느냐" 하시면서. 그러나 나는 "모르겠습니다"라고 했어요. 한암 스님이 "허, 둔한 사람이군. 나가거라" 하셔서, 방을 나와 지객스님에게 상원사에 있도록 해 달라고 부탁을 했어요. 지객스님이 한암 스님에게 가서 여쭈어 보고서는 안 된다고 했어요. 그래서 내가 가서 다시 사정을 하니, 지객이 나보고 부목노릇을 하라는 거예요. 그래 당시만 해도 부목이 뭔지를 아나. 그래 일단은 할 줄은 모르나 열심히 해보겠다고 했어요. 그때 개성에서 온 청년이 부목을 하였는데, 그이에게 배워 가면서 지게를 지고 톱과 도끼, 낫 등을 갖고 산에 가서 나무를 했어요. 근데 그게 잘 될 리가 있나요. 지게가 등에 붙지도 않고 비틀거리고 잘 안 되어서 그만 산을 내려 간다고 이야기 했어요. 그랬더니 그 부목이 자신도 처음에는 그랬으니 조금만 더 노력하라고 하더군요. 그래 10여 일이 지나자 조금은 숙달되어 갔지요.

부목으로 상원사에 머물게 되셨군요?

　　그런데 하루는 큰방에서 대중공사가 벌어졌는데 나도 오라고 하여 가 보니, 어느 스님께서 "지금 새로 온 행자가 나무를 너무 적게 지고 다니니 둘 수가 없다"고 하더군요. 입승스님이 "처음으로 하는 일이라 그렇지 차차 잘할 것이라"고 하시며, 나에게도 "다음부터는 많이 지고 다니라"고 하셨단 말이에요. 한 달 후에도 역시 대중공사가 벌어지고 또 다시 나무를 잘 못한다는 것이 문제가 되었어요. 다행히 같이 일하는 청년 부목이 열심히 하겠다고 하여 넘어 갔어요. 그런데 내가 가만히 생각해 보니, 삯을 받는 것도 아니고 그저 공짜로 일하는 것인데 너무 심하지 않은가 하는 생각이 들더라고요. 그때 입승을 보신 스님이 "도를 닦으려면 모든 일을 다 참아야 되니, 그리 알고 극복하면 도인이 된다"고 하여 내 마음이 조금은 안정되었어요.

　　그 후 안거 해제 날에 다시 소임을 짤 때에는 공양주를 하라고 하더군요. 내가 처음으로 밥을 하니, 그게 어디 쉬운 일인가? 쌀에 돌이 없도록 해야 하고, 국을 끓이는 데에도 짜고 싱겁지 않게 해야 하는데, 대중은 80여 명이고 손님은 자주 드나드니 쉬운 일이 아니었어요. 그래 나는 미감에게 쌀을 미리 내 달라고 부탁하여 쌀을 미리 일어 돌을 없애도록 했어요. 그러나 대중들은 "밥이 너무 질다, 되다"는 등 말들이 많았지요. 그때 한암 스님이 자주 나오시어 한 알이라도 흘려서는 안 된다며, 밥 찌꺼기가 조금이라도 나가지 못하게 하고 국 끓이는 법과 밥 짓는 법을 자세하게 감독, 훈련시켰어요. 밥솥에 나무를 넣을 때에도 적당하게 넣어 나무를 때라고 하시며, 부뚜막은 때마다 흙물로 맥질하게 하며 세밀히 감독하셨지요. 그렇게 공양주를 3개월을 하자 다음에는 채공을 3개월 했어요. 그랬더니 모든 일에 자신이 생겼어요.

그러면 한암 스님이 정식으로 출가를 허락하셨나요?

그런데 그 다음해(1932) 2월에 우리 부모님이 남동생을 데리고 상원사에 왔지요. 나는 부모님에게 여기서 중이 되겠다고 하니, 부모님은 깜짝 놀라시며 네가 장남인데 중이 되면 우리 집은 어찌 되느냐고 야단을 하셨지요. 내가 "석가모니 부처님도 장남이고, 한암 스님도 장남이고, 여기 있는 스님 중에 장남이 많다"고 하면서 스님이 되고 싶다고 했지요. 내 말을 들은 아버지는 "자식은 스무 살 이전에는 부모가 지도하지만 스물이 넘으면 스스로 해결하는 것이니 함부로 주장을 꺾을 수 없으니 그리 하라"고 허락하셨어요. 그래 다음날 부모님과 함께 한암 스님을 찾아가 스님 밑에서 중이 되도록 허락해 달라며 돈 30원을 한암 스님께 드렸지요. 그랬더니 한암 스님께서 "내가 중을 여러 사람을 만들었는데 부모가 와서 허락해 달라는 일도 처음이요, 중 될 때 쓰라고 돈을 주는 일도 처음이로군요"라고 하시면서 웃으셨어요.

그러면 스님은 은사를 한암 스님으로 모셨나요?

나는 한암 스님의 손주 상좌예요. 내가 오대산에서 삭발을 하였는데, 그때 월정사가 은행에 빚이 많았지요. 그것을 복구를 해준 장 보살이라고 있었어요. 그이의 영감이 수만석꾼이었는데, 그 보살 동생이 예산에 절을 갖고 있었는데, 한암 스님의 상좌예요. 한암 스님이 그 스님 앞으로 상좌를 하라고 해서 그리 되었지요.

그때에 탄허 스님과 같이 계셨지요?

내가 한암 스님을 모시고 살 때에 탄허 스님이 와서 중이 되었어요. 탄허 스님은 정읍 사람인데 한암 스님과 편지 왕래를 하다가 상원사에서 삭발했지요. 탄허 스님은 학자였기 때문에 한암 스님에게 "불경을 배웠으면 합니다" 하고 말씀드렸어요. 그런데 한암 스님은 본래 통도사에서 강사를 한 사람이에요. 그 후로는 강사를 접고 선을 주로 하여 깨치셨지요. 처음에는 탄허 스님을 영호(박한영) 스님에게 보낼려고 하셨어요. 당시 영호 스님은 제일 강사였지요. 그런데 마침 수련소가 생기는 바람에 가지 못하고 중강을 맡았지요. 탄허 스님도 그 기회에 불경을 배울 수 있었으니까요.

삼본산 승려 수련소가 시작될 때의 정황을 알려 주시죠.

건봉사, 유점사, 월정사 세 절의 승려들을 모아서 시작하였는데, 그 수련소 집을 지을 때에 직접 터를 다졌지요. 탄허 스님도 목도를 해서 목에 굳은 살이 다 배겼어요. 터를 닦을 때에 가마니에

흙을 담고, 가마니 양 옆에 목도를 끼워서 목에 걸고 날랐어요. 대
중이 다 참여하였는데, 나도 지금 목의 한 곳이 두꺼워요. 수련소를
지어 강의를 했는데, 강의를 할 적에는 큰방의 전 대중이 의무적으
로 참여해요. 그때는 부목, 공양주, 채공, 그리고 수좌들도 모두 의
무적으로 들어야 했어요. 강의할 때에는 나무하러도 못 갔어요.

그때 상원사에는 대장경이 다 있었는데, 해인사에서 인쇄한 것
이 탁자 밑에 있었어요. 그것을 갖고 한암 스님이 토를 달고 그랬지
요. 탄허 스님을 위해서 수련소를 지었다고 할 정도였지요. 글을 배
운 사람도, 선방에 와 있는 사람도 강할 적에는 가서 듣고, 마치면
참선을 하고, 수련생도 참선할 사람은 가서 참선했어요.

**상원사 선방 수좌들이 상원사에서 경전 강의 하는 것을 비판하였다는
말이 있어요.**

나는 상원사가 본사예요. 거기서 공부할 적에 효봉, 고암, 청
담 스님도 다녀갔지요. 강의를 했을 뿐 아니라 나중에는 관음기도
도 했지요. 100일기도처럼 기한을 정한 것은 아니고, 늘 했지요. 법
당에서 기도를 하면 부전과 노전만 하고 수좌들은 참석 안 했는
데, 나중에는 큰방에서 했어요. 큰방에서 기도를 하는데 부전만
하는 것이 아니고 앉은 좌석대로, 차례로 돌아가면서 의무적으로
했지요.

그때에 제일 반대하는 이가 바로 청담 스님이었어요. 청담 스
님의 말이 "기도는 법당에서 하는 것인데 왜 큰방에서 하느냐"는

方寒巖禪師をたづねて

―― 江原道五臺山月精寺に ――

相 馬 勝 英

「朝鮮佛敎は何處へ行くか」を明言し得るものが幾人あら、と思はれる時、獨り舊然と純粹の朝鮮佛敎の宗風を鼓吹してゐる高僧がゐる。それは朝鮮佛敎徒には餘りに有名な方寒巖禪師である。禪師は一切の世緣と絶して、江原道五臺山上院寺に、專ら學人接化に精進されてゐる。そして禪師の燃ゆるやうな熱と溫厚な風格に接したなら、將に發展せんとする朝鮮佛敎の進路に自ら一つの力强い暗示を與へられることを覺えるであらう。

◇

昭和七年十一月二十九日であつた。丁度其頃は既に冬結制中で、如何なる雲水修行者も、それ〳〵寺に籠つて勉強してゐる時であつた。然るに思ひがけな

い、この來客には禪師も怒ろいたらしい。約一時間ばかり客室に待だされたが、やがて相見を許されて室に案内された。禪師の室とて立派なものではない。無量壽閣の額の揭げられてゐる禪堂の三分の一を仕切つてゐるだけの二間にしか過ぎない。そして何らの飾りがないわけでも無く、一枚の長い板を棚にしてゐる上に、澤山な經典が置かれてゐる。その前に質素な服裝で端坐してゐられるのが禪師の姿であつた。

一通り挨拶がすむと、月精寺住持からの紹介狀を差上げた。すると禪師は珍らしげに、先づ眼鏡をかけて、鬢高々と讀み上げた。これが亦自然で、馬鹿に親しみ安い氣になつた。丁度小學校の一年生が、讀本を讀むやうな無邪氣さを發散してくれたのであつた。讀み上げてから、どこを通つて、どんな處を見てきたかを訊ねられた。それから疲勞してゐるだらう

일본 승려가 한암 스님의 수행처인 상원사 선방에서 안거 수행을 마친 후 느낀 소감을 정리하여 『조선불교』지에 기고한 글.

것이었어요. "이게 선방이냐, 기도 장소이냐"고, 무엇 때문에 왜 그렇게 하느냐고 제일 많이 반대한 이가 청담 스님이었어요.

그러면 청담 스님의 반대에 대한 한암 스님의 답변은 무엇이었나요?

한암 스님은 중은 첫째로 염불, 간경, 예식, 가람수호 같은 것을 배워야 되므로 해야 한다고 하셨지요. 그때는 모두 늦게 중이 되어서 예식을 몰라, 그것을 배우기가 뭣하니까 안 한단 말이에요. 거기서는 부전이 목탁이나 천수만 치는 것이 아니라 거불까지 제대로 했단 말이에요. 한암 스님은 중이 탁자 밥을 내려 먹을 줄 알아야 한다고 하셨지요. 예식을 못 하면 중이 안 된다고 하시면서 의무적으로 가르쳤어요. 그때 다른 대중도 반대했지만 조실스님이 그렇게 해야 한다고 하니 어쩔 수 없었지요. 하여간에 대중공사할 때마다 청담 스님이 반대를 했어요.

청담 스님의 입장은 무엇인가요?

나중에 정화 후에 나에게 그러더군. "아! 참 한암 스님의 선견지명이 그렇게 밝을 줄은 몰랐다"고. 정화 당시에 새로 행자가 들어오면, 공부도 시키지 못하고 머리만 깎아서 절을 맡기니 무엇을 할 수 있느냐는 뜻이었지요. 그러나 상원사 출신은 다 예식과 염불을 다 잘했지요. 청담 스님이 정화할 때에 큰일을 제일 많이 하였는데, 한암 스님의 선견지명에 대하여 말을 많이 했어요.

한암 스님이 직접 가르쳐 주신 것은 없었나요?

스님은 세세한 것, 예를 들면 지붕에 기와 덮는 법, 문 바르고 도배하는 일, 빨래하고 목욕하는 것까지 말씀하셨지요. 내가 정식으로 출가한 후 언제인가는 조실스님이 직접 『초발심자경문』을 가르쳐 주셨고, 불공하고, 식기 닦는 것, 위패 접는 것을 세밀히 가르쳐 주셨어요. 그리고 1932년 겨울 안거 시에는 선방에도 들어오라고 하셨어요. 그런데 내가 경을 보고 싶다고 하였더니, 한암 스님이 "경은 노정기(路程記, 안내서)요, 또 선은 행(行)함이니 오랫동안 시간을 허비할 수 없으니 내가 있는 동안 속히 목적지에 가도록 하라"고 하셔서 결제 동안에 앉아 보니, 다리가 아프고 무릎이 저리고 해서 화두가 잘 안 되었어요. 억지로 참고 해 보니 머리만 아파서 처음에는 정진이 안 되었어요.

한암 스님은 근검절약, 시주물 은혜에 대해서도 말씀이 있었지요?

울력을 할 적에는 한암 스님도 꼭 나와서 거들고 하셨어요. 탄허 스님이 중강을 맡고 있으므로 빼 달라고 한암 스님께 말했는데 안 들어주셨어요. 또 탄허 스님은 행전을 한번도 안 쳤어요. 그 스님은 허리끈을 꼭 매지 않아요. 꼭 매면 건강에 해롭다고 느지렁하게 해서 바지를 붙잡고 다니고 그랬어요. 바지가 내려가니 바지를 자꾸 올리고 그래. 다른 사람이 탄허 스님을 흉내낸다고 바지를 붙잡고 다니고 그랬지요.

상원사에서는 봄 되면 감자 심는다고 변소를 치웠어요. 그러면

한암 스님이 입산, 출가를 단행하였던 사찰, 장안사 전경.

한암 스님은 탄허 스님부터 불러서 "너부터 들어가라"고 하셨어요. 바지는 느지렁한 상태에서 변소를 치니 그 똥물이 옷에 묻고 그랬어요. 그것은 아끼는 상좌지만 솔선해서 해야 한다는 말이지요.

스님은 상원사에서 무슨 일을 주로 하셨나요?

나는 그때 몸이 대단히 약해서 특별한 소임은 없었어요. 가끔 조실방에 불려 가면 어떤 때는 조실스님이 내 등에 기대셔요. 밤에

한암 스님이 『불교』 95호(1932. 5)에 기고한 경허 스님의 행장.

변소 가시다가 미끄러져 허리를 다치셨어요. "내가 요즈음 등이 아파서"라고 하시며 스님의 등을 내 등에다 기대시니 무어라고 말도 못 하고 있지요. 그때의 심정은 참으로 괴로웠어요. 처음에는 시봉하는 세 사람이 번갈아 하다가 주로 내가 했어요. 그때 한창 젊을 때인데 조그마한 조실 방에서 조실스님과 젊은 놈이 함께 앉아 있으니 얼마나 답답해. 불만이 많았어요. 몇 번 상원사를 떠나려고 했었지요.

그럴 때 한암 스님은 아무 말도 안 하셨나요?

아니지요. 그러시면서 당신의 옛날 이야기, 특히 전법 스승이신 경허 스님에 대한 말씀을 많이 하셨지요. 지금 한암 스님과 경허 스님에 대한 이야기를 한암 스님께서 말씀하신대로 기억하면 기존의 설과는 틀리지요. 내가 스님에게 들은 것과는 차이가 있어요. 내가 들은 것 중에 다른 것은, 한암 스님의 원 고향은 강릉 강동면이에요. 그러다가 할아버지 대에서 평안도 맹산으로 이주를 했답니다. 그 후 장안사에서 삭발하시고, 또 통도사에서는 조실을 하였다고 하는데 그게 아니고, 그 시절 통도사는 선방도 없을 때예요. 통도사에서는 강사를 하셨어요. 강을 했단 말이에요. 그럴 적에 통도사 스님 한 분이 한암 스님에게 입실을 하라고 했어요. 예전에는 입실할 때 법사스님이 법답을 주셨어요. 그래 입실해서 법답을 탔어요. 한암 스님의 큰 상좌로 용명 스님이 있었어요. 그 법답을 한암 스님과 용명 스님이 둘이서 갖게 되었지요.

한암 스님이 경허 스님을 만나서 만행을 하시고 또 여러 군데서 수행을 한 것은 사실입니다. 그러다가 통도사 강사 자리를 상좌에게 넘겨주고 떠났어요. 그 상좌가 통도사에서 대를 이어 강사 활동을 하다 열반했어요. 그리고 한암 스님은 법을 경허 스님에게 받았지요. 본래는 경허 스님이 준 한암이라는 이름도 찰 한(寒), 바위 암(巖)자인데, 너무 차다고 해서 그 뒤에 당신이 한수 한(漢)자로 고쳤어요. 그래 내 주장은 한암 스님과 경허 스님의 관계가 제대로 조명되어야 한다는 것이에요. 이런 것들은 그때 내가 스님에게 등을 대줄 적에 나에게 하신 말씀이야. 그때는 괴롭게 들었는데 그것이 다 법어예요.

한암 스님에게 섭섭한 게 많으셨군요.

언젠가는 내가 글씨를 썼으면 해서, 우리 아버지가 늘 보내 주신 돈으로 신문을 사서 보고 그것을 오려서 거기에 글씨를 쓰고 그랬어요. 그랬는데 언제인가는 한암 스님이 글씨를 쓰지 말라고 그러시더라고. 한암 스님이 나한테 글씨를 못 쓰게 하시는데, 나는 "제 생각에는 중이 너무 무식해서도 안 되니 한번 써 볼랍니다"라고 했어요. 그래도 한암 스님은 쓰지 말라고 하셨어요. 그러나 나는 방선을 하고 뒷방에서 혼자 썼어요. 그때 나, 보경이, 탄허 스님 이렇게 셋이서 한방을 쓰는데, 하루는 글씨를 쓰고 있는데 갑자기 한암 스님이 오셔서는 내가 쓰던 벼루를 집어던져 깨고, 신문과 책들도 팽개치고 그러셨어요. 그런데 나를 나무라는 것이 아니라 탄허 스님을 나무라더라고. "내가 글을 못 쓰게 하는 것을 알면서 네가 옆에서 쓰지 못하게 말도 안 하고 무엇 하였느냐?"면서 막 혼을 내시더라요. 정작 나에게는 아무 말도 안 하시고. 탄허 스님을 야단치는 것이 보통 하시는 것이 아니더군요.

그래 나중에 내가 스스로 잘못 찾아왔다고 생각했어요. '저렇게 편벽한 사람이 무슨 도인인가?' 하는 생각도 들었고요. 또 그때 기분이 나쁜 것은, 탄허를 위해서는 수련소도 짓고, 선방에서 강의를 할 수 있도록 해 주면서 나는 글씨를 못 쓰게 하는 이유를 알 수 없었어요. 사중 돈을 쓰는 것도 아니고 우리 아버지가 돈을 보내서 그 돈으로 신문지를 사서 쓰는데, 야단을 치려면 나를 불러 종아리를 치든가 목침으로 패든가 할 일이지 왜 탄허를 혼을 내느냐는 것이지요. 더욱이 한암 스님은 탄허만 생각하고 나는 생각 안 하니 분통이 나서 참을 수 없었어요. 그렇다고 조실스님에게 항의할 수도 없고.

나는 눈길을 헤치고 보궁에 가서는 대성통곡을 했어요. 울면서 생각하기를 "나는 이제 오대산이 마지막이다"라고 했지요. 그런 생각을 하니 더욱 더 눈물이 나더라고요. 이제 오대산도 보궁도 마지막이라고 생각하면서 한참 우는데 바깥에서 사람 소리가 와글와글해. 수백 명이 온 것 같더라구. 속으로 웬 사람들이 왔을까 하는 생각을 했지요. 그래서 울음을 그치고 밖에 나가니 아무도 없어요. 보궁에서 내려오면서 생각하기를 '이상하다, 내가 분명히 수백 명의 소리를 들었는데……' 가만히 생각해 보니 그것은 부처님이 공청을 했다고 여겼어요. 그러면서 '내가 잘못 생각했구나' 판단하였지요. 조실스님 말씀이 다 이유가 있을 터인데 내가 오해를 했구나 하면서, 오대산을 떠난다는 생각을 바꾸었어요.

한암 스님에게 가서 용서를 구하고 그러셨나요?

조실스님 방에 갔더니 한암 스님이 "어디 갔다 왔냐?"고 하세요. "예, 보궁 갔다 왔습니다"라고 하면서 그간의 사정, 경과를 사실대로 고했지요. 오대산을 떠나려고 생각해 보니 그만 분통이 나서 대성통곡을 하고 울었다는 것을 고했지요. "제가 스님의 가르침을 어겼는데, 이제는 다시는 글을 안 쓰겠습니다"라고 말씀드렸어요. 그러니 스님께서 "음, 그래라"라고 말씀하셨어요.

한암 스님은 누가 글씨를 써 달라고 해도 거의 안 써 주셨어요. 그런 부탁이 오면 "나보다 탄허가 더 잘 써" 하시면서 탄허 스님에게 보내고 그랬어요. 한암 스님은 "나도 요즘엔 글씨를 쓰지 않지 않느냐? 그러니 너도 쓰지 마라"라고 하셨어요. 그때부터는 전혀 안 썼어요.

동성 스님은 한암 스님과의 인연이 남다른 풋풋함이 있었네요.

한암 스님은 나에게 항상 "너는 하심(下心)을 해야 된다"라고 하셨지요. 너한테 "꼭 지킬 것이 있느니라. 그것은 겸손, 관용, 검소 이 세 가지를 자훈(自訓)으로 지켜라"라고 하셨어요. 겸손하려면 아랫사람이 되어야지 높은 데 있으면 안 된다면서, 자훈으로 꼭 지키라고 하셨어요. 그것은 보궁에 올라가서 통곡을 하기 전에 하신 말씀이에요.

수련생들이 제대로 공부를 안 하면 야단치시고 그러지 않았나요?

　　스님은 세세한 일에 일일이 간섭하진 않으셨어요. 희태 스님이 상원사에 오기는 나보다 늦게 왔어요, 고송 스님이 수덕사에서 데려 왔거든요. 그때 희태가 원주를 많이 보았기에 늘 돈을 갖고 있었는데, 신선골에 갈 때에 나에게는 "오늘 가니까 그리 알고 있어요"라고 하면서, "혹시 조실스님이 찾으면 아프다고 하고, 형님이 대신 시중을 해 주세요" 하고 간단 말이에요. 그러면 나는 그러라고 하였지요. 월정거리까지 갔다가 새벽 세 시까지는 돌아와야 해요, 새벽 예불에 참석해야 하니까요. 우리는 본래 밤눈이 어두워서 돌아다니지를 못해요. 그때 건봉사 수련생들이 많이 갔지요.

　　그때 한암 스님이 그것을 모르는 것은 아니지만, 알더라도 "희태는 어디 갔냐?"고 물으시면, 내가 "몸이 아파서 제가 왔습니다"라고 했어요. 나중에 희태 스님을 보면서 냄새가 나도 전연 모르는 척하셨어요.

상원사에 귀빈이 자주 오고 그랬는데, 혹시 지켜보신 일이 있으면 소개하여 주세요.

　　일제 말기에 천황의 대신이 오대산에 다녀갔어요. 대신이 나오니 총독은 물론이고 도지사, 국장들도 모두 월정사에 왔어요. 그들이 월정사에 와서 3일간 무슨 훈련을 했지요. 나는 그때 월정사에 안 내려가서 몰라요. 그때 지암 스님이 월정사 주지이며 총무원장이니, 한암 스님께 내려오시라고 가마를 올려 보냈어요. '월정사에 대신, 총독들이 와 있고 3일 동안 훈련(심전개발운동, 필자 주)을 하니, 조실스님이 내려오셔서 참석을 하시는 것이 좋겠다'는 것이었지요. 그러나 한암 스님은 "나는 요즈음 몸이 불편해서 내려갈 수 없다"고 하시며 가마를 그냥 내려보내셨지요. 지암 스님이 일본 사람들에게, 조실스님을 모시러 가마를 보냈는데 몸이 불편해서 못 내려오신다고 하자, 일본 대신이 "아! 왜 그랬어요? 우리가 올라가야지요. 큰스님을 내려오시게 하면 되나요"라고 하였답니다.

오대산의 정신적인 기둥, 적멸보궁. 자장율사에 의해 창건되었으며 부처님 정골사리를 봉안한 성지로 유명하다. 한암 스님은 적멸보궁 봉찬회를 만들어 오대산을 수호하였다.

3일간의 행사가 끝나고 다시 기별이 오기를, "손님들이 올라가니 조실스님이 신선골까지 마중을 나왔으면 합니다"라고 했어요. 그때가 7월 칠석인가? 해제 전이므로 보궁과 길 옆에 풀을 베고 그랬어요. 해제하면 전부 도망가 버리니까 미리 풀을 베었지요. 그리고 손님 맞이에 쓰라고 월정사에서 쌀도 올려 보내고, 반찬도 가지각색으로 보내왔어요. 귀한 분이 왔으니 그것을 갖고 준비하라고요. 그날 아침 공양한 후에 조실스님이 그 건으로 공사를 붙였어요. "지금 일본에서 귀빈이 올라오신다고 아침에 우리보고 마중나오라고 기별이 오고, 또 반찬도 여러 가지로 해서 보냈지만, 그 반찬은 모두 그냥 두라"고 하셨지요. 그때는 중국에서 나온 콩깨묵, 보리쌀 등 모두 시커먼 것을 배급해 주었어요. 상원사는 강릉에 500석지기 답도 있고 해서 양식이 모자라지는 않았어요. 그러나 모두 배급을 해 주니, 우리도 그리 먹어야 된다고 해서 섞어서 먹었어요. 그런데 조실스님이 "월정사에서 보낸 것은 그냥 두고, 우리 먹는 대로 준비하라"고 하셨지요. 그리고 "마중나오라고 했지만, 우리가 마중을 나가면 그이들로 하여금 복을 감하게 해! 그이들이 복을 짓도록 해야 되니까 오늘 보궁의 풀을 베야 한다. 전 대중이 가서 풀을 베도록 하고, 식사는 예전에 우리가 하던 대로 섞어서 하고 시래기국을 해서 대접하도록 해라"라고 하셨어요.

마중을 나오라고 하였는데 거꾸로 보궁으로 가신 것이지요. 그리고 당신은 밀짚모자를 쓰고 올라가시고, 나더러는 "너는 여기 있다가 손님이 오면 기별을 해라"라고 하셨어요. 그래 나는 보궁에 올라가지 않고 있었지요. 그때 무슨 심술이 났는지 희태가 미감을 맡았는데, 희태한테 가서 오늘은 보리쌀도, 콩깨묵도 더 넣으라고 했어요. 그랬더니 희태가 "왜 그래?" 하더라고. 내가 "그렇게 해봐" 하니 희태가 "괜찮을까?" 했어요. 하여간에 나는 심술을 부려서 그날은 음식을 더 험하게 만들었지요.

참으로 흥미로운 이야기로군요. 그 이후에 전개된 일들을 자세히 알려주세요.

월정사에 올라오는 손님들은 아주 귀한 분들이었지요. 이들이 걸어 올라오니 거의 점심때나 되었어요. 점잖은 이들이 빨리 걷나? 천천히 걷지요. 나중에 주지스님이 그러시더라고요. 이때나 저때나 마중을 나오나 하고 노심초사하였다고. 신선골까지는 나오라고 했는데, 신선골에 와도 안 나와 있고, 도량에 와도 인적도 없으니 속이 엄청 탔다고 하더군요.

그때 나는 도량의 마당에서 왔다 갔다 하는데 손님들이 우루루 몰려오더라고요. 그래 내가 가서 지암 스님께 인사를 하니, "조실스님 계시냐?"고 해서 나는 "보궁 가셨습니다"라고 했지요. 주지스님이 "마중 나오시라고 했는데 어떻게 되었느냐?"고 묻길래, "아침에 대중공사를 했는데 마중나오면 손님의 복을 감한다고 해서 조실스님과 대중이 다 보궁에 풀을 깎으러 갔습니다"라고 말했지요. 나는 기별을 하기 위해 기다리고 있었기에 지암 스님에게 사정을 이야기하자 마자 쫓아 올라가서 "손님 오셨습니다" 하고 고하였어요. 조실스님과 대중들이 내려오는데, 노인이 보궁에서 걸어 내려오니 천천히 가시지요. 젊은 사람처럼 뛰어 내려올 수도 없잖아요. 내가 모시고 내려오니 손님들이 마당에 가득해요. 그리고 이들은 어디를 들어갈 수도 없으니 마당을 어정어정 그냥 돌아다니는 것이지요. 그래 조실스님이 오셔서 가사 장삼을 입고 손님을 맞으려니 시간이 늦어지지요.

그날 한암 스님과 일본 사람 간에 나눈 대화는 무엇이었나요?

나는 손님이 오시면 늘 빠지지 않고 그 방에 가서 지켜보았어요. 곁에 가서 가만히 보았지요. 서로간에 인사를 하고 얘기를 하다가 그이들이 "이번 대동아전쟁을 스님은 어떻게 보십니까?" 하고 물었어요. 그랬더니 갑자기 이 어른이 바짝 쪼그려서 앉더니, 책상을 꽝 치면서 "그게 무슨 소리인가? 신하가 되었으면 천명(天命)을 따를 것이지, 뭘 물어보느냐?"라고 하셨어요. 나는 그때 그렇게 하실 줄은 전혀 몰랐지요. 우리들한테도 그렇게 야단을 치시지 않았는데. 나는 그때 깜짝 놀라서 가만히 보고 있었는데, 그래도 일본 사람들은 긴장하고 "잘못했습니다"라고 하면서 빌더라고요. 나중에 한암 스님이 "신하가 되었으면 천명을 따를 것이지, 이러쿵 저러쿵 따지는 것이 아니라고!" 하신 얘기는 유명해요. 하여간에 일본인이 혼구멍이 나고서는 식사 시간이 되었지요.

식사는 동성 스님이 더욱 험한 음식을 준비하게 하였으니 기억이 새로우

시겠네요.

식사 시간이 되어 밥을 먹으러 갔어요. 월정사에서 올려온 음식은 다 없어지고 오히려 우리가 먹는 것보다 더 못한, 시커먼 밥과 시래기국을 차려 놓았지요. 그래 그이들이 먹는데, 조실스님이 한 바퀴 돌면서 "절에서는 음식을 남기는 법이 없습니다. 다 잡숴 주시기 바랍니다"라고 말씀하였어요. 그런 부탁까지 했어요. 그때도 통역은 따라다니니 일본말로 다 전달이 되었지요.

아, 그래 대동아전쟁을 치르더라도 일본의 귀한 사람들이 험한 음식을 먹어 봤겠어? 그이들은 콩깨묵도 모르는 사람들이니 먹을 수가 없는데 다 먹으려니 곤욕을 치르고 그랬지요. 그런 곤욕을 치르고 내려가는데, 조실스님이 공양하시고 가사 장삼 입으시고 방에 들어가 있으니, 그이들이 와서 가겠다고 방에 들어와 인사를 하겠다고 하자, 한암 스님은 잘 가시라는 말 한마디만 하시고는 일어나지도 않고 앉은 채로 인사받고 그랬어요.

그래요. 그런 행동은 보통 사람이면 할 수 없는 것인데요.

나중에 그이들이 떠나간 후에 내가 가서 물어봤어요. "노스님, 그이들한데 호령을 하셔서 괜찮겠습니까?" 하고 물었더니 한암 스님이 "저희가 저질러 놓은 일인데, 어떻게 하겠냐? 그러니 내가 호령을 하였지"라고 하셨어요. 또 내가 계속하여 여쭈어 보았지요. "왜 문 밖에서 배웅을 하지 않으셨느냐"고. 그리고 "일본서 여기까지 찾아온 손님들을 왜 가만히 앉아서 인사를 받습니까?" 하였지요. 이에 대해서 한암 스님은 "내가 문 밖에서 배웅을 해도 되지만, 그 사람들은 그런 것을 이해할 만한 사람들이 아니더냐"라고 하셨어요. 내가 여쭈었지요. "그러면 이전에는 면서기라든지 주재소 순사들이 오면 왜 관대거리까지 배웅을 하셨느냐"고. 그랬더니 한암 스님 말씀이, "응 그거, 그거야 너희들을 위해서 그런 것이다"라고 하셨어요.

　　이는 당시 전쟁 시기라 "저 사람들이 마음 먹기에 따라서 너희들 다 붙잡혀 가"라고 하셨지요. 그때 다른 절에서는 스님들이 탄광에 끌려가고 그랬지만, 월정사에서는 보국대라 하여 월정사 안에서만 작업을 했지요. 지금 가만히 생각하면 한암 스님은 선견지명이 계셨어요.

　　그때 지암 스님이 월정사에서 이야기하는 것을 내가 들었지요. "조실스님이 마중도 안 나왔고, 음식도 험하고, 호령을 하신 것 등을 생각하면서 "이제 우리 불교는 망했다, 이제 절단났다"라고 애를 태우고 있었는데, 일본 사람들이 관대거리에 와서는 자기들끼리 이야기를 하더라는 거예요. 그걸 가만히 들어 보니 "우리가 그간 큰스님들을 많이 만나 보았지만 한암 스님처럼 훌륭한 사람은 처음이라"고 이야기 하였대요. 지암 스님은 그때서야 마음이 놓이더라는 거예요, 괜찮을 것이라고 안심했다는 말을 했어요.

한암 스님의 선견지명 사례가 있으면 더 말씀해 주시죠.

　　6·25 난리 나던 해, 정월 보름날 해제를 하고 아침 공양 후에

그러셨어요. "내가 남방으로 갈란다"고. 한암 스님은 오대산에 오신 지 30년이 넘도록 월정사를 나가시지 않았는데 갑자기 산문을 나가신다고 하시니 "왜 나가시려고 하십니까?" 하고 여쭈었지요. "어디로 가시렵니까" 하니, "금년도에는 나갈 일이 있어 나가야 하겠다. 가면 통도사로 가야지. 거기가 내 고향 같으니 그리 가야지" 하셨어요. 그래서 한암 스님이 친필로 경봉 스님에게 편지를 보내셨어요. 경봉 스님에게 편지가 오기를, '한암 스님이 오신다면 우리는 대환영이다'라는 취지로 답이 왔지요. "언제쯤 가시렵니까?" 하니, "내가 먼저 가면 되겠느냐, 너희들이 먼저 가서 자리를 잡고 있으면 뒤따라 갈 거다"라고 하셨지요. 그래서 탄허 스님과 나, 보경 스님이 통도사로 갔어요. 그리고 희찬이, 희섭이에게는 "너희들은 여기서 있다가 나중에 같이 가자"고 하셨지요. 그런데 탄허 스님과 같이 갈려고 했는데, 생각해 보니, 그러는 것보다 서울에 가 있다가 스님들의 동태를 보고 가겠다 하여 나는 빠졌어요. 탄허 스님에게 나는 볼일을 보고 가겠다 하고 서울로 와서는 황의돈 선생과 관악산 연주대에 가서 방을 얻어 지냈지요.

왜 한암 스님 말씀을 안 들었는지 그것이 납득이 안 되네요.

서울에 있다가 단오절이 가까이 왔어요. 5월 단오가 되어서 생각해 보니 갑자기 상원사에서 단오를 나고 싶더라고. 그래서 오대산에 갔더니, 스님이 "너는 남쪽을 가지 않고 어디 갔다 왔느냐?"고 그래요. 그간 사정을 말씀드리니, "빨리 가라, 빨리 가야 한다"

고 해요. "저는 안 가렵니다. 스님도 안 가시니"라고 했지요. 한암 스님은 "너는 여기 있으면 안 돼!" 하시면서 자꾸 가라고 하는 거예요. 그러면서 그때 얘기를 하시더라고요. "금년에 큰 난리(6·25)가 난다, 빨리 가라"고. 네가 가야 대중 시중을 하게 된다고 그러셔서 "무슨 시중을 하냐"고 답하니, "응, 그리 하게 돼"라고 말씀하셨지요. 그러면서 자꾸 독촉을 하셨어요. 부산으로 빨리 가라고.

한암 스님 말씀대로 부산으로 가셨나요?

　　부산으로 가지 않고 수원 용주사로 갔어요. 용주사에 가서 방을 얻어 지내다가 6·25를 만났어요. 거기서 나는 희한한 일을 보았지요. 용주사 우물물이 뒤집히고, 수십만 마리의 까마귀가 날아와 용주사 뒤편 소나무에 앉아서 소나무가 부러지기도 하였고, 버러지 수십만 마리가 나타나 온 들판을 가득 메우고, 창고와 누각에 수만 마리의 쥐가 난동을 피우는 장면이었어요. 그때 용주사에 살던 팔십 노장스님이 나에게 금년에 용주사에 큰 난리가 날 것이라고 하더군요. 자기가 수십 년을 용주사에 살았는데 쥐가 난리를 피울 때마다 나라에 난리가 났다는 거예요. 그랬더니 얼마 안 있어 6·25가 터지더라고. 그래서 용주사는 인민군의 본부가 되어 버렸어요. 그때 인민군이 용주사의 후불탱화를 칼로 마구 찢고, 또 관음전의 관세음보살의 목을 치고 그랬지요. 용주사 대중을 전부 모아 놓고서는 너희 중들이 영험하다고 믿는 탱화와 불상이 과연 영험한지를 시험한다면서. 그리고 너희는 여기서 살 자격이 없으니 여기를 떠나라고 명령을 내리더군요.

용주사에서 나와서 어디로 가셨나요?

　　부산 서쪽으로 피란을 갔지요. 스님이니 가는 중간에 자꾸 표
적이 되어 오라 가라고 해 안 되겠더군요. 어느 집에 가서 내 승복
과 한복을 바꾸어서 입고, 어깨에 삽을 하나 들고 농부로 변장하
여 부산 금정사로 갔지요. 갔더니 나보고 자꾸 원주를 보라는 거예
요. 금정사는 보통 때는 서너 명이 살았는데 난리가 나니 수좌들
수십여 명이 몰려들어서 뒷바라지가 보통이 아니었어요. 동산 스님
도 범어사에서 곤욕을 치렀어요. 그때는 대처승들이 실권을 잡을
때라 수좌들은 맥을 못 췄어요. 금정사는 선학원 소속이라 수좌들
이 모이거든. 그곳에 석주 스님이 있었어요. 내가 원주를 보는데 쌀
도 문제이지만 무엇보다도 된장, 간장이 없어서 큰 문제였어요. 궁
리를 하다 내가 생각한 방법으로 간장, 된장을 만들었어요. 처음에
는 석주 스님이 무엇을 하려고 그러느냐고 핀잔을 하였으나, 끝내
는 내 식대로 간장, 된장을 만드니 석주 스님이 좋아하고, 피란 온
사람들에게도 오히려 보시했어요.

　　그리고 당시에는 전쟁통이니 사람들이 많이 죽고 다치고 그랬
어요. 제사를 많이 지내야 하는데, 나는 당신들의 돈 되는 대로 큰
것, 작은 것 무조건 해 주었지요. 요즘 식으로 하면 100만 원짜리
도 하고, 3만 원짜리도 하고 무조건 들어오는 대로 해 줬어요. 금
정사에는 스님들이 많으니 제사 지내 줄 사람은 많겠다 해서. 그래

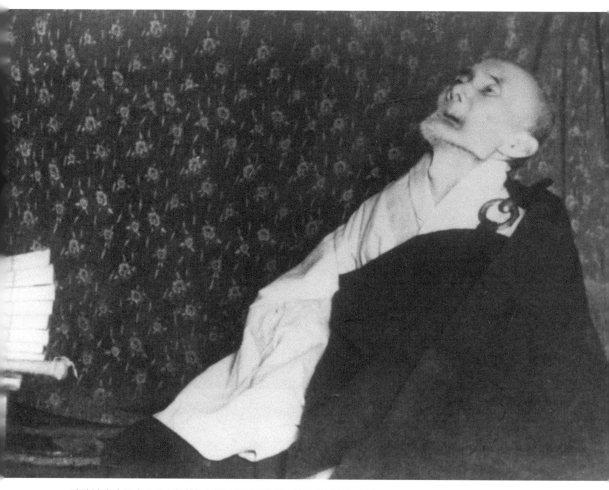

좌탈입망의 모습으로 치열한 수행자상의 전형을 보여 준 한암 스님.

법당에서도 제사, 누각에서도 제사, 여기서 뚝딱, 저기서 뚝딱 하는 식이지요. 그러니 절로 쌀이 들어오고 돈도 생기고 하여 금정사가 여유가 생겨 풍부하게 살았어요. 3년을 원주를 살았지요. 원주볼 생각도 안 했는데 한암 스님의 말씀이 딱 들어맞은 거예요.

한암 스님이 입적하여 부산에서 추도회를 갖고 그랬지요. 거기는 참석하셨나요?

소문을 타고 한암 스님이 돌아가신 것을 알았지요. 그래 그 추도회에도 참석했어요. 그때 울지 않은 사람이 없었어요. 그런데 내가 희찬이에게 후일 물어보니 한암 스님 돌아가신 것도 당신은 이미 다 알고 있었다고 보여져요. 돌아가신 그날, 희찬이에게 "내가 몸이 좋지 않으니 너는 오늘 진부에 가서 약을 지어 가지고 오너라" 하셨대요. 그러자 희찬의 생각은 난리통에 약국, 약사가 있을 리 없지만 스님이 가 보라고 하니 안 갈 수 없어 가 보니 약국이 온전할 리가 있겠어요. 약을 챙기지도 못하고 다시 상원사로 올라왔지요. 오다가 정훈장교를 만나 약을 지으러 갔다가 들어간다고 하니, 같이 올라가자고 해서 상원사로 왔지요. 희찬이는 약 지으러 보내고, 그리고 희섭이에게는 목욕물 데우라고 해서 목욕을 하고서는 "너는 나가서 볼일을 보라"고 하셨대요.

희찬이와 정훈장교가 돌아와서 조실방에 들어가 보니 한암 스님이 열반하셨다고 해요. 좌탈입망하였는데, 가사 장삼을 입고, 고개가 약간 옆으로 기울었다고 그랬지요. 그때 정훈장교가 열반 사진을 찍었지요. 산중에 사람이 아무도 없어서 군인들이 아니면 화장도 못 했지요. 이런 것을 보면 한암 스님은 6·25 난리도 알고 계셨고, 그걸 알고 우리를 내보내고 그러셨거든요. 또 내가 원주 살 것도 미리 아시고 그랬어요. 내가 부산에서 원주 살 생각도 안 했는데, 나보고 "네가 빨리 가야 대중 시중을 해야 할 것이 아니냐"라고 하셨단 말이에요. 지금 생각해 보면, 그때는 이상했는데 다 이해가 돼요.

스님은 언제까지 상원사에 계신 건가요?

한암 스님을 모시고 있다가 해방되던 다음해(1946)에 스님이 나를 불러서 "너는 바랑을 지고 만행을 떠나라"고 하셨어요. 그 이전에는 간 적이 없었거든요. 그런데 해방이 되니 나가라고 해요. 그래서 강릉을 거쳐 불영사로 해서 경상도, 전라도, 송광사를 거쳐 해인사, 선암사, 용화사 선방에도 있었어요. 그래 몇 철 돌아다니다가 무자년, 1948년 봄에 상원사로 왔지요.

한암 스님은 교학에도 뛰어나셨다고 들었습니다만.

강의할 적에 강사들도 많았지요. 스님이 토를 달아 가르치셨는데, 이렇다, 저렇다 문제가 일어날 적에 한번도 다른 사람들이 고치지를 못했어요. 스님이 토를 달 때 보면, 위에서부터 죽 내려오면서 설명을 하면 누구도 꼼짝 못 해요. 글로도 그분같이 밝은 분이 없고, 강의에서도 그렇고, 선지(禪旨)도 그렇고, 뭐 여러 가지로 그랬다고 생각됩니다.

만공 스님과 한암 스님 간의 대화는 없었나요?

　　나는 호기심이 많아서 스님의 뒤를 조금도 떨어지지 않고 쫓아다녔어요. 만공 스님이 지장암에 와서 주무시고는 상원사에 오실 적에 우리가 신선거리까지 마중을 나갔어요. 일본에서 손님들이 올 때에도 나가시지 않더니만.

　　한암 스님께서 "오늘은 만공 스님이 오신다고 하니 내려가 보자" 하여 나는 스님을 모시고 내려갔지요. 그리고 한편으로는 큰스님들께서 만나면 어떤 거량을 하실까 해서 기다리고 있었지요. 다리를 건너와서 서로 인사를 했거든요. 처음에는 그냥 보통으로 했는데, 한참 올라가다가 만공 스님이 "한암은 안 내려왔는가?" 그러시더라고요. 그러니 뒤따르던 한암 스님이 "여기 있잖습니까?"라고 하셨지요. 그러니 만공 스님이 "아, 그랬던가. 음~음" 하셨어요. 나는 나중에 무슨 말씀을 하나 궁금해서 조금도 안 떨어졌는데 별 말씀이 없었어요.

한암 스님은 조실방에 늘상 계셨나요? 큰방을 자주 이용하셨나요?

　　조실 방은 좁아서 평상시에는 자주 이용하지 않았어요. 그런데 일본 손님이 왔다 간 뒤에 지암 스님이 그만 결정을 내렸어요. 조실채를 지어야 하겠다고. 손님이 오면 조그만 방에 들어갈 수도 없고, 맨날 큰방으로 모시는 것도 불편해서 조실채를 새로 지었는데 한암 스님은 하룻밤도 거기 가서 주무시지 않았어요. 그곳에서는 보문 스님 주관으로 다섯 사람이 용맹정진을 했어요. 다 짓고 나서도 조실스님이 안 올라가시니, 보문 스님이 우리가 거기서 용맹정진을 하자고 했지요. 그러나 나는 3주밖에 못 했어요. 그래도 보문 스님과 세 사람은 끝까지 했지요. 봄에는 중대로 올라갔어요. 중대에 올라가서는 하루에 세 시간씩 자고 정진을 했어요. 토요일 저녁에 올라가서 밤을 새우고, 아침이면 내려와 밥 해 먹고, 또 올라가서 하루 종일 선을 하고, 일요일 저녁에 내려와 일을 했어요. 5일은 세 시간 자고 2일은 밤새우고 했어요. 내가 졸면 보문 스님이 죽비로 치고 그랬지요. 스님이 병이 나서 서울로 가고 그랬어요. 어느 날 홀연히 마음이 상쾌해져 스스로 게송을 지었지요.

지수불심겸불천(智水不深兼不淺), 도화비백역비홍(桃花非白亦非紅)이라는 것입니다.

다음날 조실스님께 올리자, 한암 스님께서 "저성저성(低聲低聲)하라" 하시며 아예 입을 함부로 열지 말라고 하셨어요.

정진한 뒤에 한암 스님에게 점검받아 본 적이 있습니까?

중대를 떠나 서대에서 몇 달 정진하다가 상원사를 내려오니 마침 추석날이었어요. 조실 방으로 들어가니까 한암 스님이 손가락 하나를 치켜 올리시면서 손을 번쩍 들으시더라고요. 그래 나도 얼른 한암 스님과 똑같이 했어요. 그랬더니 한암 스님께서 "일러 봐!" 하셨어요. 나는 즉시 "천지(天地)는 동근(同根)이요, 세계(世界)는 일화(一花)로다"라고 외쳤어요. 그 후 한암 스님이 벼루를 가져와라 하셔서 갖다 드리면 먹을 갈아라 하셨고, 먹을 갈면 종이와 붓을 가져오라고 하셨어요. 한암 스님은 여간해서 글씨 안 써요.

한암 스님은 그 종이에 '벽력일성(霹靂一聲)에 효천명(曉天命)이요, 장부일할(丈夫一喝)에 성우주(惺宇宙)로다' 하는 글귀를 쓰시고, 날짜인 무인(1938) 음 8월 14일, 거기에 나의 법호인 봉정(峰正)까지 쓰시더라고. 그리고 말미에다가는 한암이라고 쓰셨어요. 그때 내가 그걸 보고 큰 소리로 읊고서는, 성냥을 찾아 마루에 가서 불살라 버리고 다시 방으로 들어왔지요. 방에 들어와서는 한암 스님이 쓰신 글귀를 큰 소리로 외치고, 한암 스님에게 절을 하고 나왔지요.

왜 한암 스님이 주신 법호인 봉정을 쓰지 않고 동성을 쓰시는지?

그것은 또 다른 인연이 있어요. 내 중의 이름은 희봉이고, 호적명은 치상이고, 아명은 국봉이에요. 나의 속성은 안씨라 안희봉이지요. 그래 한암 스님의 비석에 봉정으로 되어 있어요.

한암 스님이 입적하신 이후 상원사에 가 보셨지요?

스님이 돌아가신 후에 상원사에 가 보니 스님의 사진만 걸려 있어서 엄청 울었지요. 스님 방에 들어가니 스님의 생각에 뼈가 저리는 듯했어요. 살아서 나에게 대할 때에는 몰인정하고 냉정하셨지만, 어떤 때에는 온화하고 귓속말로 속삭이시고, 때로는 방망이로 맞기도 하였으나, 막상 가시니 자상한 모습이 새록새록 일어나더라고요.

제가 보니 스님은 한암 스님에 대한 가르침을 참으로 많이 입으셨네요.

　한암 스님은 내 평생의 좌우명을 주셨어요. 지금도 나는 스님이 주신 자훈인 겸손, 관용, 검소를 지키고 있어요. 늘 그걸 실천하려고 노력하고 있지요.

　나는 속가의 아버지 생각은 잘 안 나는데, 한암 스님을 생각하면 눈물이 나요. 나를 그렇게 가르쳐 준 은혜를 생각하면. 나의 법으로도 스님의 은혜가 크며, 인정으로도 참으로 정이 많이 들었지요. 내가 볼 때 한암 스님의 수행은 고금을 막론하고 철저하였으며, 사리판단이 매우 밝으신 분이었어요.

오늘 귀한 회고를 해주셔서 고맙습니다.

　내 회고가 한암 스님의 책을 다시 내는 데 도움이 되었으면 하는 바람입니다.

큰일과 대의명분을 위해서
자신을 희생시키신 분

현해 스님

- 대담 일시_ 2005년 3월 30일
- 장소_ 동국대 이사장실

월정사 출가
동국대 불교과 졸업
중앙승가대 교수
월정사 주지
동국학원 이사장
월정사 회주

스님의 고향과 입산 출가의 인연을 말씀해 주시죠.

고향은 옛날 지명으로 울산군 하산면 동리 784번지입니다. 지금은 울산시가 되었지만 제가 살던 집이 한글학자인 최현배 씨가 살던 집이에요. 최현배 씨가 살다가 우리 아버지에게 팔고 간 집입니다. 울산에서 국민학교를 마치고, 중학교는 경주에서 다녔어요. 그때만 해도 울산에는 중학교가 농림중학교 하나밖에 없었지요. 경주에는 중학교가 세 개나 있었고. 울산에서 교육을 시키는 집안은 대부분 교육도시인 경주로 진학을 시켰어요. 제가 다닌 학교가 경주공업중학교인데 지금은 공고(工高)로 바뀌었지요. 재미있는 것은 내가 다녔던 그 공고(工高)의 교감선생님이 범어사 능가 스님입니다. 능가 스님의 속명이 이영근인데 이영근 선생님이 중이 되었다는 소리는 들었어요. 중이 된 후에 개운사에서 만났어요.

제가 입산한 것은 군대 갔다 와서 스물네 살 무렵이지요. 저는 교회를 다녔는데, 그때 교회에 문제가 생겨 시끄러웠지요. 교회의 시끄러운 것이 보기 싫어서 마음이 상해 있었는데, 누가 오대산 월정사에 가면 도인(탄허)스님이 대학생 30명을 모아 놓고 공부시킨다고 해요. 그 소리에 호기심이 나서 나도 가서 공부나 해보자고 하여 온 것이 월정사입니다.

그렇습니까? 그럼 월정사에 와서 공부는 하셨나요?

공부는 못 했어요. 도인스님이 대학생을 가르친다는 것은 오대산 수도원이었는데, 와 보니 수도원은 깨지고 탄허 스님도 안 계셨어요. 당시 주지스님은 고경덕 스님이었는데, 나중에 들으니 그때에 이미 주지 사표를 냈을 때였어요. 그리고 총무는 지금 동화사 주지인 지성 스님의 은사이신 해진 스님이었어요. 내가 찾아가서 월정사에 있게 해 달라고 하니까, 하시는 말이 "하루에 나무 일곱 짐을 하겠느냐?"고 그래요. 그래 "하겠다"고 했지요. 그리고는 "물 길어 오겠느냐, 부엌에서 불을 땔 수 있느냐?"를 물어요. 그래서 "있게만 해 주면 다 할 수 있다"고 했습니다. 월정사에서 갖가지 일을 하고 있으면서 도인만 찾았어요. 그런데 대학생 30명도 없고, 가르치는 도인 선생도 없었어요.

몇 달이 지난 후, 하루는 경덕 스님이 주지를 그만두시게 되어 나보고 짐 보따리를 버스 타는 곳까지 갖다 달라고 해서, 그 짐을 져서 갖다 드렸어요. 그때 경덕 스님이 저보고 "다음 주지가 올 것이니 그 스님 모시고 중노릇을 잘 해라"라고 하였어요. 그리고 경덕 스님이 가시기 직전에 저보고 중노릇을 하려면 계를 받으라고 그래요. 당시 저는 계가 뭔지, 중노릇을 잘하는 것과 계하고는 무슨 상관인지를 알 수가 없었지요. 저는 천천히 받겠다고 했어요.

후임 주지로 오신 분이 누구인가요?

그 스님이 저의 은사이신 만화 희찬 스님입니다. 은사스님은 전에 신흥사 주지로 계셨지요. 오시더니 저보고 공양주를 하라고 하여 그때부터 공양주를 보았어요. 그런데 아무리 보아도 도인은 없어요. 얼마 지나니 절에서 조실스님이 오신다고 야단이에요. 누가 오시는가 하여 보니, 바로 그 스님이 탄허 스님이셨어요. 신문에 공고를 하여 대학생을 모집하여 수도원을 개설하였는데 경제가 어렵고 먹을 것이 없어 폐쇄시키고, 지금은 태백산에 가 계신다고. 입산 후 6, 7개월 만에 처음 탄허 스님을 뵌 것이지요.

그러면 그때부터 본격적인 행자 생활을 하면서 공부도 하시고 그랬나요?

제가 처음 절에 올 때에는 중이 되려고 온 것이 아니라 사회에서, 교회에서 상처 난 마음을 치료한 뒤에 바로 나가려고 했어요. 재미있는 공부를 가르쳐 준다니 공부나 해서 가려고 했어요. 그래서 1959년에 잠시 한 달 동안 고향에 가기도 했어요. 그런데 교회를 가 보니 분위기가 더 악화되어, 한 달 만에 다시 올라왔어요. 다시 와서는 정식 출가를 하게 된 것입니다. 그러니 처음 입산은 1958년이고, 정식 출가는 1959년으로 볼 수 있지요. 그때 월정사는 6·25 사변으로 절 전체가 소실되어 법당도 없었고 방사도 없었어요. 인법당이라고 해서 큰방이 있고, 뒷방이 하나 있고, 그리고는 주지실 겸 객실로 쓰는 방밖에 없었어요.

그런데 뒷방에서 처사가 누워서 책을 읽어요. 그때 나는 저녁 일을 하고 그 방에서 쉬고 있었는데, 나중에 보니 그것이 원효 스님의 『발심수행장』이었지요. 그런데 그 소리가 내 귀에 쏙 들어와요. 내용은 '3일만 마음을 닦으면 어떻고, 백 년 동안의 물질이라는 것은 하루쯤의 티끌밖에 안 된다'고 하는 것이었지요. 그 처사

월정사 대웅전 상량식(1967) 직전의 탄허 스님, 성철 스님, 희찬 스님. 희찬 스님은 월정사 재건불사의 주역이었다.

에게 "그 책을 배울 수 있느냐?"고 물으니, 그 처사는 "주지스님에게 사다 달라고 부탁하면 사 주니 배우라"고 그래요. 주지스님에게 가서 정식으로 인사를 하고서는 "원효 스님의『발심수행장』을 사다 주면 열심히 공부하겠습니다"라고 말씀을 드렸지요. 그랬더니 희찬 스님의 얼굴이 확 피시더니 "그렇게 해 주겠다"고 말씀하였어요. 사실은 그 전에 희찬 스님이 저보고 예불 올리는 것을 배우고,『천수경』을 외우라고 하셨어요. 저는 그것을 왜 외우느냐고 대꾸를 했어요. 당돌하게도. 우리 스님의 특징은 윗사람에게 뭣이든지 이유를 대고 대드는 것을 싫어합니다. 무조건 복종만 해야 되었지요. 우리 스님에게 배운 것은 어른에게 무조건 이유를 대지 말고 복종하는 것뿐입니다. 하여간에 어른에게는 이유를 못 내놓았습니다. 이런 어른이신데 내가 행자 처지에 감히 당돌하게 왜 외우느냐고 대답하니 우리 스님은 기가 막힐 것 아닙니까? 우리 스님이 "이 건방진 놈, 배우라면 배우지 뭐?" 하시는 것이었어요. 그리고는 더 이상 말을 안 해요. 얼굴이 굳어지시면서. 그랬던 우리 스님이 내가 책을 배우겠다고 말씀을 드리니, 얼굴이 확 펴지면서 그렇게 하시겠다고 하시고는 얼마 후 서울에 다녀오셔서 그 책을 사다 주셨어요. 그 후로는 제가 그 책을 외우고, 『초발심자경문』도 외우고 그랬어요. 우리 스님은 주지를 보시니 바쁘시고 해서 저를 가르쳐 줄 시간도 없었고, 그때에는 강사도 없고 해서 저는 거의 독학으로 공부를 했어요. 무조건 외우면 며칠 후에 희찬 스님이 오셔서는 그냥 그 책을 죽 새겨 주시면 그것으로 끝이에요. 그때 제가 중노릇을 철저하게 하겠다는 생각을 냈고, 그것이 우리 스님하고 인연이 되었어요. 1960년에 계를 받았으니, 입산해서 1년 8개월 정도였지요.

그 시절 월정사는 도량이 복구도 안 되고, 스님들의 살림살이도 말이 아니었지요?

그렇지요. 그 시절 월정사와 지금의 월정사를 비교하면 만감이 교차하지요. 그 당시와 비교하면 지금 스님들은 호화판으로 살고 있는 것이지요. 당시에는 모든 것을 자급자족하였고, 매일 먹는 것이 감자나 옥수수였으며, 하루 종일 일을 해야 했습니다. 그때는 월정사에 스님이 5, 6명이고, 일꾼과 부목이 조금 있었고, 행자는 10여 명이나 있었습니다. 절에 오는 사람도 드물었고, 다만 상원사 보궁에 참배하러 오는 관광객이 버스를 타고 월정사까지 옵니다. 그때는 상원사까지 차가 올라가지를 못해요. 버스를 월정사에 대 놓고 걸어서 올라갑니다. 그러면 월정사에서 그 사람들에게 밥 해주고, 거기서 남는 것 갖고 먹고 사는 것이지요.

월정사에 계시면서 언제 누구에게 한암 스님의 말씀을 듣게 되셨나요?

월정사에서 계를 받고 원주를 보았어요. 그 시절 상원사 주지를 감원이라고 하였는데 희섭 스님이 감원이었어요. 차가 못 가니 상원사에 올려 보내는 짐을 전부 지게로 져다 주었어요. 일꾼들은 져다 주는 것을 싫어해요. 할 수 없이 제가 많이 져다 주고 그랬습니다. 우리 스님은 늘 상원사에 올라가면 평등성 보살에게 안부를 전하고, 인사를 하고 오라고 시키세요.

그때 평등성 보살이 상원사 입구의 부도거리 근처에 토굴을 지어 놓고 살았어요. 이 보살이 한암 스님을 모시던 보살인데, 그때에 얼굴에 피부병이 나서 사람을 잘 안 만나요. 제가 가서 "보살님, 보살님" 하고 찾으면 "누구야?" 하고 소리를 질러요. "월정사 원주입니다. 주지스님이 인사를 여쭈라고 해서 왔습니다"라고 하면 그때서야 들어오라고 했어요. 그 보살을 만나면 차를 내주시면서 옛날 이야기를 합니다. 주로 한암 스님의 이야기를 하고, 우리 스님이 한암 스님 시봉을 잘 했다고 말하였지요. 주로 평등성 보살에게 한암 스님 이야기를 듣게 되었습니다.

평등성 보살이 전해 준 이야기를 기억을 되살려서 회고해 주시죠.

우선 한암 스님이 돌아가신 이야기가 있지요. 6·25 때에 상좌들이 한암 스님을 모시고 피란을 가겠다고 하니까, 한암 스님께서는 "내가 이 나이에 가면 어디를 가겠느냐? 너희들이나 피란을 가거라. 나는 여기에서 절이나 지킬 것이니, 너희들이나 가라"고 하셨답니다. 어른이 안 가신다고 하니, 누구라도 남아서 한암 스님을 시봉해야 하지 않겠습니까? 그래서 대중공사를 하였대요. 그때에 제 은사인 희찬 스님이 당신이 어른을 모시겠다고 자원을 하였다고 그래요. 그때에 범룡 스님과 희섭 스님도 피란을 갔어요. 피란을 평창 포교당까지 걸어서 갔는데, 이미 인민군이 영월에 들어와 있었어요. 인민군이 벌써 앞질렀으니 피란을 갈 수가 없어 도로 상원사로 돌아와서는, 범룡 스님은 중대에서 보궁을 지키고 있었고, 희섭 스님은 그냥 상원사에 머무르게 되었지요. 그때 상원사에는 한암 스님, 희찬 스님, 평등성 보살, 희섭 스님 이렇게 네 사람이 있었던 것이지요. 중대에는 범룡 스님이 있었고.

그런데 열반(음력 2월 14일)하시기 16일 전부터는 일체의 먹을 것을 거절하시고 아무것도 안 드셨대요. 그리고는 14일 아침에 우리 스님을 부르시더니 월정거리에 가서 약을 지어 오라고 하시더랍니다. 월정거리에 한약방이 하나 있었대요. 한암 스님에게 지금 난리통에 한약방이 문을 열지도 않았을 뿐더러 다 피란 가고 없을 것이라고 답변하니, 한암 스님이 "이놈이 어른이 시키면 시키는 대로 갔다 오지 말이 많으냐, 당장 갔다 오라"고 말씀하셨다고 합니다. 우리 스님은 어른이 시키는 대로 월정거리를 향해서 갔고, 그날 아침에 평등성 보살은 아침 공양을 마치고 설거지를 하고 빗자루와 걸레를 들고 한암 스님 방에 가서 방 청소를 하였답니다. 평등성 보살이 걸레로 청소를 하고 있는데, 한암 스님께서 "나를 일으켜 다오" 하셔서 어른을 부축하여 정좌 자세로 앉혀 드리고는 계속하여 걸레질을 하였다고 합니다.

그런데 얼마 후에 보살의 등 뒤에서 '딸각' 하는 소리가 들렸대요. 보살이 한암 스님을 쳐다보니 고개가 한쪽으로 기울어져 있었답니다. 그 보살이 속으로 스님이 왜 저러실까 하면서 전혀 눈치채지 못하고 있다가, 다시 쳐다보니 고개가 더욱 기울고 있었다고 합니다. 그때서야 보살이 뭔가 이상한 느낌을 받아서, 깜짝 놀라 문을 확 열고 나가서는 희섭 스님을 찾았다고 하지요. 마침 그때에 희섭 스님은 서대에 갔다 온 무렵이라 얼른 한암 스님 방에 뛰어가 보니, 한암 스님이 열반하기 직전이었어요. 놀란 희섭 스님이 중대로 뛰어가 고개에서 범룡 스님에게 조실스님이 돌아가셨다고 소리를 쳐서 알리고는 범룡 스님과 함께 한암 스님 방으로 오게 되었지요.

그때 평등성 보살은 어찌할 바를 몰라서 방에 쌓여 있던 이불에다가 한암 스님을 기대게 하고는 다리를 주물러 드렸답니다. 이때 범룡 스님이 오셔서 보살에게 "이 바보야, 도인스님은 원래 앉아서 돌아가시는 것이다. 왜 일부러 눕히려고 하느냐?"고 하면서 정좌채로 앉아 있는 한암 스님을 뒤의 벽 쪽으로 밀고 고개도 뒤로 젖히게 했다고 합니다.

그 당시의 희찬 스님의 행적을 알려 주시죠.

　우리 스님은 약을 지어 오라는 어른 말씀을 지키기 위해 월정 거리로 가는데, 영감사 부근에 물길이 돌아가는 곳이 있어요. 그곳을 지나는데 군인이 탄 짚차가 지나갔어요. 그 차에는 후에 한암 스님의 입적 장면을 찍은 김현기라는 장교가 타고 있었어요. 그 장교와 운전수, 그리고 사병이 앞에 타고 가는데, 젊은 승려가 절에서 내려가는 걸 보고 차를 세우고는 어디를 가느냐고 물었대요. 조실스님이 아프셔서 약을 지으러 간다고 하자 그 사병이 이 난리통

그리운 스승 한암 스님

한암 스님의 최후 장면, 좌탈입망의 순간을 사진으로 촬영하여 후세에 남긴 김현기의 회고 보도기사(『불교신문』).

에 약방이 어디 있느냐고 하니, 우리 스님은 그래도 어른이 시킨 것이니 가 보겠다고 답변했답니다. 그 대화를 듣던 장교가 그제서야 보니, 상원사 조실을 시봉하던 희찬 스님임을 알고 그 사정을 파악하였다고 해요. 김현기라는 사람은 원래 수덕사 중인데 당시 그 지역 군사령부 정훈장교로 근무하였기에 상원사도 가끔 왔으므로 희찬 스님을 알고 있었다고 해요. 그길로 희찬 스님은 약 지으러 가고, 그 장교는 사태가 이상하다고 판단되어 급히 차를 몰고 상원사로 가서 입적 사실을 확인하고는 사병에게 갖고 있던 카메라로 한암 스님의 좌탈입망의 장면을 찍게 했다고 합니다.

입적 이전에 한암 스님이 상원사를 불태우려던 군인을 저지하신 일도 있었지요?

바로 그 이야기도 평등성 보살에게 들었습니다. 한암 스님이 입적하기 전인데, 그때에는 한암 스님, 우리 스님(만화 스님), 평등성 보살 이렇게 세 사람만 있었을 때인데 어느 날 군인들이 많이 올라왔대요. 와서는 상원사와 월정사가 인민군 근거지가 될 것을 우려해 상부 지시로 작전상 소각하겠다고 하였다고 합니다. 그때 월정사가 소각이 되어 연기가 올라오는 것이 상원사에서도 보이더래요. 군인들이 군 작전상 절에 불을 놓겠다고 하니, 갑자기 사태가 긴박하고 큰일이 나지 않았습니까? 그럴 때 한암 스님이 무슨 일이냐고 하시길래 그 장교가 자기가 온 목적을 말씀드리니, 한암 스님은 그러면 잠시 기다려라 하시고는 그길로 법당으로 올라가셔서는 가

短篇小說

上院寺

鮮于 輝

얼마 전 오대산을 다녀온 이형과 어쩌다 난로가에서 말을 나누게 되었다.

「좋든데요.」

「참, 월정사(月精寺) 둘러봤어요?」

「이제 겨우── 구년 전 내가 찾았을 때 단청(丹靑)만 남았더군요.」

한다고 하더니── 왜 그렇게 늦었을까.

화재터에 재목을 이리저리 쌓아놓고 곧 복구에 착수

358

선우휘의 소설 「상원사」(『월간중앙』, 1969.1). 한암 스님의 상원사 소각을 저지한
사실을 근거로 당시 상황을 소설로 재구성한 작품이다.

사와 장삼을 입으시고, 부처님 앞에 딱 앉아서는 "다 준비되었으니 이제는 불을 놓으라"고 하셨답니다. 그런 장면을 본 우리 스님과 보살은 어찌할 바를 모르고 우왕좌왕하면서 그 군인에게 제발 살려 달라고 부탁을 하고 매달리고 그랬답니다. 생각해 보세요, 난리통에 한암 스님은 불 놓겠다는 법당에 앉아 계시고, 군인들은 명령에 의해서 움직이는 사람들이고, 월정사는 이미 불이 나서 연기가 보이는 판이니.

그때 그 책임자인 장교가 중위인가, 소위인가 그랬다고 하는데, 사병 몇 명을 데리고 법당으로 들어가서는 한암 스님에게 "스님! 이러시면 안 됩니다, 나가세요" 하니까 한암 스님은 "너희들은 군인으로서 상부의 명령에 의해 이 절에 불을 놓는 것이 임무이니 불을 놓으면 되고, 나는 중으로서 부처님 제자로서 마땅히 절을 지켜야 돼. 너희는 상부의 명령을 따르면 되고, 나는 중으로서 부처님 명령을 따라 절을 지키면 되지 않느냐. 본래 중들은 죽으면 당연히 불에 태우는 것이다. 그런데 내가 나이도 많고 죽을 날도 멀지 않았으니 잘 된 것 아니냐. 그러니 걱정 말고 불을 질러라"라고 하였답니다.

그렇게 말씀을 하니 사병들이 그 장교에게 "끄집어 낼까요?" 하고 물었다고 해요. 그 장교는 뭔가를 가만히 생각하더니, 부하 사병들에게 "이 스님은 보통 스님이 아니다. 도인스님이 분명해" 하고는 법당 밖으로 나갔답니다. 그리고서는 한암 스님에게 자기는 군인으로서 명령을 이행해야 하기에 절을 태울 수는 없지만 그래도 태웠다는 것을 증명해야 하기에, 연기라도 피워야 된다면서 절의 문짝이라도 떼어서 태우겠다고 말을 하였다고 합니다. 그래 한암 스님이 허락해서 문짝 수십 개를 떼어서 마당에 쌓아서는 불을 지르고는 내려갔다고 해요.

평등성 보살은 장교가 법당에서 나가는 순간에 한숨을 푹 쉬고는 아! 이제는 살았다는 생각이 들었다고 저에게 이야기를 해주었습니다. 저에게 이 장면을 말해 준 그 보살은 이 이야기에서도 역시 한암 스님은 도인이라고 회고하였어요. 그 장교를 찾으면 참 좋겠는데. 「상원사」라는 단편소설을 쓴 선우휘라는 소설가가 있는데 그 사람에게 물었으면 그 장교를 알 수 있었을 터인데요.

간혹은 한암 스님의 좌탈입망을 의심하는 사람들이 있었지요?

그래요. 나도 그런 말을 많이 들었어요. 그런데 그 뒤에 그 장면을 찍은 김현기라는 사람을 우연히 기차 안에서 만난 일이 있어요. 그래 내가 월정사 주지라고 하니까 자기는 김현기라고 해요. 그래서 내가 그러면 한암 스님의 마지막 장면을 찍은 그 사람이냐고 물으면서 서로 반갑게 대화를 한 적이 있어요. 지금은 돌아가셨다고 하지만, 그때 그것을 물어 보았어요. 내가 그 사진이 가짜라는 사람이 있는데 그것을 솔직하게 자세히 이야기를 해 달라고 물었더니, 그분이 "어떤 미친 놈이 그러냐? 내가 사진 찍었고, 그 당시에 상원사에 남아 있었던 사람이 누가 있었느냐? 다 피란 가고 사람도 없는 판에 무엇을 할 사람도 없는데" 하면서 노발대발하더라고요.

한암 스님, 그리고 한암 스님의 가풍을 계승한 희찬 스님을 회고하는 현해 스님.

그리고 평등성 보살이 이야기한 다른 회고는 없었나요?

　　우리가 보통 이야기로는 한암 스님이 얌전하고, 다소곳하고, 담백한 스님으로 말을 하지 않습니까? 그런데 그 보살이 본 것에 의하면 한암 스님이 무서울 때에는 매우 엄하셨다고 했어요. 상원사와 월정사 중간의 신선골에 예전에 화전민들이 살던 속가 집이 두 채 있었어요. 그 속가 집에서 간혹 막걸리를 팔고 그랬는데, 상원사에서 공부하던 수좌들이 가끔 내려와서 술을 먹고 가고 그랬나 봐요. 어느 날 수좌 두 명이 술을 먹고 올라가서 술 냄새를 품기니, 한암 스님이 아시고는 법당에서 조용명 스님에게 매를 해 오라고 해서 용명 스님이 회초리 한 개를 가져다가 드렸대요. 그러자 한암 스님께서 매를 하나만 해 오면 어떻게 하느냐 하셔서 회초리 한 묶음을 가져다 드리니, 그것으로 그 수좌들의 아랫도리를 벗게 하여서 매가 다 부러지고 피가 날 정도로 때렸다고 해요. 나는 그것이 의심쩍기도 하였는데, 언제인가 부산에 계시던 용명 스님이 월정사를 오셨길래 물어보았더니 사실이라고 말씀을 해주시더라고요. 이것을 보면 한암 스님은 온화한 스님이었지만, 때에 따라서는 무서울 정도로 경책을 하셨다는 것을 알 수 있습니다.

현해 스님의 은사인 희찬 스님에게 들은 것도 들려 주세요.

제가 월정사에 입산한 직후 무렵에 매일 힘든 일을 하니 불평을 많이 했지요. 그때 은사스님에게 들은 게 있어요. "예전에 한암 스님도 감자 울력을 하면 지팡이를 짚고 밭머리에 딱 서 계시고 그랬다. 이 월정사는 그런 가풍이 살아 있는 곳이여, 이놈아! 중노릇이 그렇게 편한 것인 줄 아느냐?"라고 야단을 하셨습니다. 도인이라도 울력을 하는 곳이 월정사인데, 네가 힘들다고 불평하는 것은 말이 안 된다는 말씀을 자주 하셨어요.

희찬 스님의 가르침은 어찌 보면 상원사에서 모시던 한암 스님의 가풍을 이어받은 것이 아닐까요?

그럼요. 제가 우리 스님에게 철저히 배운 것은, 첫째 어른을 모시는 데 이유는 있을 수 없다, 무조건 복종뿐이라는 것입니다. 스님은 검약 정신도 철저했어요. 당신은 본사 주지이시니 사제나 다른 스님에게는 돈을 주시곤 해도 상좌들에게는 거의 안 주셨어요. 지금 와서 생각을 해보니, 모든 것을 아끼고 절약하는 것을 그대로 전수해야 하겠다는 그 자체인 것 같아요. 상원사에는 한암 스님을 보려고 온 수좌들이 항상 30여 명이나 되니 어려울 수밖에 없잖아요. 그런 곳에 원주를 보시던 보경 스님이 다른 곳으로 가 버리자 그 다음에는 우리 스님이 원주를 보았다고 해요. 상원사는 수좌가 오면 처음에는 무조건 공양주를 시키는 것이 관행인데, 수좌들이 공양주를 하다 보니 당장 저녁 양식거리가 떨어졌다는 것입니다. 그 뒤로는 한암 스님이 직접 양식을 챙기셨답니다. 그래서 한암 스님이 짜답니다. 심지어는 참기름도 젓가락으로 쟀답니다. 우리 스님이 그런 곳에서 어른을 모시고 살다 보니 절약정신이 저절로 몸에 밴 것입니다.

한암 스님의 승가 5칙을 들어 보셨지요?

그것과 관련해서 우리 스님이 강조한 것은, 오대산 중은 경(経)도 볼 줄 알아야 하고, 선도 해야 하고, 염불이나 의식, 가람 수호이 다섯 가지는 철저히 해야 한다고 하셨어요. 상원사에는 한암 스님을 따라오신 박대응 스님이라는 분이 계셨는데, 그분에게 염불과 의식을 많이 배웠어요. 한암 스님하고 같이 왔다고 하기도 하고 후일에 왔다고 하기도 해요. 대응 스님은 우리 스님이 월정사 주지로 내려오시자 같이 월정사로 내려오셨지요.

한암 스님이 승려 수련소를 세워 『금강경』을 가르치셨는데, 이것과 관련해서 들으신 것은 없나요?

수련소에서는 매일 아침 『금강경』 독송하는 것을 의무적으로 하였다고 합니다. 그뿐만 아니라, 현재 조계종에서 마지 올릴 때의 예참이 있어요. 원래 『석문의범』에 있는 대예참은 길어서 그것을 다 외우기가 힘들어요. 그것을 줄여서 간소하게 하신 스님이 바로 한암 스님입니다. 한암 스님이 만든 것이 조계종의 「행자지송」에 반영되어 지금도 교육에 활용하고 있어요. 월정사에서는 그것을 늘 지송하였거든요. 그리고 우리 스님도 『금강경』은 외우고 그랬어요.

희찬 스님이 그렇게 어른을 잘 모셨다는 말은 저도 처음 듣는 귀한 말씀이군요.

우리 스님에게 들은 것이 생각나는군요. 우리 스님이 6·25 때 인민군에게 붙들려 갔는데 총부리를 대고 짐을 지고 같이 가자고 해서 오대산의 북대 뒷산으로 갔었답니다. 총을 들이대니 안 갈 수가 없잖아요. 가다가 짐도 무겁고 산도 가팔라서 중간에서 인민군들과 함께 쉬었대요. 그때 우리 스님이 인민군 대장에게 "절에 어른이 계신데 몸이 아프시고 시봉할 사람도 없어 큰 걱정이 됩니다. 내가 없으면 돌볼 사람이 없는데 큰일입니다"라고 하니 인민군 대장이 "어른이 누구냐?"고 해서 조실이신 한암 스님이시라고 했더니, 인민군 대장이 "방한암 스님을 말하는 것이냐? 그러면 당장 내려가서 시봉을 하라"고 했답니다. 그래서 그길로 상원사로 내려왔다고 말씀하시면서 저보고, "너도 어른을 잘 모셔야 된다. 나를 봐라. 내가 어른이신 한암 스님을 잘 모시다 보니 죽을 것도 피하지 않았느냐? 만일 내가 그때 인민군을 따라 이북으로 갔으면 죽었을 수도 있지 않느냐? 내가 그렇게 어른을 모셨기에 한암 스님이 나를 살려 주신 것이다"라고 말씀해 주셨습니다. 이것을 보면 그 당시 이북에도 한암 스님의 명성이 알려졌기에 그 인민군도 알고 희찬 스님을 풀어 주었겠지요.

한암 스님의 동구불출, 즉 월정사 산문을 나가지 않고 수행한 것은 유명하지요?

상원사 입구에 신선골이 있는데, 그 옆에 샘물이 있어요. 바로 그곳까지가 한암 스님의 포행거리라고 해요. 27년간 한암 스님은 동구 불출하셨지요. 그런데 만공 스님이 오셔서 전송을 할 때에는 동피굴의 외나무다리까지 내려갔다고 합니다. 그 다리에서 두 스님이 돌을 갖고 법담을 하였다고 하지 않아요? 그것이 한암 스님이 만공 스님과 함께한 마지막이시고, 그후로는 그곳까지도 나간 일이 없다고 해요. 그런데 내가 여러 자료를 찾고 확인하다 보니, 한암 스님은 세 번은 산문 출입을 한 것으로 보입니다.

그래요? 그 산문 출입 내용을 알려 주시죠.

첫 번째는 치아를 치료하러 서울에 가신 것입니다. 다음으로는 조계종을 만들 때(1941년경) 통도사 구하 스님이 협조를 해주지 않아서 재단이 설립이 안 되었답니다. 그래서 종단 만드는 것을 주도한 지암 이종욱 스님이 한암 스님께 상의를 하고 부탁해서 함께 통도사로 간 일이 있었어요. 통도사는 그 시절에 제일 큰절이고 재산도 제일 많기에 통도사가 참여하지 않으면 조계종이 만들어지기 어려웠던 것이지요. 한암 스님이 통도사로 가서 구하 스님께 말씀을 드리니 그제서야 구하 스님이 협조를 하였다고 해요. 그래서 조계종단이 만들어졌다고 합니다.

다음으로는 해방 직후 동국대 재단을 보강할 때입니다. 그것이 혜화전문이 동국대로 전환될 무렵인데, 지암 스님이 아무리 똑똑해도 이때에도 역시 구하 스님이 비협조적이라 어떻게 할 수 없으니 또 다시 한암 스님께 찾아와서 상의를 하였어요. 지암 스님과 한암 스님이 나이 차이가 많이 안 나도 한암 스님을 어른으로 깍듯이 모신 것은 어른을 잘 활용하려는 것이 있었던 것입니다. 지암 스님이 총무원장이고 한암 스님이 종정이신 것도 있었겠지만. 그래서 이번에도 역시 한암 스님을 모시고 통도사에 가서 말씀을 드리니 구하 스님이 협조해주었다고 해요. 그래서 당시에 동국대 재산의 3분의 1이 통도사 재산으로 만들어졌어요. 당시에 구하 스님의 세(勢)가 대단해도 한암 스님의 말씀은 들었다고 합니다. 두 스님(구하, 한암)이 사형사제간이라는 인연도 작용하였겠지요.

당시 상원사는 수좌들의 수행의 중심지였지요?

북쪽으로 수행 중심처가 상원사이고, 중부 지방에는 만공 스님이 계시던 수덕사, 남쪽으로는 경허 스님이 계시던 해인사가 있었지요. 이곳이 전국의 선방을 주도하던 곳이었습니다. 한암 스님이 쓰신 수행기록인 「일생패궐」을 읽어 보면 나와요. 경허 스님이 한암 스님을 데리고 간 곳이 해인사라는 것을. 그리고 통도사는 당시만 해도 살림 절이고 사판 중심이라 수행과는 거리가 있었어요. 비록 한암 스님이 내원사에서 조실로 계셨지만, 본래 그 내원사도 강원을 하다가 선방으로 변한 곳입니다. 한암 스님이 선방 조실로 있었으나, 본래는 경허 스님이 조실로 있다가 한암 스님에게 넘겨준 곳이에요.

한암 스님의 제자로 유명한 탄허 스님에 대해서 말씀해 주세요.

　　탄허 스님은 한암 스님의 경을 이어받았지만, 본래는 탄허 스님이 오시기 전에 한암 스님의 경을 이어받은 스님이 유점사 출신인 박동산(朴東山)이라고 있었어요. 그 스님이 한암 스님의 사랑을 독차지하였는데 유점사에서 강사로 데리고 가 버렸다고 하지요. 그때에 한암 스님이 보시던 경 관련 책을 다 주어 버렸다고 해요. 당신이 사랑하던 제자인 동산 스님이 가 버리니 얼마나 마음이 허전하겠습니까? 그러던 차에 탄허 스님이 한암 스님에게 나타나신 것입니다. 그 무렵에 편지가 3년간이나 오고 가고 해서 결국에는 상원사로 입산을 하니, 한암 스님께서는 반가워서 어쩔 줄을 몰랐다고 해요. 입산 당시에도 탄허 스님의 한문 실력이 대단하지 않았습니까? 당시에 상원사에서는 선방에 들어오면 무조건 처음에는 3개

한암 스님이 자신의 수행 이력을 회고한 글, 「일생패궐」. 이 글은 탄허 스님이 썼고, 원본은 우(통도사)스님이 소장하고 있었다.

월은 공양주를 시켰다고 해요. 탄허 스님에게도 처음에는 공양주를 시켰다고 해요. 그런데 탄허 스님이 밥을 한 1주일을 하는데 밥에 돌이 나오는 거라, 돌밥이 된 것이지요. 그랬더니 한암 스님이 "택성이 너는 글이나 읽어" 그랬대요. 다른 수좌보다는 공양주 기간을 깎아 준 것이지요. 후일 탄허 스님은 저에게 그랬어요, 자기가 일부러 돌을 빼지 않고 집어넣었다고. 한암 스님도 택성이는 유학자가 돼서 밥할 줄도 모른다고 하였답니다. 울력을 할 때에도 탄허 스님은 안 나와도 한암 스님이 잔소리를 안 하고 묵인하시는데,

상원사 입구에 있는 한암 스님의 부도와 비석.

다른 수좌들은 꼭 나와서 울력을 하였다고 해요. 동화사의 범룡 스
님이 저에게 그랬어요. 우리는 기어이 나오라고 하지만 탄허 스님은
그러지를 않으셨다고 하시면서 한암 스님의 편애가 심하였다고 회
고하였지요. 평등성 보살도 탄허 스님을 애지중지하였다고 저에게
이야기를 해주었어요. 그러지 않겠어요? 탄허 스님은 스님이 될 때
부터 한문은 좍하고 나오니 얼마나 시원하시겠습니까? 한암 스님
은 유교, 불교의 경전을 많이 갖고 있지 않았지만 그 내용을 철저
하게 꿰고 있었어요. 또 탄허 스님은 어지간한 문장은 다 줄줄 외

우고 있었으니 한암 스님이 반한 것이겠지요.

현해 스님은 한암 스님 하면 무엇이 딱 떠오르시나요?

저는 한암 스님 하면 세 가지가 떠올라요.

첫째는 현재 우리 한국불교에 계(戒)가 무너져 버렸어요. 예전에 한암 스님은 계정혜 삼학을 겸수시켰습니다. 그런데 어느 틈에 우리 불교에서 계가 떨어져 나가고, 정혜쌍수라고 해요. 그런데 최근에는 경도 나가 버리고 없고, 참선만 해라 이렇게 되었어요. 그래서 참선만 최고로 쳐 주니, 요즈음은 경을 하면 땡초라는 인식이 있어요. 언제부터인지 경도 없어지고, 참선만 해야 도인스님으로 대우받는 시절이 되었어요. 그러나 한암 스님의 입장에서는 삼학을 겸수하셨고, 부처님 말씀처럼 수행을 하시고, 전통을 계승해서 철저하게 부처님 가르침을 고수했다고 봅니다. 오히려 그것을 더 철저하게 지키며 중노릇을 제대로 시켰는데, 그것을 존경합니다.

둘째는 당신의 의지를 세워 놓고 당신은 그 틀에서 절대 벗어나지 않는 것입니다. 그러니 산문을 27년간 출입하지 않으신 것이지요. 그럼에도 불구하고 불교, 종단을 위해서라면 당신이 세운 그 틀을 깨면서까지 나서서 일을 하셨습니다. 즉 큰일을 위해서는, 대의명분을 위해서는 당신을 희생하시는 자세입니다.

셋째로는 조계종의 전통 문제에서 중요한 법통 문제가 있거든요. 현재 종조에 대해서도 태고, 도의, 나옹, 지눌 등 별소리가 다 나오고 있잖아요. 그런데 한암 스님은 이 문제에 대해서 분명하게 밝혀서『불교』지에 기고해 놓으신 것이 있어요. 한암 스님은 도의를 종조로 하고, 지눌과 태고를 중흥조로 하자고 주장하셨어요. 그래야 신라불교도 살리고, 고려부터 조선불교로 내려온 법통이 산다고 하셨어요. 그것을 밝혀 놓은 것입니다. 이러한 세 가지 점에서 한암 스님을 존경하고 있어요.

한암 스님은 동구불출도 유명하지만 현실의 권력에도 절대 타협치 않는 강한 기백도 있으시지 않습니까?

불교는 권력에 많이 아부했어요. 권력에 약한 것이 스님들이에요. 그런데 한암 스님은 절대 그렇지 않았어요. 제가 듣기로는 당시 총독이 한암 스님에게 만나자고 그랬답니다. 그러나 한암 스님은 이에 대하여 나는 총독에게 볼일이 없어, 당신이 볼일이 있으면 여기 와서 만나면 된다고 했어요.

그래서 총독이 자기의 대리인 격으로 경무국장, 지금으로 보면 경찰청장을 상원사로 보냈다고 해요. 그 경무국장이 오니까 총무원장인 지암 스님도 서울에서 내려오고 그랬을 것 아닙니까? 월정사에서는 청소한다, 뭐 준비한다 야단이 났더라는 거예요. 이런 분위기에 대해 한암 스님은 일체의 준비는 필요 없다고 하시면서, 제가 볼 일이 있으면 와서 일을 보면 되는 것이니, 수행자의 처소에서 부산을 떨지 못하게 하셨다고 합니다. 지암 스님이 총무원장으로서 경무국장을 데리고 상원사로 올라왔습니다.

경무국장이 한암 스님에게 인사를 드리고서 "총독님이 보내서 왔습니다, 물어 볼 것이 있어서 왔습니다"라고 하면서, 지금 일본이 미국하고 전쟁을 하고 있는데 어느 나라가 이기겠느냐고 질문하였다고 합니다. 그 주위에 있었던 지암 스님, 우리 스님(만화)은 속으로 진땀을 흘리고 있었대요. 당시 분위기는 일본이 지게 된 분위기였지만 막상 경무국장이 그것을 답해 달라고 하자 한암 스님이 어떻게 답을 하실지를 모르니, 어쩔 줄을 몰라서 안절부절하였다고 해요. 그런데 한암 스님은 태연히 "덕자승(德者勝)이지"라고 간단히 답을 하셨어요. 경무국장에게 통역을 통하여 알려 주고는, 이어서 "본래 덕이 있는 자가 이기는 거야"라고 답하시면서 말을 딱 끊어 버리셨다고 해요. 이런 것은 아무나 못 해요. 요즈음으로 말하면 대통령 특사에게 그렇게 답변을 할 수 있다는 게 쉬운 것이 아닙니다. 그것을 할 수 있다는 자부심, 수행에서 나온 힘이 있어서 가능한 것이라고 볼 수 있어요.

월정사에서 한암 스님 열반보다 탄신재를 더욱 중요시하는 이유가 있나요?

한암 스님이 돌아가신 것이 음력으로 2월 14일인데, 그때는 오대산이 매우 추워서 행사하기가 어려운 점도 있고, 다음으로는 본래 부처님의 열반재보다 탄생일을 더욱 중하게 여기지 않습니까? 한암 스님은 부처님 같은 분이시니 부처님처럼 탄신재 행사를 합니다. 우리 스님하고 노스님이신 탄허 스님 두 분이 살아 계실 때에 서로 상의를 하고 그랬어요.

한암 스님의 자료가 부족하여 연구, 선양작업에 애로가 있어요.『일발록』
이라는 자료는 어떤 자료인지 알려 주시죠.

　　『일발록』은 한암 스님이 당신의 일생을 정리한 자서전 같은 것
이에요. 제가 알기로는 그것을 항상 우리 스님이 가지고 계셨답니
다. 6·25사변 후에 월정사 주지로 내려오셨지만 월정사에는 마땅한
방도 없고 해서 상원사의 소림초당에 두고 왔다가 1961년에 그 소
림초당이 불탈 때 타 버린 것입니다. 상원사의 당신 방 다락에 두었
다가 불탔어요. 내가 원주를 볼 때에 우리 스님에게 상원사에 불이
났나고 하니, 우리 스님이 "그러면 안 된다면서 그 원고를 끄집어내
야 한다"고 안절부절하셨어요. 내가 "불이 완전히 다 났는데 어떻
게 하느냐"고 그랬지요.

　　그 소림초당 자리가 지금의 상원사 종무소 자리예요. 그곳에
방이 세 칸이 있었는데 작은 방이 한암 스님을 시봉하던 상좌들의
방이라, 탄허 스님하고 우리 스님이 쓰시던 방이었어요. 바로 그곳
에 두었던 『일발록』이 불탄 것입니다. 『일발록』이 1947년 상원사 화
재 때 함께 탔다고 하는데, 내가 스님한테 들은 것은 이와 같이 좀
다릅니다.

정화가 시작되기 이전인 해방공간에 청담 스님이 한암 스님을 찾아와서
정화를 강력하게 해야 한다고 건의하였다는 말이 있지요?

　　그 소리는 상원사에 있던 스님에게 들었어요. 청담 스님이 대
처승을 다 내쫓고 해야 한다고 하자, 한암 스님은 "더러운 것 다 버

리고 깨끗한 곳에 살 수 있을 것 같으냐, 일은 급하게 해서는 안 된다고 하시면서, 사람을 키워 가면서 해야지 그러면 불교가 오히려 망한다"고 말씀하셨다고 해요. 우리 종단의 정화사를 보면 운이 없어서 그런지, 인연이 그것밖에 안 되서 그런지는 몰라도 정화를 처음 시작할 때에는 비구·대처 양측이 합의를 했어요. 처음에는 본산을 다 달라, 나중에는 10여 개 본산을 달라, 그래도 안 되니 최후에는 불법승 삼보사찰인 해인사, 통도사, 송광사를 내놓기로 하였다고 합니다. 이렇게 3본산까지 줄었어요. 당시 종정인 만암 스님도 인정하고 합의를 하여서 종회를 열었더니, 거기에서 해당 사찰의 주지들이 결사반대를 하였다고 합니다. 가장 반대를 많이 한 주지가 해인사의 이○○주지라고 그이가 욕을 해 가며 반대를 했어요. 그 주지가 종회에서 왜 하필이면 우리 절만 주라고 하느냐, 그러면 우리들은 어디 가서 살라고 하는 것이냐 하면서 심하게 반대를 해서 안 되었다고 하지요. 타협을 다 봐 놓고 종회에서 깨졌어요. 그게 한계예요. 그후로는 양측의 강경파들이 득세를 하면서 정화가 엉뚱한 방향으로 갔어요. 그게 조계종단의 운이라고 볼 수 있어요.

바쁘신 가운데에도 시간을 내어 귀한 증언을 해주셔서 감사드립니다.

수고하셨습니다. 월정사의 도인이셨던 한암 스님의 행적을 찾고, 그 선양을 위해서 뛰는 것에 경의를 표합니다. 저도 한암 스님을 참으로 존경하고, 우리 불교계에서 다시 회복해야 할 수행자상을 대표하는 스님으로 보고 있습니다.

참선, 간경, 염불, 의식, 가람수호를
승가 5칙으로 삼으신 분

혜거 스님

● 대담 일시_ 2005년 5월 18일
● 장소_ 금강선원(서울)

영은사 출가
선암사 주지
금강선원 원장
탄허불교문화재단 이사장
탄허기념박물관 관장
동국역경원(동국대) 원장

스님의 고향과 입산 출가의 인연을 말씀해 주시죠.

전남의 영암입니다. 제가 입산한 것은 공부를 하고 싶어서였습니다. 제 삼촌이 김지견 박사인데, 당시 그분이 스님 옷을 입고 오시면 그걸 만지작거리면서 스님 옷 자체를 좋아했어요. 옛날에는 서당에 다닐 적에 한 달에 쌀 한 말씩을 내고 다녔어요. 시골에서 국민학교를 졸업하고 중학교 2년밖에 다니지 못했어요. 그만큼 집안이 어려웠어요, 그러나 공부를 하고 싶은 욕망이 간절하였지요. 그래서 삼촌을 뵙고는 공부하러 절에 가겠다고 하니 삼촌은 한문도 배우고 불교도 배울 수 있는 곳은 탄허 스님밖에 없다고 생각하시고는 편지를 하나 써 주셨지요. 그때는 탄허 스님이 계신 곳을 찾는 데에도 한참을 찾았어요. 김지견 박사는 당시 서옹 스님 시봉이었지만, 저를 그쪽 문중으로 보내지 않고 탄허 스님에게 가도록 추천을 해주었지요. 여길 가야 한다고 하시면서. 안 받아 주더라도 몇 달은 부엌에서 살 생각을 해야 한다, 끝까지 버틸 자신이 있느냐, 각오를 단단히 해야 한다는 말씀을 해주었어요.

그러면 당시 탄허 스님을 찾아 어느 곳으로 가시게 되었나요?

처음에는 월정사로 가 보니 안 계셔서 삼척 영은사로 찾아갔지요. 당시에는 탄허 스님이 영은사에서 수도원을 개설한 지 불과 한 달이 지날 무렵이었습니다. 김지견 박사가 써 주신 편지를 내놓으니 어떻게나 반가워하시는지 몰라요. 탄허 스님은 "지견이가 보냈어?"라고 하시면서 좋아하시는데, 부엌에서 하루도 자지 않고 그 다음날부터 바로 공부를 할 수 있도록 해주셨습니다. 스님이 저에게 몇 가지를 물어보시기에 서당에서 한문을 배웠다고 답변하니, 내일부터 바로 공부에 참석하라고 해서 『화엄경』 공부하는 데에 들어갔어요. 그러니 다른 사람들의 눈이 휘둥그레졌지요. 그것이 저로서는 참으로 일생 최대의 감격적인 것이고, 더 고마울 데가 없었어요. 생각해 보세요. 머리도 안 깎은 행자를 오자마자 공부하라고 한 것을. 행자는 저 뒤로 제치라고 하면 그만인 시절이었지요.

입산 즉시 경전 공부를 하셨군요. 오대산 수도원은 문을 닫았지만 영은사에서 다시 수도원을 시작할 때였지요. 그래도 영은사에서는 고생도 하셨지요?

물론 고생은 많이 했지요. 농사도 짓고, 나무도 하고. 그러나 공부하는 것이 워낙 즐거운 시절이라 그런 고생들이 고생으로 느껴지지 않았습니다. 영은사에서 공부하는 스님들은 일도 했지만 주로 공부만 하는 바람에 주지이신 보경 스님이 직접 구정물도 치우셨고, 공양주도 없어서 탄허 스님도 점심 때에는 3년간 찬밥을 드실 정도였어요.

서당에서 한문을 공부한 것이 경전 공부에 도움이 많이 되셨겠어요. 그리고 수계는 언제 하셨나요?

한문 공부가 불경을 배우는 데 큰 도움이 되었습니다. 저는 탄허 스님에게 『화엄경』을 배우고 오후에는 도원 스님에게 사집 과정을 배웠어요. 그리고 『영가집』까지 배웠으니, 일반적으로 그리 하기란 어려운 것이지요. 서당에서 한문을 읽어 본 소리이니, 경전을 보고 읽는 것이 서툴지 않으니까 행자 때부터 주목을 받은 셈이지요. 행자 때 『금강경』, 외전(外典)을 다 외우고 그랬어요. 나무하러 산에 갈 때나 올 때나 노상 외우고 다녔어요. 그 당시에 탄허 스님은 무조건 모든 것을 외우라고 하셨어요. 그리고 탄허 스님의 원력은 공부를 참으로 하는 것이었어요. 즉 공부꾼들이 모이는 회상에서 진짜로 공부하는 가풍을 만드는 것이었어요. 당신의 원력은 마음 놓고 공부만 하는 회상, 장애 없이 가르치는 회상을 만드는 것이었어요. 그러나 돌아가실 때까지 그런 회상을 못 만났어요. 지금에 와서 생각해 보니 당시 영은사 시절이 가장 아름다운 회상으로 여겨집니다. 참 제가 수계를 받은 것은 입산한 다음 해인 1961년에 월정사에 가서 받았습니다.

영은사 시절에 탄허 스님에게 들은 한암 스님의 이야기를 들려 주시죠.

　　탄허 스님을 포함해서 한암 스님 주변에 있던 분들의 회고는 "한암 스님은 보통 사람과는 다르다"라고 신격화했습니다. 탄허 스님은, 한암 스님이 봉은사 조실로 계실 때 1925년에 한강에 물난리 났을 때에 나청호 주지에게 이재민을 구휼하라고 했다는 것을 100번도 더 들을 정도였습니다. 그 말씀을 하시면서 "한암 스님은 이런 분이다, 이런 분이다"라고 부연하였어요. 그 말씀을 많이 들었어요. 탄허 스님은 한암 스님을 신격화하여 받들어 모신 분이었지요.

이런 이야기는 비구, 비구니들이 오면 또 다시 말씀하시곤 하였지요. 평상시에는 공부하느라 그런 이야기를 할 틈이 없었고, 한 달 간 방학을 할 때가 있으면 주로 그때 말씀을 하였지요.

또 다른 재미있는 이야기 같은 것이 있으면 기억을 더듬어 주시죠.

　　한암 노스님을 시봉하였던 대원경 보살이라고 있지 않습니까? 그 보살이 유일하게 상원사에서 주무실 수 있도록 허락 받은 최초의 보살입니다. 이 보살은 상원사 화재가 나서 재건할 때에 물질적인 화주 외에도 많은 보시를 했던 보살이에요. 이분은 종로에 살적에 한밤중에 집에 강도가 들어왔는데 그 순간에도 합장을 하고 『금강경』을 전부 외웠다고 해요. 그랬더니 강도가 오히려 놀라서 칼을 들고 벌벌 떨더래요. 『금강경』을 다 외우고 나서는 강도에게 얼마나 살기 어려우면 이렇게 하겠느냐고 하면서 집에 있는 돈과 패

241
|
혜
거
스
님

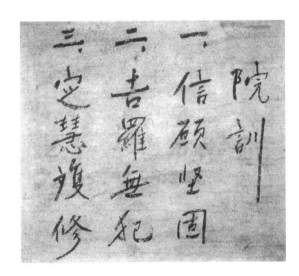

오대산 수도원의 원훈(院訓). 이 원훈은 영은사 수도원 시절에도 지속되었는데, 탄허 스님의 글씨이다.

물을 내놓고 알아서 원대로 가져가라고 그랬대요. 강도가 돈과 패물을 갖고 나가는 순간에 불러 세우고서는 언제까지 이렇게 살 것인가, 날이 밝으면 다시 찾아오라, 내가 살 방도를 마련해 주겠다고 하였답니다.

『금강경』이 그 보살을 살려 준 것인데, 며칠이 지나자 낮에 그 강도가 찾아와서는 죄송하다고 말하면서 돈은 조금만 가져가겠다고 하면서 패물을 돌려주었다고 합니다. 대원경 보살의 힘은 바로 한암 스님에게 배운 경전 수지 독송의 가르침이자, 한암 노스님의 신념입니다. 이런 인연으로 최초로 상원사에서 주무실 수 있도록 허락한 것입니다. 영은사에 있을 적에도 자주 오셔서 엄청 시봉을 하고 가셨는데, 그때 그 이야기를 들었습니다. 그래서 탄허 스님께서 월정사에 이야기를 하여 대원경 보살이 말년은 월정사에서 살 수 있도록 방 하나를 드리라고 지시하였어요. 그러나 이행은 잘 안 되었어요.

탄허 스님의 최대 불사인 『화엄경』 번역불사가 한암 스님의 부촉이었다는 말이 있는데, 이에 대해서는 탄허 스님이 어떻게 말씀하셨나요?

저는 분명히 들었어요. "내가 하는 것은 한암 스님의 원력이다"라고 말씀하시는 것을. "이것을 안 하면 안 된다, 내가 꼭 해야 한다"는 것을 수없이 강조하는 것을 들었어요. 지금도 보통 사람이면 자기가 한다고 하지 않습니까? 그런데도 탄허 스님은 이것은 한암 스님의 원력이다, 꼭 해야 한다고 여러 번 말씀하셨어요. 한번은 제

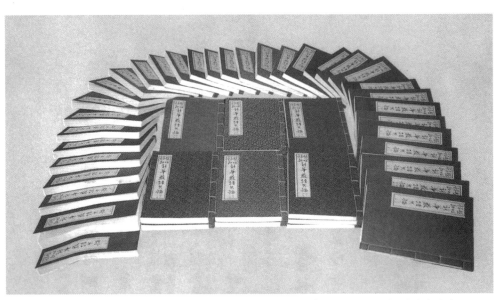

한암 스님의 부촉을 받아 탄허 스님이 펴낸 『신화엄경합론』(47권, 1975. 8. 1). 화엄경 번역
불사의 신기원을 마련했다.

가 스님에게 그런 불만도 표했어요. "스님! 스님 혼자 하지 마시고,
다른 사람에게 가르쳐서 여러 사람하고 같이 하세요." 그랬더니 스
님께서는 그때는 아무 말도 안 하셨는데, 지금에 와서 생각해 보니
거기에는 탄허 스님의 깊은 뜻이 담겨 있었던 것 같아요. 즉 스님이
나에게 부탁하신 것은 반드시, 꼭 내 손으로 하겠다는 것이지요.

**『화엄경』 번역을 부촉하신 것에 대한 의미를 새겨 본다면 어떤 측면을
보아야 할까요?**

한암 스님이 탄허 스님에게 『화엄경』 번역을 부탁한 것도 의미
가 있지만, 그보다는 탄허 스님에게 중강을 시키면서 『화엄경』을 강

의하도록 한 것이 더 큰 뜻이 있어요. 이는 『화엄경』을 단순히 읽게 한 것이 아니라 대강(代講)을 시킨 것입니다. 강의를 대신하게 맡긴 것입니다. 여기에서 절 집안의 전강(傳講)에 대한 전통을 볼 수 있어요. 전강에서 살아남는 것이 무엇이냐 하면, 스승이 옆에 있으면서 강을 시켜야 해요. 그래야 잘 하나 못 하나도 봐 주고, 또 마음을 놓을 수도 있지요. 상좌가 강의하다가 막히면 해결해 주어야지요. 그러니 앉아 있어야 합니다.

혹시 영은사 시절에는 월정사에 있었던 오대산 수도원과 상원사에 있었던 삼본산 수련소에 대한 언급은 없었나요?

영은사 시절에는 수련소 이야기는 일체 없었어요. 아마 언급을 자제할 정도가 아니었나 봅니다. 월정사에서 수도원이 경제적인 사정 등으로 깨지고서는 가급적 언급을 회피한 것이라고 봅니다. 이해가 갈 부분이지요. 그러니 탄허 스님은 정말 마음놓고 가르치고, 배우고 하는 마음이었지요. 재정이 충당되지 못해서 그리 되었으니 아쉬움이 많았겠지요. 상원사 수련소 이야기도 들어 본 적이 없어요.

탄허 스님은 선사이지만 강백으로도 유명하십니다. 한암 스님의 법통을 이었다고 말하는데, 전법에 대해서는 어떻게 말할 수 있나요?

그 부분에 대해서는 탄허 스님이 돌아가실 적에도 문제가 나왔지만, 노스님인 한암 스님도 같은 방법이 아니었나 봅니다. 즉 전

244

그리운 스승 한암 스님

해 주고 받을 것이 과연 있느냐? 한암 스님과 탄허 스님 사이에는 우리가 보통 말하는 그런 상투적인 범주를 벗어났다는 생각이 들어요. 탄허 스님이 돌아가실 적에 수중 스님이 전법에 대하여 수십 번이나 질문을 했어요. 그때 스님의 표정을 보니, 딱 쳐다보고 쓸데없는 소리 할래? 하는 표정으로 보였습니다. '내가 너희들에게 전해 줄 것이 없어'가 아니라, 쓸데없는 짓(생각, 말)이다라는 표정을 보이시더니 딱 말을 닫아 버리시더라고요. 심지어 스님은 당호를 달라고 하면 너희들이 만들어 오라, 그러면 써 줄 테니 하셨어요. 외부에서 온 스님들에게는 잘도 써 주시는데, 상좌들에게는 잘 안 써 주셨지요. 당호를 만들어 오라고 하는 것은 간단한 것이 아닙니다. 그렇기 때문에 한암 스님과 탄허 스님은 일반적인 전법 차원을 벗어났을 것이라고 봅니다.

혜거 스님은 『한암일발록』을 편집한 책임자이셨는데요. 거기에서 한암 스님의 가르침을 승가 5칙이라고 표현하셨는데, 이 표현을 처음으로 쓴 사람이 누구였나요?

승가 5칙이라는 것은 그 책을 편집할 때에 제가 붙였어요. 제가 탄허 스님에게 한암 스님의 가르침을 여쭙자 수행자의 기본이라고 하시면서 그 다섯 가지 참선, 간경, 염불, 의식, 가람수호를 좍 읊으세요. 그래 제가 그 책을 만들 때 수행자의 기본이 어색하니 적당한 말을 붙여야지 해서 승가 5칙이라고 붙였습니다. 오대산과 인연 있는 사람들은 모두 그 내용을 다 알아요. 만나면 다 줄줄 나

한암일발록 상하 2권.

옵니다. 하여간에 이 승가 5칙은 현재 한국불교에서 부각시킬 가치가 있습니다.

승가 5칙에서 혜거 스님이 뜻 깊은 사례를 소개하여 주시죠.

저는 영은사에서 어산을 배웠지만, 탄허 스님을 모시고 월정사로 들어와서도 어산, 염불을 철저히 배웠습니다. 염불은 그냥 해서 되는 것이 아니라 염불을 하는 그 한문의 고저를 짚어 가면서 소리의 높낮이를 주어야 합니다. 한문의 고저를 모르면 그냥 소리이고, 고저를 알면 제대로 염불을 하는 것입니다. 월정사에 왔을 적에 어산에 능한 박대웅 스님에게 염불을 배웠습니다. 이 스님은 상원사에서 염불을 가르치다 월정사로 내려와서 염불을 가르쳤는데, 그때에 탄허 스님이 오셔서 한문 고저를 짚어 주셨어요. 어산과 염불은 오대산 스님 중에서는 제일 많이 알아요.

상원사 시절 탄허 스님이 한암 스님에게 지나친 편애를 받았다는 말이 있어요. 혹시 꾸지람을 받았다는 말은 듣지 못하셨나요?

꾸지람을 받았다는 것은 못 들었어요. 탄허 스님이 공양주 한 지 3일 만에 그만두신 것을 한암 스님이 모르고 넘어가셨겠습니까? 경봉 스님에게 보낸 편지를 대필시킨 것이나, 당신에게 글씨를 받으러 오는 사람을 탄허 스님에게 보냈다는 것을 보면 직접 전수하고, 전부 맡겼다고 보아야 할 것입니다.

탄허 스님에게는 한암 스님의 존재가 어떤 상징으로 볼 수 있나요? 그냥 보면 스승과 상좌 사이지만, 그래도 수행자 사이에는 독특한 면이 있지 않을까요?

　　탄허 스님을 옆에서 모셔 본 사람으로서 보기에는 탄허 스님은 한암 스님에게 배운 것은 확실히 자신을 갖고 있었습니다. 한암 스님에게 배운 것은 자다가도 자신이 있는데, 안 배운 것은 멈칫멈칫 하였습니다. 제가 보기에 탄허 스님이 환갑 넘고서는 어느 순간부터는 의심이 사라지고, 확신이 들기 시작했어요. 그러니 실제로 자기 스스로 선 것이 환갑 이후입니다. 그 이전에는 한암이라는 그늘에서 왔다 갔다 하였다고 볼 수 있어요. 말하자면 의심이 끊어지고 의심이 풀어진 것이 환갑 이후라는 것입니다. 어찌 보면 한암이라는 영향이 탄허 스님에게는 큰 것이었지요.

스님은 『한암일발록』을 만드실 때에 고생을 한 것으로 알고 있습니다. 그 과정에서 만난 스님들에게서 들은 한암 스님에 대한 내용을 알려 주시죠.

　　제가 편찬위원장으로서 그 책을 만들 때 저희 금강선원 신도들하고 2년간 고생을 하였어요. 하다 보니 미흡한 면이 없는 것은 아니었지만, 그 당시에 저도 김 박사처럼 한암 스님의 자료를 찾으러 전국을 돌아다녔고, 한암 스님을 만난 스님들을 만나러 여러 곳을 다녔어요. 그 스님들 중에서 조용명 스님이라고 계시지 않습니까? 100살까지 사시다가 최근에 돌아가셨는데, 그 스님을 서울에서 두 번 만났어요. 같이 밤을 새우면서 이야기하는데, 한암 스님 문제만 나오면 저를 안 놔 주세요. 여러 말씀을 해주셨는데 세월이 오래되어 다 기억은 안 나고, 우선 첫째는 한암 스님이 통도사 내원암 조실로 계실 때에 읊은 시를 알려 주셨어요. 그런데 그 시는 『한암일발록』(1995)에 포함시키지는 않았죠. 그 시가 다른 옛날의 시와 중첩이 되어서요. 그러니까 한암 스님은 이전의 한시를 많이 외우고 계셨다는 것을 알 수 있는 것이지요. 시에 대한 기본 틀이 딱 갖추어져 있으니 어떤 장면을 보면 시상(詩想)이 떠오르시고, 척 하니 시를 읊은 것이 아닌가 합니다.

용명 스님은 저도 만나 뵌 적이 있는데, 한암 스님이 상원사로 들어가실 적에 시봉을 하였지요. 그리고 한암 스님이 선죽교에서 읊은 시는 어떻게 되어 알려진 것인지 말씀해 주시죠.

한암 스님이 상원사로 들어가실 적에 읊은 시예요. 용명 스님도 당시에는 혼자서 한암 스님을 시봉하였으니 보통 스님은 아니시죠. 상원사로 들어가실 적에 선죽교를 들러서 간 것인데, 거기에 가셔서는 한암 스님이 용명 스님에게 "네가 시를 할 줄 알면 얼마나 좋겠냐, 글은 이럴 때 나오는 것이다"라고 하시면서 선죽교에서 시로 딱 읊으신 것이에요. 용명 스님이 그 시를 줄줄 외우는 이유는 한암 스님이 "시를 할 줄 알면 얼마나 좋겠냐"고 한 그 말에 분심이 나서 머리에 꽉 입력이 된 것이에요. 그래서 저는 그때에 큰 소득을 얻었어요. 그때 한암 스님은 선죽교를 한 바퀴 돌고 상원사로 들어가셨어요.

부연하고 싶은 것은 그 시의 내용에는 나라 잃은 것, 입산한 것 등이 함축되어 있어요. 나라도 없고, 임금도 없는 우리가 살았다는 것이 얼마나 부끄러운 것이냐? 경허 스님은 다시는 서울 땅을 밟지 않겠다는 직설적인 표현으로 시를 읊으셨지만, 한암 스님의 시에는 도회지인 서울을 등지는 모습이 은유적으로 풍겨 나오고 있지요.

또 다른 스님에게 들으신 것이 있다면 기억을 되살려 주시죠.

탄허 스님이 돌아가시고 나서 월정사에 여러 스님들이 오셨습니다. 그중에서 경월 스님이라고 있었어요. 그 스님이 상원사에서 한암 스님을 모시고 있었던 분인데, 한암 스님에게 혼이 난 것을 말씀해 주었습니다. 일제 강점기에 경월 스님이 상원사에서 수행을 하고 있을 때에 가끔 자기 눈에 저 멀리서 오는 사람들이 보이더랍니다. 사람이 오는 것이 훤히 보여서, 사람들에게 오늘 몇 사람이 더 오니 밥을 더 하라고 시키고 하였대요. 얼마 지나니 진짜로 사람들이 온 것입니다. 그러니 경월 스님의 인기가 대중들에게서 올라가고, 자기는 공부 다했다고 생각하여 한암 스님에게 가서 이야기를 하면서 자랑하였답니다. 그랬더니 한암 스님께서 갑자기 큰 소리로 고함을 지르니 눈앞이 캄캄해지더라는 거예요. 그 뒤로는 몇 사람이 오는가는 아무리 짜내도 다시는 안 되더랍니다. 경월 스님은 한암 스님에게 혼이 나서는 수행을 더욱 치열하게 하였다고 해요. 경월 스님은 한암 스님이 보통 스님이 아니라고 힘주어 말씀한 것이 기억나요. 옛날 큰스님의 일할(一喝)이 정말 잘못 가는 사람을 바로 잡는다고 하였어요.

월정사 산내 암자인 지장암에서 공부한 인연 있는 비구니스님들은 안 만나셨나요?

『한암일발록』 작업 시에 인홍 스님을 서울 진관사에서 만났습니다. 인홍 스님이 지장암에서 출가한 유명한 비구니스님이 아닙니까? 지금은 입적하였지만. 인홍 스님은 한마디로 "스님은 도인이십니다"라고 하시는 거예요. 그리고는 "한암 스님과 같은 도인은 못 보았습니다. 그런 도인은 처음 보았습니다"라고 말씀하였습니다. 그리고서는 다음과 같은 경험담을 들려 주었어요.

상원사에서 예불을 하고 나서 돌아와 방 안에 한암 스님이 앉으시고 인홍 스님은 맞은 편에 앉아 있었는데, 한암 스님 앞에 확대경 같은 모습의 둥그런 흰빛 두 개가 나타나 있더라는 것이에요. 우선 이런 경지는 어떤 경지인가를 알아야 됩니다. 우리들도 글자를 응시하다가 다른 쪽을 보면 그 글자가 찍혀요. 참선하다가 많은 것을 비추어 보거든요. 그런데 어떤 것이 무서운 경지냐 하면 내 눈에 보이는 것이 다른 사람의 눈에도 비출 정도로 보이는 것입니다. 이것은 집기력(執氣力)이 굉장한 것입니다. 저는 그 이야기를 들

고 거기에는 엄청난 기의 응집력이 있었다고 이해하였지요. 이 이
야기는 우리가 흔히 눈에서 안광(眼光)이 나왔다, 안광이 지배(紙背)
를 철한다는 말을 생각하게 하는 것입니다. 이는 한암 스님의 눈이
살아 있었다는 증거입니다. 인홍 스님이 본 돋보기는 한암 스님의
눈에서 나온 안광의 응집이겠지요. 이런 경지는 도인이 아니면 나
올 수 없는 것이지요.

**탄허 스님은 한암 스님을 어떻게 보았을까 하는 점이 거듭하여 관심이
기울어지네요.**

　　탄허 스님은 학문에는 절대 양보가 없는 분입니다. 그래서 천
하의 학자들은 다 와서 물으라고 할 정도로 학문에는 자부심이 대
단하였습니다. 그런 탄허 스님도 당신이 배운 것은 한암 스님에게
배웠기 때문이라는 표현을 했어요. 그리고 제가 탄허 스님에게 들
은 것이지만, 탄허 스님이 『노자도덕경』을 갖다 드리면 한암 스님이
보시고서는 이것은 보살의 경지라고 극찬하셨답니다. 탄허 스님이
『장자』, 『도덕경』 등 학문적인 책을 갖다 드리면 그렇게 좋아하셨다
고 합니다.

　　한암 스님을 모신 사람들은 한암 스님의 성격이 매우 까다롭
다고 말하거든요. 그런데 우리 스님은 한번도 까다롭다는 것을 느
끼지 못하였다고 해요. 내가 만난 사람들은 다 까다롭다고 하는데
우리 스님은 전혀 그렇지 않았다고 하셨어요.

한국불교 차원에서 한암 스님의 정신, 가풍을 다시 살려 계승해야 한다는 말에 대해 어떤 입장을 갖고 계시나요?

한암 스님의 승가 5칙은 우리들이 갖추어야 한다고 봅니다. 참선, 간경, 의식 등을 필수로 해야 하고, 어느 것 하나만을 중요하게 여기면 안 됩니다. 이 모든 것들이 병행되어야 합니다. 그래야 한국불교가 살아날 가능성이 있지 그렇지 않으면 점점 멀어져 가게 됩니다. 그래서 저는 제가 몸담고 있는 금강선원에서 불자들을 가르치고 있습니다. 나아가서는 한암 스님을 계승한 탄허 스님과 함께 영은사에서 공부한 그 추억, 회상을 되살리기 위한 10년 결사도량을 만들어서 정말 멋지게 원없이 공부할 수 있는 터전을 만들고 싶습니다.

오늘 바쁜 일정임에도 불구하고 시간을 내주셔서 정말 감사합니다. 좋은 회고 감사드립니다.

아닙니다. 한암 스님의 흔적을 찾기에 노력하고 계신 김광식 선생께 진심으로 고마움을 표합니다. 더욱 수고해 주세요.

철저하고 무섭게 수행하신 스님

무여 스님

- 대담 일시_ 2005년 6월 4일
- 장소_ 축서사

상원사 출가
망월사 선원장
조계종 기본선원 운영위원장
전국선원수좌회 공동 대표
축서사 선원장

먼저 스님의 고향과 입산 출가의 인연을 알려 주시죠.

저의 고향은 경북 김천시입니다. 저는 처음에는 출가할 뜻은 전혀 없었고, 해인사가 좋다니까 절에 가서 구경도 하고 좀 쉰 뒤에 나오려고 해인사로 갔지요. 그런데 해인사까지도 못 가고 고령의 조그마한 절에 묵게 되었어요. 거기서 한 1년을 있었나? 그런데 그 절의 노장님이 돌아가셨어요. 그 노장님은 대처승이었는데 노장님이 돌아가시니 하는 수 없이 객스님을 따라서 송광사로 가게 되었지요.

송광사에 얼마 안 있다가, 부모 생각이 나서 집에 가서 부모님도 보고, 또 정식으로 출가에 대한 동의를 얻겠다는 생각으로 갔지요. 출가하겠다고 하니 부모님이 허락을 하지 않아요. 할 수 없이 3개월 후에 몰래 집을 떠나 상원사로 들어간 것이 정식 출가의 길이 되었지요.

그런데 왜 하필이면 오대산 상원사로 들어가시게 되었나요?

세속을 떠나 깊숙한 곳에 살고 싶었어요. 개 소리, 사람 소리 안 나는 곳에서. 제가 송광사에 있을 때에 그런 절이 어디 있느냐고 물어보니, 오대산 상원사가 제일 깊숙한 곳에 있는 절이라고 알려 주었어요.

그러면 상원사에 오신 것이 언제이며, 상원사에서는 얼마나 머무셨나요?

그때가 1965년입니다. 상원사에 입산해서는 희섭 스님을 은사로 모시고 행자 생활을 한 7, 8개월을 하고 수계를 받았어요. 그 뒤에는 걸망을 지고 여기저기 각처의 선방을 다녔지요. 그래서 저는 행자 생활을 제대로 못 하였어요. 행자로서의 기초 과정을 정상적으로 받지 못하였습니다.『초발심자경문』익히는 것, 목탁 치는 것, 염불하는 것 등을 제대로 안 배웠어요. 다만 저는 참선에 관심이 많아, 공양주를 하면서도 참선은 한 셈이지요.

상원사에 행자로 있을 그 당시에도 한암 스님 이야기를 들으셨나요?

특별한 이야기는 기억에 없고, 일반적인 이야기는 들었어요. 예를 들면 한암 스님이 앉아서 돌아가신 것, 군인들이 작전상 상원사를 불 놓으려는 것을 막은 것, 살림이 어려웠고, 대중은 많았고, 그러나 한암 스님이 짬지고 지독하게 살림을 살았다는 것 등이지요. 그리고 보문 스님이 큰 상좌인데 공부를 제대로 한 대단한 수행자라는 정도죠.

은사인 희섭 스님과 어느 정도 함께 계셨나요?

모시고 산 것은 용주사에 역경장을 만들었을 때였고, 그 뒤에 희섭 스님이 대구 파계사 주지로 계실 때와 그리고 대구 임휴사에 계실 때 정도이지요.

언제부터 한암 스님의 제자로 알려진 보문 스님, 즉 노스님에 관심을 갖게 되셨나요?

보문 스님이 돌아가시기 몇 달 전 대구 보현사에 사실 때에 희섭 스님이 그 절의 원주를 보셨다고 해요. 주지는 보문 스님이었고요. 보문 스님이 주지로 계신 것은 정화 직후에 종단에서 대구 신도를 종단으로 끌어들이고 계도할 필요성을 느끼고 있었는데, 그러자면 스님으로서 수행력이 있는 스님을 찾다 보니 자연스레 보문 스님을 보내야 되지 않느냐 해서 간 것이라고 해요. 보문 스님이 동화사 대구 포교당인 보현사 주지로 가시게 되니, 희섭 스님이 원주로 들어간 것이지요.

그 무렵의 일화인데요, 희섭 스님은 시장을 보게 되면 대구의 염매시장에서 채소, 쌀 등의 식료품을 구입하였대요. 희섭 스님이 시장을 갈 때에는 보문 스님에게 무엇을 사기 위해, 어떤 용도로 시장을 간다고 보고를 하였다고 합니다. 그러면 보문 스님은 그 말을 다 듣고서는 30분 만에 오라, 1시간 내에 오라고 하였답니다. 그러면 희섭 스님이 얼른 챙겨서 다녀오면 그 시간이 맞는다고 하였습니다.

하루는 시장 주변에 사는 신도가 자기 가게에 들어오라고 하면서 드링크류를 먹고 가라고 붙잡았대요. 희섭 스님은 빨리 가야 한다고 거절하였지만, 신도가 자꾸 잡으면서 들어왔다 가라고 해 잠시 머물렀다 온 것이지요. 거기서 드링크류 하나를 먹고 이야기를 조금 하고 갔는데 약 15분이 늦었다고 합니다. 돌아가 보니 보문 스님이 늦게 왔다고 대단히 야단을 치더랍니다. 그때 보문 스님이 희섭 스님에게 "너 당장 오대산으로 가야겠다"라고 하시면서 당신이 먼저 걸망을 싸더라는 거예요. 단순히 경책 차원에서 나무라는 것이 아니라, 실제 걸망을 지고 당신이 먼저 앞장서더라는 겁니다. 그때 대중들은 어안이 벙벙해서 보문 스님에게 사정을 하고 빌고 하여서 겨우 걸망을 풀게 하고 같이 살게 되었다는 거예요.

15분 정도 늦은 것은 살다 보면 흔히 있을 수 있는 일인데 보문 스님이 정색을 하고 걸망을 지고 오대산으로 가려고 하였다는 이야기를 들으니, 저는 순간적으로 야! 노장님이 대단한 스님이다, 나름대로 잘 사신 분이다, 대단한 인물이라고 느껴졌지요. 그 이후부터 저는 보문 스님에게 관심을 갖게 되고, 중요한 이야기를 들으면 메모도 하고 그랬어요. 그것은 단순히 시간 관념을 잘 지킨다는 차원이 아니라, 한마디로 말하면 청풍납자의 표상이었다고 볼 수 있는 것입니다. 즉 여법히, 분명하게, 깨끗하게 살다 간, 수행을 위주로 한, 일거일동을 짬지게 산, 무서운 분이었어요.

보문 스님을 새롭게 인식한 또 다른 계기는 없으셨나요?

제가 선방에서 수행을 할 적에 해인사의 성철 스님을 찾아가서 공부한 내용과 의문난 점을 여쭈어 보고서 나올 때, 철 스님께서 저에게 누구의 상좌냐고 물으셨어요. 그래 제가 "보문 스님의 손상좌입니다"라고 답을 드렸더니, 철 스님이 "니가 보문이 손상좌냐? 보문이는 알짜배기 수좌이지요. 그런 수좌 드물다"고 대번에 그래요. 철 스님은 남에 대해서 후덕하게 이야기하는 분이 아닙니다. 날카롭게, 비판적으로 말씀하는 분이지요. 그런데 그렇게 표현하는 것은 극히 드물었어요. 대번에 그럴 정도로. 이것은 보문 스님의 선, 삶, 자세, 사상이 상당히 확립된, 보기 드물 정도라는 것을 말하는 것입니다. 그래서 저는 청풍납자의 표상이라고 보고, 그에 걸맞는 분으로 느껴질 정도로 훌륭한 수행자라고 보게 되었어요.

보문 스님의 행장은 알려진 것이 없지 않습니까? 한암 스님과의 관계도 그렇고. 이런 내용을 이번 기회에 말씀해 주시죠.

보문 스님은 고향이 문경 마성이라는 곳이었고 출가를 하기 위해 금강산 장안사에 갔는데, 거기에 종정(정화 당시)을 지낸 설석우 스님이 있었어요. 그런데 석우 스님이 여기서 출가하는 것보다는 오대산 상원사의 방한암 스님 밑에 가서 출가하는 것이 좋다고 하여 오대산에 와서 보니, 정진 분위기가 상상 외로 뜨겁고 대중들의 열의가 대단했답니다. 대중들이 겨울철에 100일간 용맹정진을 하는데 보문 스님은 행자의 신분으로 그 정진에 참여하였답니다. 하루는 눈이 꽤 오는데 눈길을 가다 돌을 차서 돌부리에 걸려 넘어지는 그 순간에 심안(心眼)이 열렸대요. 확철대오한 것인지는 알 수 없지만, 제가 여러 정황을 살펴보건대 확철대오는 아닌 것 같고 심안이 열린 정도입니다. 그러나 그 수행력을 알 수 있는 것이지요.

보문 스님은 상원사에서 계를 받고 얼마 안 있다가 나와서는 각처의 선방을 다니며 수행을 하고, 후에는 상원사에서 내려와 도리사, 복천암, 파계사 뒤 산성이라고 하는 곳에 계시다가 마지막에는 보현사에서 돌아가신 것이지요.

참으로 재미있는 일화이네요. 그 밖에 또 의미 있는 일화를 알려 주시죠.

　보문 스님은 늘 누비옷을 입고 다녔대요. 그것도 백결 누비만을. 그리고 어디에 가도 정진만을 애쓸 정도로 대중의 모범으로 잘 살았으며, 누구에게나 귀감으로 사신 분이세요. 그런데 제가 보문 스님의 행장을 쓰려고 자료를 모아 보니, 오도송과 법문이 전무해요. 말년에 대구 보현사에서 법문을 할 때에도 원고도 없이, 준비도 없이 법상에 올라가서는 당신이 보고, 느낀 것을 그대로 말씀하셨대요. 이를테면 즉설즉왈을 하셨는데, 그것도 불과 1년 정도밖에 하지를 않아 보문 스님의 수행과 사상을 알 수 있는 알맹이가 없어요. 자료가 없어요. 그래도 꾸준하게 애쓴 분이었기에 주변에서 좋은 평은 있었지요.

예전의 수행자들은 자신에게 철저한 측면이 있지 않습니까? 이러한 점은 보문 스님에게서 찾을 수 없습니까?

　보문 스님의 조카상좌인 학산 스님이라고 하는 분이 있어요. 제가 그 스님에게 들은 것인데, 어느날 김천 근처 기차 안에서 속가 동생이 보문 스님을 보고서는 자기 형인 것을 직감하고 보문 스님에게 다가와 "혹시 자기를 모르느냐?"고 하였답니다. 이에 대하여 보문 스님은 사람을 잘못 보았다고 하면서 다음 칸으로 피하였대요. 그래도 동생은 분명히 자기 형이라고 생각하여 뒤에서 긴가민가하는 심정으로 계속해 한 시간을 쳐다보았답니다. 김천에서 상주까지 가는 그 시간에 보문 스님은 마음속으로만 울면서 있었는데,

동생이 다시 한 번 가서 "제가 속가에 있는 누구"라고 하였으나 그때에도 보문 스님이 못 본 체하며 그냥 가니까 동생이 울고불고하였다고 해요. 그후에 어느 스님이 그 말을 듣고 왜 동생을 아는 체하지 않았느냐고 물으니, 보문 스님이 "왜 내가 동생을 반갑게 맞고 싶지 않겠느냐? 그때 내 공부가 한창 잘 되어 가고 있었는데, 외면하지 않고 이야기를 하면 같이 집에 가게 되고, 또 부모님을 만나면 다시는 절에 돌아올 수 없기에 외면하였다"라고 말하더랍니다.

이처럼 스님은 매정하게, 지독하게 공부한 도인이며 큰스님의 요건을 갖추었어요. 공부를 할 때에는 인정을 갖지 마라, 공부는 무섭게 하라고 하지 않아요? 그래서 보문 스님이 동생을 냉정하게 거절한 것이라고 볼 수 있어요. 그 이야기를 전해 들은 사하촌 사람들은 보문 스님을 지독하다, 참선하는 스님보다 지독한 사람은 없다고 하였대요.

참으로 감명 깊은 이야기군요. 그런데 제가 어디서 보문 스님이 마취도 안 하고 수술하셨다는 말을 들었어요.

어느 때인지 정확하지도 않고, 복막염인가 다른 병인가도 확실치 않지만 보문 스님이 서울 관철동의 무슨 외과병원에서 수술을 했는데 그때 마취 없이 하였다고 해요. 외과의사가 하는 말이 비가 부슬부슬 오는데 행색이 초라한 스님이 들어오더래요. 들어와서는 진찰을 부탁하기에 진찰을 해보고 수술을 해야 할 중한 증세라고 하였더니, 보문 스님이 호주머니에 있는 돈을 전부 꺼내며 가진

그리운 스승 한암 스님

것이 이것밖에 없는데 이것으로 수술을 해줄 수 없겠느냐고 했답니다. 그 의사가 보기에 그 돈은 수술을 하고 하루 이틀 정도 입원할 수 있는 비용이 되기에 그렇게 해주겠다고 하였답니다. 그래서 다음 날로 수술 일자를 잡고, 당일 수술대에 올라가 있는 보문 스님에게 마취를 하려고 하니 마취를 못 하게 하면서 그냥 하라고 그랬대요. 그래 의사가 "마취를 안 하면 수술을 못 합니다. 갈비뼈를 네 개나 자르는 것이기에 어림없습니다"라고 하였으나 스님은 완강히 거부를 하였대요.

그래서 의사는 보문 스님이 정신 이상이 있는 사람이 아닌가 하는 생각도 순간적으로 하였대요. 그래 다른 말을 걸어 보니 그런 것은 아닌 것 같고 해서 수술을 시작하려고 하니, 보문 스님이 지금부터 한 시간 후에 수술을 시작하라고 하면서, 당신은 그때부터 화두를 들고 선정에 든 상태로 들어간 것이지요. 그렇게 마취도 없이 수술을 하였는데 후에 당신이 회고하기를, 마지막 무렵에 조금 통증을 느꼈다고 합니다.

그 의사는 하도 기이하여 돈을 안 받고 완전히 치료를 해주려고 마음을 먹었는데 이틀 만에 환자인 보문 스님이 없어졌대요. 당초에 당신이 낸 돈이 수술하고 이틀 정도는 가능하다고 하였으니 그 날짜에 소리 없이 가신 것이지요. 뼈를 네 개나 손댄 대수술이고 통원 치료도 필요한 상태인데 주사도 안 맞고, 진물이 나오면 그냥 솜으로 닦으면서 나온 것이지요. 그래 그것이 악화되어 나중에 어렵게 되지 않았나 해요. 이처럼 보문 스님은 그 자세나 사상이 대단하였고, 하여튼 지독하고 무서운 분이었다고 볼 수 있어요.

보문 스님의 지독한 수행은 은사인 한암 스님에게 영향을 받지 않았을까 하는 생각을 가져 봅니다. 이와 관련하여 들려 줄 이야기는 없으신가요?

　그렇다고 볼 수 있어요. 한암 스님이 우두암에서 수행한 것은 널리 알려진 사실이지요. 제가 들은 것 중에서 범어사에서 한철 수행을 나신 어느 스님이 우두암에서 애쓰면서 수행하는 수좌가 있다는 이야기를 듣고 해제하고는 걸망을 지고 우두암으로 갔다고 해요. 그 우두암 스님이 바로 한암 스님이지요. 우두암에 가 보니 건물 한 동에 변소채 하나, 헛간 같은 건물이 하나 정도 있는 형편 없이 쓰러져 가는, 보잘것없는 암자였다고 해요. 그 수좌가 거기에 간 때가 11월 말이었는데, 우두암이 있는 맹산은 북쪽이니 추위가 몰려올 때 아닙니까? 그 수좌가 간 시점도 해거름이었는데, 가 보니 우두암의 상태가 형편없었대요. 쓸 만한 것은 보이지도 않았고요. 방문은 닫혀 있고 짚신 한짝이 덩그러니 놓여 있는데 수좌가 "스님 계십니까? 객승 문안드립니다" 하고 불러도 대답이 없더래요. 그렇게 몇 번을 불러도 소식이 없어 문을 열고 방에 들어가 보니 뒷문 쪽으로 부처님이 모셔져 있는 인법당 방이 있는데, 웬 스님이 그 부처님 앞에 앉아서 그대로 좌선을 하고 있더랍니다.

　참선 중인 한암 스님을 보고서는 어떻게 말을 걸 수가 없어 머쓱하여, 그리고 춥고 배도 고프고 하여 부엌으로 나왔다고 해요. 부엌에는 솥은 걸려 있는데 아주 싸늘하고, 찬장에는 나물 말린

일제 강점기 금강산 신계사 전경. 한암 스님은 신계사 보운강회에서 지눌의 『수심결』을 읽다가 깨달음을 얻었다. 신계사는 6·25사변 때 전소되었으나 현재 조계종이 복원불사를 추진하고 있다.

것 조금, 도토리가 있더래요. 다른 것은 아무것도 없고. 다행히 나무는 있어서 불을 지피고, 찬장의 도토리를 꺼내 삶아 먹고, 밖에 나와 보니 무 밭이 있는데 전연 가꾸지를 않아 잡초가 무성한 상태였대요. 그 밭에서 비쩍 마른 무 몇 개를 뽑아서 씻어 먹어 보니 맵기만 하더래요. 이렇게 대충 요기를 채운 수좌는 한암 스님이 앉은 반대편인 앞문 쪽에 앉아 정진을 하였는데, 피곤해서 그만 졸다 깨고 보니 아침이었답니다.

아침이 되니 배도 고프고 춥기도 하여 불을 지피고, 도토리도 쪄 가지고 먹었다고 하는데, 그때까지도 한암 스님과 수좌는 인사를 하지 않았고, 사흘 만에야 서로 수인사를 한 거래요. 그제서야 한암 스님이 선정에서 깨어나 "어서 오십시오" 하고 절을 하였다고 해요. 그때 수좌가 그 우두암에 보름 동안을 있었는데, 수인사는 불과 세 번만 하였을 뿐 한방에 있어도 말이 필요없을 정도였다고 해요. 그렇게 철저하게 참선을 한, 무서운 수행을 한 한암 스님이었다는 말을 들었어요. 한암 스님과 관련된 여러 이야기가 있는데, 그 한 스토리만 갖고도 한암 스님은 훤출해요.

보문 스님이 그렇게 훌륭한 수행자였는데 불교계에는 왜 널리 알려지지 않았나요?

선방 수좌들 사이에는 널리 알려진 스님입니다. 보문 스님이 말년에 계신 보현사의 신도들은, 돌아가신 보문 스님의 제사 때가 오면 모두 모여 제사를 모셨다고 해요. 희섭 스님이 1969년인가 1970

년인가 파계사 주지를 하기 이전까지는 보살들이 자진해서 제사를 모시고, 제삿날에는 울음바다가 되었거든요. 요즈음도 그렇지만 스님이 돌아가신 후 10년간을 울고불고, 그렇게 안 하거든요. 이는 그만큼 보문 스님의 영향이 절대적이라는 것을 말하는 것입니다. 보문 스님이 보현사에 계신 것이 불과 2년 정도밖에 안 되었어요. 보현사 보살들은 그런 스님이 없다는 것입니다, 한마디로 말하면.

조계종단의 재건에 정신적인 이념을 제공한 봉암사 결사에도 보문 스님이 참여하였다고 알고 있어요. 이 점과 연관된 것을 알려 주시죠.

아까 동생을 못 본 체하고 간 곳이 바로 봉암사라고 하지요. 이 이야기는 무서운 이야기예요. 제가 보기에 보문 스님이 그 결사

대구 시내에 위치한 보현사 전경. 한암 스님의 법을 이은 보문 스님은 보현사를 무대로 자비보살의 행을 실천하였다.

에 참여한 것은, 당시 납자들 사이에는 결사를 한다는 소문이 전국에 퍼진 것 같은데 그 소문을 듣고 간 것으로 보입니다. 그리고 봉암사에서 입승을 뽑는데, 어느 스님을 입승으로 모실까 하여 투표를 했다던가? 하여간에 대중공사를 하였는데, 처음으로 모신 분이 보문 스님이었대요. 당사자인 보문 스님은 완강히 거부하였다고 해요. 보문 스님이 안 하려고 하니까 다시 또 뽑았는데도 보문 스님이 뽑혔다고 합니다. 할 수 없이 얼마간 입승을 보았다고 해요. 이것을 보면 당시만 해도 보문 스님의 이미지가 선방에서는 대단히 존경을 받고, 믿고 따르는 분위기가 있었던 것 같아요.

보문 스님은 일찍 돌아가신 것 아닙니까? 저는 보문 스님이 오래 활동을 하였으면 조계종단이 달라졌을 것이라는 말을 들었어요.

보문 스님은 1956년에 돌아가셨어요. 돌아가실 때에도 비사(秘事)가 있어요. 하루는 보문 스님이 갑자기 쓰러지시니 보살들이 울고 난리가 났어요. 보현사는 대구 시내에 있으므로 신도들이 의사, 한의사를 불러 주사를 놓아서 다시 깨어났다고 해요, 깨어난 보문 스님이 "내가 갈 때가 되어서 가려고 하는데 누가 나를 살려 놨느냐"고 하시면서 호통을 쳤대요. 보통 사람이면 고맙다고, 감사하다고 코를 땅에 대고 절을 할 정도로 인사를 할 터인데 보문 스님은 정반대로 왜 살려 놨느냐고 하였으니, 살려 놓은 사람들이 오히려 머쓱하였다고 하지요.

그후에 진짜로 가실 때에는 상좌인 희섭 스님을 부르더니 내

법주사 복천암 전경. 보문 스님은 봉암사 결사의 초기에는 참여하였으나 도반들과의 의견
이 달라 복천암으로 옮겨와 수행을 하였다.

가 4월 초엿새날 즉 초파일 전에는 갈 것 같다고 통보를 하였답니다. 그리고서 내가 가거든 내 몸의 아홉 구멍을 다 막고, 천으로는 몸을 가리고, 방의 윗목에 밀쳐 놓았다가 초파일이 끝나면 간단히, 조용히, 누구에게도 알리지 말고, 신세지지 말고 처리하라고 하였대요. 그랬더니 실제 3일 만에 가시더래요. 그때 희섭 스님은 솜을 준비하고서는 가신 후에 스님이 시킨 대로 하였는데, 초파일이 되어도 보문 스님이 보이지 않으니 신도들이 야단이 나지 않았겠어요? 어디를 가셨냐, 아프시냐, 어떻게 된 것이 아니냐 하고. 그래서 할 수 없이 희섭 스님이 신도들에게 스님이 입적하셨다는 말을 하자 모두 울고불고 야단이 났대요.

보문 스님을 따른 신도들의 정성이 대단하였군요.

신도들을 따르는 정성은 보문 스님의 탁발에서도 볼 수 있어요. 스님은 탁발을 많이 하셨는데, 6·25사변 직후에 대구 서문시장과 부산 국제시장에서 하였다고 해요. 보문 스님의 영정을 보면 말라 보이는데 음성은 아주 맑고, 우렁차고, 특히 『반야심경』을 잘 해서 염불이 좋았대요. 그래서 탁발을 하면 신도들이 저절로 많이 따르고 그랬는데, 스님이 탁발을 나온다는 말을 들으면 사람들이 구름처럼 모였대요. 스님이 가사 장삼을 수하고, 삿갓 쓰고, 한 손에는 요령을 들고, 다른 한 손에는 발우를 들고 거리를 나가면 거지들 수십 명이 따라가는 거예요. 그래서 시장 골목을 하나둘을 지나면 그 발우에 신도들과 시장 상인들이 너도 나도 돈을 넣어 주었다고 해요. 발우에 돈이 가득 차고 바람이 불어 그 돈이 날려도 스님은 아랑곳하지 않고 골목을 나가서는 그 돈을 거지들에게 모두 나누어 주었다고 해요. 스님은 다시 골목을 돌아 탁발을 해서는 필요한 것을 사가지고 돌아왔다고 합니다. 이런 이야기들도 수좌들에게는 이미 널리 알려졌어요.

보문 스님의 행적이 정확하게 나온 자료가 있나요?

제가 보문 스님의 행장을 조사해 보니 출가 시점, 돌아가실 때의 정확한 나이 등이 애매해요. 제가 보건대 서른 살에 출가하여 쉰에 입적한 것 같아요. 출가 이전에는 직장 생활을 조금 한 것으로 보이고, 『임간록』이라는 어록, 즉 수좌들의 수행담을 모은 것을 아주 좋아하셨다는 것을 보면 출가 이전에 한학과 선(禪)에 대하여 바탕이 있었던 것 같아요.

보문 스님이 염불을 잘하셨다는 것을 보면 한암 스님의 승가 5칙(참선, 간경, 염불, 의식, 가람수호)을 계승한 것 같기도 하네요.

한암 스님의 승가 5칙과 관련하여 제가 구체적으로 들은 것은 없지만, 어쨌든 오대산 선방에서 선어록을 강의하고 염불을 하였다는 분위기는 간단한 것이 아닙니다. 당시에도 일부 수좌들의 비판적인 시각도 있었어요. 노장님(한암 스님)이 결제 중에도 선원에서 염불과 강의를 한 것에 대하여 노골적으로 나쁘게 이야기 하는 사람들이 많았지만, 한암 스님은 선견지명을 하신 것으로 보여요. 노스님(한암 스님)은 한국불교를 멀리 내다보시는 안목이 있었던 것이 아닌가 합니다. 수행자가 염불, 범패, 강의할 수 있도록 한 것은 훗날을 대비한 것이었어요. 상원사 한암 스님의 회상에서 수행을 하여 다양한 것을 익힌 수행자들이 한국불교의 어른이 되고, 버팀목이 된 것을 보면 그걸 알 수 있지요.

서옹 스님이 일본 유학을 간 것도 한암 스님의 영향을 받은 것입니다. 서옹 스님이 1972년에 동화사 조실을 하실 때 제가 들은 말씀인데요. 서옹 스님이 한암 스님을 모시고 몇 철을 나시고 그랬는데, 그때 한암 스님에게 "유학을 가려고 하는데 어떻게 하면 되겠습니까?" 하고 여쭈니 한암 스님께서 유학을 갔다가 오라고 하는 말씀에 용기를 내서 갔다는 사실을 들려 주셨어요. 그때 서옹 스님은 만암 스님의 상좌였기에 백양사를 오래 비우면 상좌 빼앗긴다는 말을 들으면서도 한암 스님 회상에서 수행을 하였지요. 서옹 스님은 종정을 역임한 종단의 큰어른이 아니었습니까?

한암 스님은 계정혜 삼학을 겸수하셨지요. 보문 스님은 한암 스님의 사상을 계승하였다고 볼 수 있나요?

글쎄요. 그렇다고 단정하기는 애매하지만, 저는 그렇게 볼 수 있다고 생각합니다. 보문 스님도 계행이 청정하였고, 행자 시절에 심안이 열릴 정도이니 선의 경지도 상당했다고 볼 수 있고, 혜도 역시 상당하였다고 합니다. 그래서 보문 스님이 삼학을 겸수하였다고 보아도 좋지요.

한암 스님의 마지막을 지켜본 스님이 희섭 스님이라고 하는데 이 점에 대하여 희섭 스님에게 들은 이야기를 들려 주시죠.

한암 스님이 돌아가실 때에 범룡 스님은 중대에 계시면서 보궁 기도를 하였고, 희찬 스님은 한암 스님의 약을 사러 진부에 나가고, 그때에 평등성 보살이 있었지요. 입적하는 순간에 희섭 스님이 한암 스님이 계시던 옆방인가, 마당인가에 계시다가 그 순간을 지켜본 것이지요. 제가 그것을 여쭈어 보니까 "내가 보았다. 누가 뭐래도 내가 보았는데" 하셨지요.

그리고 한암 스님 입적 순간을 사진으로 촬영한 김현기라는 사람이 있는데 그 사람을 내가 만나보지는 못하였지만, 고우당 스님이라고 대구에서 강의를 하는 스님이 있는데 그분의 아드님이 그때 촬영한 사진을 가지고 왔더래요. 고우당 스님이 그 사진을 나에게 주고, 나는 그 사진을 월정사 주지인 정념 스님에게 보냈지요. 그 김현기라는 분은 작년 가을에 돌아가셨대요.

무여 스님께서는 오대산 출신으로 한암 스님과 남다른 인연이 있으신데요. 최근 한국불교의 노선 재정립과 관련해서 감회가 많으실 터인데요.

저도 사실은 한암 스님의 생애와 사상에 대해서는 일반적인 수준 이상은 알지 못해요. 최근 월정사에서 한 특강 준비 과정에서 『일발록』도 새롭게 읽었지요. 제가 보기에 한암 스님의 승가 5칙 같은 것을 여법히 수행하고, 계행을 아주 청정하게 지키면서, 한국 불교가 계승되었으면 하는 바람을 갖고 있어요. 우리는 한암 스님의 사상과 수행법을 발굴, 발전시켜서 한국불교, 조계종단의 근간으로 만들어야 합니다.

보문 스님의 행적도 발굴해 보면 그만한 분이 없다는 말이 이해가 갑니다. '이런 분이 있었구나' 하는 감탄을 하지요. 보문 스님에 대한 자료를 찾으려고 노력하였지만 찾을 수가 없어서 안타까울 뿐이지요. 하여간에 어디에 내놓아도 손색이 없는 어른이었습니다. 이런 어른들의 사상을 연구하고 계승하여, 이 시대를 잇는 승가상을 만드는 데 활용할 수 있어야 하겠습니다.

오늘 여러 추억과 자료를 알려 주셔서 대단히 고맙습니다.

김 교수가 이런 작업을 하는 것은 대단한 인연입니다. 오대산 역사 문화 발굴에 힘써 주세요. 저는 최근에 월정사에서 '단기출가' 프로그램을 시도한다는 것을 보고 정념 스님의 탁월한 생각에 박수를 보냅니다. 좋은 시각으로 보고 있어요. 더욱 발전시키야 합니다. 한암, 보문 스님의 사상을 선양하여 한국불교 발전에 큰 역할을 했으면 합니다.

계정혜 삼학을 실천하신 큰스님

봉석 스님

- 대담 일시_ 2005년 1월 7일
- 장소_ 감로사(삼척)

구룡사 출가
영월포교당 포교사
삼화사 주지
감로사 주지

계정혜 삼학을 실천하신 큰스님

봉석 스님

- 대담 일시_ 2005년 1월 7일
- 장소_ 감로사(삼척)

—
봉석 스님

구룡사 출가
영월포교당 포교사
삼화사 주지
감로사 주지

스님의 올해 연세가 어떻게 되세요?

　나는 1915년생이고, 아흔 살이에요.

스님의 본명과 법호는 무엇입니까?

　내 속명은 이봉산, 법명은 봉석이고, 법호는 보광이지요.

스님의 고향은 어디이며, 어떤 연고로 입산 출가하셨나요?

　내 고향은 경기도 여주 강천면 갈매리라는 곳이에요. 내가 출가한 것은 여덟 살 때 내 어머니가 별안간에 돌아가셔서 한 것이지요. 그때만 해도 지금하고 시대가 달라 아버님이 다시 장가가는 것이 어려웠어요. 그런데 마침 구룡사에 아버님 아시는 스님이 있었어요. 내 나이 열 살에 아버님이 나를 데리고 종일 걸어서 원주 구룡사로 들어갔지요. 아버님이 아시는 그 스님에게 우리 가정 이야기를 하고, "우선 살려 다오" 하신 것 같아. 그래서 그때부터 절에 있었지요.

행자 시절에는 고생이 많으셨나요?

　대중이 많았어요. 한동안 맨날 일만 했어요. 그래도 큰애들보다 일을 잘하니 노장들이 칭찬했었지요. 잠도 탁자 밑에서 잠을 잤어요. 하는 일이란 주로 청소하고 나무하는 그런 생활이었지요. 근 6년을 있었는데, 그때 구룡사에 살다가 보덕사 노전으로 있던 최춘담 스님이 와서 보고서는 너는 이렇게 일만 해서는 안 된다고 해서 그 스님을 따라 보덕사로 갔지요.

사미계를 주신 스님은 누구이고, 강원에서 공부는 하셨나요?

구룡사의 박일원 스님인데 그것이 1933년일 게야. 지금은 세월이 너무 가서 생각도 안 나, 잘 모르겠어요.

나는 사집 과정은 영월의 보덕사에서 보았는데, 그때 강사스님은 최춘담 스님이었지요. 사교 과정은 월정사에서 보았고요.

월정사로 오시게 된 연유는 무엇인가요?

은사스님이 월정사 스님이어서 가라고 해서 한 것이지요. 월정사에 오니 나한전 노전을 보라고 하였는데, 매달 쌀 세 말을 받았어요.

스님은 월정사에 오셔서 1936년 3월 27일에 한암 스님에게 보살계와 비구계를 받은 것으로 기록에 나오는데 이 내용을 알려 주시죠.

너무 오래되어서 그것에 대하여는 전혀 기억이 안 나요.

스님은 상원사에 설립한 3본사 연합 수련소의 제1기생이셨지요?

맞아. 그때 유점사와 건봉사에서는 수련생이 일곱 명씩 왔는데 월정사에서는 네 명만이 참가하였지요. 그때 같이 간 스님이 영암 스님이었어요. 그이가 월정사 총무도 하고, 불영사 주지도 했어요.

상원사에서는 수련생들이 한방에서 생활하였나요?

방이 셋이 있었어요. 수련소를 하기 위하여 만들어 놓은 건물이었지요. 유점사, 건봉사, 월정사가 각 방을 썼지요.

수련소 생활은 어떠하셨나요?

세월이 오래되어 잘 모르겠어요. 아침에는 늘 죽을 먹었지요. 매일 같이 죽을 먹어서 영암 스님이 나에게 화를 내고 그랬지요.

스님은 한암 스님에게 혹시 야단맞지 않으셨나요?

나는 그런 적은 없고, 그때 어떤 스님이더라? 이름은 생각 안 나는데 한암 스님에게 매우 혼난 적이 있었어요. 그 사정은 잘 모르겠는데 한암 스님이 뉘우치라고 절을 100번 하라고 하셨지요. 그 스님이 100번을 하는 중간에 엉엉 우니까 스님께서 절을 그만하라고 하더군. 그때 한암 스님이 "잘못했다는 생각을 하였으면 되었다"고 말씀하셨어요.

○僧侶修練所의第一
回修了式

去四月十七日에江原道平昌
郡五臺山月精寺에잇는江原
道三本山聯合僧侶修練所에
서는第一回修了式을擧行하
엿다는데修了生氏名은아레
와갓다

金大成　李光洵　徐成鳳
金昌福　朴洪宗　翠悲悟
李泰夾　韓淳童　金世元
韓實源　金亥川　朴弘宣
文天機　朴上慶

봉석 스님이 승려 수련소 1기생임을 전하는 『불교시보』 기사.

수련생들이 함께 수행을 하면서 약간의 문제가 있지 않았나요?

그때 대중은 거의 60여 명이나 되었어요. 한번은 이런 일이 있었어요. 동지 섣달이 다가오니까 어떤 스님이 입승스님을 통하여 한암 스님에게 청을 했지요. 동지 섣달이니 조금 놀고, 노래도 하자는 것이었죠. 한암 스님이 그 청을 한 스님들을 불러서 살살 말씀을 하셨지요. "그래, 그대들은 섣달이니 놀고 싶고, 노래도 하고 싶지요. 그래야 좋겠지"라고. 그랬더니 청을 한 스님들이 즉석에서 "예, 그렇습니다"라고 응답을 했답니다. 그랬더니 한암 스님이 말씀하시기를 "안 돼! 여기는 그런 습관을 버리려고 공부하는 곳인데, 그런 습관을 이겨야지 왜 그 습(習)에 지느냐?"라고 질책을 하신 것이 생각나네요. 그 이튿날 아침 그 스님은 도망을 갔어요. 한암 스님 시봉을 하던 보경 스님이 있는데 그이는 천진난만한 스님이었어요. 보경 스님은 수련생들과 함께 한밤중에 월정거리에 나와 감로다라고 부르던 막걸리를 먹고 그랬어요.

그때 수련의 일과로 『금강경』을 배웠지요?

맞아요. 그때 탄허 스님이 『금강경』의 토를 달아 해석했어요. 탄허 스님이 상원사에 입산하여 머리를 깎을 때 내가 머리를 깎아 주었어요. 그때 탄허 스님을 포함해서 세 사람이었는데 두 사람은 그후 나가 버렸어요. 해방 이후 내가 영은사에 있을 때에도 탄허 스님은 자주 만났고, 여기 감로사도 오셨지요. 그즈음 탄허 스님이 나에게 "그대는 염불을 잘하고, 나는 경을 보면서 책을 보고, 곡차

277

봉
석
스
님

도 안 하니 우리는 120살은 살 수 있을 것이야"라고 말씀하셨는데 나보다도 먼저 가셨어요. 내가 스님이 입원한 대학병원에도 가 보았지요.

수련소 생활 중에서 가장 기억나는 것을 회고하여 주시죠.

　　내가 수련소생들의 졸업시험에서 1등을 했어요. 그것은 참선을 하고 1년 동안 강을 한 것을 시험한 것인데, 그 시험은 『금강경』을 죽 외우는 방식이었어요. 그때 참관자가 절 대중이 60여 명이었고, 관청에서도 100여 명이 왔지요. 그 시험의 증명법사는 한암 스님, 지암 이종욱 스님, 원보산 스님이었지요. 수련생이 차례로 방에 들어가서 『금강경』을 외우고 나오고 그랬어요. 그런데 나보다 먼저 들어간 사람들이 들어갔다가 금방 나와. 이는 경을 조금밖에 외우지 못한 때문이지요. 그래 내가 들어가서는 30분간 경을 외우고 나왔어요. 내가 들어가기 이전에는 한암 스님의 얼굴이 좋지 않았는데, 내가 하고 나오니 한암 스님, 지암 스님, 보산 스님의 얼굴이 풀어졌지요. 내가 1등이라는 상장을 받았어요. 자, 이것 보라고요.

수료한 일자가 1937년 4월 17일이네요. 그런데 그 직전에 보덕사의 춘담 스님에게 건당한 기록이 있는데 이것은 어떻게 된 것인가요?

　　그것은 내 법사스님으로 춘담 스님을 모신 것이지요. 나는 한암 스님을 법사로 모시고 싶었지만 그 이전에 춘담 스님과의 인연으로 그리 되었어요. 그때 한암 스님이 나를 좋아하셔서 나를 개운

賞狀

第一回修練生報德寺止住

李奉奭

絡子 壹掛

右者戒律ヲ慎ミ禪定ヲ守リ
修行ノ成績優秀ニシテ一般
修練生ノ模範トナスニ足ル仍テ
頭書ノ賞品ヲ授與シ茲之ヲ賞ス

昭和十二年四月十七日

江原道三本寺聯合僧侶修練所長

朝鮮總督府江原道參與官五位勳等四洪鍾國

봉석 스님이 수련소 졸업시험에서 1등을 하여 받은 상장. 시험은 금강경을 외우는 방식이었다.

사에 가서 공부할 수 있도록 주선하셨어요. 내가 개운사로 갈 때 월정사까지 따라 내려오셔서 자네와 평생 같이 지내고 싶다고 하셨지요. 개운사의 박한영 스님에게 가서 대교 과정을 마쳤어요. 그때 2, 3년간 같이 공부한 사람이 서경보 스님이에요. 거기에서 불교혁명을 한 이청담 스님도 만났어요. 개운사 강원은 당시에 전국에서 유일한 강원으로 이야기 되었어요. 개운사로 간 것은 한암 스님이 주선해 주셨지요. 그때 월정사 강원의 강사는 생각이 안 나요.

스님은 1939년 4월 17일에 상원사에서 있었던 법계 시험에서 한암 스님에게 대선 법계를 수계하셨지요?

그랬지요. 그런데 잘 기억이 안 나고, 그때의 일곱 증사 중 한 분이 장석상 스님이었어요. 석상 스님에게 법주사 주지를 하라고 했지만 사양하고 개운사로 피신했지요. 내가 개운사에 있을 적에 만난 적이 있어요. 어느 날 법주사에서 사람이 찾아와 주지를 안 하면 되지 왜 숨어 계시냐고 했어요. 내가 보기에 그 스님은 천진 보살이야. 요즈음은 서로 주지를 하려고 야단인데 그 시절의 스님 들은 주지를 서로 안 하려고 했어요.

박한영 스님도 천진보살이야. 그 스님이 어느 날 혼자 웃고 있 었어요. 시봉하는 스님이 "왜 그러십니까?" 하니 한영 스님이 말씀 하길 어제 보살들이 다녀갔는데 얼굴에 화장을 한 것을 보았다면 서, 사람 얼굴에 무엇을 찍어 발랐는가를 생각하니 웃음이 나온 다고 하였대요. 그리고 꼭 대중스님들과 공양을 같이 하였는데 음 식이 싱거워서 시봉에게 소금을 더 넣으라고 하자 그 시봉이 "스님 별로 싱겁지 않은데요?"라고 하였더니, 그런가 하면서 그냥 잡수셨 다고 합니다. 그 스님은 싱거우면 싱거운 대로, 짜면 짠 대로 잡수 시던 어른이었어요.

상원사에는 한암 스님을 뵈러 다양한 사람들이 다녀갔지요?

나는 한암 스님과 퇴경 선생이 만나서 법담을 하는 장면을 보 았어요. 이제는 그것이 아득한 옛날이 되었지요.

스님은 1941년부터 원주 포교당의 포교사로 계셨지요?

그것은 내가 공부를 마치고 그곳으로 간 거예요. 그때 만공 스님이 한암 스님을 만나 뵙기 위해, 수덕사 스님네들이 나를 찾아와 부탁하였지요. 그래 내가 안내하고 주선하여 차를 타고 가서 몇 차례 만난 것으로 생각나요.

스님이 1944년 5월에 일본 여행을 가신 것으로 알고 있습니다.

그것은 내가 수련소에서 1등을 해서 간 것인데, 강원도에서 시찰, 견학 차원에서 보내 주었지요. 한 두 달 동안 여기저기 다녔지요. 그때 원보산 스님이 우리 일행과 떨어져서 길을 잃고 난리가 났었죠. 일본말도 모르고 해서 고생을 무척 했어요.

스님은 한암 스님을 어떻게 생각하세요?

나는 부처님으로 생각해요. 내가 상원사에서 공부할 때 법당이나 적멸보궁 갔다가 올 때 한암 스님 방을 보면, 스님이 안 계셔

탄허 스님의 글씨로 부착된 감로사 현판.

도 항상 환하게 보였어요.

당시 스님들은 한암 스님에 대해 어떤 말을 하던가요?

계행으로는 한암 스님을 못 따라간다고 했지요.

스님은 한암 스님의 가르침을 지금도 생각하고 계시지요?

스님은 욕심이 없는 인물이었어요. 스님은 속인이건 누구건 글을 써 달라고 하면 그냥 써 주셨어요. 그 말미에 꼭 '상원사 室中'이라고 쓰셨지요. 그랬더니 언제부터인가 한암 스님이 써 준 글씨를 모아서 가짜로 낙관을 찍어 파는 사람도 있더군요.

요즈음도 한암 스님을 생각하시지요?

그럼. 나는 우리나라에, 이 세상에 한암 스님 같은 분이 없다고 봐요. 우리나라에 그런 분이 한 분이라도 더 있으면 우리나라 불교가 발전할 수 있을 것이라고 생각하지요.

오늘 몸이 불편하신데도 중요한 회고를 해주셨어요.

큰스님 행적 복원에 수고하는군요. 나는 요즈음에 월정사만 생각나요. 세월이 많이 갔지요.

사람은 껍데기에 불과하다

황수영

- 대담 일시_ 2005년 8월 23일
- 장소_ 황수영 자택(서울 우면동)

일본 동경대학 졸업
국립중앙박물관 관장
문화재위원
동국대 총장
동국대 명예교수

총장님은 1949년경 한암 스님을 만난 것으로 알고 있습니다. 해방공간 당시에는 무엇을 하셨나요?

저는 그때 국립중앙박물관에 근무하였어요. 거기 있으면서 자료 수집을 하고, 전국에 발굴을 다니고 그러면서 스님들도 만나고 그랬지요.

한암 스님을 뵌 것이 강원도 오대산의 폐사지인 선림원지에서 종(鐘)을 발굴한 것이 인연이었는데, 그 선림원지의 발굴은 어디에서 주관하였나요?

당시에는 개인적으로 하는 일은 없어요. 박물관에서 주관하였고, 그래서 제가 그 발굴에 참여한 것으로 기억나요. 그런 곳에 가서 조사하고 발굴을 하면 절에서 뒷받침을 해주고 그랬어요.

선림원지에서 발굴한 종은 어디로 옮기게 되었나요?

1949년 봄이었지요. 종을 발굴하니까 월정사 스님들이 소식을 듣고 오게 되었어요. 월정사에는 고종(古鐘)이 없으므로 월정사에 갖다 놓았으면 하였어요. 신라시대의 종이었는데, 월정사에 갖다 놓았으면 좋겠다고 해서. 그리고 그 선림원지와 월정사 거리도 멀지 않고 해서 옮겨 놓았어요. 저도 당시에는 서울 박물관에 가져가면 창고에 보관될 것이므로 현지에 두는 것이 좋다고 생각했어요.

발굴된 종은 국가 문화재일 터인데 총장님 개인적인 판단으로만 월정사에 옮기는 것은 불가능하지 않습니까?

선림원지에서 발굴하여 월정사로 이전하였으나 6·25사변 때 불타 버린 신라 동종.

저의 은사인 최순우 선생님께서 당시 강원도 산골에 있는 농부로부터 땅속에서 거대한 종이 발굴되었다는 다급한 전화를 받았다고 해요. 땅속에서 나온 것을 월정사 스님들이 와서 그 종을 월정사로 옮기기 위해 운동을 했지요. 월정사 스님들이 서울에 올라가서 열심히 노력을 했지요. 문교부에 들러 관계 공무원들을 만나서 설득을 하였던 것으로 알고 있어요. '월정사 관할 지역에서 발굴된 종이다', '월정사에는 고종(古鐘)이 없으니 가능한 한 양해해 달라'고 말씀을 하시면서 노력했어요. 그 노력을 한 스님이 박기종(영암) 스님이었어요. 그리고 당시 주지인 이종욱 스님도 관여한 것으로 기억나요. 종이 나온 데가 월정사에서 가깝고 하니 서울로 가져가지 말고 월정사에 둬 달라고 부탁을 하였어요. 저도 응원을 해드려야겠다고 생각하였어요.

선림원지에서 발굴된 종을 어떻게 월정사로 옮겼나요?

제 기억으로는 포장을 하여 인근 군부대 도움을 받아, 트럭을 얻어서 옮긴 것으로 알고 있어요. 강릉 쪽으로 돌아서 왔는지, 산길로 왔는지는 분명한 기억이 없네요.

그러면 한암 스님은 언제 뵈었나요?

종을 월정사에 옮겨 놓고서 저하고 기종 스님이 함께 가서 뵈었지요. 제가 기종 스님에게 상원사에 가서 한암 스님께 인사 올리고 싶다고 간청을 하였지요. 월정사에서 상원사까지 걸어서 올라갔

한암 스님과 함께한 황수영 총장. 우측은 영암 스님이다.

어요. 한 시간 반을 걸어서 올라갔어요. 종을 발굴한 것이 1949년 봄 무렵이었어요. 날씨가 겨울처럼 춥지는 않았던 것으로 기억해요.

왜 한암 스님을 뵈려고 하셨나요?

종을 발굴하기 전에는 한암 스님을 뵌 적이 없었어요. 뵈려고 한 것은 덕이 높은 고승이라는 말을 들었기에 그랬지요. 종정을 역임한 큰스님이라는 것은 저도 알고 있었어요.

상원사에 가서 한암 스님을 뵌 과정을 알려 주시죠?

기종(영암) 스님과 함께 한암 스님이 계시는 방으로 가서 인사를 드렸습니다. 종을 발굴하고 월정사에 가져온 것을 말씀드렸죠. 그랬더니 격려를 해주시면서 "새 종을 잘 보관해야 한다, 어려운 일을 하였다"고 하시면서 아주 좋아하셨지요. "오대산에서 나온 것이니 잘 보관해야 하고, 월정사에는 마침 종이 없었는데 잘 됐다"고 말씀하셨어요. 제가 그때 한암 스님을 뵈니 소문대로 덕이 높은 고승이라는 그런 느낌이 들었어요.

한암 스님과 사진을 찍게 된 연유를 말씀해 주시죠.

그것은 제가 한암 스님께 간청을 하였어요. "사진 찍을 준비가 되어 있습니다, 마당으로 내려오셨으면 합니다" 하고 말씀을 드렸지요. 그랬더니 한암 스님께서 "사람의 몸이 껍데기인데 사진은 찍어서 뭐 하냐?"고 하셨지요. 그러시면서도 법복을 입으시고, 마당에 서 주시고, 사진을 찍는 것에 쉽게 응해 주시고 그랬어요.

그 사진을 찍은 카메라는 누구 것이며, 그리고 누가 그 사진을 찍어 주었나요?

　글쎄요. 너무 오래되어서 기억이 애매하군요. 나는 잘 몰라요. 아마 그 카메라는 제가 갖고 다니던 것이 아닌가 하지만 그것도 분명치 않아요. 그 사진은 절에서 누가 찍어 준 것이 아닐까요?

사진 찍고는 바로 내려오셨나요? 인사를 하실 때 한암 스님의 말씀은 없었나요?

　뚜렷한 기억은 없고, 종이 월정사에 와 있으니 잘 보존되면 좋겠다고 하신 것 같고, 저는 그에 대해서 그런 방향으로 노력하겠다고 말씀드린 것 같아요. 그리고는 내려와서 월정사에 와서 하룻밤 잔 생각이 나요.

상원사종이 유명한데 상원사에 가서 그 종은 보셨나요? 그리고 상원사에 계시던 스님들을 만나지는 않으셨나요?

　상원사 동종을 보았지요, 그리고 탄허 스님을 뵌 기억은 나요. 탄허 스님께 인사드린 기억은 나요.

제가 그 당시에 찍은 사진을 가져왔습니다. 이번에 『불교신문』에서 광복 60주년 기념 화보를 구성하여 보도한 사진입니다.

아! 바로 이 사진이군요. 그런데 이 사진은 저는 갖고 있지 않았어요. 이 사진 어디서 구한 것인가요? 매우 귀한 사진입니다. 이것을 제가 가져도 되나요?

그럼요. 총장님께 이 사진을 드리겠습니다.

아! 고맙습니다. 제가 가보로 잘 보관하겠습니다. 귀한 것을 주셔서 감사합니다. 제가 6·25사변 때 아무것도 못 갖고 피란을 갔기에 이 사진을 보관하지 못했어요. 이 사진을 찍은 곳은 상원사 요사채 앞이에요. 그때 한암 스님이 하신 말씀, 즉 "사람이 다 껍데기인데 사진 찍어 뭐 하냐"고 하신 말씀이 분명하게 기억나요. 그래도 제가 "사진 준비가 되었으니 내려오셨으면 합니다"라고 부탁을 드리니 법복을 입으시고 내려오셨어요. "사진을 찍겠습니다" 하면 "아, 뭐 사람이 다 껍데기야, 껍데기. 껍데기 찍으면 뭐 해" 그렇게 말씀하시면서도 고무신을 신고 마당으로 내려오셨지요. '껍데기'라는 말이 아직도 제 귀에 쟁쟁합니다. 그때 제가 한암 스님께 사진을 찍으시자고 졸랐어요. 자꾸 조르니까 응해 주신 것이지요. 황송하게 생각하였지요.

선림원지에서 발굴된 종이 6·25사변 때 월정사가 전소될 때 소실되지 않았습니까? 그 소식은 어떻게 알게 되셨나요?

제가 6·25사변 때에 부산으로 피란을 갔어요. 피란을 갔는데 어느 스님이 저에게 월정사가 전부 소실되었고, 그 종이 불에 타 없

「紀行」

五台山을 찾아서

—— 方漢岩禪師와 上院寺鐘 ——

李 弘 稙

작년 가을 古蹟愛護週間을 기하여 해방후 십년만에 겨우 文敎部에 의하여 기왕에 지정된 國寶의 실태조사가 착수되었다. 필자는 江原道를 맡게되어 늦은 가을 약 무주일간 楊川·江陵 五台山의 각지를 시찰한 기회를 얻었는데 이 글은 그 기행의 일부다.

× × ×

十二月 二日 따뜻한 江陵을 새벽같이 떠난 뻐스가 大關嶺을 넘은 高原地帶로 올라서자 기온은 急降하고 山에는 눈이 보여 며칠간 잇었던 겨울을 다시 찾게 되었다. 며칠동안 山水가 맑은 江陵일대의 고적을 조사한 후 이제 五台山을 찾아가자 珍富 月精거리에 下車하였는데 겨울 햇빛이 겨우 퍼지기 시작할 무렵이었다. 月精寺는 五년 전 바로 동란이 일어나던 해의 정초에 酷寒을 무릅쓰고 한번 보고자 왔다가 또 불탄 月精寺에는 그대로 홀로 八角九層石塔과 月光菩薩坐像이 남아 있으며 世祖의 上院寺 創勳諺文이 남을 면하여 그 조사를 하기위하여 약 한주일동안 와서 머물었던 것이다. 그 후 동란중 月精寺도 타고 그 종도 薄命하게도 파손된 소식을 듣고 필자는 누구보다도 애석한 마음을 가졌던 것이다. 그래서 오기 어려운 五台山을 그대로 지나갈 수 없어 괴로한 여정이나 최후의 힘을 내서 불탄 자리라도 다시

역사학자인 이홍직 교수가 방한암 스님과 상원사종과의 상관을 정리하여 기고한 글(『사상계』, 1956. 2).

어졌다고 알려 주었어요. 그 스님이 아마 기종 스님일 것입니다. 그 래서 저는 마음으로 얼마나 가슴이 아팠는지 몰라요. 내 손으로 발굴하여 월정사에 갖다 주고, 한암 스님도 그 인연으로 뵈었는데 말입니다. 월정사 대웅전 옆에 임시로 종각을 만들어서 그곳에 걸 어 두었거든요. 월정사에 가서 이틀 잔 것이 기억이 납니다.

그 종이 소실된 후에 월정사에 가 보셨지요?

서울이 수복된 이후 1951년 가을인가? 그 일자는 분명치 않지 만 다시 월정사에 갔어요. 가서는 소실된 종의 조각, 불타서 없어 진 파편을 수집하고 모아서, 차편을 구해서 서울 박물관으로 가져 가서 보존하였어요. 박물관은 그런 거 모으는 데니까요.

선림원지에서 발굴하였지만 소실된 그 종의 명칭은 무엇이었고, 그 종에 대한 기록을 찾을 수는 있나요?

그 종은 '선림원지 신라종'이라고 이름을 붙였어요. 제가 논문 형태로 보고서, 실측도를 작성하여 어느 잡지에 기고한 것으로 기 억합니다. 그리고 그 관련 기록은 박물관에 가면 있을 거예요. 사 진이나 문서는 박물관에 가서 찾으면 찾을 수도 있어요. 저는 그 종이 소실된 직후에 차라리 그 종을 그냥 박물관으로 가져갔으면 보존될 수 있지 않았을까 하는 생각을 많이 했어요. 참으로 가슴 아픈 기억이지요. 그리고 그 종이 문화재로 지정되었는지도 알 수 없어요. 확인을 해보아야 하겠지요. 저는 한편으로 그 종을 박명

(薄命)의 종이라고 여기고 있어요.

한암 스님이 입적하신 소식은 어디에서 들으셨나요?

그것도 부산 피란 시절에 들었어요. 다른 사람들은 다 피란을 갔는데 한암 스님은 안 내려오시고 열반하셨다고. 군에서 나와서 상원사에 불을 놓겠다 하자 한암 스님이 절 안에 들어가셔서는 나도 함께 놓고 불을 질러라 하니, 그때 군인들이 불을 놓을 수가 없어서 상원사를 지켰다는 이야기가 퍼졌지요. 그런데 저는 한암 스님의 입적을 추모한 부산의 행사에는 못 갔지요.

6·25 전쟁이 끝나고 가끔은 월정사, 상원사를 가셨을 터인데 여러 생각이 나시겠어요?

그렇지요. 저는 월정사나 상원사에 가면 반드시 상원사 밑에 있는 한암 스님 부도에 가서 참배를 합니다. 그리고 상원사 법당에 있는 한암 스님의 좌탈입망 사진도 보고요. 그럴 때마다 제 마음은 착잡하지요, 쓸쓸하기도 하고. 제가 발굴한 종이 없어졌고 한암 스님도 안 계시니, 저에게는 그곳에 추억이 남아 있지요.

그런 추억 속에는 기종 스님에 대한 인연도 깊은 것이지요?

선림원지 발굴 종과 연관해서도 그렇고, 한암 스님을 뵙게 다리를 놓아 준 분이 바로 기종 스님이 아닙니까? 제가 학교에 있을 때에도 찾아오시고 저를 늘 염려해 주시고 반가워하셨지요. 학교에 찾아오셔서 만나면 그 당시 말씀이 있었지요. 영암 스님이 상원사에 같이 가셨기에 사진을 찍었지, 그렇지 않으면 한암 스님과 함께 사진을 못 찍어요.

가끔은 한암 스님이 생각나실 터인데 한암 스님을 어떤 스님으로 기억하시나요?

그거야 덕이 높으신 고승으로 기억하지요. 가서 뵙고, 사진 찍는 것에 응해 주시고 해서 저는 그것을 영광으로 생각했지요.

건강이 좋지 않으신데도 귀한 증언을 해주셔서 고맙습니다.

아닙니다. 귀한 사진을 갖다 주셔서 감사합니다. 어려운 걸음 하셨습니다.

당당하고 거침이 없으셨던 분

김충열

- 대담 일시_ 2005년 7월 10일
- 장소_ 김충열 자택(원주, 문막)

대만 문화대학 박사
경북대, 고려대 교수
예문 동양사상연구원 원장
고려대 명예교수
학술원 회원

선생님이 몇 년 전 인촌문화상을 수상하시면서 그 소감을 밝히신 신문기사를 보고 한암 스님과의 인연을 알게 되었습니다.

　제가 한암 스님을 만난 것이 근 60년이 되었어요. 김 교수가 저를 찾아온다고 하여서 며칠 전(7월 5일)에 한암 스님과의 인연을 한시로 지었어요. 그 시를 갖고 예전의 일을 회상해 볼까 합니다. 이것은 김 교수가 관심을 갖고 있는 저의 지난 자질구레한 것에 대한 시로써 답한다는 것입니다.

그렇습니까? 그러면 그 시를 소개하여 주시죠.

　그래요. 우선 그 시 전문을 읊어 보죠.

以詩答客問我少時與漢岩上人軼事

❶

君何吹我已寒灰　그대는 어찌 나의 잊혀진 과거를 들추려 하는가?

苦憶酸心夢五臺　괴로운 기억, 쓰린 마음, 五臺의 꿈길이 슬퍼라

退出山門今一甲　山門에서 退出된 지 아득하여라, 벌써 六十年

回看往事總迷迷　사람도 가고, 역사도 가고, 모두가 허망하네

❷

君知童胸最殘釘　그대는 아는가? 어린 가슴에 박힌 잔인한 못을,

賤滅抑排奈畜生　천대 멸시 매질, 짐승도 어린 것은 귀염 받는데!

窮獸慌投山寺落　궁지에 몰린 짐승 구해 달라 절 담을 넘었건만

無緣梵界却還庭 부처님 발밑을 떠나 어머니 품으로 돌아왔네!

❸

世路多岐各有分 세상 길 수천 만 갈래 제 갈 길은 외길이어라

謎廻竟脫魔關津 迷路를 헤매고 나서야 내 갈 길을 찾았노라

僧儒兩敗無容知 僧侶도 못 되고 儒者도 못 되고, 몸둘 곳이 없어서

自築書城著我文 책으로 성을 쌓고 앉아 내 글 내가 쓰노라!

선생님이 읊으신 시 내용에 의하면 한암 스님에게 출가하기 위해 오대산으로 가신 것 같은데, 그때가 몇 살 때이고 언제입니까?

　　제 나이가 열여섯 살 때입니다. 그때가 해방되던 다음, 다음 해이니 1947년인가요?

출가 동기를 여쭈어 보아도 되는지 모르겠습니다.

　　어린 시절이 아주 불우했어요. 우리 어머니가 저희 집에 식모로 들어와서 우리 아버지가 일흔세 살 때에 저를 낳았어요. 그리고 제가 네 살 때에 아버지가 돌아가셨고. 그래 저는 아주 천덕꾸러기로 자랐어요. 그렇게 살다가, 세상이 싫고 해서 도망친 게 상원사예요. 한암 스님이 계신 상원사로 가서 출가를 하려고 하였지만 승려는 못 되어도 평생을 학문의 길을 가는 내 일은 찾은 셈이지요.

선생님의 고향은 어디이시며, 왜 하필 한암 스님이 계신 상원사로 가시게 되었나요?

제 고향은 바로 여기 문막입니다. 여기에서 가까워요. 저는 어렸을 적에 한문을 배웠는데 공부를 제법 하여 천재 소리를 듣고 컸지요. 우리 집이 종갓집이라, 우리 아버지가 12대 종손이라, 집에 서당이 있어서 선생님을 모시고 형제들이 한문을 배우고 그랬어요. 저는 막내로서 배웠는데 형들보다 기억을 잘하고, 외우는 것을 잘해 형들보다 한문이 나았지요. 저는 집에서 사서(四書)를 읽은 뒤에 상원사를 갔지요. 집에서 한문을 해서 국민학교도 3학년 때에 들어갔어요.

그리고 저의 일가 형 중에 일제 강점기에 면장을 하고 한학도 했던 사람이 있었는데, 그 형에게 한암 스님 이야기를 들었지요. 일본에서도 사람이 찾아오고 유명한 도인이라는 말을 들었어요. 하여간에 저는 어린 시절에 서러움이 많았는데, 중학교를 다니다가 사상 문제가 있어서 도중에 퇴학도 맞고, 그래서 방황도 그랬지요. 제가 출가하려고 할 적에 조그만 사건이 있었어요. 시골학교 운동회를 하다가 우리 조카를 잃어버렸어요. 우리 어머니가 그 문제에 관련이 되었는데 어머니는 힘도 못 쓰고. 그래 제가 거기서 반항이 생겼지요. 그 다음에 어머니에게 작별 인사를 하고 오대산으로 들어왔지요.

그때 입산할 때의 심정은 아주 쓰라린 가슴으로 들어오셨겠군요?

그럼요. 그때 제가 쓴 출가시가 있어요. 한번 들어 보세요.

조선불교 조계종의 대 종정 시절(1941)의 한암 스님.

出家詩(時年16)

抱寃飮恨出鄕山 어린 마음에 한이 많아 마을 집을 떠나노라
志在聖賢非錦還 뜻은 聖賢 되는 데 있지, 錦衣還鄕 바랄손가
一任行雲流水去 구름 따라 물길 따라 정처 없이 떠나는 길
時來運退那何關 성공이냐 실패냐를 미리 따져서 무엇 하리!

비장한 마음으로 시를 쓴 뒤 하루 걸려서 왔나? 저녁 무렵에 왔는데 절 입구 계곡 물 보면서 앉아 있다가 종소리를 듣고 올라갔지요. 남루한 옷차림으로 갔으니, 그리고 누구를 만날 수도 없었으니, 그날 밤은 어느 골방에서 자고 그 다음날인가 한암 스님을 만났어요. 어느 스님을 통하여 한암 스님을 뵙고 싶다고 말을 하여서. 그런데 제가 한암 스님을 만나기 전, 즉 상원사에 처음 들어와 자는 날 밤에 한암 스님에게 드리는 한시를 썼어요. 그 시를 어느 스님에게 주면서 한암 스님을 만나게 해 달라고 부탁했지요. 당시 한암 스님은 종정이니 제가 감히 만날 수 있겠습니까? 가장 빠른 것이 한시를 써서 드린 것이지요. 한암 스님께서는 어떤 놈이야 하는 심정으로 저를 만나 준 것으로 보입니다.

선생님이 고향에서 한문을 제대로 하여 한시를 써서 드렸으니, 한암 스님께서는 호기심이 발동하셨을 수도 있겠군요.

그래요. 저는 한암 스님과 대화를 하였어요. 제가 올라온 마

음을 밝히고 출가하겠다는 것을 말씀드렸지요. 그런데 아마 한암 스님께서는 제가 마음속에 갖고 있는 한을 못마땅하게 생각하셨나 봐요. 거기서 한 달인가를 있다가 내려왔어요. 한암 스님은 속으로 이놈은 출가 못 한다는 판단을 하셨을지도 모르지요. 제가 들어갈 때가 가을이었는데, 상원사에 가 보니 기온이 틀려, 아주 춥더라고 요. 저는 여름옷을 허름하게 입고 갔는데.

참 제가 고려대 철학과 교수를 하면서 환갑 다음해인 1992년 안식년으로 미국의 UCLA에 가느라고 문서 보따리를 정리하다가, 그때 한암 스님에게 드린 시(詩) 원고를 발견하였어요. 저는 학자 생활을 하였으니 옛날 자료를 잘 안 버리는 습관이 있어 이것도 남아 있던 것 같아요.

伏呈漢岩上人詩 ― 伏拜見禮

世道驅人左右見 세상 길이 사람을 몰아 이리저리 끄는데
鐘聲誘我上梵天 종소리가 나를 당기어 梵天으로 올랐네.
雨過空壑禪機活 비 지나간 골짜기엔 禪機가 피어오르고
法撫喪心客夢圓 염불소리 자장가런가 꿈길이 포근하다.
回首閭浮雲漠漠 고개 돌려 속세를 보니 구름이 아득한데
低吟蓼莪淚漣漣 나직이 蓼莪章을 읊으니 눈물이 쏟아지네.
十方何處容微命 이 세상 어디에다 이 한 몸을 맡길 건가?
蘿月松風夙有緣 깊은 산 달과 바람이 점지된 夙緣일레.

아주 귀한 시가 지금껏 남아 있는 것이 대단하군요. 선생님은 한암 스님과 인연이 보통이 아니시군요?

그럼요. 한암 스님이 저를 귀여워해 주신 것은 사실입니다. 비록 한 달밖에 머물지 않았으나. 그것은 제가 한문을 배우고 들어온 것이 작용하였겠지요.

상원사에 들어와서는 어떻게 지내셨나요?

머리는 안 깎고, 걸레질은 안 한 것 같으며, 마당은 쓴 것 같아요. 주로 하는 일은 절에서 나무하는 부목노릇을 하였지요. 그당시 절은 살림살이가 어려워 밥을 얻어 먹으려면 무슨 일이든 해야 되었기에 저는 산에 가서 나무를 해 왔지요. 그때의 절은 지금과 달라 질서가 잡히지 않았고, 혼란기이고 또 절도 아주 가난하여 밥 얻어 먹기 힘들었어요. 출가하겠다고 의사를 밝혔는데도 한암 스님에게서 지시가 없으니까 머리를 깎을 수가 없었지요. 스님이 되는 것도 수속이 있지 않겠습니까? 그런데 전혀 진행이 안 되는 거예요. 그리고 예불할 때에는 법당에도 못 들어가고 근처 마루 밖의 끝에서 했고요.

그런데 이상하네요. 출가 의사를 밝히면 보통 머리를 깎게 하고 행자노릇을 시키는데요?

그때 제가 한암 스님에게 불교에 대해서 많이 따졌어요. 우리집이 종갓집이고 잘살았어요. 문막에 염불암이라고 있는데 그 암자에 우리 집 논 열 마지기인가가 불량답이 있었어요. 그 암자에서 자주 스님이 오셔서『천수경』도 외우고, 경도 배우고 하였지요. 또 저는 학구적이라 불교에 대해서 듣고, 그런 것을 배우는 것을 굉장히 좋아했어요. 그런 요인이 작용하였는지는 모르지요.

지금도 다시 생각해 보면, 제가 총명해 보여서 그랬는지, 아니면 두고 보았던 것인지는 알 수 없어요. 그런데 당시에는 제가 어머니 생각을 많이 한다고 한암 스님에게 올린 그 시에 나와 있으니 그게 문제가 된 것 같아요.

선생님의 출가를 허락지 않은 한암 스님에 대한 지금의 심정은 어떠십니까?

글쎄요. 92년도에 출가하기 위해 한암 스님에게 드린 시를 발견하였는데, 그 시와 지금의 제 심정을 비교하는 뜻에서 제가 차운(次韻)을 하여 화답을 해보았어요. 한번 들어 보세요.

大道無門無放牽 大道無門인데 당기고 놓는 게 어디 있나?
撥雲卽見蒼蒼天 구름만 헤치면 막바로 푸른 하늘인 것을!
四時順逆年功遂 四時가 순리대로 오가니 歲功이 이루어진 것을
萬事致和性德圓 만사(물)가 융합하니「各正性命」하는 것을!
銀地月籠衣法綱 눈 덮인 세상의 달빛 천지는 법복을 연출한다
寒潭雲渡演空漣 찬 못에 구름 지나가니 無相을 연출한다
含容周界成千古 大千三千世界가「無盡緣起」의 鎔冶爐니

何物不爲夙昔緣 세상의 어떤 사물이 夙緣 아닌 게 있다던가?

제가 출가하려고 마음 먹던 그 시절을 회고하면서 느낀 것과 그 느낌을 요즈음의 심정과 비교하여 읊어 본 것이지요.

혹시 상원사에서 다른 스님을 만나셨을 터인데 기억나는 스님을 회고하여 주시지요.

다른 스님은 기억에 없고, 탄허 스님만 기억나요. 그런데 탄허 스님과 저는 사이가 안 좋았어요. 탄허 스님은 우리 집안으로 같은 김가예요. 우리 집안이 정읍 그쪽에도 가서 살았고, 큰댁은 서산에 가서 살았습니다. 추사가 우리 집안입니다. 한암 스님이 탄허라는 상좌가 있으니 나를 안 받아 주었나 하는 생각도 한 적이 있어요. 탄허도 속가에서 유교를 공부하고 절에 들어가서 스님이 되었고, 나도 유사하게 비슷한 처지에 절에 들어갔단 말입니다. 내가 거기서 한 달밖에 안 있었지만 탄허 스님은 나를 기억하고 있었나 봐요.

언제인가 탄허 스님이 고려대학교에 와서 『장자』 특강을 했어요. 그때 우리 대학의 심리학과의 김기석 교수가 하루는 찾아와서 하는 말이, 탄허 스님이 "왜 김충열은 내 강의를 안 듣느냐?"라고 하였대요. 그래 나는 "내가 그런 데 가서 뭐 들을 게 있다고 가겠는가?"라고 답변했어요. 하여간에 나는 탄허 스님과 사이가 썩 좋지 못했어요. 그래도 내 이름을 잊어버리지는 않은 것 같아요.

상원사에서 나온 이후에는 탄허 스님을 만나지는 못하셨습니까?

　　만나지는 않았어요. 한번은 내가 프레스센터를 지나가는데 만해 한용운의 100주년 행사를 한다고 공고판이 붙어 있었어요. 그 때의 프레스센터에는 목조건물 2층이 있었고, 거기에 서울신문사가 있었어요. 그 행사를 이희승 선생이 주관해서 한 것인데, 나도 호기심이 발동하여 들어가 보니, 만해 제자인 김관호 선생이 강연을 하고 있었어요. 그 김관호가 시(詩)도 잘 하고, 상산 김씨인데, 나하고도 친하게 지냈고, 이희승 선생과 친구예요. 가서 들어 보니, 김관호 선생은 만해를 마구 추켜 세우더라고요. 그 당시 조선 사람이 2천만인데 그 절반인 천만의 무게가 만해와 같다고 했지요.

　　그런데 그 마지막 연사가 탄허 스님인데 연설을 한 5분 정도밖에 안 하더니 탁 하고 내려가더라고요. 그 강연은 『장자』의 혼돈을 갖고 하였는데, 그 내용은 신(神)이 가운데 있으면 안 싸워, 그런데 사방에 있는 것들이 서로 싸우니, 신이 그들에게 눈, 코, 입 등을 만들어 주었는데 1주일 후에 혼돈은 죽었더라는 그 이야기를 했어요. 그래 내가 이희승 선생에게 이런 내용을 청중들이 알겠습니까 하고 물어보니, 거의 모른다고 해요. 그래 내가 대중들에게 그걸 설명해 주었어요. 『장자』 이야기의 탄허의 말은 혼돈 그것은 죽었다는 무서운 말이었어요.

그런 비사(秘事)가 있었네요. 한암 스님은 근검절약이 대단하셨다는 말을 들어 보셨습니까?

내가 직접 보지는 못하였고, 듣기는 들었던 이야기가 있어요. 봄에 춘궁기가 되어 스님들도 산으로 가서 나물을 뜯어 오면, 그 나물의 제독을 하는 기름을 담아 놓는 병이 있었대요. 그러면 한암 스님은 그 기름 병을 관장하신대요. 그렇게 철저하게 살림을 살았다는 말은 들었지요. 하여간에 살림을 짭잘하게 하시고 그랬다고 들었어요.

한 달 기간에 있었던 일에서 지금도 특별히 기억나는 것을 소개하여 주시죠.

그때 제가 한암 스님과 한방에서 하루를 잔 적이 있어요. 내가 뭘 묻는다고 하여 몰래 쳐들어간 것이지요. 한암 스님 방에 가서 잤는데, 스님이 나가라는 말씀은 안 하시더라고요. 이것은 저를 굉장히 사랑해 주신 것이에요. 나를 홀대하지 않고, 관심을 보이신 것인데, 학식이 다른 사람과 비교하여 상당하여서 그런 것으로 보여요.

그리고 보통 스님들은 벽을 보고 앉아서 참선을 하지 않습니까? 그런데 스님은 방 한가운데에 앉아서 참선을 하시더라고요. 또 방 한가운데에 천장에서 내려온 무슨 줄이 있더라고요. 바로 그 밑에서 참선을 하셨어요.

한암 스님을 그 짧은 기간에 뵌 느낌이라 할까 인상은 어떠시던가요? 자비롭다는 사람도 있고 엄격하였다는 사람들도 있어요?

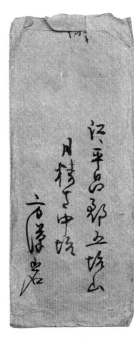
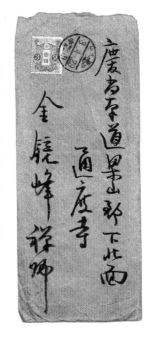

김충열

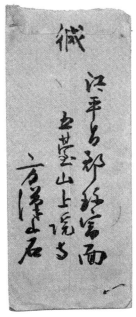
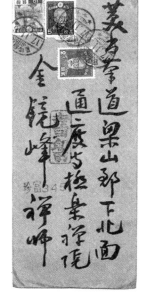

한암 스님이 경봉 스님(통도사)에게 보낸 편지 봉투. 한암 스님과 경봉 스님은 서로간에 수많은 편지 왕래로 소식을 전하고 법을 물었다.

글쎄 표현하기가 어려운데, 내가 보기에 자비로운 모습은 절대 아니에요. 그러나 엄격한 것 같지는 않고, 말하자면 호남아(好男兒)라고 볼 수 있어요. 이를테면 '끼'가 있어요. '선기(禪氣)'라고도 할 수 있지요, 스님은 참선을 하셨으니까요. 평상시의 거동도 조신조신하게 걷는 것이 아니고 풀풀하다고, 구애받지 않고 절을 돌아다니셨어요. 뭐라고 할까, 당당하다고 할까, 거침이 없는 것이 맞는 말이에요. 그를 요새 말로 하면 끼가 있는 거야, 늘 선을 하셨으니. 나는 그런 말도 들었어요. 하늘에서 무슨 소리가 들려와서, 같이 대화한다는 그런 말을 들은 것 같아요. 그때는 스님들이 한암 스님을 신격화시키고 하였으니 그런 말들이 있었던 것이지요. 내가 경봉 스님하고도 인연이 조금 있는데 한암 스님도 경봉 스님처럼 키가 크시고, 체격이 컸어요.

한암 스님 법문 같은 것은 들어 보셨나요?

한 달 정도이니 그런 것은 듣지를 못했어요. 그리고 나는 부목 비슷한 놈이니, 감히 큰스님에게 접근할 수 없었지요. 공개 법문은 못 들었어요.

한암 스님이 선생님에게 하신 말씀은 어떤 내용이 있었나요?

개인적으로는 농담 비슷한 말씀이 있었던 것으로 기억해요. 농담은 일상적인, 예를 들면 "오늘 어디 올라갔다 왔냐?" 혹은 "나하고 팔씨름 한번 할까, 너 힘이 얼마나 쎄냐"와 같은 것이지요. 한

암 스님은 소탈하시고, 격의 없이 저를 대하였어요. 심각한 것은
아니고 일상적인 것이었어요.

오대산 상원사는 일제 강점기, 그리고 해방 직후에도 유명한 선방으로,
모든 수좌들이 거쳐 갔습니다. 거기서 공부한 수좌들 중에서 조계종 종
정이 많이 나왔어요. 서옹, 월하, 고암, 청담 스님이 그분들이지요.

　　그렇지요. 저는 이따금 농담으로 그때 내가 거기서 출가했으면
나도 종정이 되었을지도 모른다고 웃으면서 말을 하였지요.

상원사에 한암 스님의 소문을 듣고 찾아온 사람들이 있었지요?

　　제가 거기서 듣기를, 육당 최남선이 찾아왔다는 소리를 들었어
요. 육당이 거기에 오면서 시를 읊었다고 하지요. 그 시를 내가 기
억하는데, 청계십리 수호지(맑은 시냇물 십리 길 호지를 따라) 녹수사양
공조음(푸른 나무 석양에 새와 함께 읊조린)이라는 시를 지었다고 들었
어요.

그런 인연을 맺고 상원사를 내려올 때는 한암 스님이 어떤 말씀을 하셨
나요?

　　제가 거기에 한 달 정도 있으니, 저희 어머니가 사방을 수소문
해서 저를 찾아왔어요. 그래서 입산의 꿈은 깨지고 집으로 오게
되었어요. 한암 스님에게 가서 인사를 드리고 나왔지요. 그때 한암
스님이 마당까지 따라 나오셨지요. 내가 시를 지을 줄 아시니까 그

랬는지 시 구절을 읊어 주신 것으로 생각납니다. 나는 지금도 그 구절을 외우고 있어요. 세상황금능욕(世上黃金能欲)하고, 즉 '세상일은 황금을 쓸 줄 알 때 세상일이 되는 거고', 남아백발미전생(男兒白髮未前生)이라, '사나이라는 것은 늙기 전에 사나이다' 그런 뜻입니다. 이 세상을 살려면, 세상에 내려가면 건강해야 하고, 돈도 있어야 하고, 힘도 있어야 된다는 그런 말씀 같아요. 내가 그 당시에는 기억력이 참 좋았는데, 그 시 구절을 종이에 쓰시지는 않고 말씀하신 것 같아요.

상원사를 나온 이후에는 결과적으로 한암 스님을 만나지 못하셨지요? 입적하셨다는 소식은 들으셨지요?

한번은 인사동에 갔어요, 6·25사변 직후에. 광산 김씨가 하는 골동품상에 갔는데 이야기를 하다가 한암 스님의 말이 나와서 내가 아는 체를 하였더니, 그이가 구석진 곳에 가서 한암 스님이 앉아서 돌아가실 때의 장면을 찍은 사진을 보여 주더라고요. 그러면서 이 사진 속의 인물이 한암 스님이 맞느냐고 물어보아요. 그래 내가 맞다고 하니 그이가 그 사진을 보물이라고 하면서 얼른 집어 넣더라고요.

한암 스님과의 인연은 매우 깊은 것이라고 볼 수 있군요?

그럼요, 보통 인연이 아니지요. 한암 스님은 글씨도 잘 쓰시고, 시도 잘하시고, 훌륭한 스님이었지요.

지금에 와 생각하면 한암 스님과의 인연이 60년 전의 일이 되었는데요. 어떤 감회가 드시나요?

저는 승려도 못 되고, 유학자도 못 되고 다만 공부를 평생 한 학자는 되었지요. 인생이라는 것이 이렇게 한번 살아가는 것이고, 그러다가 죽는 것이지요. 내가 학문을 해서 지혜롭게 살다간 사람들하고 많은 대화를 하였는데, 그중의 한 사람이 한암 스님이지요. 그리고 저는 불행한 사람이지요. 그런 저를 특별하게 대해 준 한암 스님을 잊을 수는 없어요.

앞으로 저하고 같이 월정사, 상원사를 가셔서 한암 스님의 추억을 더듬어 보시지요.

저는 지금껏 60년이 다 되도록 상원사를 한번도 가지 않았어요. 지나가면서도 안 갔어요. 굳이 그곳을 가고 싶지 않더라고요. 그것은 아마 제가 상원사에 간 시절이 불행한 시기였다는 옛날을 되새기고 싶지 않은 잠재의식으로 그리 된 것 같군요. 그 시절 나는 슬펐던 사람이었어요.

오늘 귀한 회고를 해주셔서 감사합니다.

아닙니다. 저는 옛날 일을 굳이 감출 필요는 없다고 봐요. 그래서 저의 기억을 이야기했어요.

시주 은혜를 잊지 말라고
강조하신 스님

창조 스님(법명, 등운)

● 대담 일시_ 2004년 12월 28일
● 장소_ 보광사(강릉)

삼화사 출가
월정사 강원 수료
태고종 강원교구 종무원장
태고종 승정

스님의 출생이 1913년생이라고 하는데 맞나요?

우리 나이로 올해 아흔 살입니다.

스님의 고향과 스님이 되신 연유를 말씀해 주세요.

내 고향은 동해시 삼화리예요. 삼화사라는 절의 아랫마을이지요. 내가 열일곱 살에 보통학교 4학년에 편입하여 다니다가 스무 살에 학교를 마쳤어요. 그때는 다 살기가 어려운 처지인지라 동네에서도 보통학교를 다니는 사람도 한둘밖에 없었어요. 나는 보통학교도 늦게 들어갔고 3년간 학교를 다니다 졸업을 하였는데, 상급학교를 갈 처지가 못 되었어요. 그런데 그때 월정사의 지암 이종욱 스님이 월정사 부채를 갚고 절을 다시 원상복구하여, 본말사를 통합하여 강원을 설립하고 도제 양성을 시작하였어요. 각 말사에서 공비생 한 명을 뽑아 월정사로 보내게 되었는데 제가 거기에 뽑히게 된 것이지요. 졸업하던 해에 공부시켜 준다는 말만 듣고 삼화사 주지스님을 은사로 하고, 삼화사에서 월정사로 들어가라고 해서 바로 갔지요.

그런데 왜 하필이면 스님이 그 대상이 되었나요?

그것은 내가 공부를 하고 싶어도 상급학교에 갈 형편이 못 되었는데 월정사에 가면 공부를 시켜 준다는 부모님의 말씀을 듣고 그리 되었지요. 그때는 스님이 된다는 생각도 전혀 못했어요. 특히 내 형님이 한 분 계셨는데 한문을 몇십 년을 배워 매우 유식하였고, 형님과 삼화사 주지스님인 박만운 스님과 친하게 지냈어요. 형님이 내 동생이 공부를 하고 싶어하는데 돈이 없다고 하니, 만운 스님이 추천하여 가게 됐지요.

월정사에 가서 공부하였던 생활을 알려 주시죠.

나는 삼화사에는 하루도 있지 않고 바로 월정사로 들어왔고, 월정사에서도 행자 노릇을 안 했어요. 나를 월정사로 데려다준 스님은 삼화사 서기인데, 그 스님이 나를 월정사의 감무를 보던 문성호 스님에게 안내해 주었지요. 그때 가 보니 다른 절에서도 서기들이 공비생들을 데리고 왔어요. 월정사에는 재무·교무·감원·지객 등의 소임을 보는 스님들이 있었고, 특히 월정사는 산이 많아 산감이 네 명이나 있었어요.

절에 가서는 바로 장삼을 입고, 강원에 가서 공부를 했지요. 머리는 따로 깎지 않았어요. 그것은 일제 말기에는 대부분의 보통학교 학생들이 머리를 짧게 깎았기에 그랬어요. 처음의 공부는 조석 송주(誦呪)를 시작으로 『초발심자경문』, 『도서』, 『서장』 등 사집과 사교, 대교 과정을 마쳤어요. 6년 걸렸지요.

1933년 그 무렵 월정사 강원 강사는 누구였고, 학인들은 얼마나 되었나요?

처음의 강사스님은 김보광 스님인데 전라도 출신 스님이었어요. 그런데 강사도 몇 차례 변경되었어요. 강원의 학인은 약 30여 명이 되었고 대중스님들은 20여 명, 합하여 약 50여 명이되었어요. 학인들의 숫자도 고정이 아니라 줄었다 늘었다 했어요.

항일 독립운동을 하였던 백초월 스님이 월정사 강사를 하였지요? 그 스님께도 배웠지요?

아! 배웠어요. 그 스님은 아주 훌륭하셨어요. 독립운동을 하셨다고 하는데 의식이 투철하셨어요. 그런데 내가 강원에 있을 때에도 혹시 이상한 소리를 해도 우리는 스님을 알고 있었기에 좋게 받아들였어요. 스님으로서는 붓글씨를 그렇게 잘 쓰는 분이 없어요. 그때 내가 사교 과정을 배울 때라 『기신론』, 『능엄경』을 배웠지요. 초월 스님이 한암 스님을 몇 번 만난 기억이 있는 것 같아요. 그 스님은 마음이 아주 명쾌하였어요.

그때에 같이 공부하였던 스님이 있으면 소개하여 주세요.

지금은 다 돌아가고, 별로 없어요. 삼척 감로사에 봉석 스님이라고 있는데 나하고 동갑입니다. 그분은 치악산 구룡사 스님으로, 내가 월정사 오기 전에 중이 되어 초발심을 이미 배우고 스님이 되었는데 내가 사교 배울 때 뵈었어요.

당시 상원사에는 선지식으로 유명한 방한암 스님이 계셨는데, 뵌 일이 있지요?

1년에 서너덧 차례는 갔지요. 우리 강원의 학인들은 설날이 되면 단체로 한암 스님에게 세배를 갑니다. 그때 내가 본 스님에 대한 인상은 인자하게 보이고 그랬어요. 우리가 인사하면 인사만 받고, 아무말이 없었어요. 적멸보궁 참배할 때나 개인적으로 일요일에 특별한 일이 있으면 갔었지요.

스님께서 탄허 스님 입산 장면을 보셨다는 것을 다른 곳에서 들었습니다.

강원에 있을 때인데, 강원 서쪽편에 운동장을 만들어 놓고 점심을 먹은 후에 학인들이 거기서 공도 차고 그랬어요. 하루는 공을 찬다고 운동장에 모여 앉아 놀았는데, 절 아래쪽 옆길로 파란 두루마기를 입고, 행건을 치고, 갓을 쓰고 올라오는 젊은이를 보았지요. 그때는 그이가 누구인지를 몰랐는데 그이가 바로 탄허 스님이라는 말을 들었어요. 나중에 들으니 전라도 정읍의 보천교의 차천자 밑에서 공부를 하였고, 한문을 이미 다 배우고 입산하였다고 하더군요. 탄허 스님은 나보다 세 살을 더 먹었는데, 중은 나보다 늦게 되었지요.

스님은 월정사 공비생으로 일본 유학을 갔다 오셨지요? 가게 된 과정을 말씀해 주세요.

나는 3년간 일본에 유학을 가서 임제종 전문대학에서 전문학부 과정을 마쳤어요. 그 연유는 복잡하고 여러 가지 말이 많았어요. 유학을 가려면 여러 자격 조건이 있어요. 당시에는 고등보통학교를 졸업하면 일본말은 할 줄 알거든요. 월정사에서 공비생으로 네 명을 뽑아서 보내는데, 내가 여섯 번째로 뽑혔어요. 그러니 두 명이 탈락하기 전에는 내가 갈 수 없었어요. 그런데 그때 강사스님은 그 선발에 관여하지 않았고, 공비생 선발을 책임진 스님은 교무인 박기종 스님이었어요. 박기종 스님이 곧 영암 스님인데 그 일 전체를 좌지우지하였지요. 그래 그 스님 눈에 드는 사람만 간다고 했어요. 그런데 내가 여섯 번째라서 갈 수가 없으니, 나는 마음으로는 꼭 가고 싶은데 어찌할 수 없었어요. 그때 종무소 사무실에서 심부름 하는 소사(小使)는 돌아가는 사정을 좀 알거든. 그 소사가 공비생 명단에서 내가 빠졌다고 알려 주었지요.

나는 욕심은 나지만 표현도 못 하고 있었어요. 선발해 보내는 날 30일 전에 지정이 완료되는데, 하루는 그 소사가 월정사 교무가 갈린다는 말을 해 주었어요. 새로 온 교무스님은 예순 살 정도인 노장스님이었는데, 그 스님이 한문을 다 보고, 속서의 책도 많이 보고, 강릉 포교사로 있었던 분으로 나하고는 같은 고향이에요. 내 선친하고도 한문을 같이 한 분이지요. 그 스님이 온다고 하자 나하고는 한 고향 사람이니 나도 갈 수 있을까 하는 희망을 갖게 되었어요.

그런데 그 스님이 교무로 오기 전에 내가 생각한 것이 기도였지요. 노장스님들은 모든 일을 할 때 부처님께 기도하여 성취한다는 말을 들었어요. 그래 나도 기도를 남모르게 해보자고 혼자 생각을 했지요. 아무도 몰래 한밤중에 산신각에 가서 기도를 삼칠일간 하자 하고는 낮에 산신각의 산신단을 미리 봐 두고, 가사와 장삼도

일제시대의 월정사 전경. 월정사와 오대산의 중심은 한암 스님이었다.

미리 머리맡에 놔두고, 새벽 한 시경에 대중 몰래 일어났지요. 그때는 큰방에서 대중 30여 명이 같이 잤기 때문에 몰래 살며시 일어나 손수건으로 마른 세수를 하고 나와 산신각으로 가서 기도를 했어요. 그때는 전깃불도 없을 때라 향만 피우고 했지요. 14일 기도를 하고 나니 강릉 포교사가 교무로 온다고 그래요. 그래 우연인지는 모르겠지만 내가 4인 중에 들었어요. 나로서는 기도 효과를 본 것이지요.

스님은 계를 누구에게 받으셨습니까?

나는 은사가 삼화사 주지인 박만운 스님이고, 사미계는 강사스님이고, 수계 법사는 최백운 스님이었지요. 구족계는 지암 스님에게 받았어요.

상원사에 3본사 수련소가 설립되어 한암 스님이 수련소생들을 지도한 것을 알고 계셨지요? 그 행사에 혹시 참석하지 않으셨나요?

수련소가 설립된 것은 알고 있었고, 그 행사가 있다는 것도 알았지만, 우리 학인들은 입소식이나 수료식의 행사에 참여하지 않았어요. 수련소에서 공부한 스님은 별로 기억이 나지 않아요. 그러나 월정사 출신 스님으로는 지금 감로사에 있는 이봉석 스님, 박기종 스님이 기억나요.

일본 유학을 마치고 나서 상원사 선방에 가서 수행하신 것으로 알고 있

습니다. 그 사정을 말씀해 주시죠.

내가 일본에 갔다 돌아와서 1년 후에 선방에 들어가서 동안 거, 하안거를 났지요. 선방에 들어간 것은 중이 된 이후 강원에만 있었고, 또 유학이라 하여 밖에만 돌아다니고 하니, 특별교육을 받아서 중노릇을 다시 잘해야 하겠다는 생각이 들어 그리 된 것이에요. 1943년 봄에 귀국하여 동안거부터 해서 하안거까지 수행을 하고, 선방에서 나와 월정사에서 조금 근무하다 삼화사에서 해방을 맞이했지요.

상원사 선방에서의 일과를 알려 주시죠.

새벽 세 시에 기침을 하여 예불을 하고, 다섯 시에 아침 공양을 했어요. 아침 공양은 늘 죽이었지요. 아침 공양 후 30분 휴식한 다음 선방 가서 좌선을 하고, 열한 시에 점심 공양을 하고, 다섯 시에 저녁 공양을 했어요. 오후불식을 하는 사람은 저녁 공양을 안 하지만.

그때 한암 스님은 모든 것을 꼭 같이 수행을 하셨어요. 이것은 내가 하고 싶은 이야기인데, 그때나 지금이나 한암 조실스님은 명성이 높고, 선객으로 수행을 잘하고, 도가 통하였다고 하였지만, 내가 선방 가서 처음에는 특별한 행동이나 말씀이 있으신가 했어요. 그런데 그게 아니에요. 우리 하는 것과 똑같아요. 그때 한암 스님의 연세가 60세로 보이는데 머리도 단정했지요. 스님은 본래 머리카락이 일체 없어요. 그분을 평하기를 참선을 잘한다, 도인이라고 하는데 나는 율사로 봅니다. 아주 계행이 청정하고, 특별한 교육은 없어요. 아침 예불을 빠지는 일이 절대 없어요, 절대 안 빠져요. 공양도 늘 대중공양을 함께 하지요. 모든 행사를 마칠 때까지 꼭 지켜보십니다.

한 가지 또 특별한 것은 조실스님이 안거 시작할 때와 마칠 때에 법문을 하시는데, 그게 참으로 인상적이었어요. 그때나 요즈음이나 다른 강사들은 반드시 어려운 부처님의 말씀, 조사의 어록을 외우지 않습니까? 그런데 스님은 그런 것이 전혀 없어요. 그냥 담담하게, 알기 쉽게 일러주셨어요. 즉 글귀를 갖고 법문을 하지 않았어요. 그리고 평상시에도 제자고 스승이 없고, 다른 대중이나 모든 사람에게 하심(下心)으로 똑같은 대우를 하셨지요.

그 법문 말씀은 참으로 귀한 회고네요. 제가 보기에 그것은 자기 철학이 있다는 것으로 보이네요.

그 스님은 대중들과 똑같이 하셨어요. 큰스님이라고 빠지는 때가 없어요. 당시 상원사에는 천도재, 제사가 많이 들어왔어요. 공양물인 쌀, 떡, 의복, 음식, 약이 많이 쌓여 있어요. 그러면 그것들을 대중들에게 똑같이 갈라 주어요. 그리고 평소에도 인자하셨어요. 그것이 생활화된 것으로 보여요. 스님은 치아를 틀니로 하였기에 아침 공양 후에는 그 틀니를 빼서 청소를 하는데 그것을 담는 그릇이 있었어요. 그러면 그 그릇에 틀니를 넣고 휘휘 씻어요. 그런 후에는 그 그릇에 담긴 음식 찌꺼기와 밥알이 있으면 그 물과 함께 그대로 전부 잡숴요. 울력을 할 때에도 손수 하진 않지만, 큰스님이라고 뒷방에 있는 것이 아니고 동참을 합니다. 스님이 울력을 직접 하시지는 않았지만 그래도 동참을 하고, 거들고 하셨지요.

한암 스님은 점심 공양 후 큰방에 대중들과 함께 모여 선어록, 부처님 말씀 등을 갖고 대화를 하셨지요?

이따금씩 하셨어요.

한암 스님은 평소에 참선, 예불, 간경, 의식, 가람 수호 등 승가의 5칙을 강조하셨다고 알고 있습니다. 이에 대해서 하시고 싶은 말씀이나 회고할 내용이 있지요?

예를 들면 시주물에 대해서 "시주 은혜를 잊지 마라, 시주를 고맙게 여겨야지 함부로 해서는 안 된다"고 주의를 주셨어요. 보통 때에도 살림살이 하듯이 해야 한다고 하셨고, 의식도 아주 강조를 하셨어요. 상원사에는 당시 이판과 사판이 함께 한 집에 살았어요. 왜냐하면 거기에서는 날마다 불공, 제사를 지냈는데 수좌님은 못 하니까요. 박대응 스님이라고 그때 대교과를 마친 서울 봉원사 스님을 초청하였지요. 그 스님은 어산에 통한 분인데, 그 노장을 특별히 부전으로 모셔 도량석이니 예불, 불공을 하도록 하였어요. 그러면 한암 스님은 불공에도 꼭 참석하시고 예불할 때에도 끝까지 계셨어요. 보통 선방의 선객들은 예불만 하고 나가지만 한암 스님은 예불을 마칠 때까지 계셨습니다.

가람 수호도 강조하셨지요?

아! 그것은 아주 철저했어요. 스님이 말씀하시기를, "사람이 살자면 가지고 있는 집이 완전해야 하는데 헐하면 안 되지"라고 하셨어요. 그리고 재물은 "서로서로 정성을 다해서 관리해야 한다"고 하셨지요. 특히 공양 후에는 시주 은혜를 잊지 마라, 시주물의 은혜를 잊으면 안 된다, 이것을 우리에게 갖다 주는 것은 공부하라는 것인데 이것을 가벼이 여기면 안 된다고 말씀하셨어요.

당시 함께 있었던 수좌스님들을 기억해 주시죠.

세월이 오래가고, 제가 요즈음은 정신이 없어 가물가물하여 별로 기억이 없어요. 당시 수좌들이 근 50여 명이 있었지요. 탄옹 스님이 입승이었고, 지월 스님은 동관음암에 주로 있었고, 보경 스님이 살림살이를 맡아서 했지요. 조용명 스님도 생각나고, 탄허 스님도 있었는데 별 대화는 못 했어요.

월정사에서 상원사 선방 양식을 대주었지요?

그래요. 그런데 한암 스님의 명성이 자자하여 시주물이 매우 많았어요. 일제 치하의 그 산중에 없는 것이 없을 정도였지요. 그것은 주로 보경 스님이 관리했어요. 상원사가 공양물이 많아 자급자족을 하게 되자, 쌀 보급을 안 하기도 했어요.

당시는 수좌들을 배척하는 분위기가 있지 않았나요?

월정사 대중들이 다른 수좌들을 평하였지만, 한암 스님에 대한 평은 일체 없었어요. 월정사에서 보면 간혹 수좌스님들이 걸망을 지고 오면 언제 가나, 안 가나 하고 배척하였지요. 그때는 수좌들이 대우를 못 받았어요.

당시 총무원장을 지낸 지암 이종욱 스님이 한암 스님을 봉은사에서 조실로 모셔 오지 않았습니까? 지암 스님과 한암 스님 간의 관계가 옆에서 보기엔 어떠했나요?

제가 보기에는 두 분이 서로를 위하고 존경한 것 같아요. 지암 스님은 주로 서울에 계셔서 월정사에 자주 있지를 않았어요. 설이나 이따금씩 행사가 있거나 해서 내려오시면 먼저 상원사에 가서 한암 스님에게 올라가 인사를 하고 내려왔어요. 지암 스님이 내려오시면 대중들이 월정거리까지 나가서 모셔 오고, 월정사에 도착하면 대종을 쳐서 도착하였다는 것을 알리지요. 상원사에 올라갈 때에는 레일이 깔려 있어 그 위의 밀차를 이용하여 갔지요.

이것이 한암 스님의 사진인데, 옛날의 한암 스님 생각이 나시지요?

내가 스님을 만난 것은 이 사진(김호성, 『방한암 선사』의 표지 사진)의 모습보다 젊은 시절로 보여요. 스님은 그때 본래 머리(카락)가 없었어요. 한암 스님의 머리는 주로 시봉인 희태(보경) 스님이 밀어 드렸지요.

한암 스님의 수행 일화를 알려 주는 창조 스님의 진지한 모습.

세월이 많이 지난 지금에서 한암 스님의 특징을 말씀하신다면요?

그분의 특징은 학인이나 스님들이 잘못하였을 적에 그 잘못된 이유를 이야기하지 않고, 듣기 좋게 이야기를 해 주시지요. 이유를 중언부언으로 하지 않아요. 만일에 문제가 있으면 "이렇게 하는 법이 사람이 사는 법이다"라고 말씀하셨지요. 그래 내가 지금껏 살도록 부처님을 떠나서 살더라도 혹시 누구를 만나더라도 그 생각을 하고 말합니다. 그러면 한암 스님이 생각나고, 그분 참 덕망이 있는 스님이다라는 고마움을 갖고 추모를 하고 있어요.

한암 스님은 선·교·계율 등 이른바 삼학에 철저하셨다고 하지 않습니까? 혹시 스님은 한암 스님에게 계정혜 삼학을 다 배워야 한다는 말을 들으셨나요?

스님은 우리에게 꼭! 그것만은 일러주셨어요. 한암 스님은 내가 듣기도 하고 내가 상원사에 1년간 있어 보았기에 조금 알지요. 다른 강사로서 교(敎)만 하는 분도 이야기 안 하는데 스님은 특이해요. 이분은 말씀이 전부 생활화된 것을 알려 주는 것이에요.

한암 스님이 당시 스님들의 결혼에 대하여 비판적인 언급을 하셨나요?

한암 스님은 절대 다른 사람에 대한 이야기를 하지 않으세요. 그런 이야기를 절대 못 들었어요. 사람은 대부분 남의 이야기를 하는 것을 좋아하는 사람이 있지만 노장님은 절대 그런 일이 없어요.

한암 스님은 보조지눌 스님을 계승한 것으로 보이거든요. 평상시에 지눌 스님에 대한 말씀은 안 하셨나요?

그런 말을 듣지는 못했지만, 『보조어록』을 발간하고, 내가 갖고 있는 이 『금강경』의 현토도 스님이 하신 것이에요. 당시 상원사 수좌들도 스님이 발간한 책을 보았어요. 그때 스님이 현토한 것이 좋다고 하여서 전국의 스님들이 스님의 토를 베껴 갔어요.

일제 강점기 말기에 총독부의 탄압이 심하였지요?

　　일본이 나쁜 짓을 많이 하였지만, 절에 대해서는 악하게 안 했어요. 공출도 심하게 하지 않고. 그리고 그때에는 스님들도 어떻게 할 도리가 없었어요.

한암 스님은 수행을 철저히 하셨지요. 특히 단적으로 알 수 있는 것이 27년 동안 동구 밖을 나가지 않으셨다는 말이 있어요.

　　한암 스님은 상원사에 계시면서도 월정사에도 안 내려오셨어요. 월정사에 내려오신 기억이 없어요. 내가 오래 있었지만 월정사에서는 한 번도 못 뵈었어요.

우리가 한암 스님에게 배울 점이 있다면?

　　그분은 자비의 원력보살이라고 생각합니다. 내가 1년간 모시고 지냈지만 스님은 화내고 하는 것이 전혀 없어요. 대개 선객들은 부처님 예불도 잘 안 하고 그랬지만, 이 스님은 절대 그런 거 없으셨대요. 내가 직접 보지는 못했으나.

오늘 한암 스님에 대하여 귀한 회고를 해주셔서 감사합니다.

　　제가 나이가 들다 보니 요즈음에는 갑자기 혼미해지고 해서 옛날 일은 아주 몰라요. 자세한 이야기를 못 해 주어 미안합니다.

적게 먹고,
강력하게 정진해야 한다

뇌묵 스님

● 대담 일시_ 2004년 12월 28일
● 장소_ 자제정사(경기도 화성)

월정사 지장암 출가
견성암, 성주사 수행
월정사 재건불사
강릉 죽림사 창건
월정사 육수암 창건
육수암 칠보선원 감원

스님은 속랍으로 연세가 어떻게 되시며 고향은 어디신가요?

　나는 올해 여든한 살이고, 고향은 강원도 명주군 구정면 의달리예요.

언제 월정사 지장암으로 출가하셨으며, 그 동기는 무엇인가요?

　내가 출가한 나이는 스물한 살 때였는데 그때가 해방되던 해예요. 내가 오대산에 들어온 것은 해방되던 해 부처님 오신 날이지요. 해방될 무렵에 얼마나 시끄러웠어요? 강릉에 살면서 오대산에 가면 도인이 있는데 그곳에 가면 난리를 피할 수 있다는 소문이 돌았어요. 바로 그 도인이 한암 스님이었어요. 그래서 강릉에서 사월 초이렛날에 떠나 월정사 입구 삼거리 주막거리에서 하루를 자고 들어왔더니, 그날이 바로 부처님 오신 날이었어요. 내가 입산한 시절에는 스님이라는 말을 들어 보지 못했어요. 비구니스님은 더했고요. 대사 혹은 중이라고 불렀지요.

입산 당시부터 한암 스님 소문을 듣고 들어오셨군요?

　그래요. 그분이 어떤 분인가 하는 궁금증은 가졌지요. 입산하던 해 삼월 보름에 미리 시찰은 했어요. 그때에 지장암에 가 보았지요. 득남하려는 여자 두 사람과 같이 세 명이 갔지요. 날이 어두워져 월정사에서 하루 자고 종무소에서 여기 여승 수도하는 곳을 좀 소개해 달라고 했더니, 대처승이 학생을 시켜 지장암까지 데려다 주라고 해서 와 보았지요.

지장암에 가니, 인홍 스님 은사인 우정자 스님이 남복을 입고 네 시경에 방선을 하다가 방문에 걸터앉아 있었어요. 학생에게 여기 여승이 어디 있느냐고 물으니 그 정자 스님이 바로 여승이라고 일러 주더군요. 그래서 내가 가서 물었지요. "할머니" 하고. 그러니 "왜 그래요?"라고 답을 하여서, 나도 여기 와서 살고 싶은데 가능한가를 물어보았어요. 여기서 한평생 살다가 늙어 죽을 것을 생각하니 덜컥 겁이 나더라고요. 그래서 다시 묻기를 "여기서 살다가 나갈 수도 있느냐?"고 물어보았어요. 그랬더니 정자 스님이 "그거야 뭐 인연에 맡기는 것이지"라는 말씀을 하시더라고요.

그때 나의 은사가 되신 마곡사 김일현 스님의 어머니인 봉업 스님이 그곳에서 입승을 보셨는데, 그런 것은 도감스님에게 물어보아야 한다고 그래요. 도감을 보았던 인홍 스님에게 "강릉 아가씨가 여기서 살다가 왔다 갔다 해도 되느냐?"고 물어보니 인홍 스님이 대뜸 "여기서 뭐? 그런 말이 어디 있노?" 하시면서 그런 이야기를 하려면 당신을 따라오라면서 나를 뒤꼍으로 데리고 갔어요. 내가 여기서는 무엇을 하느냐고 물으니, 이곳은 중생을 편안하게 해주는 공부를 하는 곳이라고 말씀을 하시더라고요. 그래 이런저런 말을 나누고 나서는 일단 집에 가서 승낙을 받고 다시 오겠다고 간 것이 사월 초파일이었지요.

그랬군요. 출가 전부터 인홍 스님과의 인연이 대단하였군요.

오대산에 들어오니 모든 것이 신기해요. 한번은 보궁에 가서 오대산 산세를 둘러보니 그 산세가 너무 멋있더군요. 나는 속으로 우리 부모님은 이런 것도 못 보았다는 것을 생각하면서 스스로 감격했어요. 그것을 본 인홍 스님이 나보고 과거에 불교와의 인연이 보통이 아니라고 말씀을 하셨어요.

입산해서는 어떤 일을 주로 하셨나요?

행자 시절에는 시키는 대로 모든 일을 했지요. 우선 청소도 하고, 밭도 매고, 『천수경』을 외우고 그랬지요. 입산 후 한 달 반인가 후에 선사님에게 5계를 받았어요.

선사님은 한암 스님을 말씀하시는 것인가요? 그렇게 빨리 계를 받으셨어요?

그럼요. 한암 스님에게 저 혼자서 계를 받았지요. 제가 입산해서 스님들의 말을 잘 들었어요. 특히 인홍 스님이 열반하실 때까지 내 칭찬을 많이 했어요. 우리는 가정교육을 잘 받은 풍족한 집안에서 자랐기에 사람 사는 질서를 다 배웠어요. 그래서 절에 가 보니 머리 깎고, 예불하고, 참선하는 것만 다르지, 다른 것은 가정에서 하는 것과 다 같아요. 내가 부지런하고 눈치만 있으면 모든 것을 다 할 수 있는 것이더라고요. 그런데 인홍 스님이 부산을 다녀오시더니 계와 이름을 받아야만 된다고 하시면서, 저보고 찹쌀 한 되를 짊어지고 지장암에서 상원사로 같이 가자고 그러셨어요.

부도거리를 지나 회사거리를 거쳐서 산판을 할 때 놓은 쪽다리, 철다리를 걸어서 상원사로 올라갔지요. 보궁에 마지를 올리고 한암 스님을 찾아뵈었더니 그 자리에서 5계를 설해 주시더라고요. 아마 인홍 스님이 그 전에 저에 대해서 말씀을 하신 것 같더라고요.

한암 스님께 계를 받을 때 특별한 것은 없었나요?

계를 받을 때, 이름은 물론 호(號)도 지어주시고, 또한 화두까지 주셨어요. 입산 후 한 달이나 겨우 지난 저에게 이름, 호, 화두를 주신 것은 저로서는 감격스러운 일이었지요. 이것 봐요, 내가 그때 선사님께 받은 이름과 친필 문서를 60년이 지난 지금까지 보관하고 있어요. 이름은 희원이고, 호는 진주이지요. 그리고 받은 화두는 '마삼근'이었어요. 한암 스님 친필은 별로 없지 않습니까? 나는 한암 선사님을 세세생생 존경해야 하는 스님으로 생각하고 있고, 어디에서도 자랑스럽게 여기고 있습니다. 이렇게 한암 스님이 써 주신 이름이 적힌 이 자료를 보여 주면 스님들이 다 놀라고 그래요.

그렇군요. 그것은 보통 인연이 아니군요. 그 당시 첫인상은 어떠시던가요?

나는 마음 속으로 '혼란시대에 이름 높은 오대산 도인으로서 그곳에 가면 피란을 할 수 있다고 하던 분이 바로 이분이구나' 하고 생각했지요. 내가 보기에 첫인상은 강강하시고, 연세는 많아 보이지는 않지만 얼굴은 약간 마르고, 나를 대하시는 것을 보니 자비하고, 너무 인자해요. 그리고 눈이 조금 크시고, 눈동자가 새까맣고 반들반들한 것이 정기가 철철 넘쳐흘렀어요. 그래서 무슨 말씀

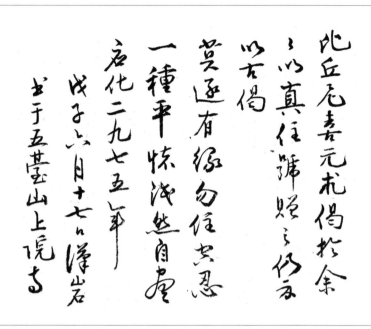

比丘尼喜元號真住
比구니 희원 호 진주

比丘尼喜元尤偈於余
以示眞住號賜之仍示
以古偈
莫逐有緣勿住空忍
一種平懷泯然自盡
启化二九七五年
戊子六月十七日淨岩
出于五臺山上院寺

한암 스님이 뇌묵 스님에게 법명과 호를 써 준 글.

을 하실 때 한 번은 쳐다볼 수 있지, 두 번은 쳐다보지를 못해요. 내가 지금껏 살도록 선지식을 많이 친견해 보았지만, 그렇게 자비하고, 무서운 눈동자는 보지 못 했어요. 나는 지금껏 한암 스님에 대한 그 인상, 느낌을 항상 갖고 살았어요.

한암 스님을 만난 분들로부터 한암 스님의 눈은 살아 있다, 눈이 빛난다는 말을 많이 들었어요.

수행을 많이 하시고 오후불식을 하셔서 그런 것 같아요. 스님은 새벽에 죽을 한 그릇 잡수시고 사시에 대중공양을 하시면 그

후로는 일체의 것을 잡수시지 않았어요. 새벽의 죽은 희섭, 희찬 스님이 산에 가서 딴 잣을 사용해서 만든 죽을 잡수시고, 그 이상은 특별히 잡숫지를 않았어요.

혹시 계를 주실 때 중노릇 잘하라는 등의 말씀은 하시지 않았나요?

이런 말씀은 한 것으로 제가 기억해요. 인홍 스님이 내가 강릉 출신이고 얌전하다고 하시니, 강릉에서는 중이 잘 안 나오는데 정진을 잘하라고 그러셨어요. 특히 강릉이 낳은 인물로 율곡이 있고 그 어머니가 사임당인데, 사임당의 글씨는 율곡에 비해서 살아 있고, 그에 반해 율곡의 글씨는 죽었다고 하시면서 중노릇을 잘해 보라고 하셨어요. 그리고 세상이 하도 험난하여 세속에서도 살기가 너무 어렵지만, 절에 들어와 중노릇 하기도 어려운 시절이라고 하셨어요. 먹고 죽지만 않으면 모든 것을 먹고서라도 정진을 부지런히 해야 한다고 하셨지요. 예전의 선지식들도 칡뿌리도 캐 먹고, 바위에 흐르는 물도 먹고 정진을 했다는 말씀을 하시면서 정진 수도를 제대로 하라고 하셨어요.

동안거, 하안거 해제 법문을 들으신 경험이 있으시지요?

해제 때에 하신 법문을 들은 기억이 있는데, 그때에는 주로 선방 스님들이 참석하시고, 말씀도 선에 대하여 하시니 나는 잘 모르는 말들이었지요. 지금 기억나는 것은 하안거 때에 쌀을 걸망에 지고 올라가 결제에 참가했지요. 재래 장삼을 입고. 그 시절에는 지금처럼 보조 장삼은 없었어요. 결제법회에 가 보니 앞에는 큰스님들이 앉아 계시고, 나는 탁자 밑에 가 있었지요. 한암 스님은 『초발심자경문』을 잘 설하셨어요. 한암 스님이 그 『초발심자경문』의 한 구절을 갖고 대중들에게 질문을 하는데 아무도 그 질문에 답을 못 하고 묵묵부답이었어요. 나는 그때 월정사 큰절에 가서 『초발심자경문』을 배웠으니 그 구절이 자경문이라는 것은 알았지만.

그때에 탄허 스님이 법상 전면에 쌕쌕이같이 나가셔서는 선사님 앞 2m쯤에 가서는 두 팔을 양쪽으로 쫙 뻗치고 있으시더라고. 한암 스님이 당신의 주장자를 탄허 스님 앞으로 던졌는데, 그 주장자가 탄허 스님 발 앞에 떨어지더라고요. 그러자 선사님께서 "오늘 법문은 끝났어" 하시니까 시자들이 한암 스님을 모시고 간 것을 보았지요. 그 시절에도 탄허 스님은 참으로 영특했어요. 불교뿐만 아니라 유불선에 능하셨고.

가끔은 상원사에 올라갈 기회가 있으셨지요?

그렇지요. 인홍 스님이 나를 데리고 잘 다녔어요. 나를 귀여워해 주고. 내가 조금은 영리하였거든요. 인홍 스님이 상원사에 가자고 하시면 함께 가곤 했지요. 인홍 스님도 한암 선사님을 엄청 지극 정성으로 모셨거든요. 하루는 인홍 스님이 지장암 근처에서 딴 딸기를 잘 씻고 꿀을 발라 그릇에 잘 담아서 손수건에 정성껏 싼 것을 들고 갔어요. 나와 함께. 그것을 들고 한암 스님 방에 가서 선사님께 드리니, 선사님은 성냥개비 같은 것으로 하나를 들어 잡수시고는 시자를 불러 대중방에 갖다 주라고 하시더라고요. 대중 스님들도 하나씩 맛보라고 전해 준 것이지요. 그것을 본 기억이 있어요. 그것은 한암 스님이 항상 대중을 생각하고, 신도나 비구니들이 무엇을 갖다 주면 그것을 꼭 간직하였다가 대중들과 함께 나누어 잡수셨다는 것이지요. 나도 지금까지 그 영향을 받아서, 이 자제정사 2층에 노장 비구니스님 열 분이 계신데 내 상좌나 원장(보각) 스님이 무엇을 가져오면 함께 나누어 먹어요.

한암 스님의 근검절약, 대중들과 함께하는 동참의식이 대단하였다고 합니다.

그 시절 상원사에 노 처사라는 나이 든 처사가 있었어요. 이분은 본래 한암 스님과 같이 스님 생활을 하다가, 중노릇을 못 하고 속퇴하였는데, 얼마 후 한암 스님을 찾아와서 다시 입산하겠다고 했지요. 스님께서 그러지 말고 처사로 나하고 같이 살자고 해서 상원사에 있는 처사예요. 그 처사는 항상 절의 허드렛일을 하고, 늘상 상원사 뒷산에 가서는 머루, 버섯, 나물, 고사리, 산삼 등을 캐 갖고 오면 바로 후원에 들이지를 않아요. 그것을 한암 스님의 방 앞에 있는 마루에다가 갖다 놔요. 그러면 한암 스님이 손수 신문지 두 장을 깔고 그 위에 산에서 가져온 것들을 놓고 하나씩 다듬고, 분류하고 손질했어요. 선사님이 손질한 후에 후원으로 가져갈 것은 가져가고, 용도별로 분류하였어요. 이렇게 선지식이 손수 근검절약을 실천하였어요. 저는 이것을 보고 교훈으로 여기고, 저도 이를 실천합니다.

그리고 스님은 큰스님이라고 해서 다른 사람들을 함부로 대하지 않았어요. 손님이 와서 인사를 드리면 정식 합장을 하고 같이 인사를 합니다. 손님이 가면 꼭 마당까지 나오시는 것이 특징이에요. 저도 그것을 배우고 실천했어요. 탄허 스님도 그때에 한암 스님과 같이 그렇게 인사를 하였어요. 탄허 스님도 그 밑에서 살았으니, 바른 자세로 인사 받지 함부로 하지 않았어요.

상원사를 왕래하면서 한암 스님이 다른 큰스님과 대담하시는 것을 보시지 않았나요?

하루는 삭발을 하고 쉬는 날이라고 해서 비구니 세 명이 함께 철길로 걸어서 보궁을 참배하고 상원사 밑 관대거리에서 쉬고 있었어요. 지금은 바뀌었지만 그때에는 ㄱ자로 나무 판대기를 해 놓았어요. 거기서 쉬고 있는데 한암 스님하고 송만공 스님이 같이 걸어 나오셨어요. 저희는 일어나서 공손히 반배로 인사를 했지요. 그때에는 부처님에게만 삼배를 하고, 스님에게도 한 번만 절을 했어요. 그런데 두 스님은 아무 말 없이, 앞에는 만공 스님이 걷고 뒤에서는 한암 스님이 따라서 걸어오시더라고요. 그렇게 걷다가 잠시 후 앞에 있던 만공 스님이 길에 있는 조그마한 돌을 주워서는 뒤돌아서서 그 돌을 한암 스님의 발 근처에다가 툭 던졌어요. 그런 직후 만공 스님은 자기 길로 그냥 가시고, 한암 스님은 휙 돌아서서는 돌아가시더라고요. 그 장면이 신기하더라고요. 애들 장난 같지만 그런 것을 다 보았어요.

오대산의 전통으로 정월 초하루에 함께 보궁 참배를 하고, 한암 스님께 세배하는 관행이 있었지요?

초하루 전 음력 12월 27일이 되면, 지장암의 대중들은 목욕재계하고, 새옷으로 갈아입고, 공양주만 남기고 큰절로 올라갑니다. 월정사에서 2박 3일을 살아요. 박기종 스님이 총무인데 그 스님의 주관으로 마지 올리고, 관음기도를 하고, 저녁에는 떡국 해먹고, 아침에는 차례를 올리고, 대중이 마당 가운데 나가서 오대보궁에 전부 세배를 하는 것이에요.

그런 후에는 기종 스님이 목탁을 들고 대중을 인솔하는데 앞에는 큰절 학인들이 서고, 뒤에는 비구니들을 세우고 해서 아침 아홉 시경에 상원사로 올라가는 것입니다. 가서는 보궁을 참배하고, 내려와서는 한암 스님께 세배하고, 상원사에서 점심을 먹고, 그리고 내려와 지장암에 가면 밤 아홉 시입니다. 한번은 눈이 많이 왔지만 올라가는데, 내 조카 상좌가 눈 속에서 신발을 잃어버렸는데 아무리 찾아도 없어서 한쪽 신발이 없는 채로 그냥 올라갔다 저녁때 지장암에 돌아왔는데 발이 안 얼었어요.

한암 스님이 6·25사변 때에 상원사 소각을 저지하신 내용을 알고 계시지요?

그럼요. 그때 국군이 월정사 대웅전은 안 태우겠다고 약속을 하고서는 불을 지른 것 아닙니까? 지장암 부처님도 월정사 법당에 옮겨 놓았는데 그 약속을 지키지 않고서 불을 놓았지요. 그 당시에 월정사와 지장암에 동시에 불을 놓아 연기가 올라오고 그랬는데 군인이 와서 상원사도 불을 놓겠다고 하니, 한암 스님이 잠시 기다려라 하시고는 인법당에 가서는 부처님께 삼배로 절하고, 그 자리에 방석을 깔고 앉으시고는 군인에게 이제는 불을 놓으라고 하셨지요. 군인이 불을 놓을 수가 있나. 그러니 할 수 없이 문짝을 다 뜯어서 태우고 그냥 내려갔어요. 그리고 그 전에도 상원사에 불이 나서 전부 타 버렸어요. 나는 그 다음날 올라가 보았는데 보통 스님 같아서는 탄식을 하고 낙담했을 터인데, 한암 스님은 도인이라서 그런지 특이하게도 그런 것 없이 의연하셨어요.

한암 스님의 가르침을 요약한 승가 5칙이라는 것을 아시지요?

알다마다. 나는 그 중에서 염불, 의식을 많이 배웠어요. 한암 스님의 가르침은 그 다섯 가지를 다 배워야 한다는 것이지요. 내가 지장암에 있을 적에는 공양주 하면서도 부지깽이를 두드리며 염불을 배우고, 밭에 가서 일을 할 때에도 주머니에 염불 적은 것을 가져가 그것을 꺼내 보면서 염불을 외웠어요. 그러면서 나는 한암 스님께 받은 화두도 놓치지 않으려고 했지요. 그렇게 염불을 배웠기에 나는 어디를 가서 살아도 늘 노전을 보았어요. 다른 절에서 출가한 이들과 선방에서 죽비 자루만 든 스님들은 그런 의식을 거의 못 해요. 나는 그렇게 한평생을 한암 스님의 가르침, 정신에 의해 살아왔지요. 스물세 살부터 염불, 의식을 많이 배웠어요. 특히 월정사 주지이셨던 이종욱 스님을 나는 존경합니다. 그 스님은 주지,

총무원장을 하셨지만 의식에 아주 능합니다. 내가 그 스님이 시식을 하실 때 옆에서 바라지를 하면서 의식을 배웠어요. 종욱 스님은 내 모습이 편안한 상이라고 하셨지요. 나는 그 스님에게 요령 흔드는 것을 배웠어요. 그리고 그 스님으로부터『금강경』의 한두 구절을 갖고 포교하는 법도 배웠어요. 한암 스님의 그 가르침은 승가 5칙을 다 갖추라는 말씀으로 나는 보고 있어요.

제가 볼 때에 한암 스님 말씀은 일상생활에서 꼭 지켜야 될 그런 내용 같아요.

그렇지요. 한암 스님이 그런 말씀을 하셨어요. 쌀 한 톨이라도 아껴야 한다, 쌀 한 톨에는 농부의 피땀이 스며 있으며, 그 한 톨을 근수로 달면 일곱 근에 해당한다고 말씀하셨어요. 쌀 한 톨이 썩어 나가면 복이 나간다면서 쌀 한 톨이라도 아껴야 한다고 강조하셨지요. 6·25사변 전에 상원사 계곡, 개울가인 나무수곽에 군인들이 와서 밥을 자주 먹곤 하였어요. 군인들이 와서 밥을 먹으면 그 근처가 엉망진창이 됩니다. 그 장면을 보신 한암 스님이 군인들이 버린 밥알을 다 주워서, 그것을 씻어서는 군인들이 보는 데에서 당신이 전부 다 잡수셨어요. 그 이후로는 군인들이 많이 오지를 않았어요.

요즈음 이런 말을 스님들에게 하면 통하지 않습니다. 내 상좌도 그 밥알을 주워 먹으면 배탈이 나서 오히려 약값이 더 든다고 그래요. 제가 요즈음 스님들을 보면 기가 막힙니다. 한암 스님의 정신에 비추어 보면 기가 막혀요.

스님은 한암 스님이 입적하셨다는 것을 어디에서 알게 되셨나요?

저는 피란을 마산 성주사로 갔지요. 그곳은 인홍 스님이 6·25 사변 전에 내려가셔서 선방을 한 절이에요. 그곳에 있으니 한암 스님이 돌아가셨다는 풍문이 돌더라고요. 절의 소문은 상당히 빠르지 않아요? 부산에서 거행한 49재에 인홍 스님과 함께 참가했어요. 가서는 눈물이 막 나오는데 참느라고 고생했어요. 울고 싶지만 속인들이 있는 데에서 울면 비구니들이 뭐라고 하니 울 수도 없었지요. 그때 그 추도회에 참가한 사람이 몇 백 명은 되지 않았고, 참가한 큰스님들은 세월이 흘러 그것이 알쏭달쏭해요.

6·25전쟁이 끝난 후 오대산으로 돌아오셔서 육수암, 영감사 등의 불사를 하시는 등 오대산 복원을 위해 노력하신 것으로 알고 있습니다만.

나에게 큰 인연을 만들어 주신 한암 스님의 기일이 돌아오면 쌀 한말을 갖고 지금의 육수암 주지와 떡을 만들어서 올리고 그랬어요. 그 시절에는 다 어려운 시절이라 한암 스님에게 정성을 다하는 것이 무척 어려웠어요. 내가 그때에 태백산에 계신 인홍 스님과 함께 지내려고 가 보니, 살림이 어려워서 입승 보는 한 스님만 받겠다고 하여서 그길로 김용사 정화하고 나와서 오대산에 들어갔지요. 오대산에 들어가 보니 너무 쓸쓸하게 느껴지고 그랬어요. 지금은 돌아가신 희찬 스님, 희찬 스님이 나보다 세 살이 더 많아요. 희찬 스님이 나를 붙잡고, 우리 산중이 이렇게 쓸쓸하니 우리가 오대산 재적산중이지만 보궁의 행화가 끊어지고, 사람이 들고 나는 것

漢岩大禪師 追悼文

嗚呼라. 봄이오니, 풀이 스사로 푸르고, 七七은 元來四九로다.

한암 스님 추도회 때 경봉 스님이 읊은 추도사 원고.

이 없으니 이를 잘 이겨내야 한다면서 같이 복원을 위해 노력하자고 그랬어요. 그때 희찬 스님의 말씀이 서울 원로회의에서 오대산 보궁을 복원하기 위한 회의를 하였는데 전국의 신도에게 경상도 말로 쌀 닷 되, 강원도 말로 소두 한 말을 의무적으로 바치라고 결정하였다는 것이에요. 그렇게 결정되었으니 전국을 돌아다니며 신도들에게 그것을 받아서 보궁을 복구시키자고 하면서 나보고 그 일에 나서 달라는 요청을 하였어요. 희찬 스님이 제게 그러한 일을 하는 것 자체가 공부이니 그 이상의 공부가 어디 있는가 하시면서 권유하여, 그때부터 10년간 전국을 돌아다니며 그 쌀을 인수하여 오대산을 살리는 데 앞장섰어요.

그때 조직이 잘 된 포교당에 가면 포교사가 열 명의 신도를 모아서 그중에 한 명의 총대를 뽑아 놓아요. 그러면 그 포교당에 가서 그 총대 이름을 알아서 연락을 하여 거두어 들인 쌀을 팔아서 오대산으로 갖고 왔어요. 수원, 영주, 점촌, 상주, 부산 서면, 진해, 그리고 배 타고 통영까지 가서 시주를 받았어요. 가을에 김장을 해 놓고 지방으로 가서 그 일을 두 달 동안 했는데, 그렇게 전국을 다니기를 10년간 했지요. 강산도 변한 10년을 하니 더 이상은 못 하겠더라고요. 지금도 오대산에서는 나를 무시하지 못하지요.

지금도 마음속에 간직하고 있는 한암 스님의 말씀을 꼽으신다면?

"적게 먹고 강력하게 정진해야 한다"는 말씀이 가장 기억나요. 나는 평소에 잘 안 먹어요. 예전에 선방에서 수행할 적에는 아침

죽도 없었어요. 보리밥도 감지덕지하였고. 절에 공부하러 갈 때에는 양식 값을 가져가기도 했어요.

저는 한암 스님 가르침에 의해서 한번은 100일간을 오후불식을 해보았어요. 절을 맡아서 불사를 하려고 하는데, 돈도 없지, 주변도 별로 없지, 신도 상대도 잘 못하지요. 그래서 기도를 하여 부처님께 도와 달라고 할 때에, 부처님이 혹시 산삼이라도 내려 주실지 모른다는 심정으로 기도를 무척 했지요. 그때에는 예불 마치고 나면 1,000배의 절을 했어요. 그랬더니 몸이 가볍고 날아갈 것 같이 가볍고 좋더라고요. 그러나 불사를 하려고 하니 힘이 없고 기운이 달려서 지속하진 못 했지요. 오후불식을 하면서 기도를 하니 선배들이 그렇게 많이 찾아오더라고요. 그때 종정을 역임한 혜암 스님이 오대산의 동대, 서대에서 수행을 하셨는데 그 스님도 찾아오셨어요. 한암 선사님도 잠도 안 주무시고 수행을 하셨는데 나도 그렇게 해보자고 했지요. 호롱불을 켜 놓고 버티는데 새벽 한 시경에 가면 깜박 잠이 들고 했지만. 이제 와서 생각해 보면 그런 생각으로 사는 것이 아닌가 해요.

한암 스님을 한마디로 표현하여 후학에게 전하여 주신다면?

나는 그렇게 말하고 싶어요. "한암 스님은 위대하신 분이다", "찾아보기 어려운 분이다". 나는 전생의 인연이 지중해서 그런지, 첫걸음에 만난 선지식으로 그 스님의 가르침과 지시로 스님으로서의 생명을 잘 유지할 수 있었다고 표현하고 싶어요.

한암 스님이 우리 근현대불교에서 아주 귀한 큰스님임은 분명한 것 같아요.

입산 후 첫걸음에 만난 큰스님이지만, 이분같이 살아온 스님이 없어요. 한암 스님같이 자비하고 원만한 도인이 어디에 계십니까? 내가 보기에 이 스님은 불가와 세속에서도 전혀 걸림이 없는 통달한 인간이었습니다. 저에게는 항상 그 정신이 살아 있는 것입니다.

후배 스님들이 한암 스님에게 배울 점을 지적하신다면?

우선 근검절약입니다. 아끼는 것이 우선이고요, 다음으로는 정진에 열중하라는 가르침입니다. 한암 스님은 정진이 아니면 중노릇을 할 필요가 없다고 하셨어요. 요새는 선객이 들어와도 엉망이에요. 그러니 눈감고 살아야지, 그런 마음이에요.

다른 큰스님과의 인연도 갖고 계시지요?

내가 스물세 살 때 선학원에 가서 동산 스님을 전계 아사리로 모시고 보살대계와 구족계를 받았지요. 그때 받은 '중앙선원금강계첩'을 보관하고 있어요. 이것이 그 계첩입니다. 여기에는 한암 스님이 존증아사리로 나와요. 그 직후인가 상원사에서 개최된 자운 스님이 주관한 '연화대장금강계 오대산상원사천화계단'에서도 계첩을 받았지요. 그리고 1948년에는 수덕사 선방에 가서 한철을 수행도 했고, 6·25사변 때에는 통영 안정사의 성철 스님의 수행처에도 가보았지요.

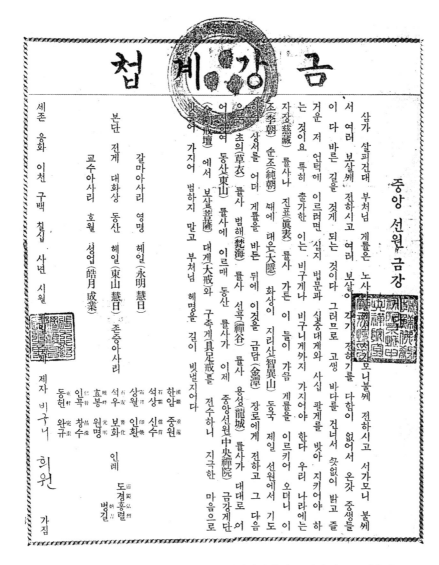

뇌묵 스님이 선학원에서 받은 금강계첩. 존증아사리에 한암 스님의 이름도 나온다.

월정사에서 이렇게 한암 스님의 정신과 행적을 찾는 것을 보시는 마음은 어떠신지요?

나는 벌써부터 아쉬웠어요. 한국불교의 자랑인 한암 스님을 이렇게 방치해 놓은 것이 너무 안타까워요. 사실 이런 일은 탄허 스님이 해야 될 일이었습니다. 탄허 스님의 『화엄경』 불사도 좋지만 한암 스님의 일을 해 놓고 『화엄경』 번역도 하셨어야 되는 것이 아닌가 하는 생각도 들어요. 오대산 문중스님들이 별로 없었고, 희찬 스님도 일찍 억울하게 입적하셨지요. 하여간에 늦은 것이 부끄럽지요. 뒤떨어진 것이 너무 아쉬워요. 처사님이 이렇게 고생하시는 것을 보고 고맙다는 말씀을 드리고 싶습니다.

제가 오늘 뇌묵 스님의 말씀을 들어 보니 한암 스님과의 인연이 보통이 아니시라는 것을 알게 되었어요.

나는 어느 큰스님을 친견해도 내 머릿속에는 한암 스님만 입력이 되어 있었지요. 입산 첫걸음에 귀한 선지식을 만나고, 그 인연으로 오늘처럼 스님 생활을 잘하고 있어요.

바쁜 시간을 쪼개어 대담에 응해 주시고, 한암 스님의 추억을 들려주셔서 감사합니다.

아닙니다. 마땅히 전해 주어야 하지요. 하루속히 한암 스님의 정신대로 우리네 스님들이 살았으면 하는 바람뿐입니다.

한암 스님은 도인입니다

경희 스님

- 대담 일시_ 2005년 2월 1일
- 장소_ 서봉사(대구)

월정사 지장암 출가
해인사 국일암 수행
사회복지법인 화성양로원 이사장
서봉사 주지
서봉사 회주

스님은 속랍으로 춘추가 얼마이시며, 고향은 어디신가요?

저는 올해 일흔네 살 됩니다. 고향은 강원도 고성군입니다. 그곳은 바로 금강산의 삼일포에서 더 들어가면 지금의 고성 읍내가 되지요.

스님의 입산 출가의 인연을 알려 주시죠.

저는 어린 나이에 출가하였기에 발심이라고 할 수는 없고, 제가 클 때 많이 아팠어요. 그런데 저의 외할머니가 절에 가서 세 번만 절밥을 얻어먹으면 병이 낫는다고 했어요. 저의 이모 되시는 스님이 그 유명한 본공(本空) 스님이세요. 저는 어릴 적에 본공 스님을 뵌 적도 없고, 이모가 있다는 소리도 못 들었어요. 그런데 해방되던 해에 국민학교를 졸업하였는데, 어느 날 이모가 저희 동네에 오셨다고 하니 얼마나 반가워요? 부리나케 덜렁덜렁 하면서 뛰어가서 이모가 계시던 방을 여니 웬 비구니스님이 계신 거예요. 얼마나 놀랐는지요.

그때만 해도 저는 스님을 자주 보지도 못하였고, 이모가 스님이라는 말도 듣지 못하였기에. 그래 그날 저는 이모이신 본공 스님을 처음 뵈었지요. 본공 스님은 우리 집에서 주무시고 우리 집을 떠나 기차를 타고 양양으로 가셨는데, 제가 그 기차에 열네 살 때에 단발머리로 함께 탄 것입니다. 본공 스님이 가기 전 우리 집에서 우리 어머니가 스님에게 드리는 옷감이며 여러 가지를 넣어 준 것을 싼 보따리를 챙겨 드렸기에 제가 그것도 들어 드리고, 제가 역전에 가서 기차표를 끊고 따라서 그냥 올라탄 것이죠. 그랬더니 본공 스님이 저에게 "야, 네가 왜 왔냐?"라고 하시면서 우리 어머니, 아버지에게 혼이 날 것을 걱정하셨습니다.

그것은 정말 우연이군요. 그러면 그길로 오대산으로 들어오셨나요?

　　그때 제 마음속엔 절에 가서 세 번만 밥을 얻어 먹으면 병이 낫는다고 하신 할머니의 말씀이 있었던 것 같아요. 그래 3일 걸려 양양에서 강릉까지 짐차를 타고, 또 거기에서도 짐차를 얻어타고 월정사로 왔어요. 그래 월정사에서 하루 자고 걸어서 지장암으로 들어왔지요. 그때 제 생각은 그 길이 왜 그리 먼지 몰라요. 그래 우리 스님이 짐꾼의 지게에 전부 옷감을 싼 짐을 싣게 하고 걸어서 왔어요. 제가 본공 스님에게 "3일만 자고 갈랍니다"라고 했더니, 이 모인 본공 스님이 저에게 좋은 구경을 시켜 주겠다고 하시면서 구경이나 하고 가라고 해요. 그래 저를 상원사로 데리고 올라갔어요. 그때의 상원사는 지금하고는 달라요. 상 선원, 중 선원, 하 선원으로 구분도 되어 있었고, 어린 기억에는 집이 꽉 차 있었어요.

　　그때 처음 본 것은 수련생 스님들을 모아 놓고 경을 읽는 것이었어요. 그 글을 읽는 게 얼마나 좋은지 몰라요. 거기를 갔더니 본공 스님이 여기서 점심 얻어먹고 갈 데가 또 있다고 그래요. 그러시더니 점심을 먹고서는 한암 스님에게 날 데리고 가는 거예요. 한암 스님의 방에 가자 한암 스님과 본공 스님 두 분 간에는 절을 하시더니, 본공 스님이 저에게도 한암 스님에게 절을 하라고 해요. 그래 제가 속가에서 하는 식으로 절을 하였더니 한암 스님이 빙그레 웃으셨어요. 그러나 본공 스님은 저에게 그런 식으로 하지 말고 절에서 하는 식, 합장하면서 절을 다시 하라고 그래요. 그러나 저는 다시 절을 할 때에도 속가에서 하는 식으로 그냥 하였어요. 그때가 일제강점기인데 학교에서 교육을 받기를 무릎을 딱 꿇고 하도록 배웠기에 그렇게 한 것이지요.

그랬더니 한암 스님이 저에게 "몇 살이노?" 하셨어요. 저는 "열네 살입니다"라고 하였지요. 한암 스님은 "그래 여기는 어찌 왔노?" 하고 물어보셨습니다. 저는 "밥 세 번 얻어먹으면 안 아프고, 오래 산다고 해서 왔습니다"라고 대답했어요. 그래서 제가 출가한 이후 월정사에서는 "쟤는 밥 먹으러 온 아"라고 우리 스님이 소문을 내서, 그게 제 별명이 되었어요. 그때 한암 스님께서 "그러면 내가 영원히 안 아픈 것을 가르쳐 준다"고 그랬어요. 아무것도 모르는 나에게 노스님이 그래요. 그 소리에 제가 눈을 반짝 떴거든요. 그러니까 노스님이 나를 보시더니 "네 눈빛을 보니 너는 가지 말고 여기 살아야겠다"고 하셨어요. 저는 그때 그게 뭔 소리인지도 모르고 가만 있으니, 저의 이모이셨던 본공 스님이 저와 저희 집에 대해서 한암 스님에게 부연 설명을 하셨어요. 제가 나이가 어려도 어떻고, 저희 집이 이만저만하다는 등의 내용이었지요. 그러니 노스님이 그러냐고 하시면서, 절집에서 오래 살려면 그래야 된다, 그렇지 않으면 못 산다고 하셨어요. 이런 대화를 하고 그 방을 나왔지요.

경희 스님의 출가에는 한암 스님과 남다른 인연이 있으셨군요. 그러면 바로 출가를 하셨나요?

　　노스님 방을 나왔더니 본공 스님이 좋은 데가 또 있으니 가자고 하시더니, 저를 데리고 중대로 올라갔어요. 그때 그곳에는 신보문 스님이 계시는데 아주 누더기옷을 걸치고 계시더라고요. 중대의 음식은 얼마나 좋은지 말도 못해요. 저를 데리고 간 본공 스님이 이번에도 보문 스님에게 절을 시켜서, 또 아까처럼 속가식으로 했지요. 그것을 보신 보문 스님이 "이 동녀(童女)가 어디서 왔나?" 그래요. 그래 제가 우리 집 주소를 죽 하니 전부 다 가르쳐 드렸어요. 보문 스님은 싱긋이 웃으시더니, 이왕 왔으니 적멸보궁까지 참배하고 가라고 그러셨어요.

　　그래 두 스님과 함께 보궁으로 갔지요. 그날 걷는데 죽을 뻔했어요. 올라가니 보문 스님이 석가모니 정근을 하시면서 보궁 안을 우측, 좌측으로 세 번 돌았어요. 보궁 앞에서도 그리 하시고. 그리고는 보문 스님이 저에게 보궁이란 부처님 사리를 모셔 두는 곳이며, 자장율사가 사리를 들여온 내용, 전국에 다섯 군데 보궁이 있다는 것 등을 설명해 주시더라고요. 그때 보문 스님께서 저에게 "이 길로 너는 네 집 갈 거냐?"라고 물으셔요. 그래 저는 "네! 저는 다섯 밤 잤으니 가야죠"라고 답했어요. 그 직후 보문 스님과 본공 스님이 서로간에 눈짓을 하는 것을 제가 보았어요. 그때는 그게 무슨 의미인지 몰랐지만, 지금에 와서 보니 저를 잡으라는 뜻인 것 같아요. 그 직후 저는 이모 손을 끌면서 "이모! 어서 갑시다"라고 하여, 그길로 중대로 내려와 보문 스님 방에 갔어요. 방에 들어갔더니 보문 스님이 저에게 잣을 한 바가지를 내주시면서 "이것을 네가 혼자 네 입으로 까서 다 먹어라"고 그래요. 저는 보문 스님을 쳐다보면서 "스님, 제가 딱딱한 이것을 제 입으로 어떻게 까서 다 먹습니까?" 하였지요. 그러니 보문 스님이 "그것을 까서 먹는 힘을 키워야 된다"고 첫마디를 그리 말씀하셨습니다. 그래 그 인연으로 집에 못 가고 지금까지 절밥을 먹고 있습니다.

며칠이 지나자 본공 스님이 저에게 또 구경을 시켜 준다고 하시면서 이번에는 동관음암으로 올라갔어요. 당시 그 암자에는 지월 스님이 계셨어요. 올라갔더니 지월 스님이 저에게 "문수동자가 어디서 오십니까?" 하시면서 저에게 절을 하세요. 그때 동관음암은 자그마했어요. 그러자 우리 스님이 "스님, 야가 절집에서 밥 세 번을 얻어먹으러 따라온 아"라고 그랬어요. 그러니 지월 스님이 "세 번 먹으면 되나, 평생 먹어야지" 그러셨어요. 그때 그 말씀이 결국은 그렇게 되었어요.

다음에는 저를 데리고 월정사로 갔어요. 지금 생각하니 저의 스님이 저를 붙잡으려고 그랬던 것이지요. 월정사에 가서는 큰 법당이며, 나한전, 그리고 나라 임금의 위패를 모신 곳을 구경시키고 그랬어요. 위패에도 절을 세 번 하라고 하기에 제가 유교에서는 절을 두 번만 한다고 하니, 저의 스님이 그 소리에 학을 떼요. 사무실에 갔더니 영암 스님이 계셔서 인사를 드리니 저에게 "너는 어디서 왔느냐?"고 하세요. 제가 저의 고향 주소를 말하니, 영암 스님이 저에게 그러면 너의 주소를 쓰라고 하셨어요. 그러시면서 저의 은사인 본공 스님에게 "본공 스님, 애 붙잡아, 삭발시켜" 그러세요. 제가 그때만 해도 삭발이 무슨 말인지도 모를 때였어요.

스님 말씀을 들어 보니, 스님은 입산 출가에서부터 오대산과 뗄레야 뗄 수 없는 인연을 갖고 계셨군요.

월정사에서 지장암으로 와서 며칠 있었는데 밤이 되면 못 견디겠더라고요. 밥을 못 먹어 배고파서. 무엇보다도 반찬이 없어서요. 그때 오대산에서는 매일 먹는 것이 감자, 강냉이밖에 없었어요. 그래 제가 울고 그러니 저희 스님이 "네가 열흘만 안 먹어 봐라, 세상 없어도 돌도 주워 먹을 것이다"라고 그랬어요.

두 달을 절에서 지냈더니 그때 저희 집에서는 난리가 났지요. 그래서 집에서 지장암으로 전보를 쳤어요, 빨리 데리고 오라는 내용으로. 저희 어머니가 양양까지 언제 와 있을 터이니 저를 보내라는 것이지요. 차비까지 보내왔어요. 저의 은사인 본공 스님은 저희 아버지, 어머니를 겁나서 뵐 수 없다, 혼난다고 하시면서 걱정을 했어요. 길은 빤하니까 그래 제가 혼자 가겠다고 했지요. 제가 학교 다닐 때 지도 읽는 법을 많이 배워서 지리, 약도에 대해서는 훤했어요. 제가 혼자 가겠다고 해서, 걸어서 월정거리까지 나와 짐차를 타고 강릉으로 넘어가서, 또 짐차를 타고 양양까지 갔어요. 양양에서는 기차를 타고 저녁 어둑어둑할 때에 집에 들어가니 우리 할머니가 깜짝 놀라는 거예요.

집에 잡혀 있었을 터인데 어떻게 다시 오대산으로 오셨나요?

집에 와서 근 한 달이 다 되어 가는데 인연이 되려고 그랬는지 집에 있겠다는 생각보다 절에 가고 싶은 생각이 가득하였어요. 그때 제가 할머니와 어머니가 준 돈 550원을 갖고 있었어요. 그 돈이 그때는 큰돈이에요. 어느 날 아침을 먹기 전 새벽에, 그길로 두 주먹을 쥐고 기차역으로 가서 기차를 타고 양양까지 도망 왔어요. 양양역에 내리니, 역원이 제 손을 잡고 네가 누구네 집의 딸이 아니냐면서 저를 잡아 인근 여관방에서 나가지 못하도록 했어요. 아마 저희 집에서 연락을 해 놓은 모양이에요. 그래 그 여관에서 아침부터 하루 종일 기다리고 있는데, 가만히 생각하니 안 되겠어요. 그 주인 아줌마에게 인근 절에 가게 해 달라고 부탁을 해서 지나가는 수레를 얻어타고 낙산사로 왔어요.

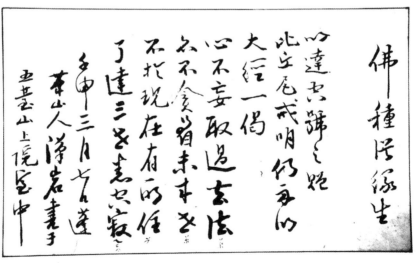

한암 스님이 경희 스님의 은사인 본공 스님에게 법명을 내리면서 써 준 게송(1932).

낙산사에 갔더니 대우 스님이라는 분이 저에게 어디서 온 동자냐고 물어요. 그래 제 사정을 이야기하니, 내 손을 딱 붙잡고 바닷가 굴암자인 홍련암으로 데리고 가더라고요. 데리고 가서는 저보고 3일 동안 법당에 가서 계속 기도만 하라고 시키면서 혹시 오색새가 나오는지를 잘 보라고 했어요. 그러면 저의 갈 길을 선택받을 수 있다고 하셨어요. 대우 스님이 시키는 대로 3일간 기도했는데, 약속대로 3일 후에 대우 스님이 오셔서는 저에게 물으시는 거예요. "그래 오색새를 보았느냐"라고. 저는 그런 팔랑팔랑하는 새는 보이지 못했지만 아침마다 새는 보였다고 답하였어요. 그랬더니 그 스님이 저에게 "이제 너는 절로 가거라"라고 해요.

거기서 월정사를 혼자서 갔어요. 우선 짐차를 타고 강릉까지 와서 강릉 포교당에서 하루를 잤는데, 대우 스님이 써 준 쪽지를 포교당의 김일운 스님에게 드렸지요. 그날 밤 해방된 직후 치안이 혼란한 상태에서 청년들이 밤새도록 난리를 피운 것도 보았어요. 그 김일운 스님은 일등 대강사로 유명한 분이었는데, 그 쪽지를 보더니 저에게 여기 있으면 내일 상원사 원주가 장보러 오니, 그 스님을 따라가면 된다고 일러주었어요. 다음날 상원사 스님이 제 사정을 다 들으시고는 당신의 역사를 말씀하시면서 절집의 내용도 일러 주었어요. 그래 이튿날 화물차를 타고 상원사 스님을 따라서 오대산 지장암으로 다시 들어왔어요. 그 스님이 보경 희태 스님이었어요. 그때 월정거리에서 추워서 떠니 보경 스님이 누더기를 입혀 주셨지요.

스님의 입산은 수많은 곡절 속에 단행되었네요.

지장암에 오니, 저희 스님이 저를 보고서는 "네가 귀신이냐, 사람이냐?"라고 하세요. 여기는 네가 올 데가 아닌데 어떻게 왔느냐고 하시면서 그래요. 와서는 제가 아버지에게 편지를 썼어요. 저를 서른 전에는 찾지 말라고, 서른 살이 되면 아버지를 찾아뵙겠다는 요지와 함께 용서를 하시라고. 저의 그 편지에 답이 왔어요. 월정사 사무실에 갔더니 영암 스님이 편지함에 있는 제 편지를 가져오게 하시면서, 편지를 쓴 이 사람이 누구냐고 하시길래 제 부친된다고 했지요. 그 자리에서 그 편지를 읽었는데, 읽다가 눈물이 쏟아져서 눈물, 콧물이 뒤섞여 그 편지가 엉망이 되고 뒤죽박죽이되었지요. 아버지의 편지에는 남자는 서산 대사가 될 수 있지만 여자는 그렇게 될 수 없다고 하시면서, 빨리 집으로 돌아와 공부하라고 했어요. 그때까지는 38선이 있어도 왔다 갔다 하였지만 그 이후에는 38선이 막혀서 그것이 아버지와의 마지막이 되었어요.

가슴 아픈 사연이군요. 그러면 그때가 언제인가요?

그게 해방되던 해인 1945년 10월이지요. 그리고는 다음해 1월 보름에 상원사에 가서 한암 스님에게 사미니계를 받았어요. 저희 스님이 저를 데리고 가서는 법당에 꿇어 앉아 계를 받는데, 다리가 저려서 계의 내용이 후반에 가니 아무 소리도 안 들어와요. 그래 그 계를 한암 스님이 다 일러주시고는, 그 다음에는 전부 일어서라고 그래요. 그리고는 노스님이 저를 보시고 "보문당, 야한테 절 받

아. 너의 수계 스님이다"라고 하셨어요. 이를테면 계는 당신이 설해 주시고, 수계사는 누구라는 것을 일러주신 것이죠. 그때 제 법명도 보문 스님이 정해 주셨어요. 경사 경(慶), 기쁠 희(喜)로. 보문 스님이 제 이름을 정한 것에 대한 설명도 하셨는데, 우리 말로 해석하면 아난존자가 '경'이라면서, 저보고 아난존자 그와 같이 되라고 하셨지요.

그날 점심밥을 먹고 나서 방으로 또 들어오라고 해서는 5계, 10계, 식차마나니계를 설명해 주셨어요. 그런데 제가 방에 들어가서는 한암 스님에게 "큰스님! 그만 꿇어 앉으라고 하세요. 다리가 저려서 너무 힘이 들어요. 그래야만 잘 알아듣지 않아요?"라고 했어요. 그랬더니 탄허 스님이 "하여튼 얘는 양반 뼈를 삶아 먹고 온 애"라고 한마디 하셨지요. 노스님께서는 "그래, 네 말이 맞다. 꿇어 앉으면 얼마나 발이 저리고 아프겠냐?"라고 하시면서 편히 앉으라고 하시더군요. 그래 제가 식차마나니계를 받을 때에는 편히 받았어요. 탄허 스님이 그 후에도 저만 보시면 "또 편히 앉아 계 받으려고 하느냐"고 하시면서 놀렸지요. 그때 옛날 스님들은 힘들다 하면 맞춰 주셨어요. 무조건 안 된다고 하시지는 않았어요. 그 장소에는 자비로운 지월 스님도 계셨어요.

계를 받으시고는 상원사에는 자주 가시지 않았나요?

지금 기억나는 것은 열여섯 살 때 한암 스님께 화두를 탄 일이 있습니다. 그게 계 받고 바로 며칠 뒤의 일이라고 기억되네요. 은사

스님이 저를 한암 스님에게 데리고 가서는 "스님, 애가 자꾸 저에게 엉뚱한 소리를 하니 화두를 하나 주세요"라고 했습니다. 그러니 한암 스님께서 저를 똑바로 쳐다보시면서 "네가 뭘 엉뚱한 소리를 하느냐?"고 하세요. 그래 제가 "답답해서 자꾸 물어도 저를 뭐라고 하세요"라고 대답 했어요. 이에 대해서 노스님이 "그래, 뭔가 의심이 나면 내가 가르쳐 주지요. '마삼근(麻三斤)' 화두를 줄테니 이를 잘 새겨 보아라"라고 하셨어요. 그런데 제가 마삼근 화두를 해도 마음만 답답하지 잘 안 되니까 다시 올라가서는 "스님! 답답하기만 하지 아무것도 안 나타납니다"라고 했어요. 그랬더니 한암 스님께서 무조건 해야 된다, 계속해서 해야 된다고 말씀하셨습니다.

그러면 지장암에서 공부를 계속하셨나요?

그런데 얼마 안 되어서 자꾸 공비가 나오고 야단이 나고 그랬어요. 그리고 우리 스님인 본공 스님은 해인사로 가서 선방 수행을 하겠다고 떠나시고. 그즈음 월정사에서는 강원을 크게 했어요. 그렇지만 저 같은 비구니들은 강원에 가서 공부하라는 소리는 없고 매일 감자밭만 매고 일만 시키는 거예요. 그래 제가 안 되겠기에 월정사 주지이신 이종욱 스님에게 항의를 하고서는 그길로 통도사로 도망을 갔어요.

당시 통도사 주지는 경봉 스님이셨는데, 저는 통도사에 가서 종욱 스님에게 편지를 냈어요. 월정사로 돌아가지 않고 여기에서 공부하겠다는 내용의 편지를 보내니, 종욱 스님이 경봉 스님에게

월정사 지장암의 비구니스님들. 이 스님들도 한암 스님의 가르침에 의해 수행하였다.

편지를 내서는 저를 잘 가르쳐서 월정사로 돌려보내 달라고 하셨어요. 그전의 옛날 스님들은 자기 산중에서 머리 깎은 스님들에 대하여 굉장히 생각해서 관심을 갖고, 보살피고 하셨어요. 지금은 오는지, 가는지 관심도 없지만요. 경봉 스님이 그러지 말고 월정사로 돌아가라고 그래요. 저는 종욱 스님에게 편지를 내기를, 저는 가면 시집살이만 살 터인데 월정사로 돌아가지 않겠다고 했지요. 이에 대해서 종욱 스님은 당신이 언제, 몇 월 며칠에 월정사에 내려오니 월정사로 오라는 답장을 저에게 보냈습니다. 경봉 스님이 가라고 하시니, 저는 어른 말씀을 안 들을 수가 없어 가기로 했어요. 경봉 스님은 급할 때 쓰라고 글씨 '쪼가리' 하나를 써 주셨어요.

그때가 여순반란사건이 터졌을 때인데, 사방이 막혀 오고 가지도 못해. 거기서 나와 다른 곳을 가려면 갈 수 있다는 무슨 '증'을 경찰에게서 받아야 했어요. 경찰서에 가서 그것을 얻어야 하는데, 경찰서 입구에는 총을 멘 군인과 경찰들이 지키고 있어 들어가지도 못할 분위기였죠. 저는 잘생긴 젊은 청년이 들어갈 때 그 뒤에 바짝 붙어 따라 들어가서 경찰에게 경봉 스님이 써 준 쪼가리를 내밀었지요. 그랬더니 그 경찰이 경봉 스님의 그 쪼가리를 두 손으로 치켜 들고 읽더라고요, 부들부들 떨면서. 그때 경봉 스님의 말이라면 산천초목도 짜르르 했어요.

하여간에 증을 얻어서는 이틀 만에 월정사로 들어갔더니 종욱 스님이 와 계셨어요. 저는 종욱 스님에게 스님의 명령으로 왔지만 딴 데로 가겠다고 말씀을 드렸더니, 당신이 알아서 할 터이니 가만히 있으라고 하세요. 종욱 스님이 주지로서 제 문제로 인해 대중을 치고 대중공사를 붙였어요. 저는 공사하는 방에서 죄인이라 고개도 못 들고 꿇어 앉았는데, 지장암 노장들이 난리예요. 종욱 스님께서 "본사 주지가 공사를 붙이는데 이러고 저러고 말이 없어야지요" 하시면서 "내가 지장암 대중에게 묻겠으니 답하시오. 쟤를 집으로 보내 줘라"고 그래요. 그러니 지장암 비구니스님들이 깜짝 놀라며 "그거는 안 됩니다" 그래요.

그런 후에 종욱 스님이 저에게 물었어요. "그러면 너에게 물어보자. 너는 어떻게 할 것인가?" 하세요. 그래 저는 "저는 공부를 못하게 하면 우리 집에 가지, 여기는 안 있겠습니다"라고 답하였습니다. 그때 제 심정은 죽기 아니면 살기였기에 그리 답한 것이지요. 그랬더니 종욱 스님과 영암 스님이 좋은 얼굴로 저를 쳐다보시더라고요. 그 두 스님이 지장암 대중들을 설득하셨어요.

제가 딴 데 가지 않고 월정사에서 배우겠다고 하였더니, 종욱 스님이 월정사 교무스님을 불러서 저의 공부에 필요한 석유 기름, 공책, 연필 등 일체를 대주라고 명을 내렸어요. 그리고는 저에게 바로 강원에 공부하러 나오라고 말씀을 해주셨어요. 그리고 지장암 비구니스님들에게 "지장암 대중은 쟤를 강원에 공부하도록 보내주겠느냐?"고 물었습니다. 주지스님이 그러시니까 지장암 대중들도 꼼짝못하잖아요. 그래도 지장암 노장들은 "지장암은 일이 많은데 일을 해야지, 안 하면 안 돼"라고 했어요. 그래서 저는 "일은 하겠습니다. 제 일은 밤을 새워서도 하고, 그러면서 배우겠습니다"라고 답했지요. 그때부터 저 혼자 지장암에서 월정사 강원에 다니면서 공부했는데 그것이 제가 처음이었어요.

입산 출가 초기에 공부에 대한 열정이 대단하셨군요. 그러면 공부는 지속되었나요?

그러지를 못했어요. 얼마 안 되니 세상이 뒤숭숭하고 오대산 일대에서도 이상한 기운이 돌기 시작했어요. 그때가 6월인가? 콩밭을 매는데 동네 할아버지가 저더러 오라고 하더니, 오늘 열두 시 이후부터는 강릉 대관령의 안쪽으로 세상이 거꾸로 돌아가니 조심하라고 그래요. 제가 지장암 노장스님들에게 그 말을 전하였더니 그런 것 없다고 그래요. 동네 사람들에게 그런 말을 몇 번 들은 후, 어느 날 밤 열두 시에 공비들이 나타나서 저희들을 불러 놓고서는 김일성 만세를 부르게 하는데, 천지강산에 그런 법이 어디 있어요? 굉장했어요.

저는 답답하고 못 견디겠기에 새벽에 상원사를 올라갔어요. 갔더니 노스님이 가만히 앉아 계시더라고요. 노스님에게 가서 살짝 인사를 하고는 "이만저만해서 제가 왔습니다"라고 말씀을 드렸더니, 노스님께서 "야 야, 아무 말도 말고, 숨도 크게 쉬지 말고, 가만가만해서 빨리 지장암으로 내려가거라. 여기는 머슴까지도 다 이상하더라, 제 정신이 아니더라. 잘못하다가는 네가 오래 살려고 절에 왔는데 잘못될지도 모른다"고 하시더군요. 제가 그 소리를 들으니 얼마나 겁이 나는지요. 그래 한암 스님께 인사를 하고 돌아서는데,

뒤에서 누가 내 목을 꽉 붙잡는 것 같아요. 얼른 걸어서 지장암으로 돌아왔어요. 지금 생각은 어른들은 한암 스님처럼 자비해야 한다고 봅니다.

그때 제가 열아홉 살이었는데 그때 생각은 이 세상에서 나는 죽지 말고 꼭 살아야 한다는 것이었어요. 그리고 6·25가 나기 전인 음력 2월 20일경, 저희 오빠들이 이북에서 피란을 나왔어요. 저희 집안의 오빠들은 일본, 중국 등지로 공부를 한 사람이 많았는데 그들 대부분이 피란을 하였어요. 한 오라버니는 인천에서 여학교 교사를 하다 그만두고, 국방대학원에 가서 군인이 되어 그때에 대령이었어요. 그 오빠가 저를 찾아 오대산으로 와서는 영암 스님, 원의범 교수에게 조금은 무시를 주고, 유교 집안에서 자라서 스님들을 중이라고 부르면서 좀 그랬어요. 그것은 저를 꼬드겨서 중을 만들었다는 분풀이가 있어서 그랬던 것 같은데, 제가 오빠에게 그러지 말라고 부탁을 했지요.

혹시 그즈음 지장암 스님들이 한암 스님을 어떻게 표현했는지 기억하십니까?

그때 지장암에는 할머니 스님들이 주로 있었고, 기린선원이라고 하지만 참선하시는 분들은 몇 분 안 되었어요. 그때 비구니스님들은 한암 스님을 무조건 믿었어요. 일제강점기에 만공 스님이 지장암에 간혹 오셔서 한암 스님에 대하여 "그 스님은 율사에다가 선사에다가 학자이다. 그 스님은 세 가지를 다 겸한 스님이다"라고 하

365
—
경
희
스
님

신 것이 지장암 대중들에게 다 전달되었어요. 저의 은사인 본공 스님은 만공 스님 회상인 견성암에서 공부를 하였으면서도, 저에게 견성암엔 가지 마라, 간월도에도 절대 가지 말라고 하셨어요. 이유도 말하지 않고. 그리고는 한암 스님이 도인이라고 하셨지요.

비구니스님들도 상원사에서의 안거 법문에는 참여했다는 말을 들어 알고 있습니다.

그렇죠. 주로 본공, 인홍 스님이 올라가셨죠. 저도 사미니이니 두 번인가를 따라서 올라갔어요. 노스님은 해제할 때에는 꼭 새벽에 법문을 하세요. 아침 예불하고, 법문하고, 공양하고 산중 대중이 내려오죠. 결제시에는 사시 마지를 올리시고 법문을 하셨어요.

혹시 한암 스님에게 질문한 것이라든가 특별한 대화가 있었으면 소개하여 주시죠.

제 기억에 옛날 스님네는 자신을 칭할 때 '스님' 소리를 안 하고 '중'이라고 했어요. 저는 그 말을 듣기 싫어했어요. 자기가 자기 스스로를 낮추어 '중'이라고 하는 것이 싫었어요. 그래 제가 한암 스님에게 "스님, 자꾸 중, 중 하십니까? 저는 듣기가 싫어요"라고 반문하고 그랬어요. 그러면 한암 스님께서는 "그래, 아한테도 배워야겠구나" 하시면서도 항상 "우리 '중'은 겸손해야 하고, 부지런해야 하고, 잠을 적게 자고, 열심히 정진해야 한다. 정진하는 도중에도 우리 '중'은 무식해서는 안 된다"라고 말씀을 하셨어요. 그래 저는 이 말씀을 평생 갖고 살았어요. 제가 한암 스님 말씀을 평생 안고 살기 때문에 한번도 아침 예불 절대 안 빠집니다. 항상 경책을 듣고 독경하고 살아요. 제가 후에 해인사에 잠시 가 있었는데, 그때가 대처승 시절이에요. 강원도 없이 배우고 그럴 때이지만 비구스님들과 같이 어깨 너머로『화엄경』을 배우고 그랬어요.

스님은 한암 스님과의 만남이 참으로 뜻 깊은 인연이시군요?

처음 입산해서 '중'이 될 적에는 큰 산중의 옳은 어른을 만나야 된다는 마음을 갖고 삽니다. 그래 우리 상좌들에게도 큰어른을 평생을 모시고 살라고 합니다.

월정사 산중 스님들은 정월 초하루에 보궁 참배를 한다고 들었어요.

초하루에는 산중 스님들이 다 올라갑니다. 눈이 무릎까지 빠져도 올라갑니다. 가서는 한암 스님께 세배 올리고 나서 적멸보궁에 참배합니다. 그리고 내려와서 상원사에서 점심을 먹는 게 전통입니다. 또 한암 스님 생신 때에도 다 모였어요. 그때에도 월정사 산내 대중들은 안 빠지고, 주로 서울에 계시는 지암 스님도 꼭 내려오시죠. 저는 그 옛날에는 그것이 법인 줄 알았어요. 그때는 공부를 많이 안 해서 잘 몰랐어요. 지금도 저는 좋은 것만 기억하는데, 대중이 많이 모이니 참 좋더라고요.

설날 전에는 특별한 것을 하지 않았나요?

월정사는 딴 데보다 설 전에 하는 행사가 특이합니다. 설날이 되면 1주일 전에 월정사 산내 대중이 모여요. 모여서는 1주일간 관음예문을 하며 부처님께 기도합니다. 기도를 하면 아침마다 대중이 세 시간씩 기도하고, 염불하는 것을 가르칩니다. 그믐날에는 각 단에 모두 마지 올리고, 초하룻날에는 부처님께 마지를 올리고, 그래서 설날에는 아침을 먹고 나서 거기서 걸어서 상원사로 올라갔어요.

한암 스님은 승가 5칙을 철저히 가르치셨다고 하지요?

제 이야기가 바로 그겁니다. 그것을 얼마나 주장하셨는지 몰라요. 그것 못하면 중노릇 하지 말라고 하셨지요. 노스님은 "무조건 해야 된다, 부지런해야 된다, 중은 게으르면 못쓴다"고 가르치셨어요.

한암 스님은 근검절약을 강조하셨습니다. 겪은 일이 있다면 알려 주세요.

저희가 상원사에 올라가면 노스님은 "물 한 바가지 조금 더 부어라"라고 하셨어요. 이는 죽을 끓이는 데 죽 양을 늘리려고 그리한 것입니다. 저는 이것이 버릇이 되어서 지금도 그래요. 한암 노스님이 물 한 바가지 더 부으라고 노래 삼아 그러셨어요. 그리고 그 당시 나물을 뜯어 오면, 파란 쪼가리까지 먹게끔 집어넣어야 돼요. 그것을 버리면 안 되었어요. 그런 어른 밑에 살다 보니 지금도 그렇게 아끼는 거예요. 큰 산중에 큰스님 밑에서 살다 보니, 그거 하나

그리운 스승 한암 스님

는 지키면서 살고 있어요. 그때 노스님이 하도 그러시니까 지월 스님이 노스님 뒤를 따라다니면서 "스님, 제가 직접 하겠습니다"라고 했어요. 지월 스님은 늘상 "소승이 하겠습니다"라는 말씀을 하신 분인데, 지월 스님은 보살행을 하셨지요. 그리고 한암 스님은 그와 같이 자비했어요. 한암 스님의 자비는 누가 따라갈 수 없어요. 우리가 처음에 지장암에 들어가면서 보면, 평상시에 지월 스님과 보문 스님이 한암 스님을 의지하던 스님으로 보이더군요.

스님은 지장암에 오래 계시지는 않았지만 당시 오대산에서 수행하던 수좌들이 생각나시죠?

글쎄요. 제가 지금도 기억나는 스님은 자운 스님입니다. 그때 자운 스님이 노스님을 모시고서 10여 명과 함께 『범망경』 살림을 1주일간 했어요. 저도 그때 발우 펴는 법, 숟가락 닦는 법, 가사와 장삼을 입고 개는 법을 배우기 위해서 올라갔어요. 그런데 그것을 마치고 수료증인가 무슨 증을 주는데 저는 전적으로 참여하지는 않아서 못 받았지요. 섭섭해서 한암 스님께 왜 저는 안 주느냐고 항의했어요. 노스님이 저에게 법을 잘 모른다고 하시자, 자운 스님이 저에게 몇 살인지를 물었어요. 그래 제가 열아홉 살이라고 하니 그것은 만 스무 살이 넘어야 받는 것이라고 하셨어요. 그래 저는 자운 스님에게 "저는 후일에라도 스님에게 이것을 꼭 받겠습니다"라고 했어요. 그때 제가 어린 마음에 상처가 조금 있었어요. 자운 스님이 나하고 약속을 했어요. 비록 6·25사변이 나서 쫓겨 나왔지만.

상원사에 불이 나고 다시 불사할 때 참여하셨나요?

불이 난 것은 정미년인데, 상원사가 불바다가 되었지요. 그것을 다시 지을 때 애를 먹고 지은 것이에요. 그것 할 때 산중의 대중이 전부 흙 한줌이라도 이고 지고 다녔어요. 그때는 차가 없으니 전부 걸어서 다녔기에 고생했어요. 저도 월정사에서 큰 기왓장 한 장을 지고 다녔어요. 그때 희섭 스님은 정해년에 스님 되려고 입산한 더벅머리 총각 시절인데, 키가 크고 힘이 얼마나 센지 쌀 두 가마니도 번쩍번쩍 들고 그랬어요. 제가 기왓장이 커서 무거워 힘들다고, 희섭 스님에게 제 것도 같이 올려 달라고 부탁하면 그것을 덜렁 함께 지고 올라가고 그랬어요. 지금도 오대산 이야기를 하면 오대산의 역사와 기억이 활동사진처럼 지나가요. 더욱이 그때는 한창 예민할 때이니 모든 것이 뚜렷해요. 을유년에 해방이 되고, 병술년에 지장암에서 중이 되고, 정해년에 상원사에 불이 난 그것은 바늘로 꿰는 것이에요.

경희 스님의 은사인 본공 스님도 한암 스님을 존경하셨지요?

우리 스님(본공)은 이 세상에서 제일 존경하는 분이 한암 스님입니다. 우리 스님이 금강산에서 열아홉 살에 삭발하고 입산 출가하여 공부하시다가, 그곳 마하연에 오신 송만공 스님의 법문을 듣고서는, 뭣인가 잃어버린 물건을 딱 찾는 심정으로 만공 스님의 법문이 느껴졌대요. 그래 은사스님에게 만공 스님을 따라 남방으로 가겠다고 하니 못 가게 하자 얼마 후에 만공 스님을 찾아 금강산에

오대산 상원사. 한암 스님 수행가풍의 근거 사찰이다.

서 걸어 정혜사까지 왔다고 그래요.

그런데 돈이 없이 정혜사에 갔으니, 처음에는 공양주를 살라고 그랬답니다. 그래 이름도 공양주라고 했다고 그래요. 그런데 어느 날 우체부가 와서는 '서봉'이가 누구인지를 묻는데, 여타 스님들이 우리 절에는 그런 사람이 없다고 하였대요. 며칠 후에 그 우체부가 다시 와서 '서봉'을 찾는데, 저의 은사스님이 스스로 서봉이라는 것을 밝혀서 편지를 받아 보았다고 하더군요. 그런데 그 편지는 단순한 편지가 아니고 연구서인 논문을 속가 집에서 동봉한 것이었는데, 그것을 알게 된 만공 스님이 네가 이런 집의 딸이냐고 하여서, 그때부터 공양주를 면하고 견성암에 들어가 한철을 났대요. 그런 후에는 윤필암의 입승으로 보내서 그곳에서 몇 철을 났더니 만공 스님께서 한암 스님을 찾아가라고 하셨답니다. 그때 만공 스님은 본공 스님을 포함한 세 비구니(본공, 선경, 대현)에게 금강산을 참배하여 구경을 하고, 묘향산을 참배하고, 함경도의 칠보사를 보고, 이후에 오대산의 한암 스님을 찾아가라고 하셨다고 그래요.

그래서 그 전부를 구경하고 강릉을 거쳐서 매봉령으로 해서 고개를 넘어 상원사로 오는데 눈이 엄청나게 와서 길을 알 수 없었다고 해요. 비구니스님들은 우리는 죽었다는 심정이었는데, 비구니스님 앞에 난데없이 하얀 강아지가 나타나 길을 안내해 주더랍니다. 강아지가 인도해 주는 대로 죽으나 사나 따라오니 강아지는 없어지고 상원사 대종소리가 나고, 신선거리가 보였다고 본공 스님이 저에게 회고해 주셨어요. 어둑어둑할 때에 상원사에 와서는 한암

(昭和十八年七月六日)

宋滿空大和尙

還迎記念

陽養宗

○○座

지장암의 비구니스님들(1943. 7. 6). 만공 스님의 지장암 방문을 환영하면서 촬영하였는
데, 앞줄 가운데 중앙이 만공 스님이고 뒷줄 우측 네 번째가 본공 스님이다.

스님을 친견하고 만공 스님이 써 준 편지를 드리니, 그걸 읽어 보신 한암 스님이 어떻게 이 눈 속에 오게 되었느냐고 물으셔서, 그 고생한 과정을 설명했답니다. 노스님이 그것은 강아지가 아니라 문수동자가 강아지로 화현한 것이라고 말씀하셨답니다.

노스님이 여기서 삼동을 나라고 해서 삼동을 나니, 월정사 스님을 불러 지장암에 선방을 짓도록 명을 하셔서 지장암에 선방을 꾸몄다고 했어요. 한암 스님이 본공 스님에게 써 준 게문을 제가 지금껏 보관하고 있어요.

스님은 지금도 한암 스님을 도인이라고 생각하시지요?

한암 스님을 도인이라고 하지 않는 사람은 사람이 아닙니다. 한암 스님을 큰스님이라고 하지 않으면 그거는 사람이 아닙니다.

경희 스님은 지금도 한암 스님이 그리울 때가 있습니까?

여기가 아니고 딴 절에 있어도 저는 정월 초하루가 되면, 북쪽에 대고 절을 했어요, 꼭. 그러면 본공 스님이 저의 고향도 북쪽이니 고향의 부모님에게 절을 하는 줄 아시고는 막 욕을 했어요. 중이 되어서 속가 부모에게 절하는 줄로 아시고요. 그러면 저는 "스님! 그것이 아니에요. 상원사 적멸보궁에 세 번, 한암 스님에게 세배하는 거예요"라고 답변하였지요. 그랬더니 우리 스님(본공)이 깜짝 놀라시면서 "내가 너보다 못하구나"라고 하시더군요. 그러시면서 5대 보궁의 첫 번째가 통도사 보궁이니 통도사를 먼저 다니고,

후일에 길이 좋아지면 상원사 보궁에도 다니라고 말씀하셨지요. 그래 저는 경부고속도로가 나고서는 매년 초하루가 되면 늘 통도사에 천하없어도 다니거든요. 보궁도 참배하고, 통도사의 큰스님들에게도 인사를 했지요.

지장암에 계실 때에는 정월에 인사를 드리지 않았나요?

저는 초하루나 보름이면 누구에게 욕을 먹든지 꼭 상원사에 갔지요. 그때 저는 절에 있기가 싫었어요. 그래서 상원사의 한암 스님에게 가서는 "스님, 절에 있기가 싫어요. 저는 스님들이 무지하고, 무엇을 물으면 언변의 첫마디가 욕부터 나오고, 아무것도 안 가르쳐 주는 것이 싫고, 하도 답답해서 못 있겠어요"라고 여쭈었어요. 그랬더니 한암 스님께서 "그래, 중노릇을 하려면 무조건 참아야 되느니라. 따지면 아무것도 안 된다. 그렇지 않으면 꼭 살 이유가 없다"고 하셨어요. 그것을 지금까지 기억하고 실천하고 있어요. 특히 참는 것은 우리 상좌들에게 반드시 지키라고, 지켜야 한다고 가르칩니다. 한암 스님이 돌아가신 날(음력 2월 14일)이 되면 꼭 월정사를 갔어요. 지금은 건강이 좋지 않아 안 다니지만.

지금은 한암 스님을 어떻게 여기시나요?

저는 항상 부처님 다음으로 한암 스님을 모시고 있거든요. 어떤 스님은 한암 스님을 부처님처럼 여기기도 하지만, 저는 그래도 부처님이 먼저고, 그후에는 한암 스님을 생각합니다. 저는 제 상좌들에게 "너희는 한암 스님을 모르고 스님의 역사만 듣지요. 너희들은 그 스님의 행은 본 적이 없지만 그 스님의 행은 따라야 된다"라고 이야기합니다. 저는 그래요. 한암 스님은 부처님과 똑같다, 그래 부처님처럼 모셔야 된다고 해요.

혹시 한암 스님과 다른 큰스님들을 비교해 보신 적은 없나요?

제가 살고 있는 서봉사에는 큰스님들이 자주 오셨지요. 저희 은사스님인 본공 스님이 정화불사에도 참여하고, 전국의 유명한 선방은 다 다닐 정도였기에 큰스님들을 많이 만났어요. 그래도 저는 한암 스님을 제일 귀한 스님으로 보고 있어요.

제가 지장암에서 나와 통도사에 가 있을 때 부산의 향곡 스님이 계시던 묘관음사에 간 적이 있어요. 그 시절에 성철 스님도 향곡 스님과 함께 계셨지요. 6·25사변이 나기 전이지요. 부산에서 도인이 나타났다고 많은 사람들이 몰려가고 해서, 저도 그때 간 일이 있었어요. 그런데 제가 그때 느낀 것은 제가 모시던 한암 스님과는 딴판이었지요. 한암 스님은 늘상 웃고 자비로운 인상이었는데 성철 스님과 향곡 스님을 뵈니 여러 면에서 알 수 없는 면이 있더라고요. 법거량을 하는지, 하여간에 떠들썩 왁자지껄하고 후학을 지도하는 것이 무서웠어요. 제가 그때 열여덟 살이니 얼마나 예민할 때였습니까?

그래도 긍정적인 면도 있지 않았나요?

저하고 향곡 스님 사이에는 좋은 추억이 있습니다. 향곡 스님은 아직도 마음으로 존경하고 있어요. 본공 스님이 묘관음사에서 몇 철 나실 때는 1주일간 가서 비구스님들 빨래도 해 드리고 그랬어요. 그때 묘관음사에서 한번은 향곡 스님이 저를 부르시더니 제 화두를 고쳐 주신다고 그래요. 그것은 제가 경전만 공부하고 참선을 열심히 안 했기 때문에 은사스님이 향곡 스님에게 부탁을 한 결과였어요. 참선만 할 수 있도록 말입니다. 그러나 저는 향곡 스님에게 하루에 한 번씩은 자나깨나 꼭 '마삼근' 화두를 하니 1년이면 365번은 한다고 총알 치듯이 답변했어요. 그랬더니 향곡 스님이 기겁을 하시더라고요. 또 본공 스님도 향곡 스님이 그래도 큰스님이니 고개를 숙이고 배우라고 그러시니 어찌합니까? 그래 법당에 가서 절을 500번 하고서는 그만 하겠다고 나오니, 향곡 스님이 법당으로 나오셔서 저에게 "네가 부처님 경전을 다 보았다는 소리를 들었다"고 하세요. 저는 "제가 부처님 경전을 본 것이 아니라, 모르기 때문에 배웠습니다"라고 말씀드렸지요. 이는 저의 마음에는 향곡 스님의 말씀이 도저히 들어갈 틈이 없음을 말하는 것이지요. 당시 저는 향곡 스님에게 한암 스님으로부터 받은 화두를 안 고친다고 분명히 말씀을 드렸지요.

그후에 한번은 갔더니 향곡 스님이 솔직히 말씀을 하시더군요. 그건 "네가 경을 배웠다고 하는데, 나도 역시 선방을 다녀서 힘을 얻었다고 하지만 부처님 경전을 안 보고서는 안 되겠더라. 그러니까 성철 스님이 맨날 책을 들여다 보았지요. 성철 스님이 책을 안

경희 스님이 해인사에서 자운 스님을 계사로 비구니계를 받을 때의 모습(1966. 9. 1). 앞줄
의 스님이 구산, 자운 스님이고 뒷줄 중앙이 경희 스님이다.

보고 성불했다고 하지만 천만에 말씀이다. 내가 너에게 솔직히 이야기 한다"는 말씀을 하셨어요. 그렇게 말씀하시니 저는 그 이후부터는 향곡 스님을 숭배했어요. 그때 향곡 스님은 성철 스님은 책만 갖고도 도인이 된다고 하셨어요.

지금에 와서는 선방에서 참선하는 것과 경전 보는 것을 어떻게 여기시나요?

제 생각에는 상원사에서부터 참선을 하고 그 여가에 부처님 경전을 보았던 한암 스님의 전통을 되살렸으면 하는 바람을 갖고 있습니다. 그 시절 상원사에서는 새벽 세 시에 일어나 예불하고 참선을 하고, 방선 뒤에는 관음예문을 하고, 천수를 치고, 예식을 가르쳤어요. 그래서 오대산에서 나온 사람은 예식 못 하는 사람이 없어요. 나도 지금 어산까지도 봐요.

한암 스님의 정신이 계승되지 않은 것을 어떻게 보아야 하나요?

그것이 제일 한이 많아요. 옛날의 본사에서는 큰스님의 법력이나 지도를 받아서 그 정신이 안 끊어졌어요. 그런데 한암 스님의 선사상과 계율에 대한 정신 등 이런 것들이 지금 단절되고 있어요. 사람이 중간에 없었다는 게 서글퍼요. 지금 월정사에서 한암 스님의 정신을 추모하기 시작한다고 하지만, 한암 스님의 수행, 지혜, 덕망, 계율, 학식 이런 것을 누구인가가 승계해야 됩니다. 제가 어린 마음에 배워서 그런지 저는 항상 한암 스님을 존경하는 마음을 갖고 있어요. 한암 스님의 문도들이 추모하는 일만 할 것이 아니라 그것을 누군가가 승계해야 된다고 봐요.

한암 스님의 말씀 중에서 가장 기억나시는 것은?

한암 스님은 "부지런해라, 아껴라, 신심이 있어야 한다, 근검해라, 정진해야 된다"라고 말씀을 하셨지요. 그것 안 하려면 나가라는 말씀입니다. 무조건 해야 된다고 하셨거든요. 이게 얼마나 무서운 소리입니까? 지금도 저는 꼭 무조건 해야 한다는 말을 상좌들에게 합니다.

오늘 스님의 가슴속에 묻어 둔 귀한 회고, 증언을 해 주셔서 고맙습니다.

하루 빨리 한암 스님의 정신이 구현되기를 고대합니다.

대중 화합을
으뜸으로 삼으신 스님

진관 스님

● 대담 일시_ 2005년 1월 26일
● 장소_ 진관사(서울)

월정사 지장암 출가
견성암, 구층암에서 수행
진관사 주지
전국비구니회 부회장
진관사 회주

스님의 올해 춘추는 어떻게 되시며, 고향은 어디신가요?

나는 올해 우리 나이로 일흔일곱이에요, 고향은 서울이고.

그런데 어떤 인연으로 오대산과 인연을 맺게 되셨나요?

선학원에서 만공 스님이 보살계, 비구니계를 설하셨는데, 마침 인홍 스님도 오셨지요. 내가 인사를 했더니 오대산에 한번 올라오라고 그러서. 그래 내가 "예, 가겠습니다" 했지요. 인홍 스님은 "오대산에는 도인스님이 계시니 한번 와 가지고 도인스님도 친견하라"고 그랬어요. 그래서 가게 된 것이지요.

그러면 우연한 기회에 오대산으로 가게 되셨군요?

지장암에 갔는데, 그때는 출가가 뭔지도 모르고 갔지요. 버스를 타고 월정거리에 내렸는데, 거의 저녁이 되었어요. 내리니 월정사 들어가는 차가 있나? 혼자 월정사를 찾아 걸어 들어가는데 전나무가 좍좍 벌어진 것이 꽉 찼는데 기가 막히더라고요. 그해가 해방 이듬해인 1946년, 음력으로 9월인가 10월인데 내가 여기를 혼자서 걸어갈 수 있나 하고 생각하고 있는데, 마침 상원사로 나무를 싣고 다니는 나무차가 있어 그 차를 타고 들어갔지요.

월정사를 거쳐 바로 지장암으로 가셨나요?

그렇죠. 인홍 스님이 월정사로 오면 바로 지장암으로 찾아오라고 하셨거든요. 바로 지장암으로 들어갔지요. 지장암에 가서 스님

월정사 지장암에서 한암 스님의 수행가풍을 배우고, 그를 평생 동안 실천한 인홍 스님과
진관 스님(오른쪽).

에게 인사를 드렸지요. 그 무렵 지장암에는 비구니 대중들이 20명 가까이 있었어요. 상주 대중이 많았어요. 열대여섯 명 있었지요. 인홍 스님이 주지이고, 인홍 스님의 은사인 정자 노스님, 성도 스님 인가 하는 노장도 계시고. 진복이라고 내 사형스님도 계셨지요. 대구 서봉사에 계시는 경희 스님도 나보다 먼저 중이 되어 있었지요.

그러면 어떤 계기로 출가하셨나요?

거기서 며칠 있었는데, 인홍 스님이 하루는 "네가 그냥 머리 깎으면 어떠냐"고 그래요. 그래서 제가 "저는 아무 준비도 없이 왔는데요?" 하니, 인홍 스님께서 "준비는 여기서 해 주면 되지." 그래서 그 다음날로 머리를 깎았어요.

그러면 한암 스님은 언제 처음으로 뵈었나요?

그런데 내가 머리 깎고 얼마 안 있어 인홍 스님을 따라 상원사에 올라갔어요. 그때 비구니스님 몇 명이 함께 갔는데, 상원사에 가자고 해서 따라가서 한암 스님을 친견하였는데, 한암 스님을 뵈니 틀니를 하셨기 때문에 말씀을 하는데 이가 딸각딸각하거든. 그래 나는 무엇을 여쭈어 보지도 못하고, '도인은 저렇게 딸각 소리가 나는구나' 그렇게 생각했지요.

한암 스님을 처음 뵌 인상은 어떠하였으며, 그때 스님에게 들으신 말씀은 없었나요?

그 스님을 뵐 때 내 느낌은 자상한 할아버지 같은 인상을 받았어요. 그리고 한암 노스님을 뵈러 갈 때에 우리 스님이 내가 쓰고 있던 안경을 벗게 했어요, 젊은 사람이 안경을 쓰면 건방져 보인다고. 안경을 벗고 노장님을 뵈러 가서 인사를 드리니 "저 사람은 눈이 좋지 않은 것 같은데" 하셨어요. 그래 인홍 스님이 "안경을 벗게 했습니다"고 하니, "눈 나쁜 사람은 안경을 쓰게 해야지, 왜 안경을 벗게 하느냐?"고 말씀하셨어요.

머리를 깎은 지 얼마 되지 않아 한암 스님을 친견하는 것은 예사롭지 않습니까?

인홍 스님이 나를 한암 노스님에게 소개시키려고 그랬던 것 같아요. 내가 입산한 후에 월정사에 소문이 파다하게 나기를, 서울서 온 신여성이 출가하였다는 말이 많이 났지요. 내가 이런 말을 하면 그렇지만 인홍 스님이 나를 끔찍하게 생각했거든요. 그리고 그런 말을 많이 들었어요. 나는 '묵은 중' 같다고. 그때 영암 스님이 월정사 총무였는데, 영암 스님이 나에게 당신이 입던 누더기를 벗어 주면서 "진관이는 묵은 중 같다. 이것 네가 입어라"라고 하셨지요. 그때 같이 머리 깎은 진영이라고 있었는데, 그이와 함께 노스님을 친견했어요. 그이는 지금은 중노릇 안 하지만.

계는 어디에서, 누구에게서 받으셨나요?

상원사에서 받았지요. 한암 스님이 결제 법문을 하시고 나가

상원사 시절, 한암 스님의 가르침을
회상하는 진관 스님.

시면 그후에 계를 받을 사람들이
올라가서 받았는데, 나는 탄허 스
님이 사미 10계를 일러 주셔서 받
았지요.

**제가 알기로는 지장암 스님들도 결
제, 해제 때에는 한암 스님 법문을
들었다고 알고 있습니다만.**

그랬어요. 그때 한암 스님이
법문을 하시면 산내 대중들이 거
의 들으니 한 80여 명이 들었어요. 지장암 비구니들은 몇 사람만
갔어요. 그런데 세월이 오래되어 법문 내용은 기억이 나지 않아요.
듣기는 들었는데 기억이 안 나. 내가 그걸 다 기억할 것 같으면 벌
써 도인이 되었지요.

상원사에서 비구니스님들이 숙박도 하였나요?

상원사에서 자는 일은 없었어요. 비구니가 자는 것은 있을 수
없고, 다만 보살들은 한철 나고 그랬어요. 우리 이모님이 나를 찾
아 오셔서 상원사에서 한철 났어요. 그런데 중간에 며느리가 죽었
다고 전보가 왔어요. 원주가 그것을 한암 스님께 드렸지요. 그런데
노스님은 그것을 이모님에게 전해 주지 않고 해제하고 나서 전해
주셨지요. 해제하고 나서 전해 주면서 "이런 것이 왔는데, 결제 중

이라 내가 안 가르쳐 주었다. 가 봤자 며느리는 벌써 죽고 초상을 치렀을 터인데" 하고 말씀하셨지요.

지장암은 상원사 영향을 받았으니 한암 스님 가풍을 들으실 기회가 있지 않았나요?

한암 스님의 가르침은 내가 들은 것이 있기는 하지요. 한암 스님의 말씀은 "공부를 하는 데는 화롯불의 재를 들쑤셔 봐서 불씨가 하나도 없이 다 꺼진 재라야 된다"는 것이었어요. 이는 중노릇을 하는 데에는, 화로의 재에 그런 불씨가 조금이라도 있으면 안 된다는 말이지요. 그러니까 다 식은 재라야 공부를 제대로 할 수 있다는 것이에요. 불씨가 있으면 다시 불이 살아나니까 안 된다는 것이지요. 다시 말하면 중노릇 하려면 마음을 비우고, 하심을 해야 된다고 하셨어요.

그러면 그 말씀을 들을 때에 한암 스님의 뜻을 바로 알아들으셨나요?

그때는 그게 무슨 소리인가 그랬는데, 내려와서 인홍 스님에게 여쭈어 보니 설명하시는 말씀이 "공부하는 사람은 다 식은 재가 되어야 한다. 불씨가 도로 살아날 수 있지 않겠느냐?"라고 해 주셔서 조금 이해가 되었지요.

그리고 한암 스님은 근검절약도 유명하지 않습니까?

어쨌든 내가 아는 한암 노스님은 물건을 아끼기로 유명한 분이에요. 콩나물 찌꺼기를 버리지 않을 정도로 물건을 아끼셨어요. 그때 시절만 하더라도 상궁들이 좋은 방석, 옷을 해다 드렸어요. 그러면 그 방석을 안 깔고 계시다가 하시는 말씀이 "복이 암만 많아도 복을 아껴야 된다"고 하셨어요. 그러니까 복을 아껴라, 그리고 중은 괜히 중 된 게 아니지 않느냐고 말씀하셨어요.

그런 말씀을 어떻게 들으셨나요? 저는 그것이 궁금해요.

우리 인홍 스님은 가끔 한암 스님을 뵈러 올라가거든요. 그러면 꼭 나를 데리고 같이 갔어요. 그래 내가 들어 알고 있지요.

한암 스님은 절 마당에 쌀 한 톨이라도 있으면 주우셨다고 하지요?

그것만이 아니라고. 상원사 옆에 개울이 있잖아요. 그 개울물에 배추 이파리가 떠내려가거든요. 그러면 노장스님이 그러셨어요. 이것은 중이 사는 동네가 아니라고 그러셨어요. 푸른 이파리를 떠내려가게 하니.

월정사 스님들은 설날이면 상원사로 올라가서 한암 스님에게 꼭 세배를 했다고 그래요. 지장암 비구니스님들은 어떻게 하셨나요?

정월 초하루면 지장암 비구니스님들도 전부 적멸보궁을 참배하고 노스님에게 세배를 했지요. 지금은 안 그렇지만 옛날에 월정사는 섣달 그믐날이면 월정사 마당에 새 멍석을 깔고 다 모여서 중앙 단에 큰 시루에 쪄서 떡을 올리고 중앙 불공을 크게 하고 그랬어요. 그러고는 떡국을 끓여서 산중의 대중들이 다 내려와서 떡국을 먹었어요. 절을 지키는 대중은 양동이에다 떡국을 담아 주고 그랬지요. 초하룻날에는 세배를 하러 가지요. 한데 모여서 30명이고 40명이고 죽 줄을 지어서. 그러면 영암 스님은 제일 뒤에서 따라가셔요. 앞에는 주지가 가시고. 그때 주지가 이종욱 스님이었지요. 종욱 스님은 지장암에 오셔서 내가 친견했지요. 나에게 "저, 진관이는 묵은 중 같으다. 뭐 좀 먹을 것을 많이 줘라"라고 하셨어요. 종욱 스님도 이제는 돌아가시고, 원주 비구니절의 인전 스님이라는 스님도 월정사 지장암에 있던 스님인데 다 돌아가셨지요.

그래 보궁을 향하여 눈을 헤치고 걸어가다가 뭐가 발에 밟혀서 보면 다래야. 파란 다래를 주워 가지고 올라가서 한암 노스님께 드리거든. 그러면 노스님이 "나는 여태까지 여기 있어도 이런 것은 몰랐는데 진관이가 이런 것을 갖다 주었다"고 말씀하시고 그랬어요.

지장암 비구니스님들이 한암 스님을 평한 것이 있나요?

나는 오래 있지도 않았고, 그런 것도 모르고 지냈어요. 왜냐하면 보시다시피 내가 거북하게 생겼잖아? 그러니 내 옆에 와서 이야기를 해 주는 스님이 없어요. 지금도 그래요.

한암 스님에게 개인적으로 공부에 대해서 들으신 것이 있지요?

진관이는 경 배우지 말고 참선을 하라는 말씀이셨어요. 탄허 스님에게는 경을 조금 배웠는데, 탄허 스님은 저에게 경을 가르치시면서 "진관이는 이 다음에 일대 강사가 되겠다"고 했어요. 뭘 총명하게 잘 알아듣는다고. 그러나 한암 노스님은 경을 배울 게 아니라, 참선하는 사람은 『초발심자경문』도 안 보는 게 좋다고 그러셨어요. 나는 한암 노스님 말씀이 신빙성이 조금 있는 것 같아서 탄허 스님에게는 그냥 초심 같은 이런 것만을 배우고 왔다 갔다 했고, 참선하는 게 옳다 싶어서 견성암 선방에 가서 있었지요.

지장암에는 얼마나 계셨나요? 상원사 불나는 것은 지켜보셨나요?

지장암에는 1년 반밖에 안 있었고, 상원사 불나기 전에 나왔지요. 견성암에 가 있다가 1·4후퇴 때에는 지리산 쌍계사 국수암에 있었어요. 만성 스님, 지명 스님 그런 스님들하고 거기 있었어요. 거기서 한철을 나고 그 위의 구층암으로 올라가서는 법희 스님과 같이 있다가 바로 수덕사로 갔지요.

한암 스님 말씀에 의거해 참선 수행을 하셨는데, 지금에 와서도 한암 스님의 가르침을 신뢰하시나요?

그렇지요. 나는 지금도 한암 스님의 말씀을 믿어요. 여기 진관사에서도 매일 아침 30분은 꼭 대중을 데리고 앉아요. 내가 해 보니 경전도 그렇지만 나는 자기 마음을 보면 경전도 볼 수 있다는 느낌이 찰떡같이 배겨 있는 사람이에요.

스님은 한암 스님과의 인연이 보통이 아니시군요?

　　지금은 용맹정진 안 하지만 만공 스님의 정신이 스며 있던 견성암 선방에서는 대중이 100여 명이 모여 앉아 참선을 했어요. 지금 견성암 새로 지은 것 말고 산 맨꼭대기에 한식집으로 된 견성암이 있었거든요. 거기에서 수행을 치열하게 7, 80명이 모여서 했어요. 일엽 스님이 입승 살 때 했지요. 지금 수원 화운사에 지명 스님이라고 있어요. 이 절은 보천교 차천자의 목재로 지은 절인데, 중간에 사람이 많이 바뀌었어요. 지금은 김지명 스님이 들어가서 불사도 많이 하고 안정이 되었지요. 지명 스님은 정진에 안목이 열렸다고 하는 스님인데, 그런 스님들하고 다 같이 있었어요.

한암 스님이 입적하셨다는 것은 어디에서 들으셨나요?

　　수덕사 견성암에서 들었지요. 6·25사변 때에. 지금은 개방적이지만, 그 시절에는 절에 결혼식이 하나 들어오면 노스님들이 젊은 비구니들을 다 방으로 몰아넣는 거예요, 보지 말라고. 그리고 6·25사변 때에는 어디 가지 않고 그 산중에 그대로 있었어요. 혹시 무슨 사고라도 날까 해서.

한암 스님의 가르침이 가끔 생각나지 않으시나요?

　　한암 스님이 복을 아끼라는 말을 하셨지만, 요새는 그것을 실천하는 사람을 보지 못했어요. 한암 스님이 물건이 없어서 그리 한 것이 아니에요. 그것은 시주 은혜를 무섭게 알라는 말씀으로, 시주 은혜를 중히 여기라는 말씀이셨어요. 그때는 그 소리가 무슨 말인지 몰랐지요. 한암 스님이 그런 말씀을 하셨어요. "금생에 물 한 모금을 먹어도, 자기 마음을 못 밝히면 물 한 방울도 삭일 줄 모른다"고. 그러니까 시주 은혜를 무겁게 알아야 한다, 근검절약해야 한다고 하셨어요. 돌아가신 석주 스님이 이 진관사에 자주 계셨거든. 그 스님도 상원사에서 한철을 나셨는데 한암 스님 말씀을 많이 하셨어요. 한암 스님처럼 지계가 청정하고, 그런 분이 없으시다고. 또 한암 스님이 그런 말씀을 하셨어요. 문왕(文王)은 요를 안 깔고 잤다고요. 이 말은 복을 아끼느라고 요를 안 깔고 잤다는 말이에요.

요즈음에는 왜 그런 정신을 가르치시는 스님이 없나요?

　　예전에는 그런 말을 하는 노장스님들이 있었지만, 지금은 그런 말씀을 하는 스님들을 눈 씻고 보아도 한 사람도 찾을 수 없어요. 그때 시절은 팥 알갱이, 무 쪼가리, 쌀알 등이 시주물 은혜라는 것을 다 알도록 가르쳤어요. 그러니까 그때 중노릇은 그것을 실천하든, 안 하든 간에 머릿속에 박히는 것이지요. 그러니 지금 사람들하고는 안 맞지요. 암만 이야기해도 듣느냐 이 말이에요. 도리가 없어요. 왜냐, 아끼지를 않으니까요. 지금 쓰레기가 많이 나가는 것도 이유가 있는 거예요. 아끼지를 않고, 잔뜩 해 갖고 버리니 쓰레기로 나오는 것이지요.

道心堅固　須要見性
疑着話頭　如咬生鐵
長坐蒲團　莫脇著席
着佛祖語　常自慚愧
戒體清淨　莫穢身心
威儀寂静　莫慾暴亂
小語低聲　莫好戲笑
雖無人信　莫受人謗
常携乃菩帚　掃堂舍塵
道行無倦　莫飽飲食

右中峰禪師法語

應化二九七二乙酉六月十一日
漢岩書于五臺山上院寺

한암 스님의 유묵. 철저한 수행 정신을 강조한 중봉 선사의 법어인데, 한암 정신도 여기에서 나왔다.

한암 스님의 승가오칙, 중노릇 다섯 가지를 잘 알고 계시지요?

　　그것은 한암 노스님의 중노릇 다섯 가지 철칙이에요! 선을 하더라도 불공을 해서 탁자 위에 밥을 내려 먹을 줄 알아야 한다. 또한 대중외호를 잘 해라. 말하자면 참선을 해서 도인이 안 될 바에는 원주라든가 살림살이를 잘해서 대중들의 뒷바라지를 잘해야 한다. 그리고 가람수호를 잘 해야 한다는 것이지요. 그 말씀을 항상 하신 거예요.

스님은 그걸 직접 들으셨나요?

　　그럼. 노스님이 법상에서 하시는 것도 한 번 들었어요. 그런 말씀을 처음에 하실 때에는 예사로 들리지 않고, 초심, 발심, 자경을 보니까 참말로 느껴지게 되지요. 그것은 노장님이 애들에게 일러주는 철칙이지요. 그 말은 탄허 스님이 펴낸 『금강경』 책에도 나와 있어요. 그것은 항상 하시는 말씀이고, 당신이 그것을 지키는 철칙이니까요.

스님이 보실 때 후학, 후배 승려들이 본받아야 할 점을 하나 강조하신다면?

　　다 본받아야지요. 하나만 특별히 본받으면 안 되지요. 우선 노스님께서는 대중 화합이 으뜸이라고 하셨으니 그것을 본받아야 해요. 그리고 다섯 가지 중에서도 참선을 해서 도인이 되든가, 그렇지 않으면 대중외호를 하든가, 가람수호를 하든가, 염불을 하든가 이런 것들은 우리 머릿속에 배어 있는 것이지요.

대중 화합에 대한 말씀을 다시 이야기해 주시죠.

한암 노스님은 대중의 뜻을 귀하게 여기셨어요. 당신의 뜻도 중요하지만 늘상 대중 화합이 제일이라고 하셨지요. 당신 뜻이 아무리 옳아도 여기에 앉아 있는 대중이 "스님, 그건 안 맞습니다"라고 하면 대중의 뜻을 따르셨어요. 당신의 의견을 고집하지 않으셨어요. 노장님은 대중 위주로 사신 분이에요.

대중 화합에 관한 숨은 이야기가 있으면 소개해 주시죠.

탄허 스님이 자주 진관사에 와 계셨지요. 탄허 스님이 신도집에 가실 때 내가 모시고 다닌 적이 있었어요. 그때 탄허 스님에게 들은 이야기인데, 한암 스님이 이렇게 말씀을 하셨다고 해요. "작은 고기를 혼자 먹지 말고, 큰 고기를 여럿이 나누어 먹어라"라고 하셨답니다.

한암 스님 추모, 정신 계승이 아주 늦었다고 생각지 않으세요?

너무 늦었지요. 노스님 일화를 모으는 것도 3, 4년 전에 했으면 얼마나 좋았을까 생각하니 가슴이 답답해요. 최근에 고송, 서옹, 월하, 석주 스님이 돌아가셨잖아요. 이분들이 다 상원사에 있었던 스님들 아닙니까? 그리고 탄허 스님이 생존하셨을 때에 한암 노스님에 관한 여러 내용을 물어서 정리했어야 했고, 희섭 스님이 살아 계실 때에 했어도 괜찮았지요.

오늘 한암 스님에 대한 귀한 말씀 고맙습니다.
　　비록 한암 스님 추모, 재조명 작업이 늦었지만 열심히 뛰어 자료를 찾아주세요.

도인이면서도 자비로운 모습

법련 스님

● 대담 일시_ 2005년 2월 15일
● 장소_ 세심사(아산)

해인사 약수암 출가
대승사 윤필암 수행
월정사 지장암 수행
수덕사 견성암 수행

스님의 고향은 어디이시며, 올해 춘추가 어떻게 되시나요?

제 고향은 청주시 내덕동이고, 여든네 살이 됩니다.

입산 출가는 어디에서 하셨나요?

제가 처음 절에 온 것은 열두 살 때로 해인사 약수암으로 출가했어요.

왜 약수암으로 가셨나요?

약수암으로 가게 된 특별한 동기는 없고, 주변에 비구니 처소로서 삼선암하고 약수암밖에 없었기 때문이었지요. 지금은 많이 있지만 그때는 없었어요. 그때 해인사 대종을 탕! 탕! 치면 홍류동까지 들려요. 그때 홍류동 계곡에서 손발을 씻다가 대종소리에 놀라 절에 돌아가곤 했지요. 어쨌든 모든 게 좋아요. 스님들 하는 게 뭐든 좋기만 한 거라.

그 당시 절살림은 어땠나요?

먹을 것도 없어서 꿀밤 도토리를 줍는데 한 가마씩 주웠어요. 그때는 대처승이 살던 시절이라, 이 집 저 집 각각 사는 거예요. 그러니 사람이 5, 60여 명 사는데 얼마나 번거롭겠어요? 말도 못하게 번거롭지요. 우리는 맨날 도토리로 밥을 해먹고 무를 썰어서 밥을 해먹고 그랬지요. 그래서 내 수양엄마가 당장 가자는 거예요. 살데가 못 된다고 가자는 거지요. 그런데 사미니계까지 받고서 가면 되겠어요?

은사스님은 누구로 정하시고, 약수암에는 얼마나 계셨나요?

김보렴이라는 스님이 있었는데, 모녀가 스님이었어요. 그 따님에게 은사를 정하였는데, 다 돌아가시는 바람에 홍도삼 스님으로 했어요. 홍도삼 스님은 글씨를 잘 썼어요. 궁인(宮人) 출신이었지요. 약수암에 궁인들이 많이 왔고, 또 궁의 사람들을 위해 축원도 많이 해 드리고 했어요. 약수암에서 한 8년 동안 살았지요. 그런데 제 나이 열아홉 살 먹어서 선방에 갔어요, 대승사 윤필암에. 그리 간 것은 특별한 발심이 있어서 간 것은 아니고, 일타 스님 권속이 많이 출가했잖아요? 그이들이 나에게 중은 참선해야 한다고 그래요. 그걸 듣고 '그래 옳은 얘기다'라고 생각해서 간 것이지요. 약수암에서는 그런 줄 몰랐지요. 제가 윤필암에 가서 세 철을 살고, 그후에 지장암으로 가서 두 철을 살았지요.

윤필암에서 지장암으로 간 이유가 있으셨습니까?

일타 스님의 누나인 응민 스님의 외숙모를 스님을 만들었어요. 그 스님은 진주 대원사 스님의 상좌인데 중은 참선해야 한다고 해서 지장암으로 데리고 가서 방부를 들어 주었지요. 그때 인홍 스님도 있었어요. 상원사로 올라가서 한암 스님에게 인사만 하고, 지장암에서 살았지요. 참 좋더라고요.

응민 스님 외숙모가 출가해서 월명이라고 하여 윤필암에 왔는

데, 윤필암 원주가 어떻게 까탈스럽게 구는지 늦깎이는 잘 취급을
안 해요. 그래 내가 그 사람에게 공부하려면 산중에 가서 해야 한
다며 지장암으로 데리고 갔는데, 나도 그만 거기 눌러앉아 두 철을
난 것이지요. 두 철 살고 해방이 되었어요. 해방이 되는 해에 내가
스물네 살이었지요.

**지장암에 계셨으면 한암 스님에게 인사를 하셨을 터인데, 처음 뵌 인상
은 어떠하였나요?**

　　그때 인상은 참! 자비로웠어요, 하는 행동도 그렇게 자비로울
수가 없어요. 우리가 "스님, 이제 저희는 가겠습니다" 하고 말씀을
드리면, 한암 스님은 딱 나와서 상원사 입구의 고양이 비석 있는
곳에서 합장하고 섰어요. 그러니 우리가 인사를 얼른 못 해요. 제
가 "스님, 뭐 하러 여기까지 나오셨어요? 그렇게 나오는 사람 없어
요"라고 했어요. 제가 만공 스님도 모셔 보았지만 만공 스님도 생전
문 밖을 내다보는 것도 없고. 백양사 만암 스님도 자비롭긴 해도
도량의 보살이나 행자가 당신 옷깃을 스치면 난리가 나요. 내가 갈
때마다 한암 스님은 꼭 그렇게 나오세요.

**지장암에 계시면서 한암 스님과 남다른 인연을 갖고 계신 것이 있으면
소개하여 주시죠.**

　　그때 제가 한암 스님에게 불명을 하나 받았어요. 제 이름이 법
법(法)자에 연꽃 연(蓮)인데요, 한암 스님에게는 효성이라고 받았어

비구니 수행처로 유명한 견성암. 법련 스님은 이곳에서 만공 스님을 모시고 수행을 하였지만 한암 스님의 가르침을 가슴에 담고 있다.

요. 노장스님이 몸소 조선 종이를 접어 가지고 봉투까지 접어 만들어서 글씨를 써 주시는 거예요. 저는 그 글씨의 내용이 좋은지 나쁜지는 잘 모르고 그냥 보관하고 있었는데, 누가 내 행장을 보고서는 그것만 빼 가지고 갔어요. 글씨가 참 그렇게 좋을 수가 없다고 그랬는데 잃어 버리고 없어요.

그것은 보통 인연이 아닌데, 왜 스님에게 그런 인연을 주셨나요?

왜 저에게만 그런 것을 주셨는지는 알 수 없어요. 그때 둘이 갔지요. 가서는 무슨 이야기를 하다가 스님께서 저를 보고 "내가 네 '호' 하나 지어 줄게" 그러세요. 그때 저는 "스님, 저는 싫어요. 이름을 몇 가지씩 가져요? 제 이름이 있는데"라고 했지만 스님께서 그냥 종이를 접고, 봉투도 접고 하여 한문으로 써 주시면서 "네 이름이 효성이다"라고 하셨어요. 그리고 스님께서 그 해석을 해 주셨는데, 그때 저는 뭔 소리인지도 몰라 잘 보지도 않고 후다닥 싸서 내 살림살이에 놓아두었지요. 누가 이것이 무엇이냐고 묻길래 한암 스님 글씨로 제 이름을 지어 준 것이라고 하였더니 가져간 모양이에요. 윤필암에 있는 제 상좌도 스님은 참으로 한암 노스님에게 그렇게 성의를 받았느냐고 그러더라고요. 요즈음은 비구니들이 당호를 짓고는 하지만 그전에는 그런 것 없었어요.

한암 스님의 절약정신이 대단하셨다고 하는데, 보신 적이 있지요?

그 노장스님의 소일은 표고버섯 다듬는 거였어요. 표고버섯을 요즈음은 재배하지만 예전에는 재배한 것이 없었어요. 산의 나무가 썩어서 자빠지면 그 옆에서 버섯이 저절로 나오거든요. 젊은 사람들이 산에서 따오면 한암 스님이 다듬어요. 다듬다가 내가 가서 인사를 드리면 싱긋이 웃으시면서 왔느냐고 하셨어요. 그리고 제가 왜 이런 것을 하시느냐고 여쭈면 "내가 심심해서 한다"고 그러시더라고요.

결제, 해제때 법문은 들어 보셨지요?

듣기는 들었지만 오래되어 기억을 못 해요. 지장암 비구니스님들이 법문 들으러 가는데, 갈 때 같이 따라갔지요. 한참 걸어 올라가서 들어 봤는데, 아무것도 기억이 안 나요. 워낙 오래되니. 해제때는 사시 마지 올리고, 법문하시고, 해제하고 끝나면 모두 보따리 싸들고 간다고 떠들썩했어요.

그때 승려 수련소의 공부 모습을 보셨나요?

우리는 상원사에 가면 문수동자에게 절하고, 바로 보궁으로 올라가 기도만 하였어요. 상원사에서는 얼쩡대지 않았기 때문에 잘 몰라요.

본공 스님과 인홍 스님은 한암 스님을 대단히 흠모했다고 합니다.

맞습니다. 그건 옳은 이야기예요. 저는 그 스님들이 당시 그렇게 하는 것을 보고는 노장님이 하도 자비로우시니까, 잘하니까 그렇게 하시나 보다 그렇게 치부만 하였습니다.

그때에도 지장암 선방을 기린선원이라고 불렀나요?

　　그렇지요. 기린선원이라고 불렀지요. 그러나 간판은 안 붙어 있었어요. 보통은 지장암이라고 부르지, 선방 이름은 안 불렀어요.

한암 스님의 승가 5칙을 들어 보셨지요? 참선, 간경, 염불, 예식, 가람수호 이 중에서 하나는 꼭 해야지, 그렇지 않으면 중노릇을 할 수 없다고 하는 말에 대해서요.

　　그런 말씀은 했어요. 그 소리가 생각이 나네요. 맞습니다. 그 말씀을 들을 때 저는 염불은 안 하고, 주로 참선이나 대중외호를 하겠다고 생각했습니다.

계정혜 삼학에 투철하신 스님이라는 평가에 대하여 어떻게 보시나요? 그리고 지눌 스님에 대한 말씀도 들어 보셨나요?

　　계정혜 삼학에 투철하셨다는 것은 맞습니다. 지눌 스님의 이야기도 듣긴 들었는데 잊어버렸어요. 제가 챙기지를 못하여 한 귀로 듣고 한 귀로 흘려서 그래요.

설날에는 월정사 산내 대중이 모여 함께 세배하였지요?

　　우리가 있을 적에는 설날 이전에 월정사에 모여 문수기도를 많이 했어요. 법당에서 했는데, 비구스님은 상쪽에, 비구니스님은 하쪽에 모여서 나누어서 같이 했지요. 그러면 주지인 지암 스님도 같이 참석하지요. 설날에는 중대, 서대 등 각 암자의 대중이 다 모여서 하니 산중에 살면 볼 만하고 멋있어요. 그리고 인솔하는 스님을 따라서 올라가요. 상원사에 가서는 한암 스님께 큰방에서 단체로 세배를 하지요. 점심은 상원사에서 먹을 때도 있고, 큰절에서 할 때도 있고 그렇지요.

지장암에 계시다가 수덕사에서 수행을 하셨다고 하는데, 한암 스님의 입적은 어디서 들으셨나요?

　　돌아가셨다는 것은 수덕사에서 들었어요. 돌아가시면서 찍은 사진도 봤어요. 그래 내가 아이고! 엎어지면 코 닿을 데면 당장 내려가겠는데, 하도 자비로운 스님이라 당장 가고 싶었지만 그러지를 못했어요. 워낙 멀잖아요. 여기서부터 거기까지 걸어갈 생각을 해봐요. 그리고 그때는 교통이 지금하고는 달랐어요.

스님은 한암 스님을 생각하면 무엇이 떠오르시나요?

　　한암 스님은 매우 자비로웠어요. 나한테만 자비로우신 것이 아니라 누구에게나 잘하신 것이 생각나요. 제가 한번은 한암 스님에게 뭐라고 했어요. 노장스님께 "스님! 비구니스님이 왔다가 가면 왜 거기까지 나가세요? 애들에게 그러면 버릇이 나빠지니 그러면 안 됩니다"라고 했어요. 그때 한암 스님이 종정이시며 조실스님이잖아요. 그렇게 자비로운 스님은 제가 못 봤어요. 내가 지금껏 살도록 도인스님이라는 스님을 많이 친견해 보았지만 한암 스님 같은 스님은 못 봤어요. 어느 도인스님이 티끌 한번 만져요? 버섯을 다듬는 도인스님을 보셨나요?

만공 스님과 한암 스님을 다 모셔 보셨는데, 힘들겠지만 비교를 해주시죠.

만공 스님은 탁자 밥을 내려 먹을 줄 알아야 한다는 소리는 안 했어요. 주로 참선하는 얘기만 하시고, 가끔 우리에게 공부를 어떻게 하였나를 떠보고 그랬지요. 한암 스님은 뭐든지 자비롭고, 만공 스님은 너무 원만했지요. 만공 스님은 당신이 참선해서 제일 도인이라는 자부심이 있었지요. 그리고 만공 스님도 한암 스님에 대한 말씀은 가끔 하셨습니다.

월정사에서 한암 스님 추모사업을 다양하게 준비하는데 어떤 측면에서 하는 것이 좋겠습니까?

제가 볼 때에는 책을 내는 게 좋다고 봅니다. 책을 내야 여럿이 보고 한암 스님을 알 수 있지요. 그러면 좋잖아요.

오늘 귀한 회고를 해주셔서 고맙습니다.

아니에요. 내가 기억을 못하여 미안합니다. 한암 스님에게 받은 당호의 증서를 보관하지 못한 것이 가장 아쉬워요. 저는 그것을 자랑스럽게 생각하고 있는데.

중노릇을 제대로 하라고
가르치신 큰스님

권태호(법명, 문열)

● 대담 일시_ 2005년 3월 8일
● 장소_ 민족사(서울)

상원사 출가
환속 후 초등학교 교사
보험회사, 증권회사 근무
올바른신앙갖기연구소 소장

선생님은 지금 속세에서 생활하시지만 한때는 상원사에서 사미승으로 한암 스님을 시봉하셨는데 그 인연의 출발부터 말씀해 주시죠.

저는 1927년생이고, 고향은 포항시 죽장면 입암리입니다. 제가 상원사로 입산한 것은 우리 선고(先考)와 연결되어 있었지요. 선고께서는 고향에서 효자상을 탈 정도로 완고한 집안이었어요. 또 우리 집은 유교 집안이었어요. 제가 안동 권씨인데 일제강점기 말기에 창씨개명을 할 때에 일본놈들의 압력으로 안 할 수는 없어서 창씨를 안동 권으로 할 정도로 그야말로 유교 집안이었지요.

그런데 차에 10월 어느 날 저희 집에 같은 동네에 살던 일가 할아버지뻘이 되는 양월(凉月) 스님이 오셔서 아버지와 많은 이야기를 하셨어요. 양월 스님은 그때 예순 살 정도 되셨는데, 한암 스님의 제자로 상원사에 계시다 저희 집에 오신 것이지요. 그때 양월 스님의 행각 모습을 보고 호기심이 나서, 나도 절에 가서 공부하겠다는 마음을 먹고 양월 스님과 함께 상원사로 들어오게 되었어요.

완고한 유교 집안인데 아버님이 상원사에 가는 것을 반대하시지 않았나요?

아버지에게 양월 스님을 따라 나도 절에 가서 공부하겠다고 몇 시간을 졸랐더니, 아버지는 마지 못해 승낙을 했어요. 지금 생각해 보면 일제강점기 말의 난세에 산중에 보내는 것도 피란으로 생각하고 승낙하신 것 같아요. 그때 저는 불교에 심취했다기보다는 상급 학교에 가진 못한 염세의 마음이 작용한 것이겠지요.

포항에서 오대산으로 들어올 때는 어떻게 오셨나요?

열세 살 때인데, 괴나리봇짐을 메고 1940년 10월 어느 날 양월 스님하고 집에서 70리를 걸어 청송의 어느 암자에 가서 하룻밤 자고, 그 이튿날 목탄차를 타고 안동으로 와서 기차를 탔는데, 오는 도중에 속칭 '똬리굴'을 두 개나 돌아 나온 것이 지금도 기억에 생생하게 남아 있어요. 제천에서 하룻밤 자고 평창을 거쳐 진부에서 월정거리까지는 버스로 이동하였고, 거기서는 걸어서 월정사에 도착했어요. 월정사에 오니 늦은 밤이어서, 하루 자고 아침을 먹고 상원사 30리 길을 걸어 올라갔어요.

상원사에 들어가시면서 같이 가신 양월 스님은 아무 말씀을 안 하셨나요?

그때 무슨 말씀을 하긴 하였지만 기억나지는 않고, 열 시가 조금 지날 무렵 상원사 바로 밑에서 저에게 쉬어 가자고 했어요. 그래 큰 전나무 아래에 봇짐을 내려놓고 며칠 동안 쌓인 노독으로 무거운 다리를 두 손으로 주무르고 있었어요. 그때 양월 스님이 "이 상원사는 굉장히 오래된 절로서 우리나라 불교에서 제일 높으신 방한암 조실스님이 계시고 조실스님 제자로서 유·불·선 3교에 통달하신 대학자 김탄허 스님이 계신다. 그리고 보통 때에는 스님이 3, 40명 정도이지만 삼동 결제가 되면 8, 90명이 넘을 때도 있단다. 네가 지금부터 중노릇을 잘하면 앞으로 큰스님이 될 수 있으니, 열심히 공부하고 말 잘 들으면 반드시 견성할 수 있을 것이다"라고 말씀을 하셨지요. 그리고 일어나시면서 "다 왔으니 낮 불공에 참배하려면 빨리 가야겠다"고 하시면서 걸음을 재촉하였습니다.

상원사에 들어올 당시의 정황을 회고해 주시죠.

　　전나무에서 상원사까지는 약 300미터 거리였으나 경사가 높아 한참 올라가서야 절 경내에 들어설 수 있었어요. '조선불교 조계종 상원사 수련원'이라는 커다란 간판이 첫눈에 들어왔고, 행자도 몇 사람이 보이고 사미승에서부터 스무 살이 넘어 보이는 비구승들이 죽 앉아서 글을 읽고 있더라고요.

　　양월 스님과 함께 수련원 안쪽 방으로 가서 서른 살이 조금 넘었을까 하는 스님에게 인사를 시키는데, 그분이 바로 탄허 스님이었어요. 두세 권의 불경 책이 놓여 있는 경상(經床) 앞에서 자그마한 키에 아담하게 생기신 탄허 스님이 반가부좌에 옅은 주황색 안경 너머로 저를 보시고는 "오느라 수고 많았다"고 하시면서 양월 스님에게 "우선 오늘은 쉬게 하고 내일 조실스님을 뵙게 하지요" 하셨어요. 그리고 양월 스님은 저에 대한 이런저런 말씀을 하였어요. 그때 양월 스님이 거의 예순 살이 넘었고 탄허 스님은 30대였는데도 탄허 스님을 굉장히 존경하고 그러대요. 그래 저는 그날 오후에는 상원사를 다니면서 구경을 하고 밤 아홉 시에 잠을 잤어요.

한암 스님을 만난 그 다음날의 이야기를 해 주시죠.

　　그 이튿날 저는 양월 스님을 따라 한암 스님을 만났어요. 수련원에서 50미터 앞에 있는 대문을 열고 들어가니 넓은 마당 가운데

에는 아담한 석탑이 있고 그 석탑 위쪽에 대웅전이라고 씌어진 법
당이 있었어요. 들어가는 맞은 편 저만큼에 큰 건물이 있었는데 왼
편에는 큰방이 보였고, 오른편으로는 ㄱ자로 된 안쪽은 부엌 같았
고 오른쪽은 들어올 때의 대문과 맞닿아 있었어요. 우리는 왼편
큰방과 오른편 부엌 쪽 가운데 방으로 들어갔습니다. 들어가 보니
조그마한 방이 두 개였는데, 하나는 침실로 쓰는 방이었지요.

우리가 보통 거주하시는 방으로 들어가자 단주를 돌리면서 신
선같이 보이는 노스님이 앉아 계시는데, 한암 스님의 눈에서 광채
가 나요. 한암 스님에게 정중히 인사를 올린 뒤 양월 스님이 저의
집안을 소개하고, 여기에 올 결심을 전해 올리니, 한암 스님께서 저
에게 "절에서 중노릇을 잘하려면 절간의 예의범절을 배워야 하고,
글공부를 해야 하는 것이니 수련원에서 불경 공부를 열심히 해야
하겠지만, 우선은 옴마니반메훔을 하라"고 하셨어요. 그러시면서
저에게 양손의 엄지손가락 끝을 약지손가락의 셋째 마디에 대고
주먹을 반쯤 쥐고 시간이 있을 때마다 옴마니반메훔을 염송하라고
하시면서, 직접 두 손으로 그걸 해보여 주셨어요.

옆에 있던 양월 스님이 저보고 "수련원에 먼저 나가 있으라"고
하여서 저는 인사를 하고 그 방에서 나오고 양월 스님과 한암 스님
이 무슨 말씀을 하셨는데 그것은 알 수가 없지요.

상원사에서 처음에는 무엇을 하셨나요?

며칠 안 되어서 결제가 시작될 무렵이었는데 그때는 대중이 7,

80명이 되었어요. 저보고 공양주를 거들어 주고 도와주라고 그랬어요. 요즈음은 절의 부엌에 여자들이 있지만, 그곳에 여자는 없고 공양주로 일하는 스님 두 명과 땔감을 해다 주는 부목이 있었지요. 그러니까 저는 공양주 보조로 일을 한 것이지요. 그때 제가 한 것은 부엌에서 한 10미터 떨어진 우물에 가서 물을 떠 오는 일이었어요. 공양주 보조를 하려면 새벽 세 시에 일어나서 하루 종일 일을 해야 하니 아홉 시에 자는데, 처음에는 잠이 안 왔지만 고단해서 금방 잠이 오고 그랬어요. 며칠을 하니 겨우 습관이 되고, 익숙해져 갔어요.

공양주 하면서 지금도 생각나는 일은 없으신가요?

부엌에서 5, 6미터 떨어진 곳에 산에서 내려오는 물을 받아 놓는 물통이 있는데, 그곳에 가서 물을 길어 오는 것이 제가 하는 일 가운데 하나였어요. 한번은 그곳에 가 보니 사슴 한 마리가 물을 먹고 있는데 그놈이 배가 고픈 것 같기에 제가 손짓을 하면서 무시래기 한 묶음을 던져 줬어요. 그런데 그냥 물끄러미 쳐다보기만 해서 이만치 떨어져서 보았더니 그 자리에서 다 먹고 간 일이 있어요. 그때 생각은 이것도 인연인가 하는 생각을 했지요.

행자 생활을 하면서 기초적인 불경, 예식 같은 것은 배우시지 않았나요?

처음 한 달 동안에는 법당에서 불공을 올리는 의식에 따른 천수경을 비롯해서 각종 경전과 다라니, 그리고 진언을 외우는 것,

목탁 치는 방법, 종 치는 것 등 아주 많이 배웠어요. 그리고 오자마자 희태 스님에게 『초발심자경문』을 배웠어요. 저는 집에서 한의서를 공부하기 위하여 천자문을 배웠는데, 그게 도움이 되어 다른 행자보다 진도가 빨랐어요. 한 달에 한 번씩 탄허 스님 앞에서 그동안 배운 것을 암송해서 공부한 것을 점검받고 그랬는데 탄허 스님에게 칭찬을 받기도 했어요.

상원사에서는 아침에 늘 죽을 먹었는데, 혹시 이에 대해 불만을 표시한 스님들은 없었나요?

글쎄요. 거기서는 특별한 날이 아니면 매일 아침 먹는 게 얼굴이 보일 정도의 흰죽이었으니 그게 지겨웠지요. 동짓날에는 팥죽을 먹기는 했어요. 그러나 다른 절은 가 보지 않아 으레 아침은 흰죽인가 보다 했지요.

언제부터 한암 스님의 시봉을 하게 되셨나요?

계를 받기 전인데, 절에 들어온 지 불과 한 달이 조금 지나서 겨우 절 생활이 자리가 잡힐 때부터 한암 스님 시봉을 하였지요. 제가 하기 전에 희태 스님이 하시던 것을 제가 인계받은 것이지요. 새벽 세 시에 일어나 한암 스님 방에 들어가서 우선 이불 개고, 그 다음에는 부엌에 가서 따뜻한 물을 가져와 한암 스님 방에 있는 세숫대야에 부어 놓고, 공양 때에는 한암 스님의 반찬 한두 가지를 더 챙겨서 갖다 드리는 것이 시봉이 하는 일이지요. 그것을 할 때면 간을 맞추기가 어렵고, 여러 반찬을 번갈아 가며 만들어야 했어요. 새벽 세 시에 한암 스님 방에 들어가면 벌써 오뚝이처럼 딱 앉아 계세요. 한암 스님이 제일 좋아하시는 것은 무청, 무 이파리 말린 것, 즉 시래기였어요. 그리고는 낮에는 수련원에 가서 수련생들과 함께 경전 공부, 특히 『금강경』을 공부했어요. 그리고 한암 스님은 1주일에 한 번은 꼭 목욕을 하세요. 그러면 제가 스님의 등을 밀어 드리고 했어요. 저녁에는 취침 시간 한 시간 전인 여덟 시경에 요와 이불을 펴고 잠자리를 보살펴 드렸어요. 한암 스님은 아홉 시 취침 종소리와 함께 불을 끄시고 바로 주무셨지요.

지금 말씀하신 내용에서 수련원이라고 하셨는데, 혹시 삼본산 연합 수련소가 아니었나요?

제가 그때 본 기억은 '조선불교 조계종 상원사 수련원'이었어요. 그 곳에서 공부하는 학인은 10여 명이 되었고, 거기에 있었던 도원 스님, 택근 스님 등이 생각나네요.

행자 생활을 마치고 사미계를 받으셨는데 누구를 은사로 하셨나요?

행자로 다섯 달이 지나고 1941년 2월 10일, 정월 보름 해제날에 희태 스님을 법사로 하고 계사는 종욱 스님을 모시고 계를 받았어요. 그때 계를 받을 때에는 월정사를 비롯하여 산내 암자의 수계자들이 모였기에 구족계, 사미계, 보살계를 함께 주고 그랬어요. 계 받은 대중이 한 3, 40명이 되었어요. 해제 법문을 하시고 일괄

하여 계를 받았는데, 저는 지금도 그때 계 받을 때 연비한 것이 팔뚝에 남아 있어요. 그때 받은 법명이 문열인데, 그 이름을 지어 주신 분이 바로 한암 스님이지요. 그 이후로는 가사, 장삼을 입고 경전도 『금강경』, 『능엄경』, 『원각경』 등을 공부하면서 중노릇을 잘하기 위해 노력했어요.

한암 스님 시봉을 하면서 선생님만이 알고 계신 일은 없었나요?

제가 있을 때에 일본 승려도 많이 오고, 총독부 고관들도 왔어요. 그들은 한암 스님에게 불교의 교리라든가 인생 문제를 물을 뿐 깍듯이 예의를 갖추었어요. 일본 사람들이 오면 제가 중간에서 일본말의 통역을 했습니다. 그 절에서 제가 일본말을 제일 잘했어요. 왜냐하면 제가 소학교 4학년 때부터 강제로 일본말을 배워서, 일상생활에 필요한 일본말을 구사하여 지장이 없을 정도였으니까요. 누가 오면 문열이 오라고 하셔서 제가 가서 통역을 했습니다. 제가 상원사에 4년 있는 동안 7, 8회를 했어요. 그때 상원사에는 한암 스님을 배알하려는 사회 지도급 인사, 신세대 청춘 남녀, 실연 여성의 방랑 여행, 사상적으로 피신하는 사람, 병역과 징집 기피자 등 헤아릴 수 없을 만큼의 여러 부류들이 많았어요. 그래서 그 산중에도 형사들이 가끔 오기도 했어요.

그리고 전국 각처의 스님들도 상원사에 자주 오셨지요?

또 하나 기억나는 것은 그때 충남 수덕사의 만공 스님이 오셨어요. 제가 있을 때에는 한 번 오시고, 그게 아마 마지막으로 오신 것이 아닌가 하는데요. 그때 만공 스님이 오셔서 며칠을 계시다가 돌아가실 때에, 한암 스님이 신선골 마을 앞 통나무 다리에 이르러 작별 인사를 하고 돌아서서 절로 돌아가시는데, 만공 스님께서 한암 스님을 향하여 "스님!" 하고 부르셨어요. 그때 한암 스님이 뒤돌아보시는 순간 만공 스님이 밤톨만한 돌 하나를 한암 스님 앞으로 던졌어요. 그러자 한암 스님은 그 돌멩이가 땅에 떨어지기가 무섭게 주워서 휙 하고 멀리 다른 방향으로 집어던지시고 쏜살같이 총총걸음으로 상원사로 돌아가셨어요. 그러자 만공 스님은 뒤돌아보지도 않는 한암 스님을 향하여 혼잣말로 "이번 걸음은 손해가 적지 않네"라고 말씀하셨어요.

　　그때 제가 한암 스님의 얼굴을 보니까, 안광은 겁이 날 정도였어요. 눈에서 불이 줄줄 떨어지는 것 같았어요. 지금도 그 장면은 생생하게 기억하고 있어요. 그때 상원사 대중 수십 명이 그 신선골의 다리 근처까지 따라 내려갔어요. 그 뒤로는 만공 스님이 안 오셨지요. 그래 그것이 두 스님의 작별 인사가 되었을 것입니다. 대중 몇 십 명이 따라온 것은 틀림 없어요.

안거시 법문을 들은 것이나, 흔히 말하는 승가 5칙(참선, 간경, 염불, 의식, 가람수호)은 들어 보셨나요?

　　결제, 해제시에 한암 스님이 법상에 오르시는 것은 보았으나 그 법문 내용은 오래되어 기억에 없어요. 참선과 관련해서는 제가 시봉을 3년 하다가 환속하기 6개월 전인가, 해제가 되면 운수선객들이 깨달음을 시험삼아 찾아와서는 무슨 말을 한암 스님께 하고, 어떤 경우에는 한암 스님에게 주먹을 내밀기도 하고, 바리때를 내어서 들어 보이기도 하고, 어떤 스님은 "부처님은 어디에 계십니까" 하고 묻는 것을 보았지요. 그러면 한암 스님은 동문서답을 하시든가 호통을 쳐서 보냈어요. 그때 자운 스님이 견성하여서 한암 스님에게 인가받은 것은 제가 기억하고 있어요.

그래 그것을 보고 나도 참선해야겠다고 생각하고, 탄허 스님에게 가서 "스님, 저에게도 화두를 하나 주십시오. 참선을 할까 합니다"라고 했어요. 그랬더니 탄허 스님은 "그래! 참선을 하는 것은 좋은 일이지만 내 밑에서 글을 더 배우지 그래?" 하시면서 경전 공부를 더 하라고 하셨어요. 그러나 글을 배우면서 참선을 하겠다는 제 입장을 말씀드리니, 그러면 한암 스님에게 가 보라고 해서 한암 스님께 갔어요. 그때 저는 행자도 마치고, 경도 조금 보았고, 불공도 올릴 정도가 되었지요. 한암 스님께 참선을 하겠다는 요지로 말씀을 드리면서 "저에게도 화두를 하나 주셨으면 합니다"라고 하였지요. 그랬더니 한암 스님께서 "그래, 하나 주지요. 그런데 그게 쉬운 것이 아니니라. 옛날 어느 수행자가 조사에게 부처님은 어떤 분입니까? 하고 물었을 때 조사는 마삼근(麻三斤)이라 하였으니, 문열이는 지금부터 왜 삼 세 근이 부처님인가, 아니면 부처님이 왜 삼 이 세 근인가 하는 것을 참구하면 견성하게 될 것이다. 그리고 망상을 끊어야 한다"라고 하시면서 해보라고 하셨어요.

한암 스님이 주신 화두를 갖고 선방에 들어가셨나요?

그렇지요. 그때부터 짐을 선방으로 쓰는 큰방으로 옮기고 그곳에서 잠도 자고 하면서 참선을 했어요. 그런데 해보니 망상 때문에 1분도 화두가 안 들려요. 망상이 자꾸 들어와요. 한 5개월 정도 지나니 겨우 집중 기간이 길어지고 나를 찾게 되더라고요. 그래도 망상은 언젠가는 또 오고 그랬지요. 그렇게 석 달을 했는데 신경쇠약의 초기인 상기병에 걸렸어요. 머리가 띵하고, 소화가 안 되고, 잠도 안 오고 그랬어요. 하루는 탄허 스님이 저를 불러서 "너는 요사이 왜 선방에 있지 않고 바깥을 돌아다니고 있냐?"라고 물었어요. 저는 "화두는 잡히지 않고, 망상이 떠오르며, 머리가 아파서 도저히 선방에 앉아 있을 수가 없다"고 말씀을 드렸지요. 그러니 탄허 스님이 "이 멍청아! 참선이 그렇게 쉬운 줄만 알았더냐? 처음에는 다 그렇게 한번쯤은 홍역을 겪는 것이야" 하고는 단전호흡에 대하여 자세히 설명해 주셨어요.

하여간 5, 6개월이 지나니 잠도 원하는 대로 자게 되고, 두 시에 일어나겠다, 세 시에 일어나겠다 하면 대체로 그것이 지켜지고 그랬는데, 이것은 점차 내가 찾아지면서 나 자신을 통제할 수 있는 힘이 생겼던 것이라고 봅니다. 뿐만 아니라 그 이전에는 방의 오른쪽에서 자게 되면 베고 자던 목침은 간 데가 없고 아침에는 왼쪽 문 앞에 누워 있고 그랬는데, 그렇게 험한 잠도 왼쪽으로 누웠으면 아침에도 왼쪽에 있고, 바로 자겠다고 누우면 1분도 못 되어 자게 되고, 몇 시에 일어나겠다고 생각하면 바로 그 시간에 일어날 수 있게 되었어요. 이것은 마음이 육신을 마음대로 할 수 있게 되어서 그리 된 것이라고 봐요.

상원사에는 유점사와 건봉사 등지에서 스님들이 와서 수행을 하였는데, 그때 같이 공부하시고 그랬지요?

　해제를 하면 스님들이 오고 가고 그랬잖아요. 그때 유점사에서 온 승려가 온 지 한 달이 되었을 무렵 하루는 종각 뒤로 저를 불러요. 불러서는 "문열이는 한암 스님과 탄허 스님 같은 큰스님을 모시고 공부하는 것도 좋지만, 아직까지 나이가 있으니 좀더 앞을 내다보면서 현대 교육을 받으면서 중노릇 해볼 생각이 없는가?" 하고 물었어요. 이는 유점사에서 사미승을 선발하여 일본으로 유학을 보내는데 저보고 일본 유학할 생각이 없느냐는 이야기였어요.

　그런데 그 스님이 저를 보고 그 대상자로 추천해야 하겠다는 생각이 들어 인편에 유점사로 연락을 했는데 회답이 왔고, 일본에 가려면 이달 말까지 유점사로 같이 가야 하니까 3일 안으로 마음의 결정을 해야 한다는 말이었어요. 그때만 해도 저는 중학교를 가지 못하여 현대 학문에 대한 미련이 있었기에 그런 제안을 받으니 당황하였지만 내심으로는 관심도 있었어요. 그러나 저는 그때 한창 참선이 되어 가고 재미를 느낄 때라 더 생각해 보겠다고 했어요. 그랬더니 그 유점사 스님이 자기가 유점사에 통지를 해주어야 하는데 통지 기한이 10일 남았으니 빨리 답변을 해 달라고 그래요. 그러나 3일 후에 단호하게 선방에서 참선 공부를 하겠다면서 거절을 했어요. 그랬더니 그 스님은 "그래? 문열이 생각이 옳을는지도 모를 일이야. 탄허 스님 같은 대 학식을 가진 스님 밑에서 글을 배우고, 또 한암 스님 같은 큰스님을 모시고 있다는 것은 보통 인연이 아닐 거예요. 그러니 내가 말한 것은 없었던 것으로 생각하고 열심히 공부해라"라고 하고 저의 등을 어루만지고는 선방으로 들어갔어요. 그때 그 스님이 저를 잘 보았는지 저를 추천해 주겠다고 했는데, 지금 와서 생각하면 그때 일본에 갔으면 학병으로 군대에 끌려가 죽었을 수도 있고, 아니면 공부를 더 해서 큰스님으로 지금까지 지낼 수 있었을 것이 아닌가 생각하면 그것도 인생의 큰 전기가 되었을 것이라고 생각하지요.

한암 스님의 근검절약은 대단하다고 하는데, 그것을 지켜본 일이 있으셨지요?

점심 공양을 할 때는 발우공양을 했지요. 발우공양을 하고 남은 물을 통에다가 붓지 않습니까? 그 통이 조실스님 옆에 있었어요. 만약 그 통에 밥이 한 톨이라도 들어 있으면 호통을 치고 당장 주우라고 하시면서 씻어서 다시 먹으라고 하신 것을 보았어요.

중노릇을 철저히 하라는 것도 들어 보셨지요?

지금도 기억에 남는 것은 그런 말씀입니다. "중노릇 제대로 못해서 견성하지 못하면 너는 놀고, 얻어먹는 그 업보를 어떻게 갚을 것인가? 네가 견성 못 하면 이 세상에서의 빚을 어떻게 할 것이냐?

그 빚을 갚으려면 다음 세상에 소나 개로 태어날 수밖에 없지 않느냐?"라는 말씀을 법문 때마다 하셨습니다. 중이라고 하면서 모든 것을 얻어먹고, 공부 안 하는 풍조가 많지 않나요? 봄에 채소밭에 가서 운력을 하잖아요? 그러면 한암 스님은 꼭 그 운력에 동참하셨어요.

한암 스님이 야단을 치시고 그런 적은 없었나요?

저는 야단을 맞지 않아서 그런 것은 잘 모르고, 스님 방을 지나가다 보면 하루에 한두 번씩 스님들이 무슨 이야기를 듣는 것을 보았지요. 그것이 야단하시는 것인지는 모르지만.

아까도 말했지만 저는 자운 스님이 견성했다고 인가받은 것은 기억을 하는데, 그때 자운 스님이 수행을 하다가 늑막염이 걸려서 물이 생겼어요. 자운 스님이 그렇게 아픈데도 불구하고 선방에서 참선 수행을 했더니, 한암 스님께서 "너, 빨리 가서 치료를 해라. 아무리 육신이 헛것이라고 해도 내가 있는 데에는 육신이 있어야 한다. 그냥 놔두면 되느냐? 몸이 있어야 수행을 할 수 있는 것이니 빨리 가서 치료를 해라"라고 하셨어요. 그래서 그 스님이 강릉에 가서 늑막염을 치료하셨어요.

혹시 그때에도 한암 스님이 점심 공양 후에 차를 잡수시면서 경전이나 어록을 갖고 수좌들과 대화를 하셨나요?

제가 있을 때에는 그런 것을 보지 못 했어요. 다만 큰방에서

상원사 적멸보궁에서 계율 재흥을 다짐하고, 치열한 수행 후 한암 스님에게 인가를 받아 계율의 재건에 힘쓴 자운 스님.

콩나물을 다듬을 때에 오셔서 함께 하시며 이야기를 해 주곤 하셨어요. 제가 보기에 그때만 해도 예순다섯 살이 넘었을 때라 그리하지 않으신 것 같고, 그 이전에는 그래도 50 중반이니 힘이 있을 때라 가능한 것이 아니겠습니까?

한암 스님은 염불을 가르치시고, 당신도 그걸 생활에서 하셨다고 하지요?

한암 스님은 점심 예불은 꼭 참석하세요. 제가 거기 4년 있었지만 한번도 빠지시는 것을 못 보았어요. 그리고 한암 스님은 단주를 언제나 돌리고 계세요. 아침 저녁에 도량을 뒷짐을 지고 돌 때에도 꼭 단주를 돌리면서 다니셨어요. 그리고 법당에서 의식이나 재를 할 때에도 염주를 천 번 돌렸고 그 천주 부딪쳐 소리를 내면 정근이 끝났지요.

상원사에는 한암 스님이 도인이라고 해서 외부에서 보살들이 많이 오지 않았나요?

제가 있을 때에는 봄, 가을로 상궁들이 자주 왔어요. 두세 명, 혹은 7~8명이 같이 오는데, 나이는 마흔다섯에서 쉰 살 정도이고, 걸어다니는 것이 꼭 학과 같아요. 와서는 한암 스님을 배알하고 2, 3일간 쉬었다 가고, 불공도 드리고 하였지요. 그때 제 나이가 열여섯 살 정도였고 또 시봉을 한다니까 귀엽게 봐주고 그랬지요. 제가 시봉이라고 하니까 "스님은 몇 살이에요? 아이고 귀엽기도 해라"라고 하면서 "혹시 조실스님이 밤에 호랑이를 타고 서울에 왔다 갔다고 한다는데 그것이 사실이냐?"고 묻더라고요. 그래 저는 모르겠다고 했지요. 사실 저도 알 수 없는 일이었고, 들어 본 적도 없었기에 그리 답 했지요. 외부에서는 한암 스님이 도인이라는 소문까지 난 모양이에요.

한암 스님이 탄허 스님을 아끼고 애지중지하신 것으로 볼 수 있는데 지켜보시기엔 어떻습니까?

글쎄요, 저는 잘 모르겠어요. 제가 볼 적에는 한암 스님이 웃으시는 것을 한 번도 못 보았어요. 늘 근엄하셨지요. 탄허 스님도 역시 그래요. 두 분이 한암 스님 방에 앉아서 엄숙하고 냉정하게 뭔가를 대화하는 장면은 자주 있었어요.

상원사에서 같이 계시던 스님들 중에서 지금도 기억나시는 분은 누구인

가요?

대구 파계사에 계신다는 도원 스님이 나보다 몇 달인가 약간 늦게 들어온 것으로 기억하고, 탄허 스님의 동생으로 택근이라는 사람도 스님으로 같이 있었어요.

상원사에는 눈이 많이 왔지요?

눈이 많이 왔어요. 눈이 왔다 하면 서너 자, 그러니까 1미터 이상이었으니, 삼동이면 눈 치우는 것이 큰일이었을 뿐만 아니라 추위 또한 대단했어요. 나무 껍질로 만든 짚신을 신고 세수할 때면 발을 옮겨가며 해야지, 그냥 하다가는 얼음에 얼어붙어 그 이듬해 봄 해동에나 떼어 낼 수가 있었으니까요.

선생님을 상원사로 데려다준 양월 스님은 함께 계셨나요?

그 스님은 그때 예순 살이 넘었어요. 한암 스님보다 연세가 많았던 것으로 기억돼요. 저를 데려다 준 그해 겨울 삼동은 상원사에서 나시고 다음해 해제 후에는 운수행각으로 각처의 선방을 다니셨어요. 그 후 몇 년 후에는 환속하여 고향의 자제들과 지내면서 아이들 글공부를 시켜 주시면서 지내셨습니다.

그런데 왜 상원사에서 계속 공부를 하지 않고 고향으로 돌아가셨나요?

제가 참선의 맛을 느끼고 공부를 할 때인 1944년 초겨울에 집에서 아버지가 위독하시다는 전보를 서너 차례 쳤어요. 아버지가 사경에 있으니 빨리 집으로 오라고요. 그래 그것을 탄허 스님이 알고는 "한 번도 아니고 세 번씩이나 전보를 보내고 위독하시다는데 자식된 도리로서 가 봐야 하지 않겠느냐?" 하시면서 집에 갔다 오라고 그랬어요. 떠날 준비를 하고 선방에 들어갔으나 마음은 벌써 고향에 가 있고 망상은 끊임없이 나오더군요. 다음날 한암 스님께 가서 사정을 말씀드렸더니 '잘 다녀오라'고 하셨지요. 저는 보궁에 가서 작별 인사를 하고 고향으로 돌아왔지요.

집에 온 후에 재입산이나 상원사에 올 기회는 없으셨나요?

1944년 12월 중순 바랑을 메고 상원사를 떠났어요. 그때 눈이 한 10센티미터가 왔지만 심한 고생은 하지 않고 월정거리에서 버스를 타고 평창을 거쳐 제천에서 하루를 자고, 안동행 기차를 타고 청송에 와서는 목탄차를 얻어타고서 집에 와 보니, 아버지가 위독한 것이 아니라 사실은 저를 장가보내려고 한 것이었어요. 거짓으로 전보를 쳐서 저를 불러 내린 것이었어요.

그즈음의 사회상이 일제 말기라 스물한 살이 넘으면 징병으로 끌려가고, 열여덟 살이 넘으면 해군 소년단에, 열여섯 살 넘은 여자는 정신대에 끌려 가는 시절이었어요. 그러니 집에서는 남자는 일찍 장가 보내서 자손을 받아 놓고, 여자들은 시집을 빨리 보내곤 했어요. 그런 시절이라 제 집안에서는 저를 장가보내기 위해 결혼식 날짜를 잡아 놓고 전보를 친 것인데, 와 보니 결혼식이 불과 1주일밖에 안 남았어요. 그래 저는 그 1주일 동안 갖은 고통, 고민,

방황을 많이 했어요. 완고한 유교 집안에서 부모 말을 거역할 수도 없고 하여 그길로 제 인생은 완전히 바뀌었어요.

그러면 그 이후에 한암 스님의 소식, 탄허 스님의 근황은 알게 되셨나요?

그 이후로는 자연히, 일부러 절과 스님에 대한 것은 멀리하게 되었어요. 나 자신이 환속한 처지인 것이 자연적으로 작용하여 일부러 차단한 것이지요. 절하고는 멀어지게 되었지요. 부처님이 싫어서 그리 한 것은 아니지만 스님들을 기피하게 되고. 1960년대 중반인가 탄허 스님이 동국대에 계신다는 소식을 듣고 1969년 여름 동국대 대학선원에 가서 몇 차례 강의를 들었어요. 그때 한암 스님의 입적이라든가 여러 소식을 대충 들었지요. 탄허 스님이 용주사에서 역경을 하실 때에 찾아뵌 일도 있고, 1970년 봄에는 불광동 저희 집으로 문도스님 대여섯 명과 함께 오셔서 식사 대접을 했어요. 그해 가을 탄허 스님이 용주사에 계실 때 저를 위한 법문을 글씨로 써 주셨는데 그것을 제가 표구하여 가보로 보관하고 있지요.

지금도 한암, 탄허 스님이 그립고, 상원사 시절이 아련하시겠군요?

그렇지요. 그 시절이 간혹 생각나요. 탄허 스님을 뵌 이후 가족들과 함께 상원사도 가 보고, 중대에도 올라가 보았지요. 제가 있을 때에는 한암 스님이 오대산에 들어오시면서 심었다는 나무가 한 2미터도 채 안 되었는데 지금은 엄청 컸더라고요. 상원사에 가서는 한암, 탄허 스님의 부도도 보았어요. 저는 사실 희태 스님의 상좌였지만 한암 스님을 시봉해서 한암 스님에 대한 정이 더욱 그립지요. 그리고 탄허 스님도 저를 귀여워해 주시고 제 머리에 꿀밤을 먹이면서 "이놈 문열이는 중노릇 하기 힘들 걸?" 하셨는데 제가 그대로 되었어요.

선생님은 60여 년 전에 상원사에서 한암 스님을 모셨고 불교계의 움직임도 많이 알고 계실 터인데, 한암 스님에 대한 평이랄까, 남에게 알려 주실 내용이 있다면 말씀해 주시죠.

　　제가 보기에 한암 스님은 율사이시고, 견성성불하시고, 그리고 제자를 키우고, 근검절약을 실천하신 분입니다. 나아가서는 참선뿐만 아니라 유교, 불교, 계행 등 중으로서 할 일을 다 하고 계셨습니다. 제가 제일 기억나는 것은, 스님들을 불러서 "네가 그 따위 짓을 할 것 같으면 그 빚을 어떻게 갚으려고 하느냐?" 그런 식으로 훈계하는 것입니다. 제가 볼 때에 앞으로 그런 분이 또 있을까 하는 의심이 됩니다.

한암 스님과 탄허 스님은 선생님에게 어떤 존재이신가요?

　　제가 요즈음의 불교, 스님들의 동향을 보고 있는데요. 제가 두 분을 시봉하고, 그 스님들이 저를 귀여워해 주시고 해서 그런 것은 아니지만 두 스님을 뭐라고 할까, 신격화라 할까요? 그럴 정도로 훌륭한 스님으로 생각하고 있어요. 과연 앞으로 두 스님과 같은 승려가 나올 수 있을까 하는 생각을 갖고 있습니다. 제가 4, 5년을 모셨다고 해서 하는 말이 아니라 다른 책자를 보더라도 그런 스님이 없어요. 법에는 철저했지요.

상원사 시절을 회고해 주셔서 감사합니다.

제가 이 세상에서는 비록 허술하게 살았지만, 그때에 맺은 인연으로 내생에는 반드시 성불할 수 있는 종자는 심었다고 생각하고 있어요. 한암 스님을 되살리는 데에 나서 주셔서 고맙습니다.

오후불식을 한 종정 어른

방진성

- 대담 일시_ 2005년 4월 13일
- 장소_ 서울 구의동, 테크노마트

6·25전쟁 참전(국가유공자)
지방공무원
법인회사 근무
온양방씨 대동보 편찬
한암 스님 조카

선생님은 한암 스님의 조카이신데, 올해 연세가 어떻게 되십니까?

한암 스님은 저의 큰아버지입니다. 저는 1920년생이니 여든여섯 살입니다.

그러면 한암 스님과 관련된 이야기를 더욱 자세히 알려 주시죠.

한암 스님은 형제가 3형제예요. 한암 스님이 맨 위이고, 둘째가 저의 아버지인 우직이고, 셋째는 우일로서 스님이었지요. 우일 스님의 아들이 지금 파주시에 살고 있는 방문성인데 저하고는 사촌이지요.

한암 스님의 고향은 어디신가요? 그리고 한암 스님의 아버지에 대한 내용도 알려 주시죠.

한암 스님 집안의 고향은 평안도 맹산군입니다. 그런데 저희 고조부 무렵에 강원도로 이사 왔지요. 증조부는 과거를 보기 위해서 서울 근처인 화천으로 이사를 왔다고 해요. 이런 것은 맹산군지에도 나오고, 또 제가 지금 온양 방씨 족보 작업을 하기에 아는 것입니다. 그리고 증조부가 과거에 나가 장원은 못했지만 뭔가를 하였다는 첩지를 보았지요. 이것을 보면 그래도 몰락한 양반 집안은 아니었던 것 같아요. 그런데 저희 할아버지는 돈을 안 버시고 김삿갓처럼 세상을 풍류하면서 살았대요. 이를테면 남산골 샌님처럼, 말로만 선생님 행세를 하고 오막살이를 하면서 돈 걱정 없이 지내니 가족들은 매우 어려움을 겪었겠지요. 그래서 하도 어려워 다시 원

고향인 맹산으로 갔다고 그래요. 그러니까 한암 스님은 태어나시기
는 화천이시고, 아마 10대 시절에는 맹산에서 살았을 것입니다.

한암 스님이 입산 출가하신 연유는 무엇인가요?

　제가 듣기로는 스님이 어렸을 적에는 할아버지 밑에서 공부를
했다고 해요. 그러다가 스무 살 무렵에 장가를 가려고 집안끼리 약
혼을 하였는데, 스님이 그 여자의 집에 가서 "내가 집안이 어려워
서 집이 없는데 어떻게 생각하느냐?" 의중을 물어보았더니 그 여자
가 단호히 거절을 하더래요. 그래서 스님이 돈이 없는 세상은 살기
어렵구나 생각하고 금강산 구경 갔다가 그만 입산, 출가하였다고
해요.

한암 스님을 언제 처음 만나셨는지 그 내력을 소개하여 주세요.

　큰아버지인 한암 스님이 스님이라는 사실을 안 것은 열 살 넘
어서 알게 된 것 같아요. 제가 처음으로 한암 스님을 만난 것은
1935년 여름인 8월 초인가요? 그때 제가 소학교 6학년이었는데 여
름방학에 상원사에 가서 만나 뵈었지요. 1936년에 베를린올림픽이
열려 손기정이 마라톤에서 우승을 하였는데, 그 전 해에 상원사에
갔지요. 제가 뵙고 싶어서 맹산에서 서울까지는 기차로 갔고, 서울
에서 상원사까지는 걸어서 갔어요.

　상원사에 가서 어느 스님에게 "한암 스님을 뵈러 왔습니다"라
고 했더니 안내를 해 주더라고요. 한암 스님에게 가서는 "제가 진

431

방
진
성

성입니다"라고 말씀을 드리니 한암 스님이 "네가 진성이냐? 어떻게 왔느냐?"고 하시더군요. 그때 상원사에서 한 열흘 있었나요?

그때 보신 한암 스님의 인상은 어떠하였으며, 그 열흘 동안은 무엇을 하셨나요?

그건 제가 어려서 뵌 것이라 잘 모르겠어요. 그때 한암 스님은 환갑 전인데 제 기억으로는 그 이상으로 보였어요. 느낌이 지금 생각으로 추측건대 한 70이 넘게 보이시더라고요. 머리도 별로 없으시고, 살이 찐 것은 아니고, 키는 저보다 커 보이고 그랬어요. 나이가 많은 것으로 기억나요. 지금은 너무 오래되어 기억이 안 나요. 저는 그 기간에 밥 얻어먹고 그냥 놀았지요.

그러면 그때 이후로 상원사에 가시지는 않았나요?

제가 거기서 열흘을 보내다가 소학교 6학년 2학기는 강릉에서 다녔어요. 부모님이 허락해 주어서 전학한 것이지요. 강릉에서 보통학교를 졸업하였는데, 백부님인 한암 스님이 하숙비 9원하고 월사금 1원 50전을 보내 주셨어요. 그래서 강릉에서 하숙을 하면서 공부를 마치고 1936년 2월에 다시 상원사로 갔지요. 상원사로 간 것은 생각없이 그냥 간 것인데, 그때는 딴 데 가면 밥을 먹을 수가 없으니 간 것이지요. 스님은 아니었으나 머리는 박박 밀었지요. 그때 소학교 학생이나 중학생이나 다 박박 밀고 다녔지요. 옷은 허름한 먹물 옷을 빌려서 입었지요.

그럼 상원사에서 한암 스님의 모습을 많이 보실 수 있었을 터인데, 그걸 알려 주시죠.

　　그런데 너무 오래되어 기억이 잘 안 나요. 한암 스님의 생활은 보통 스님들 생활 그대로지요. 딴 건 모르고 한암 스님은 아침에는 죽, 점심에는 밥을 잡수시고, 저녁에는 오후불식을 하셨습니다, 딴 분은 다 먹고 그랬는데. 그리고 거기는 새벽 세 시에 일어나요. 나는 모르고 늦잠을 잤지만. 반찬은 거의 채식입니다. 저는 지금도 고기를 잘 안 먹어요. 그때 절 음식이 괜찮았어요.

그때 상원사에는 탄허 스님, 희태 스님이 있었는데 기억이 나시죠? 그리고 스님들은 몇 명이나 있었나요?

　　그때 스님들은 별로 많지가 않았어요. 탄허 스님도 있었고 희태 스님도 같이 있었지요. 탄허 스님은 명필이 아닙니까? 희태 스님은 저보다 한 살이 위였어요. 탄허 스님은 한암 스님의 상좌이고, 희태 스님은 탄허 스님의 상좌이지요. 그리고 기억나는 스님은 묵암 스님이 있고, 다른 스님은 기억에 없어요.

한암 스님이 법당에서 말씀하신 것도 들으셨지요?

　　평소에는 법당에서 말씀을 잘 안 하시고 여름과 겨울, 결제와 해제 할 때에는 주장자를 들고 높은 데 앉아서 하시더라고요. 저도 그 말씀은 들었지만 무슨 내용인지는 기억에 없어요. 절에는 각자 맡은 소임이 따로 있지 않습니까? 공양주도 있었고, 부목은 민

상원사의 옛 모습. 현재와는 전혀 다른 모습인데, 이 상원사 전경에서 한암 스님의 수행가
풍이 느껴진다.

간인이 했고, 채소를 담당하는 사람을 채두라고 했어요. 저는 다각을 했어요. 차 끓여 대는 일이었지요.

대중들이 울력을 하면 한암 스님도 참여하시나요?

조실스님이니 실제 일에는 참여 안 하세요. 보기만 하시지요. 산나물을 뜯을 때에는 대중이 다 가는데, 2~3일을 산에 가서 해 오면 1년 먹을 것을 뜯어요. 그리고 버섯도 뜯고 그랬지요. 그리고는 김치 담가 먹고.

그 시절 상원사가 가끔은 생각이 나실 터인데, 최근의 상원사 모습과 비교하면 어떠십니까?

지금 상원사는 그때하고 영 달라요. 지금은 절 같은 분위가 안 나요. 무슨 관광호텔 같아요. 옛날에는 절이 참 좋았어요. 그리고 상원사에는 뱀이 많았어요. 그때 상원사의 부엌 뒤에는 물 받아 먹는 샘물이 있고 그 뒤에 담이 있었는데, 제가 가끔 그곳에 가면 그 담 구멍마다 뱀들이 있어요. 그 뱀이 독사야. 그래 여름에 제가 가서 그것을 보면 냉수를 확 끼얹었거든요. 그러면 뱀이 달아나고 그랬어요.

월정사는 가 보시지 않았나요? 월정사에도 강원이 있었는데 호기심으로 구경 가시지는 않았나요?

상원사는 주로 참선을 하였고, 월정사는 사업을 주로 하니 왕래가 많지 않았어요. 그때 회사거리라는 곳에서 전나무 같은 것을 찍어 나르고, 철길에 밀수레를 올려서 그 위에 나무를 싣고 강릉으로 실어 나르고 그랬어요. 월정사에 있는 스님들은 여러 가지 직책도 많고 그랬어요. 그때 강원의 강사스님한테 들으니, 아침부터 저녁까지 경전을 앉아서 읽으면 그것을 이튿날에는 다 외운다고 그랬어요. 그 말을 듣고서 그게 희한하다고 생각했어요. 그 불경이 전부 한문이 아닙니까?

원보산 스님이라고 있었는데 그때 만나셨나요?

기억나지요. 저하고 보산 스님하고 대관령을 넘어서 강릉에 간일이 있어요. 도암면 파출소를 지나가는데 순사가 보산 스님하고 저를 파출소 안으로 들어오라고 그랬어요. 그때 보산 스님 옷이 먹물을 들인 누더기 옷인데, 100조각도 더 되는 헝겊 조각을 이은 것이라 보기가 희한하니 오라고 불러들인 것 같아요. 그리고 저도 아래에는 바지를 입고 위에는 한복을 입었으니, 보기에도 이상하니까 불러들인 것이에요. 제 전학 준비 서류를 보여 주니 가라고 했어요. 그리고 대관령 꼭대기로 걸어 올라가니 날이 저물었어요. 그곳에는 초가집이 다섯 채가 있었는데 거기서 하루 자고 걸어서 강릉까지 갔지요.

지금도 기억나는 것은 어떤 일인가요?

제가 있을 때인 1936년에 그 지방에 장마가 대단했어요. 제가

효봉 스님과 경봉 스님. 효봉 스님은 상원사에서 한암 스님 회상에서 수행을 하였고, 경봉
스님은 한암 스님과 편지를 통한 법거량을 하였다.

알기로 속초, 양양, 강릉 지방을 다 휩쓸어 없애 버리고 그랬는데, 상원사의 마당에도 물이 고이고 심지어는 화장실이 쓰러졌어요. 그 화장실의 주춧돌이 네 개인데 둘은 마당에 걸쳐 있고, 둘은 개울가에 있었어요. 화장실을 다시 지을 때까지 스님들 뒷처리가 곤란했어요.

한암 스님이 조계종단의 종정을 역임하신 것을 알고 계시지요?

1936년에 상원사 스님들에게 들은 기억이 있어요. 처음에는 교정이었는데 그것이 종정으로 바뀌었다고 그랬지요. 31본사 주지가 모여 선정을 하였는데 29표는 한암 스님에게 오고, 나머지 2표는 용성, 만공, 혜월 스님 쪽으로 갔다고 그랬어요.

상원사에 얼마나 계셨으며, 그 이후에는 어디로 가셨나요?

제가 상원사에서 나온 것은 동안거 결제 때였을 것입니다. 그때 저도 중이 되려고 효봉 스님하고 같이 계룡산으로 갔어요. 가는 도중에 서울 선학원에서 이틀인가를 머물렀어요. "절에 가면 중노릇 하고 싶어진다"는 말이 있어요. 나도 중이 되고 싶어서 따라가다가 선학원에 묵었는데, 아무래도 부모님에게 말씀을 드려야 할 것 같아서 효봉 스님에게 "집에 가서 허락을 받아 오겠습니다"라고 말씀을 드리니 효봉 스님이 그렇게 하라고 하셨어요. 고향에 가서 중이 된다는 말씀을 드리니 부모님이 어디 내보내요? 못 나가게 하지요. 그래 거기서 장가들고 살다가 1·4 후퇴 때에 나왔지요.

한암 스님은 1·4 후퇴 직후 입적하셨는데 이 소식은 어떻게 들으셨나요?

　　제가 저희 집사람과 자식 다섯 명을 데리고 피란을 나왔는데, 중간에 군에 입대하게 되어 가족들과 헤어졌어요. 그러자 저희 집사람이 갈 곳이 없으니 저희 큰아버지가 강원도 상원사에 스님으로 계신다는 것을 들었기에 애들 다섯을 데리고 한 달을 걸려서 상원사로 갔어요. 그 고생이야 이루 말할 수 없는 것이죠. 그런데 상원사에 가 보니 한암 스님이 입적하신 지 이미 두 달 정도 됐어요. 한암 스님은 돌아가셨지만 그래도 한암 스님의 가족이라고 해서 상원사 밑의 초가집 오막살이에서 작은아버지, 작은어머니하고 함께 살았어요. 그리고 집사람이 거기에서 저에게 군대로 자주 편지를 보냈는데, 그때 군대에서 한암 스님이 돌아가신 것을 알았지요.

그래도 선생님은 한암 스님 조카로 상원사와의 인연은 끊을 수 없으시지요?

　　그럼요. 저는 최근까지 상원사에 자주 갔어요, 보궁도 참배하고. 그리고 희태 스님하고는 최근까지 연락을 하고 만나고 있지요. 그래 그 인연으로 저보다 먼저 하늘로 간 저희 집사람의 재를 희태 스님이 계시던 대전 자광사에서 치렀지요. 또 탄허 스님도 찾아뵙고 하였는데, 제 아들 결혼식에도 탄허 스님이 오셨어요.

오늘 귀한 회고를 해주셔서 감사합니다.

　　아닙니다. 앞으로 자주 연락을 주세요. 너무 오래된 일이라 기억이 안 나 죄송합니다.

공(公)과 사(私)를
엄격히 구분하셨던 분

방문성(법명, 원혜)

● 대담 일시_ 2005년 4월 20일
● 장소_ 서울 종로(음식점, 선수사)

상원사 출가
월정사 강원 수학
환속 후 조계종 총무원 근무
개인회사 근무
한암 스님 조카

선생님은 한암 스님의 조카이신데 올해 연세가 얼마이시며, 고향은 어디신가요?

저는 1931년생이니 일흔다섯입니다. 고향은 평안남도 맹산군 동면 노전리입니다.

그러면 언제 처음 한암 스님을 뵈었나요?

제가 맹산에서 국민학교 4학년을 마치던 열두 살 때에 큰아버지인 한암 스님을 처음 뵈었습니다. 그때 학교에서 2년을 더 배워야 하는데 우리 아버지가 남자 둘이 같이 집에서 썩을 필요는 없다고 하셨어요. 내 친형이 인성이라고 있었거든요. 저보고는 너는 객지에 가서 생활하라고 하여 상원사로 오게 되었지요.

한암 스님과 아버님의 관계에 대해 더 말씀해 주시지요.

족보에는 제일 큰아버지인 한암 스님은 중원이고, 바로 위의 큰아버지는 인주이고 우리 아버지는 덕주로 나와요. 그런데 호적에는 저의 아버지는 우일, 위의 큰아버지는 우직인데 한암 스님은 분명 중원으로 나와요. 이렇게 한암 스님은 돌림자와 무관하게 기록에 나와요.

한암 스님이 결혼은 안 하신 것으로 알고 있어요. 이에 대한 것은 어떻게 보시나요?

제가 알기로는 결혼에 대한 말만 왔다 갔다 했어요. 옛날에는 약혼 같은 것이 없었어요. 성격이 강직하였지요. 그것은 우리 방가네 성격이 거의 그래요. 불의를 참지 못하는 것도 내력이지요. 그리고 한암 스님의 아버님, 그분은 초시에 합격하고서는 늘 서울의 남산에 와서 샌님, 진사들하고 놀고 그랬대요. 그리고 남 퍼 주길 좋아해서 가산을 탕진할 정도로 지냈다고 해요. 그분은 족보를 보니 1858년생인데, 사진이 없어 저희들이 안타깝게 생각하고 있어요. 한암 스님의 어머님은 한암 스님 아버지보다 두 살이 더 많고 이름이 길해성인데, 그 시절에 여자가 성명이 있는 것을 보면 화천에서는 그래도 뼈대가 있는 집안이라고 그래요.

객지 생활을 해야 한다는 명분으로 상원사에 오셨는데 그 경로를 알려 주시죠.

집을 떠나 가지고 일단은 상원사로 온 거지요. 그전에는 한암 스님에 대한 말을 듣지 못했어요. 그리고 스님으로 계셨다는 말도 못 들었을 정도이지요. 아버지가 데려다 주었는데 원산, 양양, 강릉으로 나왔어요. 월정삼거리를 거쳐 상원사로 갔는데, 나무 싣는 철길을 걸어서 왔어요. 다리 같은 데에는 밑에 물이 있고 무서워서 선로를 엉금엉금 기던 생각이 나요.

상원사에 와서 한암 스님께 인사드리고 절에서 지낸 것을 회고하여 주시죠.

그때가 1942년경 이른 봄이었어요. 한 열 달을 상원사에 있으면서 사미계도 받고 생활을 하였지요. 그리고 거기에 뱀이 많은 것

한암 스님의 1930년대 중반 무렵의 모습. 살아 있는 듯한 눈이 인상적이다.

이 기억이 나요. 그러다가 제천의 나세균 스님이라고, 지금 생각해
보면 저를 데려다가 부려먹을 욕심을 가진 것 같은데, 그 스님을 따
라 제천 송나사라는 절로 갔어요. 가 보니 오막살이 초가집이에요.
한산사는 제천읍에 있었지만, 그 절은 송악면에 있었어요. 거기에
가서 국민학교에 들어갔는데 4학년으로 재입학하였어요. 저는 맹산
에서 4학년을 마치고 나왔지만 오기 전에 함경도에 가서 1년을 살
아 학교를 안 다녔기에 배운 것을 다 까먹었다는 기분이 들어 철저
히 배우겠다는 마음으로 재입학하였지요.

　　그런데 거기서 졸업을 못 하고 어느 때인지 영월로 가게 되었어
요. 제천의 그 절에서는 사는 것이 아주 형편없었어요. 나물을 삶
아서 거기다가 쌀알을 던져서 먹을 정도로 고생을 하였지요. 그런
데 한암 스님께서 제가 너무 고생하는 것을 아셨는지, 제자를 보내
다른 곳으로 옮기게 하셨어요. 아마 그 제자에게 "네가 데려다가 졸
업을 시켜라"라고 하셨겠지요. 영월 보덕사 사무를 보던 천석규라
는 스님인데 이 양반이 나를 데리러 왔어요. 그래서 보덕사로 가게
되었고, 영월읍의 국민학교에 입학하여 해방을 만나고, 해방 이듬
해에 졸업을 하게 되었어요. 그때가 6월 16일로 기억해요. 당시에는
9월 1일에 입학하는 학제였거든요.

　　그 후에는 상원사에 와 있다가, 월정사에 가서 강원 생활을 했
어요. 그런데 거기서도 뿌리를 박지 못했어요. 그 기간이 한 1년은
되었던 것으로 기억해요. 그때는 강원에서도 학예회를 하였는데 한
번 했던 게 생각납니다. 강원에 있을 당시의 풍조는 학교로 도망가

는 것이었어요. 거기 있으면서 공비(公費)로 가기도 하고, 공비생에 해당이 안 되면 사비(私費)로 학교에 가기도 했어요. 나는 탄허 스님의 동생인 택근이하고 중학교 공부를 하기 위해 영월로 도망갔어요. 그런데 그때 총무인 박기종 스님이 도망간 우리들을 다 끌어올린다고 했어요. 붙잡혀 오면, 사람 구실을 못 하게 할까 봐 차라리 잡히는 것보다 멀리 도망가기 위해 태백중학교로 갔어요. 거기서도 공부는 하는 둥 마는 둥 하다가 또 거기서 좀 더 나은 데 가고 싶어서 부산 해동고등학교에 들어갔지요. 나는 학교 마당까지만 가고 택근이는 입학했지요. 그 후 다시 희찬 스님이 월정사로 끌어올려서 월정사로 돌아왔어요.

상원사에서 출가한 것에는 한암 스님의 뜻이 반영되었다고 볼 수 있나요?

제가 상원사에 온 것은 견문을 넓히라고 해서 온 것이지 중노릇을 하기 위해 온 것은 아니었지요. 그런데 한암 스님이 물어보지 않고 아마 "얘 머리 깎게 해라"라고 하지 않았을까 합니다. 어린 시절이라 기억이 안 나요. 다만 은사스님은 대응 스님으로 지정해 준 것은 기억나요. 그때 제가 사미계를 받고 받은 이름, 법명이 원혜였습니다. 그래서 승적에는 그렇게 올라가 있었을 거예요.

그 시절에 사미계를 받고서 국민학교를 다닌 것이 특이한 일은 아니었나요?

제가 그때 어렴풋하게 들은 것은, 한암 스님이 종정으로서 종법을 만들었는데, 종법에 승려는 최소한 국민학교는 졸업해야 한다고 하였답니다. 그런데 제자들이 당신의 조카부터 그것을 어기면 안 된다고 지적하여 제가 국민학교 4학년으로 다니게 되었다는 말을 들었어요. 종정이라고 해도 당신부터 모범을 보인 것이라고 볼 수 있지요.

당시 상원사의 분위기를 회고하여 주시죠.

제가 있을 때에는 대중이 100여 명이 되었어요. 해제철에는 사람들이 들락날락하였지요. 입승을 보신 지월 스님의 얼굴은 기억이 나고, 원주는 희태 스님이 보았는데 진부까지 가서 장도 보고 그랬어요.

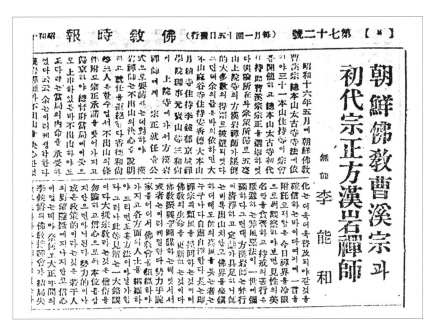

한암 스님이 조계종 종정이 되었을 때 이능화가 한암 스님의 사상, 수행가풍을 정리하여 기고한 글.

거기에는 삼본산 수련소라고 있었어요. 탄허 스님이 수련생들을 가르치는 것을 보셨나요?

수련소의 간판도 있었지요. 수료식은 아마 결제, 해제로 가늠했을 거예요. 탄허 스님이 금강경을 가르쳤는데, 저는 어려서 들을 형편은 아니고 초발심자경문을 배웠지요. 그때 택근이하고 같이 배웠는데 누구에게 배웠는지 기억이 잘 안 나요.

한암 스님의 생활과 선생님의 생활을 회고하여 주시죠.

스님은 새벽 세 시에 일어나 아침 예불을 하시고, 그 후에는 참선하시고, 아침에는 죽을 잡수시고 점심에는 밥을 잡수시지만 오후에는 불식을 하셨어요. 저는 특별한 소임은 없었고 잔심부름이나 했을 거예요. 제가 소임이 없었던 것은 나이가 어리다는 점과 한암 스님 덕택인지는 모르지만 꼭 지목하여 한 일은 없었어요. 주로 책 보는 것밖에 없었어요.

한암 스님의 근검절약은 대단하지 않았나요?

절에서 아끼는 거야 당연한 것이지요. 아끼지 않으면 되질 않으니. 한암 스님은 근검절약하셨지만 특별한 것은 서울 신도들이 과자라든지 귀한 물건을 가져오면 한쪽에 쟁여 놓았다가 어느 정도 양이 되면 그것을 꺼내어 대중들에게 하나씩 돌리고 그랬어요. 이를테면 균등하게 분배하였지요.

선생님은 한암 스님의 조카이신데 특별한 대접은 없었나요?

그런 것은 일체 없었습니다. 제가 한암 스님과는 가깝다면 가까운 피붙이가 아닙니까? 그런데도 한번도 사석에 앉은 적이 없어요. 봐준다면 문제가 될 수도 있겠지요. 아무래도 팔이 안으로 굽는다고 제가 지금도 느끼는 것은 절처럼 평등주의가 발달한 데가 없다는 생각입니다. 절은 철저한 민주주의로 움직이고 있었습니다. 내가 종정이면 종정이지, 종정의 피붙이가 무슨 말이 있냐는 식이지요. 사회물을 많이 먹은 스님은 자기 제자도 잘 챙기고, 돈도 넘겨주는 것을 많이 보았는데 이 양반은 절대 그런 것이 없었어요.

한암 스님은 공양을 따로 하셨나요, 아니면 대중과 함께 하셨나요?

한암 스님은 따로 공양을 하지 않으시고 꼭 대중공양에 참석하셨어요. 공양을 할 때면 스님들은 발우 네 개로, 일반인은 그릇으로 하였지요. 한암 스님이 방에 들어오셔서 좌정해야 시작하지 그렇지 않으면 시작 못 해요. 처음에 천수물을 돌리면 그때부터 다 같이 공양을 시작하지요.

한암 스님은 공양하실 적에 특별한 음식을 잡수셨나요?

그런 것은 없는 것으로 알지만, 한암 스님 생일 때면 꼭 냉면을 눌러서 먹었어요. 냉면을 좋아하셨지요. 메밀쌀 한 가마니를 구해, 가루를 눌러서 메밀 국수를 해서 잡수셨어요. 사람들을 초청하지 않아도 알아서 오면 그렇게 준비를 했어요. 그리고 스님은 녹

두전을 좋아하시고, 야채를 좋아하셨어요. 특히 버섯을 잘 잡수시고, 봄이면 냉이국을 잡수시고 그랬어요.

한암 스님이 울력 때는 참석하셨나요?

울력을 하루에 한 번씩은 했어요. 감자를 1년에 100가마씩 했어요. 그때 독일제 감자라고 하여 둥그렇고 불그스레한 감자를 비탈밭에서 심고 거두고 그랬지요. 그것도 큰 식량으로 썼어요. 상원사 선방은 수좌들이 한 번 겪고서는 잘 안 온다고 그랬어요. 음식도 좋지 않고, 일도 고되고 하여서. 늘상 죽을 먹었지요. 그리 않고서는 식량이 모자라니 어쩔 수 없었지요.

시주물 은혜에 대한 말씀은 들어 보셨나요?

그럼요. 거기에서는 쌀 한 톨도 내버릴 수가 없었어요. 보통 절 풍속이기도 하지만, 쌀뜨물도 아낀다고 하지 않습니까? 한암 스님은 시주물 은혜를 강조하시며 공짜로 먹으면 안 된다고 하셨습니다. 저는 중노릇 하기가 이 세상에서 제일 어렵다고 생각합니다. 군인 생활이 아무리 힘들어도 중노릇보다 힘들다고 볼 수는 없습니다.

한암 스님의 법문은 들어 보셨지요?

그럼요. 해제, 결제할 때에는 법상에 오르시지요. 그런데 오래되어 기억에 없어요. 그때는 산내 대중이 다 모이지요. 지장암의 비구니도 온 것으로 기억납니다. 하여간 그 산의 대중들은 총집결

하는 것이지요.

그 무렵에 군인들이 월정사를 태우지 않았습니까? 혹시 월정사 소각 장면을 보셨나요?

그때 군인들이 나가라고 하여서 월정사에서 3, 40리 떨어진 도암면에 피란 가 있었지요. 그날 저녁 피란 간 곳에서 월정사가 불타는 것을 보았어요. 불꽃까지 오르고 하면서 타는 것을 보았어요. 밤이니 멀리서도 보였어요. 원래 월정사는 태우지 않기로 하였답니다. 제가 듣기로는 군 작전상 국보 사찰은 태우지 않기로 하였는데 예수쟁이 장교가 개입이 되어서 마침내는 월정사를 태웠지요. 그것을 결정한 장교가 비행기 타고 가다가 동해에서 떨어져 죽었다는 말이 있습니다. 이런 것은 내가 수복 후에 월정사 들어가서 들었어요.

피란은 어디로 가셨고, 한암 스님이 돌아가셨다는 것은 아셨나요?

피란 중에 한암 스님이 돌아가셨다는 것을 알았어요. 봉화에서 들은 것 같은데, 어떻게 알게 되었는지 그 소식의 전달 과정은 모르겠고, 돌아가셨다는 말을 듣고도 가지 못하는 실정이었지요.

지금도 기억나는 한암 스님의 말씀을 회고하여 주시죠.

글쎄요. 한암 스님이 저에게 관세음보살을 부지런히 부르라고 하신 말씀이 생각납니다. 그리해야 좋다고 하신 것 같아요. 그리고

한암 스님의 친동생으로 월정사에서 출가하여 동관음암에 머물렀던 방우일 스님.

스님에게 화두도 받았어요. 그것은 '정전백수(庭前栢樹)'였어요. 받기는 받았는데 받은 과정, 장소 등은 기억에 없어요.

한암 스님의 인상은 어떻다고 볼 수 있나요?

한암 스님이 마루 위에 딱 좌정하고 계신 모습을 보면 마치 마루 밑에 있는 고양이의 눈빛처럼 반짝반짝하는 그런 인상을 받았어요. 그렇게 앉아 계실 때에 눈이 살아 있다는 인상을 받았어요. 제가 어릴 적에 보아도 그 인상을 받았거든요. 눈썹이 시꺼멓고, 눈이 강렬한 그런 인상을.

그리고 선생님의 선친이시며 한암 스님의 동생인 우일 스님이 출가한 적은 있었나요?

글쎄요. 그것은 제가 단정하여 말씀드리기는 그렇고, 하여간에 저희 아버님도 해방 이듬해인 1946년에 나오셔서 상원사에 와 계시다가 2년 후에 출가를 하였어요. 그때 한암 스님이 "그리 있지 말고 머리를 깎고 있어라"라고 해서 그렇게 된 것 같아요. 아버님이 어머니에게도 같이 깎자고 권유하였지만 어머니는 안 깎는다고 하셨대요. 그러니까 나이가 많이 드셔서 출가한 셈인데, 동관음암에 계시다가 월정사에서 입적하셨지요. 돌아가실 때 한암 스님이 꿈에 나타나 "야 야, 일어나라. 갈 때 되었다"라고 하셨대요. 그리고 사흘 후에 가셨어요. 이 꿈 이야기는 저희 어머니가 늘 한방에 계셔서 들은 것이지요.

한암 스님을 지금 와서 생각하면 어떤 스님으로 보고 싶으세요?

　　제가 지금 볼 때에는 다른 스님들보다는 그래도 깨끗하게 살다가 가셨다고 생각하지요.

오늘 여러 가지 회고를 해주셔서 감사합니다.

　　아닙니다. 제가 어린 시절에 겪은 내용들을 자세히 기억을 못해 주어 죄송합니다.

철저한 수행자인 율사

덕수 스님(이명, 찬조)

- 대담 일시_ 2004년 12월 29일
- 장소_ 진부 원성아파트

강릉 보현사 출가
월정사 강원 수학
강릉사범학교 수학
보덕사(영월) 주지

스님의 올해 춘추가 어떻게 되십니까?

올해 제 나이가 일흔다섯 살입니다.

스님의 법명은 어떻게 되십니까?

절에서 받은 것은 덕수이고, 아명은 찬조인데 월정사에서는 찬조 스님이라고 했어요. 그리고 봉주라는 이름도 있어요.

고향과 입산 출가의 인연을 말해 주시죠.

저는 고향이 강릉이고, 열네 살에 강릉 보현사에 입산하였지요. 그러다가 열다섯 살에 월정사로 왔어요. 해방되던 해에 월정사로 온 것이지요.

월정사로 오시게 된 연유가 있지 않겠습니까?

당시 보현사 주지스님이 중노릇 제대로 하자면 큰절인 월정사로 가서 공부해야 한다고 해서 왔는데, 일제강점기 말기에는 절이 어렵고 해서 강원이 없어졌단 말이에요. 그런데 새롭게 월정사에서 강원을 만든다고 해서 온 것이고, 당시 보현사 주지스님이 어쨌든 대중처소에 가서 중노릇을 해야 한다고 말씀하시면서 보내셨지요.

월정사로 올 때의 사정을 회고해주시죠.

보현사 주지인 우현구 스님이 직접 저를 데리고 월정사로 왔어요. 그 스님이 저를 월정사의 총무인 영암 스님에게 소개를 했어요. 그때 주지가 지암 스님이고, 교무가 신기성 스님이고, 재무가 손효심 스님, 희찬 스님은 상원사에 계셨어요.

그 당시 강사스님은 어느 분이었나요? 학인들은 몇 명이나 있었습니까?

그때 강사스님이 심구산 스님이라고 당호는 침허라고 했지요. 학인은 내가 처음에 갈 때에는 네 사람이었지요. 그것이 1945년 이른 봄 2월 무렵이었어요. 그런데 해방이 되고 나서 사회에서도 오고 해서 학인들이 근 40여 명이 되었어요. 해인사에서도 학생 두 분이 오고, 통도사에서도 왔지요.

해방 이후의 근황을 알려 주시죠.

월정사에는 열여덟 살까지 있었어요. 열여덟 살이 되던 해에 강릉으로 나와서 강릉사범학교를 다녔어요. 해방이 되어 학교가 생겼는데, 스님들은 대부분 국민학교만 마치고 왔고, 중·고등학교에서 실력이 있으면 학년을 불구하고 막 받았어요. 그래 저는 강릉사범학교에 3학년으로 편입을 했어요. 그때 강릉농업학교, 상업학교 이렇게 세 학교가 있었어요. 거기서 공부를 하다 6·25사변을 만났지요.

강릉에서 학교는 어디에서 다니셨나요?

월정사 강릉포교당에서 다니다 하숙을 할 때도 있었고, 여러 가지를 했어요. 당시에 월정사 경비가 마땅치 않아 공비(公費)를 못 받아서 사비(私費)로 공부한 학생이 많았어요. 그때 전관응 스님이 강릉포교당의 포교사로 있었어요. 그 스님이 월정사 강사를 하시다가 강원이 폐쇄되니 포교사로 와 계셨지요. 거기에서 내가 봉석 스님을 만났지요. 그리고 강릉의 창조 스님은 삼화사 주지를 하였기에 월정사 말사 주지회의를 하면 만났지요.

스님이 강원에 계실 적에 상원사에 가 보셨지요? 그리고 방한암 스님을 뵙기도 한 것으로 추측되는데요.

그럼요. 상원사에 자주 갔지요. 그때는 한암 스님이 종정이셨고, 총무원장을 하시는 지암 이종욱 스님이 주지스님이었어요. 지암 스님이 서울에서 내려오시면 꼭 상원사에 가시는데 몇 사람을 데리고 갔어요. 강원의 학인들이나 종무소의 대중스님들을 데리고 갔기에 저도 지암 스님을 따라가서 참배를 할 때에 한암 스님을 뵈었지요. 적멸보궁도 참배하고 스님에게 인사도 드리고 했지요. 그때 지암 스님은 한암 스님에게 종단 돌아가는 것, 정치가 어떻게 되어 간다는 것, 일제의 탄압이 어떻다는 것을 말씀으로 보고하셨어요. 우리들은 어리고 학생이니 한암 스님과 문답할 처지가 아니니, 무릎을 꿇고 그냥 듣기만 했지요. 그 후 점심을 주면 얻어먹고 내려오지요. 정월 초하루에는 지암 스님이 세배하러 오시면 종무소를 지키는 몇 명만 남기고 수십 명이 줄을 지어 적멸보궁에 가서 참배하고, 한암 스님에게 세배를 하였지요. 나이 든 스님은 한암 스님 방에 들어가서 세배를 하고, 저희들은 학인이기에 방 밖에 죽 서서 세배를 했어요. 한암 스님은 평소에 뵙기를 원하는 사람이 오면 어린 사람이 와도 반드시 마당으로 나오셔서 합장하여 인사를 받은 후에 방으로 들어가세요.

강원에 계실 때 대중스님들이 한암 스님에 대해 평하는 것을 들으셨나요?

　생각나는 것은 한암 스님은 질문을 받으면 즉석에서 순간적으로 말씀을 하신다고 했어요.

한암 스님의 행은 청정계율이지요?

　그래요. 스님은 시봉하는 사람도 비구니라든지 여자 신도는 안 두었어요. 시봉은 보경 스님이 제일이지요.

한암 스님 법문의 내용. 특히 불교학자인 권상로와의 선문답을 요약하여 정리한 『불교시보』의 보도 기사.

권상로 교수. 한암 스님의 선사상을
높이 평가했다.

**한암 스님이 의식에도 큰 신경을 쓰
셨다는 말을 들었습니다.**

그럼요. 스님은 어산과 의례
를 잘하셨지요. 손수 만든 예참(禮
懺)도 있어요. 제가 스님이 지으시
고 제작한 예참을 지금도 가지고
있어요. 스님이 옛날에 지으신 것
인데, 예전에는 다 외웠지만. 당시
전국에서 재나 의식을 한다든가 다비를 할 때에는 스님이 만든 대
예참을 갖고 하셨어요. 지금도 서울의 비구니절인 탑골 승방의 비
구니스님들은 아마 스님의 예참을 다 외울 것입니다.

한암 스님과 이종욱 스님이 『보조법어』의 책을 내셨지요?

그것은 한암 스님이 직접 하신 것이 아니고 감수를 하신 것이
에요. 실무는 지암 스님이 했는데 한암 스님께 갖다 드리면 그것이
맞게 되었는지를 보셨어요.

한암 스님이 가람수호에 신경을 쓰셨다고 하는데요.

상원사 스님네들이 공양을 하고 설거지를 했는데, 밥알을 버
리면 한암 스님에게 걸려서 어떤 스님은 그것을 다시 씻어서 먹었
다고 했어요. 스님은 늘상 검소하시고, 그걸 평소에 늘 말씀을 하
셨어요.

스님은 상원사에 3본사 수련소가 생겼다는 내용을 알고 계시지요?

그것은 우리가 월정사에 있기 이전이지요. 우리는 이야기를 들은 것뿐인데, 거기에서 '금강선원'이라는 이름을 붙여 가지고 3본사 스님네들이 참선 안거를 했지요. 계(戒)도 주고, 『금강경』도 가르치고 의식도 교육시켰다고 해요. 작년에 입적하였다는 장상열 스님이 거기서 공부하였다고 했어요.

한암 스님을 상원사로 모신 분은 지암 스님이지요. 혹시 이 두 스님 간에 관련된 내용이 있으면 알려 주시죠.

제가 보기에 지암 이종욱 스님이 한암 스님을 잘 받들었어요. 지암 스님이 서울에서 오시면 꼭 한암 스님이 잡수실 것이라든가 좋은 선물을 가져다 드려요. 그때 지암 스님이 절을 3배 하거든요. 그러면 한암 스님도 같이 맞절을 해요. 제가 보기에 지암 스님이 더욱 공경하는 마음으로 지극 정성으로 모시는 것 같아요. 서울에서 오시면 월정사 일이 아무리 급해도 상원사부터 올라가시고 그랬어요. 그때 지암 스님의 나이가 근 60이 되었을 때인데 상원사를 걸어 오르고 내리는 것이 쉬운 일은 아니지요. 옛날 일제 때는 상원사까지 레일이 있어서 그 위에 수레를 놓았었어요. 레일 위의 목재 싣는 방차 밑에 바퀴를 달고 그 위에 판자와 자리를 얹고서 그 위에 앉아요. 그러면 몇 사람이 그걸 밀고, 내려올 때에도 그것을 이용했지요.

월정사 강원의 강사로 기억나는 사람을 말해 주시죠.

독립운동을 했던 백초월 스님이 있었다고 하는데, 저는 직접 배우지는 못 했어요. 서경보 스님이 일제강점기 말기에 월정사 강원의 내전 강사를 하였고, 원의범 교수는 해방 직후에 월정사에 오셔서 외전 강사를 조금 하였고, 조지훈 선생은 일제강점기 말기에 강사를 했으며, 그 밖에 정지용, 백성욱, 양주동 박사도 강사를 했다는데 특강 선생인 것 같아요.

월정사에서 상원사에 양식을 보냈지요?

네. 월정사와 상원사 스님들이 상의를 하여 수좌스님들을 수용할 수 있는 양식을 1년에 몇 가마씩을 올려 보내고, 중간에 일이 있으면 중간에 보내기도 했지요.

월정사 인근 마을에서 한암 스님에 대해 평한 것을 들은 적이 있나요?

보통 도인이라고 하였지요. 참 그리고 생각나는 것이 한 가지 있어요. 상원사에서 하루는 한암 스님과 제자가 같이 있었는데 스님이 허허 웃더라는 겁니다. 그래 그 시봉하는 제자가 왜 웃으시냐고 여쭈니까 한암 스님 하시는 말씀이, "허! 별놈 다 있군" 하셨답니다. 그 이유를 묻는 제자에게 스님께서 하시는 말씀이 "저 아랫동네에서 오늘 송아지 한 마리를 낳았는데 그 집에서 송아지 이마를 보고 '오대산 방한암 대가리 같구나'라고 하는구나"라고 하셨답니다. 시봉하던 제자가 무척이나 궁금하여 마을로 내려와 진부 호

명인가 하는 동네를 찾아가서 오늘 송아지를 낳은 집이 어디냐고 찾았다고 합니다. 그래 그 집에 가서 오늘 송아지 낳은 것을 묻고서는 혹시 오늘 낳은 송아지의 이마를 보고 '오대산의 방한암 대가리처럼 생겼다'는 말을 하였느냐고 물어보았다는 겁니다. 그랬더니 그 송아지 주인이 그 말을 한 것을 어떻게 알았느냐고 되물었다고 해요. 그래서 그 말이 많이 떠돌았어요.

그 말이 실화인지 설화인지는 모르지만, 한암 스님은 머리를 늘상 빨갛게 깎으시고, 머리카락이 조금만 자라도 늘 바로 깎아 백호를 치셔서 머리카락이 있는지 없는지 분간이 안 갔어요.

상원사에는 뱀이 무척 많았지요. 일설에는 그 뱀들도 한암 스님의 법문을 들었다는 말이 있어요.

아주 많았어요. 심지어는 한암 스님이 주무셨던 요에 깔려 죽은 뱀도 있었다는 말이 있었어요. 죽은 것을 시봉이 처치하기도 했대요. 제가 보니 대중처소에도 뱀이 비일비재했어요. 심지어는 방입구 및 구석에도 슬슬 다니고, 부엌의 부뚜막에도 올라가 있고 아주 많았습니다. 그런데 한암 스님은 그런 것을 보고 아주 무심하고, 있거니 하고 말았어요. 그러니 뱀들도 법문을 들었다고 할 수도 있지요.

제가 상원사에 불이 나서 중창 불사를 할 때 가 보니 큰 장독이 몇 개 있는데, 그 안에 뱀을 붙잡아 가득 담아 놓았어요. 상원사 불사를 하는 목수와 일꾼들이 겁을 먹고 신경이 쓰여서 일을

한암 스님이 상원사에 처음 들어올 때 꽂아 놓았던 단풍나무 지팡이가 오늘날 단풍나무
로 성장한 모습(상원사, 중대).

할 수 없다고 해서 사람을 시켜 뱀을 보면 잡아 독에다 넣은 것인데, 그후에는 인부를 사서 저 동백령인가 하는 계곡, 50리나 떨어진 곳에 갖다 버렸어요. 그런데 어떤 사람이 가는 도중에 힘이 부치니 중간에 아무데나 가서 뱀을 쏟아 버렸다고 했어요. 지금도 아마 뱀이 있을 거예요. 아마 한암 스님이 뱀들이 미물이지만 뱀을 볼 때마다 너도 어서 발보리해라, 너도 어서 탈각하라고 하셨을 것 같아요. 스님은 인자하시니까 그러셨을 거예요. 하여간에 스님은 뱀에게 무심하셨어요. 그런데 상원사에 뱀이 그리 많았어도 뱀에 물리거나 다쳤다는 사람은 없었어요.

한암 스님이 심으셨다는 단풍나무를 보셨지요?

그럼요. 상원사 위의 중대에 스님의 지팡이를 심었다는 것은 사실이에요. 우리가 처음 가 보았을 때는 그 둘레가 딱 요만(5센티미터 정도)했어요.

한암 스님이 6·25사변 때 좌탈입망하셨지요?

그래요. 그때 찍은 사진이 있는데, 그 사진을 찍은 사람이 마곡사 스님 출신인 정훈장교였어요. 영관급의 사단 정훈 참모였는데, 이름이 이(李) 뭐였더라? 이제는 생각이 나지 않네요.

스님은 6·25사변 때 무엇을 하셨나요?

저는 전쟁 발발 며칠 후에 군대로 갔어요. 5년을 군대에 있었지요. 제대하고 나오니 부모님의 연세가 많아서 모셔야 하기에 다시 중노릇은 못하고 있었어요. 그런데 제대 후 1년이 채 안 될 때 월정사가 어떻게 되었나 볼 겸 한번 갔었어요. 가 보니 전쟁으로 절이 전부 타 버리고 형편없었지요. 그때 지암 스님이 관여하긴 했지만 주지는 이재흔이라고 지암 스님의 조카인 와운 스님이 맡았어요. 와운당을 만났는데, 그분이 저를 붙잡고 눈물을 흘리면서 절을 누군가가 맡아서 복구를 해야 하지 않겠느냐고 했지요. 그러면서 너 같은 젊은 사람들이 와서 해야 하지 않겠느냐고 하면서 우리 서로 협력하여 복구하자고 하고, 늙으신 부모님은 돌아가실 때에도 절에서 모실 터이니 제발 재건을 도와달라고 했어요. 그래서 집에 돌아와 부모님께 사정을 이야기하고서 다시 가겠다고 했지요. 할 수 없이 월정사로 다시 들어왔어요. 그런데 그후에 상원사는 비구측, 월정사는 대처측이 되어서 승려 분규를 겪고 다시 나오게 되었지요.

한암 스님이 전국에 유명한 선지식으로 알려진 것은 어떤 연유입니까?

　　스님이 이름이 난 것은 지암 이종욱 스님 덕분이에요. 한암 스님은 스스로 상(相)을 내는 스님이 아니에요. 내가 큰스님이라는 이름을 내는 스님이 아니기에 이름이 날래야 날 수 없지요. 그래도 의 스님들이 추앙하고, 또 뵙기를 원하고, 와서 배알을 한 것은 지암 스님이 만든 것이라고 봅니다. 스님이 상을 내지 않고 있는데 어떻게 큰스님이라는 것을 알 수 있나요? 이름이 날래야 날 수 없지요. 옥(玉)이 흙 속에 있는데 보지 못하면 옥인지 알 수 없지요. 스님은 상원사에 들어앉아 계신데 누가 스님이 유명하고, 선지식인 것을 알 수 있어요? 누가 이야기를 자주 해 주어야 되지요. 또 스님이 그렇게 되니 지암 스님의 이름도 올라가고, 오대산도 올라가고, 월정사도 올라가지요. 그때 한암 스님은 종단에 대해 간섭을 안 하셨지만 지암 스님은 종단의 모든 일을 구전으로 보고했어요.

한암 스님의 사상 계승과 추모가 너무 늦었지요?

너무 늦었어요. 탄허 스님이나 그 문도 제자 중에서 학식 있는 스님이 진작 해야 하는데 저로서는 유감스러워요. 추모사업을 안 한 것은 결국에는 의식 있는 제자들이 없어서 못 한 것이라는 말밖에 할 수 없지요.

제가 보기에 스님은 철저한 수행자이고, 율사이고 그리고 모르는 것이 없고, 안 하시는 것이 없을 정도인데, 지계에 대해서 말하라 하면 청산유수처럼 설법을 하시는 분입니다. 지금까지 이 스님을 선양하지 못한 것은 문도가 없다는 얘기인데, 실제는 문도가 있는데도 하지 않은 것이지요.

과거에 다른 큰스님들의 선양은 많이 있지 않았습니까? 이 스님은 보물이지 않습니까? 그때 스님이 종정을 역임하지 않았나요? 지금도 종정을 하지만 종정을 하면 다 종정인가요? 하여간에 제가 보기에 추모와 선양 사업이 너무 늦었어요. 희찬 스님이 살아 계셨으면 여러 사람보다 한암 스님에 대해 많이 아실 터인데. 최근 주지로 취임한 정념 스님이 한암 스님을 살리기 위해 애쓴다는 말은 듣고 있어요.

한암 스님에 대해 여러 말씀을 해주셔서 고맙습니다.

저는 아무것도 도움이 되지 않아서 미안합니다. 이렇게 누추한 곳까지 찾아오셔서 송구해요.

도인으로 유명하였던 스님

정희도(법명, 종현)

- 대담 일시_ 2005년 5월 4일
- 장소_ 정희도 자택(진부면 동산리)

월정사 출가
환속 후 자영업
월정사 입구에 거주

선생님은 고향이 어디신가요? 그리고 올해 춘추가 어떻게 되십니까?

이북의 함경남도 영흥이에요. 그런데 제가 올해 일흔아홉 살인데, 열두 살 때에 우리 집의 형제, 가족 아홉 명이 전부 그곳에서 나와서 이곳 진부에서 살게 되었지요.

선생님은 지금은 월정사 입구 마을에서 생활하고 계시지만 한때는 월정사 스님이었는데 출가 인연을 들려주시죠.

제가 중 될 때가 1948년이니 스무 살이 되었었나? 저는 공부를 못 했어요. 이 동네에서 없이 살다가, 절의 아는 사람이 손 총무라고 그이가 여기에 살았는데 저를 절에 데리고 가면서 같이 살자고 하여 월정사로 들어간 것이지요.

그리운 스승 한암 스님

어느 스님을 은사로 하셨나요?

은사는 박기종(영암) 스님입니다. 그때 월정사 총무를 보고 그 후에는 총무원장도 하셨지요. 사미계를 준 계사는 손청강 스님이었어요. 법명은 종현이라고 받았어요.

그 시절 절 생활은 고생이 많았다고 들었습니다만.

제가 출가할 그 무렵에는 저 같은 또래 행자가 많았어요. 그리고 그 시절의 고생은 말도 못해요. 일도 무지하게 하고, 밥도 강냉이로 만든 밥만을 먹고 그랬어요.

새로 생긴 월정사 강원에서는 공부를 하셨나요?

그때 강원에서 50여 명이 공부를 했지만 저는 강원 공부를 못했습니다. 그때는 밖에 나가서 중학교, 고등학교, 대학교를 다닌 사람도 많았어요.

선생님은 출가 이전에도 월정사 인근 동네에 사셨으니, 재가자 시절에도 상원사에 올라가고 한암 스님을 뵈었지요?

그럼요. 그 시절에는 월정사에서 상원사로 올라가는 신작로가 없어서 모든 것을 지게로 져서 올렸지요. 상원사에 가서는 원주 보시는 희찬 스님을 자주 만났지요. 일 때문에도 많이 다녔지요. 한암 스님을 뵙기는 하였는데 세월이 너무 오래되어 기억이 잘 안 나요.

출가 이후에도 상원사를 가고 한암 스님을 뵈었을 터인데 그래도 기억나시는 일이 없을까요?

출가하고서도 상원사에는 자주 올라갔지요. 제가 한암 스님께 특별한 것이 있다면, 한암 스님의 조카이면서 당시 월정사에서 스님노릇을 하던 방문성(법명 원혜)이라고 하는 사람하고 같이 가면 귀여워는 하시더라고요. 그리고 과자나 사탕을 주시곤 하셨지요. 정월 초하루에 눈이 오면 눈에 빠지면서도 올라가고 그랬어요. 보궁에 가서 참배하고 내려와 상원사 큰방에서 대중들과 함께 한암 스님께 세배를 하지요. 상원사 스님이 한편에 서고 다른 한편에는 올라간 스님들이 서서 하였고, 나이가 많은 스님들이 먼저 하고 젊은 사람들은 후에 하고 그랬습니다. 그때에 한암 스님이 덕담을 하셨지만 기억이 나지 않고, 비구니들도 같이 올라가고 그랬어요.

한암 스님이 중노릇을 잘해야 한다는 취지로 참선, 간경, 염불 등을 열심히 해야 한다고 말씀한 것을 들어 보셨나요?

저는 그것을 잘 알지 못했어요. 다만 중노릇을 하려면 제대로 중노릇을 해야 한다는 말씀은 들었어요.

당시에 한암 스님을 뵌 인상이 어떠하였으며, 월정사 대중들은 한암 스님을 어떻게 평가하였는지가 궁금합니다.

월정사 대중들은 한암 스님을 도인스님으로 호칭하였어요. 그리고 저는 한암 스님을 뵐 때, '도인스님이 저렇게 생겼구나' 하고 속으로 생각했어요. 그런데 당시에는 한암 스님이 종정을 하셨다는 것도 몰랐어요.

한암 스님을 만나러 여러 사람들이 오고 가지 않았나요?

제가 열여덟 살에 해방이 되었는데 한암 스님이 유명하다는 말은 들었고, 그때 도지사가 와서 한암 스님을 뵙자고 월정사로 내려오셨으면 하는 말을 하였대요. 그런데 한암 스님이 "나는 도지사를 볼 필요가 없다. 보려면 올라오라" 하셔서 도지사가 상원사로 올라가서 뵈었다고 했어요.

6·25 전란으로 폐허가 된 월정사 전경. 인민군의 거처가 될 것을 우려한 국군의 작전에
희생양이 되었다.

혹시 상원사에 불이 난 것을 보시지는 않았나요?

제가 입산하기 직전인데 불나는 날에 상원사에 올라가 봤지요. 불이 났다고 사람이 내려와서 전하여 올라가니 밤이 되었을 무렵이지요. 그때는 전화도 없고, 사람이 내려와서 이야기를 하길래 올라갔지요. 밤 여덟 시경에 올라갔는데 그때도 잔불이 타고 그랬어요. 상원사는 1인당 쌀 세 말을 월정사에서 받아 창고 뒤주에 보관했는데 그 수십 가마가 다 타 버린 것이지요. 불이 나니 둘이 들어도 힘든 궤짝을 혼자서 막 집어던졌대요. 그 당시에 한암 스님을 보니 특별히 화도 안 냈어요. 그분은 타면 타고, 가면 가라는 주의였지요. 그 양반은 일절 말 안 해요. 그리고 불이 난 후에는 월정사에서 상원사까지 기왓장을 보통 사람이면 서너 장, 신체 좋은 사람은 다섯 장을 지고 올라갔어요.

6·25 때 피란을 가셨나요?

저도 피란을 가기 위해 월정삼거리까지 나가 보니 벌써 인민군들이 들어와서 다시 월정사로 돌아왔어요. 6·25사변 때 월정사에 불이 나서 전부 타 버렸는데, 사실은 군인들이 불을 놓은 것이 아니고 민간인이 불을 놓은 것이에요. 그때 정부에서 절의 구들장을 파 놓고 문짝을 뜯으면 불을 안 놓는다고 해서 우리들이 그런 일을 며칠 했어요. 구들장 파고 문짝 뜯은 후에 피란을 나갔거든요. 그런데 회사거리에 공장도 있고 지서도 있고 하여 그 동네를 동산리 2구라고 하였는데, 그 동네 사람 세 명이 피란을 가다 월정삼거리

지서에서 증명이 없어 잡혔거든요. 순경들이 너희들에게 석유기름을 줄 터이니 갖고 가서 월정사를 불사르고 오면 증명해 주겠다고 해서 그 사람들이 불을 놓은 것입니다. 그래서 절 전체를 소각시키고 목간통 하나만 남기고 다 탔어요. 그때 월정사 인근에서 발굴한 종을 찾아서 절에 걸어 놓은 지 1년도 안 되었는데 그 종도 다 녹아 버렸지요. 지암 이종욱 스님이 절은 다시 지을 수 있지만 종은 다시 만들 수 없다고 아쉬워하였지요.

그러면 언제까지 월정사에 계셨나요?

저는 1·4후퇴 이전까지는 월정사에 있었어요. 그런데 1·4후퇴 때 할 수 없이 나갔는데 평창까지는 갔어요. 6·25사변이 나니 인민군이 들어오고, 지방 빨갱이들이 설치던 것을 다 겪었어요. 인민군은 절대 해코지를 하지 않았는데, 지방 빨갱이들이 못된 짓을 많이 했지요. 죽을 고비를 몇 번 넘겼습니다. 한번은 인민군들이 월정사 대중 20여 명을 다 모이게 하고서는 중들이 구두를 신고 머리를 기르냐고 하여서, 대중들이 그 이튿날 전부 짚세기나 고무신을 신고, 머리를 다 깎기도 했지요. 그리 안 하면 죽으니까. 1·4후퇴 시에 나갔다가 며칠 후에 다시 온 것이지요. 저는 그때 와운 스님을 따라다녔는데, 와운 스님이 "우리 죽더라도 절에 다시 들어가 보자"고 하여 가 보니 절은 다 타 버리고 말았어요. 그래서 전나무로 만든 토막집을 방 서너 칸짜리를 만들어서 거기서 밥 해먹고 잤어요. 그러다가 저는 동짓달에 제2국민병에 나가서 이듬해 5월에 다시 절에 들어왔지요.

한암 스님이 상원사 소각을 저지하셨다는 것은 잘 모르시겠네요.

　그 내용은 희찬 스님이 말씀하는 것을 들어서 알고 있는 정도이지요. 희찬 스님은 피란을 안 가고 원주를 보며 한암 스님을 모시고 있었지요. 장희찬 스님 말씀이 군인들이 들어와 불을 놓는다고 하니, 한암 스님이 "불을 놓으려면 놓아라, 그러면 나는 여기서 타 죽는다, 나 죽는다는 생각 말고 불 놓으려면 놓아라" 하시자 군인들이 못 놓고 갔지요. 사람이 있는데 불을 놓을 수가 없었지요.

한암 스님이 좌탈입망하셨다는 것은 어떻게 알고 계시나요?

　그것도 장희찬 스님에게 들어 알지요. 희찬 스님이 모든 사람에게 이야기해서 알려졌지요. 한암 스님이 돌아가시니 군인들이 화장을 하였다고 했습니다. 그때는 민간인이 없었으니. 한암 스님이 앉아서 돌아가셨다는 것을 우리는 몰랐지만 희찬 스님이 이야기해서 알지요. 그러니 우리는 의심하지 않고 믿었지요.

한암 스님이 하신 말씀을 떠올려 보시죠.

　우리가 가면 한암 스님이 "너희들은 나쁜 짓 하지 마라, 관세음보살을 불러야 좋다"고 말씀하셨어요. 그리고 한암 스님 조카이며 당시에는 원혜라고 한 스님과 제가 친하게 지냈어요. 같이 가면 저희에게 "공부를 열심히 해라, 남하게 악하게 하지 마라, 관세음

월정사 총무를 보면서 한암 스님을
모신 영암 스님. 한암 스님의 가람수
호 정신을 체득하여 월정사, 조계종
재건의 기틀을 정비했다.

보살을 자꾸 부르라"고 하셨어요. 그런데 그런 말을 듣고도 절실한
생각을 안 했지요, 고마운 말인 줄은 알았지만.

한암 스님의 동생으로 출가한 방우일 스님을 아시지요?

　우일 스님이라고 있기는 있었지요. 그런데 그 스님은 한암 스님
과 서로 접촉은 자주 안 했어요.

은사인 영암 스님이 한암 스님에 대하여 언급하신 것은 없나요?

　영암 스님은 우리보고, 그 양반이 도인이니 그 양반 말씀 잘
듣고 공부하라고 말씀하셨지요. 영암 스님은 창고쟁이였어요. 아끼
는 것에 철저했어요. 심지어는 떡을 왜 만들어 먹느냐고까지 했어
요.

한암 스님과 다른 스님의 차이를 표현하신다면?

글쎄요. 그때는 한암 스님은 공부해서 도를 통했으니 도인이라고 생각했거든요. 그런데 스님들은 차갑고 냉랭하거든요. 한암 스님은 그런 면도 있지만 자비로운 면도 있었어요. 그리고 보통 스님들은 아만이 많은데 한암 스님은 그렇지 않았다고 보았어요.

혹시 한암 스님, 상원사와 관련 있는 자료를 갖고 계신 것은 없나요?

그런 것 없어요. 예전에 사람들이 와서 한암 스님, 탄허 스님의 글씨를 받아 갔다고는 하는데 저는 없어요. 다만 6·25사변 후에 상원사의 한암 스님 비석 옆에서 희찬 스님과 찍은 사진이 있었는데 찾아보아야 하겠습니다.

오늘 예전의 추억을 회고해 주셔서 감사합니다.

아닙니다. 세월이 오래되니 기억이 안 나요. 한암 스님에 대한 많은 추억을 들려주지 못하여 죄송합니다.

상원사를 지킨 수호 보살

이강호

- 대담 일시_ 2005년 4월 4일
- 장소_ 이강호 자택(진부면 동산리)

신계사 출가
환속 후 사찰용품 제작업
희찬 스님과 월정사 재건
월정사 입구에 거주

월정사 대웅전 앞의 석조보살상에서 재가자와 기념 촬영을 한 한암 스님.

올해 연세가 얼마이시며, 고향은 어디신가요?

저는 나이가 많지 않아요. 올해 일흔여덟 살입니다. 그리고 원래의 출생지는 금강산 신계사가 있는 고성입니다.

어떤 연고로 이곳 월정사 인근 마을에서 살게 되셨나요?

제가 신계사에서 승려 생활을 6년 했습니다. 그렇게 하다가, 7대 독자라서 아버님이 절에서 나오라고 했어요. 아버님이 "네가 독자인데 절에 가 있으면 우리 집안이 망하고 없다"고 해서 할 수 없이 나오게 되었어요. 그 무렵 제 은사가 하담 스님으로 후에 서울의 청량사, 개운사 주지를 하시다가 열반하셨는데, 저보고 같이 있자고 하였지만 사정이 그렇게 되지 못했습니다. 그러다가 1947년에 그곳에서 가족들과 함께 나왔습니다. 그때 친구 두 명과 함께 월정사에 와서 지암 이종욱, 박기종 스님에게 이야기를 하니 있으라고 해서 월정사에 있게 되었지요.

월정사에서는 무슨 일을 하셨습니까?

저는 그때 승려가 아니고 속인으로서 주로 공예품을 만들어 절에 갖다 주었습니다. 스님들이 쓰는 바리때, 죽비 같은 것을 만들어 월정사에 판매하였지요. 그때에도 손으로 하지 않고, 그것을 만드는 기계가 있었어요.

그러면 당시 월정사의 사정도 잘 아시고, 상원사에도 올라가시고 그랬겠

481
|
이
강
호

군요?

그렇지요. 그 당시 월정사에서 상원사에 갈 때에는 철길이 있어서 그 철길로 해서 왔다 갔다 했어요. 그것을 타고 올라갔어요. 그때 상원사에는 만화 스님도 계시고 탄허 스님도 계셨어요. 그때부터 만화 희찬 스님은 알고 지냈지요. 우리가 상원사에 가서 보궁을 참배하면 희찬 스님 본인은 안 가시고 우리에게 열쇠를 줘요. 그런데 우리가 늦게 오면 막 뭐라고 그랬어요.

상원사에는 도인으로 이름난 방한암 스님이 계셨지요. 인사를 드리고 이야기를 나눈 적이 있으셨나요?

그럼요. 방한암 스님은 6·25사변 때 희찬 스님, 탄허 스님이 모시고 있다가 피란을 가시자고 했지요. 그런데 한암 스님이 안 나간다고 그랬지요. 그러다가 앉아서 돌아가셨지요. 제가 상원사에 가면 인사를 드리지요. 그때 한암 스님이 제 이름인 강호가 좋지 않다고 하시길래 제가 이름을 바꿔 달라고 하니, 이 양반이 물끄러미 이렇게 있다가 이름이 나쁘지만 바꿔 줘야 도움이 안 된다고 그래요. 그러면서 후일에 호를 지어 준다고 하셨어요. 그런데 그 뒤로 몇 번 가도 호를 안 줘서 그 뒤로는 안 갔어요.

월정사 스님들은 상원사에 자주 가는 편이었나요?

제가 보기에 월정사 스님들은 1년에 한두 번 정도는 오르고 했지만 자주 가지는 않았어요. 그 당시에는 한암 스님 패와 지암 스님 패가 따로 있었어요. 월정사 스님은 전부 지암 스님 패라 잘 안 다녔지요. 그리고 선방에는 객스님들이 왔다 갔다 했지요.

한암 스님은 종정을 하셨는데 그 사실을 알고 계셨나요?

그 당시에는 한암 스님이 조계종 초대 종정인 줄은 몰랐고, 종정 하신 것은 그 후에 알았어요. 하여간에 그때는 큰스님이라는 것은 알고 있었지요. 그 스님이 운동(포행)을 하세요. 그럴 때 간혹 만났는데, 우리에게 까만 돌을 갖고서는 이 돌이 어디에서 온 것인지, 생산지를 알아보라고 그래요. 우리가 말을 못 하면 "이것은 내가 금강산에서 가져온 것이다"라고 해요. 금강산을 갔다 오셨다고 그래요. 그러면 우리는 그 당시에 스님이 축지법을 한다고 했어요. 그렇잖아요? 축지법이 아니면 금강산에 갔다 올 수가 없지요. 그런 소문이 있었지만 우리가 스님에게 "스님, 축지법을 할 줄 아십니까?" 이렇게 물어보지는 못했어요.

한암 스님의 제자로 유명한 탄허 스님을 만나셨지요?

탄허 스님이 호남에서 오셨는데 유교 학자가 아닙니까? 탄허 스님이 오대산 상원사에 유명한 방한암 스님이 계시다고 해서 왔어요. 탄허 스님 이 양반도 많이 배웠는데 상원사로 오셨단 말이에요. 이 양반이 와서는 한암 스님이 얼마나 배웠는지 테스트해 보았단 말이에요. 그래 방한암 스님하고 얘기해 보니까 천지 차이란 말입니다. 거기서 무릎을 꿇고 스님이 되어서 방한암 스님 밑에서 10

년을 배웠다고 합니다.

혹시 월정사가 6·25사변 때 불탄 것을 보셨나요?

저는 6·25사변 때 피란을 갔거든요. 그런데 그에 관한 얘기를 주민들에게 들어 조금은 알고 있지요. 그때 강릉에서 10연대, 그리고 경찰부대들이 회사거리에 와 있었다고 해요. 군인과 경찰들이 가면서 인민군들이 와 있다고 소개를 시켰어요. 그때 민간인 둘이 불을 놓았어요. 불을 놓은 이○○과 김○○는 다 죽고 한 사람은 주문진에 가서 살았는데, 문교부에서 두 번을 찾아와 대강을 이야기해 주고, 그들이 주문진에 가서 찾아보았는데 그런 사람이 없다고 하는 말은 들었어요. 제가 월정사 법당 짓는 데 공사 감독을 했지요. 산의 나무를 베어 나르고 하였는데, 그 시절에는 여기가 원주 관할입니다. 그래 제가 만화 스님을 대신해 여덟 번을 왔다 갔다 하며 허가를 내서 일을 했어요. 그런데 인건비가 모자라 허가를 한 대 받았으면 실제로는 세 대를 벌채하여 인건비를 충당하였는데, 후에 그것이 문제가 되었지요.

상원사는 다행히 불이 안 났지만 한암 스님이 그때 돌아가시지 않았습니까?

그때 돌아가셨어요. 보통 사람은 이렇게 앉아서 열반을 못 한다고 그래요. 그런데 방한암 스님은 딱 앉아서 열반하셨지요. 그때 마침 군인 장교가 있어서 카메라로 사진을 찍었대요. 방한암 스님이 앉아서 열반한 사진이 있지 않아요? 마을 사람들에게 들었지만 이제는 다 죽고 없어요. 월정사 인근에 아는 사람이 없어요.

상원사도 불을 놓는다고 했어요. 그 당시에는 어떻게 이야기가 돌았느냐 하면, 상원사에도 불을 놓으려고 군인들이 올라와서 방한암 스님에게 불을 놓으러 왔다고 하면서 질문을 하였다고 합니다. 이 전쟁에서 남이 이기겠소, 북이 이기겠소 하니 방한암 스님이 답변하시기를 "사람이 하루 세 때 먹지 않느냐? 아침, 저녁은 안 먹어도 점심은 먹어야 살지 않느냐?"고 하였답니다. 이것은 사람이 중심을 갖고 있어야 한다는 말입니다. 한암 스님은 딱 그 말씀만 하고 더 이상은 말을 안 했다고 해요.

그 밖에 한암 스님과 관련된 이야기가 있으면 알려 주시죠.

그때 한암 스님은 사람들을 많이 만나려고 하시지 않았어요. 딴 사람들을 접대하지 않았어요. 그리고 속인들은 잘 만나지 않았어요. 한암 스님을 시봉한 희찬 스님은 이북에서 나와 평창에 살다가 징병에 걸렸는데 그것을 피하기 위해 상원사에 들어와 승려가 되었어요. 희찬 스님이 구학(舊學)을 많이 배웠어요. 그리고 월정사에는 방우일 스님이라고 한암 스님의 동생이 와 있었는데, 여기 있다가 죽었어요. 우일 스님은 여기서 직책이 없었어요. 주로 탁발만 하고, 형 때문에 와 있었지요.

한암 스님 제자인 탄허 스님이 서울의 대원군 별장, 개운사에 계실 때 제가 찾아가고 그랬지요. 그 당시는 제가 서울에 있었기에

이
강
호

찾아갔지요. 탄허 스님 동생인 택근이가 저하고 친구예요. 같이 가면 탄허 스님이 좋아했어요. 갈 때에는 그냥 가나? 뭐라도 사 가지고 갔지요.

월정사를 복구할 때에는 스님들도 고생을 많이 하셨지요?

6·25사변 전에도 스님들은 옥수수, 감자 그것만 먹고 살았어요. 복구할 때에는 감자로 국을 끓여 먹고 월정사를 지은 것입니다. 감자를 먹으면서 임시 법당을 짓고 그랬지요. 6·25사변 전에 월정사에 강원이 있었는데 불교전문강원이라고 하였고, 원장은 지암 스님이지요, 주지이니까. 강사는 잘 모르겠어요. 저는 그 당시에 그 분야와는 전혀 다르니 알려고 하지도 않았어요. 영암 스님이 저를 아끼고 그랬어요. 6·25사변 때 절에 불이 나서 탑이 다 깨지고 그랬는데, 탑을 복구할 적에 탑 안에서 불상이 하나 나왔어요. 박물관에 보관했을 거예요.

월정사 재건불사 감독을 하셨으면 그 당시 활동을 전하는 사진을 갖고 계시지는 않습니까?

당시에 희찬 스님을 모시고 공사를 하고 서로 가깝게 접촉은 했지만 사진은 없어요. 택근이하고는 사진 찍고 그랬는데 그것이 있나 찾아 보아야지요. 월정사에는 당시에 박대응이라고, 대하당이라는 스님이 있었어요. 그이가 원래는 상원사에 있던 스님인데 어산, 염불에 능해 노전을 보았지요. 그 스님 부도가 지금 부도거리에 있어요.

월정사 이외에도 관련된 절이 있었나요?

삼척 영은사에 주지가 없어 한 4, 5년간 있었지요, 희태 스님이 있다가 나온 이후에. 그래서 희태 스님을 압니다. 그리고 감로사에 봉석 스님이라고 있는데 그분이 진짜 중입니다. 불교에 대해서 모르는 것이 없어요.

한암 스님의 정신이 잘 계승되지 않은 것은 월정사에서 비구, 대처 간의 분규가 일어난 것과도 연관이 있지요?

희찬 스님이 비구, 대처 싸울 때에 죽을 뻔했어요. 대처승 여럿이 마구 때리니 맞아서 피를 토하고, 거의 죽다가 살아났어요. 그때 이재흔(와운) 씨가 말하기를 "이것은 종교가 싸웠지, 우리 사람이 싸운 것이 아니다"라고 했습니다. 그래서 그이가 피주사를 사다 놓아 주고 해서 살았어요. 그 은혜로 대처승이지만 같이 살자고 그랬어요. 서로 싸울 때에는 무법 천지예요. 월정사에 경찰 대대가 오고, 소방차가 와서 진압을 하는 등 월정사 싸움이 대단했어요.

그때 내가 정문 보초를 한 달 반을 섰습니다. 대처승들이 절에 들어오는 것을 제가 막으면 대처승들이 "중이 제 집에 가려고 하는데 왜 못 가게 하느냐?"라고 항의를 해요. 그런데도 막지를 못해 춘천에 연락을 해서 경찰 특공대가 오고, 신도들도 오고, 그때는 말도 못했어요. 불국사는 들어왔지만 여기는 못 들어왔어요.

농지개혁 당시에 월정사 아랫마을의 분위기는 어땠나요?

이승만이 불교를 못 쓰게 만들어 놓았어요. 그때 4킬로미터 이내를 절에 주라고 했어요. 월정사는 땅이 많았어요. 강릉에도 천석지기가 있었지만 다 불하되었어요. 여기 신도들도 기도하면서 쌀을 한 되도 내놓지 않아 승려들이 먹고 살기가 어려웠어요. 와운 스님이라고 이재흔 씨, 이분이 동네에 와서 유지를 만나 "우리도 먹고 살아야 되지 않느냐?" 하면서 부탁을 했어요. 그래서 "이 근처에 있는 땅은 절에 다오" 하면서, 이쪽의 땅을 절에 넘겨 달라고 부탁했어요. 어떤 사람은 한 천 평을 갖고 있었는데 분배하기 싫다고 해서 거절했어요.

월정사 인근 마을에서는 한암 스님에 대해 어떤 말들을 하였나요?

이 동네 사람들은 초대 종정이라는 것을 몰라요. 그냥 상원사에 노인네 스님이 있다, 그 양반이 유명하다고 소문이 많이 났어요. 한암 스님의 얼굴이 둥그렇고 보통 키였는데 인상이 좋았어요.

몸도 불편하신데 월정사 관련 회고를 해주셔서 고맙습니다.

아닙니다. 제가 요즈음에 백내장이 있어 글을 못 읽고, 못 씁니다. 그리고 최근에는 갑자기 기억력이 많이 감퇴했어요. 그래서 많은 이야기를 선생님에게 못 해 주어 미안합니다.

한암 선사의 생애와 사상

김광식(동국대 특임교수)

한암(漢岩) 스님은 1876년 3월 27일 강원도 화천에서 태어났다. 속성은 방(方)씨이고, 속명은 중원(重遠)이었는데 부친 방기순과 모친(선산 김씨)의 삼남(三男) 중 장남으로 태어났다. 유년시절부터 총명을 떨치던 그는 아홉 살 때에 처음으로 서당을 다니게 되었다. 서당에서 유학을 공부하였는데 『사략』을 배우던 중 "태고(太古)에 천황씨(天皇氏)가 있었고 그 이전에는 반고씨(盤古氏)가 있었다면 반고씨 이전에는 누가 있었는가?"를 선생에게 질문하였으나 선생은 적절한 답을 하지 못하였다고 한다. 이는 세상 및 인간의 근원에 대한 의문을 갖게 되었음을 말한다. 이로부터 그는 10여 년 간을 유교경전을 널리 공부하였음에도 풀지 못하고 큰 의문을 품게 되었다.

그 후 청년기에 접어든 스물두 살(1897년) 때에 우연히 금강산을 구경 갔다가 발심 인연으로 입산 출가하였다. 즉 그는 장안사

행름(行凜) 스님을 은사로 하여 수행자의 길을 가게 되었다. 당시 한암 스님은 삭발하여 염의를 입고 산중에 들어 온 이상 진성(眞性)을 찾고, 부모의 은혜를 갚고, 극락으로 가자고 자신과의 맹세를 하였다. 그는 불교 교리를 공부하기 위해 금강산 신계사 보운암(普雲庵) 강회(講會)에서 경전을 배우던 스물네 살(1899년) 때에 우연히 보조국사의 『수심결』을 읽고 지견을 얻게 되었다. 당시 그가 읽은 구절은 "만약 마음 밖에 부처가 있고 자성(自性) 밖에 법이 있다는 생각을 굳게 집착하여 불도(佛道)를 구하고자 한다면, 오랜 세월이 지나도록 소신연비의 고행을 하고 모든 경전을 모조리 독송하더라도 이는 마치 모래를 쪄서 밥을 짓는 것과 같아 오히려 수고로움을 더할 뿐이다."라는 대목이었다. 당시 한암은 그 심정이 몸과 마음이 떨리면서 마치 죽음[大恨]을 맞이한 것과 같은 극한의식을 느꼈다. 더욱이 그때 장안사의 해은암(海恩庵)이 하룻밤 사이에 전소되었다는 말을 듣고 일체의 모든 것이 무상하고 몽환(夢幻)처럼 느꼈다.

　　그 후 한암 스님은 신계사에서의 하안거 해제 후, 뜻을 같이 한 도반 함해(含海)와 함께 행장을 꾸려 남쪽 지방으로 내려갔다. 한암 스님은 청암사 수도암(修道庵)에 도착하여 근대선의 중흥조인 경허를 만나게 되었다. 한암 스님은 그곳에서 경허의 『금강경』 설법, 즉 "무릇 형상 있는 것은 모두 허망한 것이다. 만일 모든 형상이 형상 아닌 줄을 알면 곧바로 여래를 볼 것이다."라는 대목에 이르러 홀연히 안광(眼光)이 열리면서 만나는 것마다 자기 자신이 아님이 없는 깨달음을 맛보았다. 한암 스님이 유년시절에 품었던 반고씨 이전의 면목을 깨달은 것이다. 이때 한암의 나이 24세(1899년)였다. 스님은 경허를 따라 해인사로 갔다.

경허 선사와 인연을 맺은 한암 스님은 경허가 해인사에서 주관한 수 선사(修禪社) 현장에 함께 있었다. 당시 경허는 결사의 종주였는데, 한암 스님은 결사의 서기로 참여하였다. 그즈음 한암 스님은 통도사 백운암, 범어사 안양암에 머물기도 하였다. 해인사에서는 경허와 『선요(禪要)』를 놓고 대화하던 중 경허는 한암 스님의 지견을 인정하였다고 하거니와, 당시 경허는 법좌에 올라 대중에게 "원선화(遠禪和, 한암)의 공부가 개심(開心) 경지를 지났다"라고 공표하였다.

그 무렵 경허는 북쪽으로 가면서 한암 스님과 이별을 하였는데, 경허는 섭섭한 마음을 달래기 위해 시(詩) 한 수를 지어 주면서 서로 잊지 말자는 말을 하였다. 그때 경허는 한암을 성품과 행실이 질박하고 학문이 고명하다고 하면서 지음(知音), 즉 뜻이 통하는 수좌로 받아들였다. 이때 한암 스님도 시로써 답을 하였는데 그것이 경허와의 기약 없는 이별이 되었다. 1903년, 한암 스님은 해인사 선원에서 『전등록』을 읽다가 "한 물건도 작용하지 않는다"라는 대목에 이르러 의단(疑團)이 끊어지는 경지를 만났다. 깨달음이었다.

1904년(30세) 봄, 통도사 내원선원에서 한암을 조실로 초빙하였기에 이로부터 6년간 납자들을 지도하였다. 이때 통도사의 선승 석담(石潭)의 법을 잇는 인연을 갖게 되었다. 그러나 한암은 통도사에서 후학만 지도할 수 있는 처지가 아니었다. 그는 자신의 수행을 더욱 옹골차게 밀고 나가기 위해 1910년(35세) 수좌들을 해산시키고 통도사를 떠나 묘향산 내원암, 금선대에서 두 철을 나고는 1911년에는 평안북도 맹산군 애전면 우두암(牛頭庵)으로 갔다. 맹산은 그의 부모의 고향이었는데 한암 스님은 그 우두암에서 보임 수행에 힘썼다. 그곳에서 한암 스님은 추운 겨울철에는 동리의 학동들을 가르치고, 찾아온 수좌 동산에게 사교(四敎)를 가르치기도 했다. 1912년 봄, 어느 날 부엌에서 불을 지피다가 홀연히 확철대오하였다. 그 경계는 이전 청암사 수도암에서 처음 개오(開悟)할 때와 조금도 차이가 없었고, 한 줄기 활구(活句) 소식이 분명하였다. 그러나 당시는 말세이기에 불법이 쇠미하여 명안종사를 찾기도 어렵고, 법사인 경허는 북쪽의 갑산으로 가서 행방불명되었기에 한암 스님은 자신의 확철대오를 인증받을 수 없었다.

그 후 한암 스님은 금강산 장안사(長安寺) 지장암(地藏庵)으로 가서 수행을 지속하였다. 1921년 한암 스님은 장안사에 주석하던 중 건봉사(乾鳳寺) 주지 이대련, 감무 이금암, 전 주지 이운파의 간곡한 청에 의해 건봉사 조실로 옮겨가게 되었다. 1922년 건봉사 만일암에서 선원이 개설되어 당시 열중(悅衆)이었던 이력(李礫)의 질문, 즉 선의 요체 21개조에 대한 답변 문건을 작성하였다. 선문답 21조는 선의 본질과 수행방법을 구체적으로 설명하였는데 한암 스님의 선지를 충분히 짐작케 해 준다.

당시 건봉사의 선원의 규례도 전하고 있는데 이것도 한암 스님이 작성한 것으로 한암 스님의 청규 및 수행에 대한 정신의 단면을 알 수 있다. 그리고 건봉사 시절에는 당시에 행한 법어·게송·가사 등의 어록을 정리한 『한암 선사법어』가 편집되었다.

1923년 한암 스님의 나이 47세, 한암 스님은 봉은사의 조실로 있었다. 1925년 서울의 대홍수 시에는 봉은사 주지 나청호로 하여금 수재민 708명의 인명을 구제케 하여 대승보살의 경지를 보여 주었다. 그러나 그는 나라가 망하고 불교마저도 식민지 불교로 전락되면서 한국불교 전통과 계율이 파괴되어 가는 현실을 좌시할 수 없어, "천고에 자취를 감춘 학이 될지언정 춘삼월에 말 잘하는 앵무새는 되지 않겠다"는 말을 남기고 개경(開京, 개성)을 거쳐 오대산으로 들어갔다. 이때 짚고 온 단풍나무 지팡이를 상원사 중대에 꽂아 두었는데 지금은 무성한 나무로 성장하였다. 그로부터 한암은 오대산 상원사 선원의 조실로서 수좌들을 제접하기 시작하였다.

1929년 조선불교 선교양종 승려대회가 개최되어 종헌을 제정하고 동시에 7인의 교정을 선출하였는데, 한암 스님도 포함되어 그의 명성은 불교계에 퍼져 나갔다. 그즈음 한암 스님의 종단에 대한 애정과 종조 의식은 『불교』 70호(1930. 7)에 「해동초조에 대하여」라는 기고문으로 구체화되었다.

그런데 당시 월정사는 사찰 존립에 대한 어려움에 처하였다. 이는 월정사 출신으로 일본 유학을 갔다 온 승려가 포교당 사업을 하면서 큰 빚을 지게 된 것에서 발단이 되어 월정사 재산이 은행에 차압되면서 시작되었다. 그래서 월정사를 구하기 위한 오대산석존정골탑묘찬앙회가 1930년에 조직되었는데 한암 스님이 법주에 추대되었다. 이는 그가 참선만 하는 평범한 수좌가 아님을 말하는 것이다. 1931년 3월, 그는 만공의 위촉을 받아 그의 법사인 경허의 행장, 법어, 시문 등을 정리하여 『경허집』을 탈고하였다. 이러한 연고로 한암은 『불교』 95호(1932. 5)에 「경허 화상 행장」을 기고할 수 있었다.

1934년 12월, 전국 선원 및 수좌의 조직체인 선학원이 재단법인 조선불교 선리참구원으로 전환되자 그는 법인의 부이사장으로 추대되었다. 그리고 1935년 3월, 선학원에서 개최된 수좌대회에서 조선불교 선종의 종정으로 선출되었다. 당시 종정에 선출된 대상은 만공, 혜월이었는데, 이로써 그는 수좌계에서도 깨친 선지식, 도인으로 인정받았다.

바로 그즈음인 1936년 봄, 월정사 상원사에는 삼본산 연합 수련소가 개소되었다. 이는 월정사, 유점사, 건봉사의 3본산이 중견승려를 수련시키려는 목적으로 개설되었는데 한암 스님이 책임자였다. 이 수련소에는 중견승려 20여 명이 수행하였는데 한암 스님은 이들에게 『금강경』, 『범망경』을 가르치고 참선수행을 지도하였다. 당시 상원사 선원은 각처에서 온 수좌들 50여 명이 한암 스님의 가르침을 받으면서 치열한 수행을 하였다. 수행공간 및 양식의 지원이 미약하여 칼잠과 아침 죽으로 유명하였던 상원사 선원이었지만, 최고의 수행처로 명망을 떨쳤거니와 이는 한암 스님의 수행력과 무관한 것은 아니었다. 이에 수좌 및 수련생들에게 불교의 교학 및 사상을 가르치기 위하여 『보조법어』, 『금강경오가해』 등을 현토 간행하여 교재로 활용하고 각 사찰의 승려와 학인도 배울 수 있게 출판하였다. 바로 이때 한암 스님은『화엄경』을 그의 상좌 탄허로 하여금 강독케 하고, 탄허에게『화엄경』번역 불사를 부촉하였다.

1941년(65세), 조선불교 조계종이 창종되었다. 이는 1920년대 이래 한국불교의 통일운동의 산물로서 일제가 승인한 종단이었다. 이때 한암 스님은 다시 종정에 추대되었다. 당시 본산 주지들의 절대 다수결에 의해 종정으로 추대되었으나 한암 스님은 종정직을 거절하였다. 당시 한암 스님은 자신은 수행을 위해 동구불출(洞口不出), 명리 추구 배격 등을 견지하고 있었기에 종정의 자리는 그의 철학적 소신과는 맞지 않았다. 그러나 그는 한국불교의 발전을 위해서는 동구불출의 조건이라도 감내하겠다는 종단 간부들의 요청을 수용하고, 종정 직위에 있었다. 그는 상원사로 몰려드는 승려, 관리, 신도, 일본 승려들에게 한국불교의 자존심을 지키면서 자신의 소신과 사상을 의연하게 견지하였다. 그는 '오대산의 학(鶴)'으로 투철한 선지와 높은 학문으로 그 시대 정신적인 지주로 자리매김되었다. 1943년 3월, 선학원에서『경허집』이 발간되었다. 이는 선학원 계열 수좌들이 '우리 공로자는 우리 손으로 표창하자'는 명분에서 나온 것이다. 그를 주관했던 선승은 만공, 한암, 성월, 만해, 석우, 경봉 등 41명에 달하였다.

1945년 해방이 되자, 한암 스님은 종정의 직위에서 퇴진하였다. 그러나 그것도 잠시 1948년 당시 교정이었던 대강백인 박한영이 입적하자 한암 스님은 후속 교정으로 재추대되었다. 1950년 6·25전쟁이 발발하기 직전 그의 상좌들은 전란을 예감하고 남쪽 지방으로 내려 갈 것을 권유했으나 그에 응하지 않았다. 1·4후퇴 당시 상원사를 소각하려는 국군의 조처에 한암 스님은 죽음으로 맞서는 의지로 저지하였다. 한암 스님은 1951년 3월 22일(음력 2월 14일) 좌탈입망의 자세로 입적하였으니 세수 76세였다. 전쟁중이었기에 그의 다비식은 상원사에서 그의 상좌들에 의해 쓸쓸히 치러졌다. 5월 8일 49재를 맞이하여 부산으로 피란 간 종단의 주최로 묘각사에서 봉도법회가 봉행되었다. 1959년 3월 27일, 그의 문도들은 한암의 부도와 비를 상원사에 세웠다.

　지금부터는 한암 스님의 사상과 한암 스님이 갖고 있는 특성을 제시하고자 한다. 이러한 측면은 지속적인 자료 수집 및 연구를 통하여 더욱 심화되어야 할 것이다.

　첫째, 한암 스님의 사상 및 수행에서의 특성은 계정혜 삼학(三學)이 뚜렷하게 나타난다는 점이다. 계율·선정·지혜는 불교 사상 및 수행의 근원이라고 볼 수 있다. 이 삼학을 균등히 배우고 익혀 실천하는 것은 초기불교 이래 불교 수행의 근간이고, 한국불교의 전통으로 자리잡았다. 그러나 근대 불교에 접어들어 일본불교의 영향을 받으면서 점차 삼학 균수(均修)에 대한 전통이 훼손되기 시작하였으니 막행막식과 승려 결혼이 그 실례이다. 그러나 한암 스님은 계정혜 삼학의 실천자로서 한국불교의 전통을 옹골차게 붙잡은 선지식이었다.

둘째, 한암 스님의 수행정신은 교(敎)와 선(禪)을 일치하는 교선일치, 정혜쌍수의 특성이 두드러지게 나온다. 이러한 수행에서의 특성은 고려시대 보조 국사 지눌의 정혜쌍수(定慧雙修)의 계승이라는 면에서도 유의할 대목이다. 한암 스님은 자신의 깨침도 경전 열람이라는 계기에서 나왔음을 솔직히 밝혔다. 그러나 한암 스님은 경전 및 어록의 공부를 강조하면서도, 참선을 거쳐야만 교학의 진수를 얻을 수 있다고 하면서 선 수행의 중요성을 일깨워 주었다. 요컨대 한암 스님은 교의 중요성을 인정하면서 동시에 참선에서도 지독하리만치의 옹골찬 수행을 하였다.

셋째, 한암 스님은 경전 중에서도 『금강경』, 『화엄경』을 매우 중요시하였는데, 이에 대한 한암 사상과의 관련을 정리해야 한다. 한암 스님은 『금강경』으로 학인, 수좌, 중견 승려들을 교육시켰다. 그리고 『화엄경』의 독송·독해를 상원사 선원에서 수좌들과 함께하였는데 여기에서 한암의 사상적 구조의 단서를 엿볼 수 있다.

넷째, 한암 스님의 수행 및 사상적인 골수는 선사상에서 찾아야 한다는 점이다. 한암 스님은 선사 및 선원의 조실이었으며, 수좌들을 제접하여 탁마시킨 선지식이었고, 참선 수행을 통해 깨달았다는 것을 반드시 유의해야 한다. 여기에서 한암의 선사상에 대한 적절한 분석이 요망된다.

다섯째, 승가오칙(참선, 간경, 염불, 의식, 가람 수호)에 대한 해석뿐만 아니라 그에 관련 승가 공동체의 사상적 의의를 부여해야 한다. 한암 스님의 승가오칙은 승려교육이 피폐되었던 일제강점기 불교의 현실과 불가분의 관련을 맺고 있다. 종단의 좌표의 부재 및 혼미 상황에서 승가공동체가 나가야 할 방향의 모색이라는 측면에서 승가오칙은 철저히 재음미되어야 한다. 예컨대 경허 선사의 「중노릇 잘하는 법」, 만공 선사의 「중이란 무엇인가」와의 비교는 그 단서이다.

여섯째, 한암 스님은 근현대 한국불교(조계종단)에서 교정·종정을 네 차례나 역임하였다. 이러한 경우는 흔치 않다. 이에 대한 해설을 하고 그 의미를 찾아야 한다. 한암 스님의 어떠한 측면이 그를 가능하게 하였고, 왜 당시 불교계에서 한암 스님을 찾을 수밖에 없었는가에 대한 배경을 설명해야 한다.

지금껏 한암 스님의 생애와 사상이라는 관점을 갖고 한암 스님의 삶, 수행, 깨침의 과정, 사상적인 내용 및 특성을 정리하였다. 보다 풍부한 한암 스님의 이해와 분석은 후일을 기하고자 한다.

그리운 스승 한암 스님

한암 대종사 연보
(漢岩大宗師 年譜)

1876년 3월 27일_ 강원도 화천에서 태어나다. 속성은 방씨(方氏)요, 본관(本貫)은 온양(溫陽)이다. 부친은 기순(箕淳)이요, 모친은 선산 길씨(善山吉氏)이다. 삼형제 중 장남(長男)으로 아명(兒名)은 중원(重遠)이요, 법호(法號)는 한암(漢岩)이다.

1884년(9세)_ 『사략(史略)』을 읽다가 "반고씨(盤古氏) 이전에 누가 있었는가?"에 대하여 의심을 가짐으로써 총명함이 범속(凡俗)을 뛰어넘었다.

1897년(22세)_ 금강산 장안사에서 행름 화상을 은사로 출가 득도했다.

1899년(24세)_ 신계사 보운강회(普雲講會)에서 경전을 공부하다. 어느 날 우연히 보조 국사의 『수심결(修心訣)』을 읽다가 제1차 깨달음을 얻었다. 이해 겨울 청암사 수도암에서 경허 스님의 법문에 개심(開心)하니 경허 스님께서 "장차 우리나라 불교의 동량이 되리라" 하고 인가(印可)하다.

1903년(28세)_ 해인사에서 『전등록(傳燈錄)』을 읽다가 다시 한번 깨달음의 경지를 맞는다.

1905년(30세)_ 통도사 내원선원의 조실로 추대받고 선참대중(禪參大衆)을 지도하니 운수납자(雲水衲子)들이 다투어 발심하다.

1912년(37세)_ 내원선원의 선원을 해산하고 평북 맹산군 애전면 우두암(牛頭庵)에서 보임(保任) 중 문득 확철대오하다. 옛날 신계사에서 처음 개오한 것과 수도암에서 제2차 개오한 것이 조금도 다름이 없음을 확인하고 제1구(第一句)에 대하여 답을 설하다.

1921년(45세)_ 건봉사 조실로 추대받고 겨울안거(冬安居) 7일 가행정진(加行精進) 중 소참법문(小參法門)인 '거화방편(擧話方便)'을 설하다.

1922년(46세)_ 건봉사 선원 개설로 인하여 선원규례를 제정하고 열중(悅衆)인 이력(李礫)이 질문한 선문(禪問) 21조에 대하여 답한 것을 금암의훈(錦菴宜勳)이 기록하여 '선문답 21조'라 이름하다. 지전(知殿)인 하담(河談)의 소청에 의하여 「참선곡」을 찬술하고 섣달에는 「달마대사 절로도강도 찬(達磨大師折蘆渡江圖贊)」을 짓다.

1923년(47세)_ 봉은사 조실로 추대되어 잠깐 머물다가 "천고에 자취를 감춘 학이 될지언정 춘삼월에 말 잘하는 앵무새는 되지 않겠노라"는 말을 남기고 오대산 상원사에 들어온 후 입적할 때까지 27년 간 산문을 나오지 않았다. 오대산에 들어올 때 짚고 온 단풍나무 지팡이를 중대(中臺) 뜰에 꽂아 둔 것이 싹이 나고 자라나서 현재에도 무성하게 살아 있다.

1926년(50세)_ 오대산 상원사에서 '승가오칙(僧伽五則)'을 제정하여 선포

하다.

1928년(52세)_ 경봉 선사와 서신(書信)으로 문답하며 도심(道心)을 교류하니 총 24편이다.

1929년(53세)_ 조선불교 승려대회에서 종단을 대표하는 7인의 교정(敎正)에 추대되다.

1930년(54세)_ 『불교』 70호에 종조론(宗祖論) 「해동초조(海東初祖)에 대하여」를 발표하여 조계종의 종조 확립을 주장하다.

1931년(55세)_ 만공 스님의 부탁에 의하여 『경허집』 편찬을 완료하다. 「선사 경허 화상 행장」을 찬술하여 사자상승(師資相承)의 깊은 면모를 보여 주다. 『선원(禪苑)』 창간호에 「일진화(一塵話)」를 발표하다.

1932년(56세)_ 『불교』 95호(5월)에 「경허 화상 행장」을 기고하고, 『불교』 100호(10월)에 「참선에 대하여」를, 『선원(禪苑)』 2호에 「악기식(惡氣息)」을, 『금강저(金剛杵)』 20호에 「송금강저(頌金剛杵)」를 게재하다.

1933년(57세)_ 『선원(禪苑)』 3호에 「양어가추(揚於家醜)」를 발표하다.

1934년(58세)_ 「오대산 상원사 헌답기」와 「설악산 오세암 헌답기」를 찬술하다.

1935년(59세)_ 『선원(禪苑)』 4호에 「年年更有新條在하야 惱亂春風卒未休라」를 발표하다. 선학원 수좌들이 주도한 조선불교 선종의 종정으로 추대되다.

1936년(60세)_ 상원사에 삼본사(유점사·건봉사·월정사) 승려수련소를 설치하고, 매년 각사(各寺)에서 수좌 10명씩 30명을 수련생으로 모집하여 『금강경(金剛經)』, 『범망경(梵網經)』, 『화엄경(華嚴經)』 등을 강설하여 인재 양성에 주력하다.

1937년(61세)_ 『보조법어』를 편집하여 현토 간행하고 「고려국 보조 선사 어록 찬집중간 서(高麗國普照禪師語錄纂集重刊序)」를 찬술하였으며, 육조·야부·종경의 삼가해에 함허 설의를 붙인『금강경오가해』를 편집하여 현토 간행하고, 그 서문인 「금강반야바라밀경 중간연기 서」를 찬술하다. 『금강저(金剛杵)』22호에 「묘포서(猫捕鼠)」를 발표하 고, 상원사에 금강계단(金剛戒壇)을 설치하고 비구계(比丘戒) 보살 계(菩薩戒)를 설하니 수계대중(受戒大衆)이 80명이었다.

1939년(63세)_ 「송라사(松蘿寺) 칠성계서」와 「울진 불영사(佛影寺) 사적비 기」를 찬술하다.

1941년(65세)_ 불교의 자주화 및 통일운동의 결실로 창종된 조선불교 조계종의 초대 종정에 추대되어 종단의 구심점이 되다. 선학원에 서 열린 유교법회(遺敎法會)에 초대되었으나 불출동구(不出洞口)의 소신에 의하여 참가하지 않다.

1943년(67세)_ 『금강저(金剛杵)』 26호에 「원단착어(元旦着語)」를 게재하고 「제산정원 선사 비명병서(霽山淨圓禪師碑銘幷序)」와 「퇴운원일 선사 비명병서(退雲圓日禪師碑銘幷序)」를 찬술하다.

1947년(71세)_ 동안거 해제 후 상원사 화재로 객실이 전소되었으나, 스 님의 법력(法力)으로 당년의 늦가을에 중건하고 입주하여 삼동결 제(三冬結制)에 안거 정진하다.

1948년(72세)_ 대한불교 1세 교정 박한영 스님 입적으로 2세 교정으로 추대되다.

1950년(74세)_ 6·25전쟁 와중에서 군(軍)에 의한 상원사 소각을 스님께서 덕화로 제지하다.

1951년(76세)_ 3월 22일(음 2월 14일) 좌선하는 자세로 열반에 드니(坐脫立亡) 세수 75세 법랍 54세이었다. 49재를 맞아 5월 8일(음 4월 3일) 부산 토성동 묘심사에서 '고 교정 방한암 대종사 봉도법회(故教正方漢岩大宗師奉悼法會)'가 봉행되다.

1959년_ 수제자(首弟子) 탄허 스님 등 문도들이 상원사에 부도와 비를 세우다. 이후 덕음(德音)을 계승하려는 추모의 행렬이 끊이지 않았다.

1995년_ 문도들이 한암 대종사 문집 편찬위원회(위원장, 혜거)를 구성하여, 『한암일발록』을 펴내다.

2006년_ 문도들과 김광식(동국대)이 협력하여 『그리운 스승 한암 스님』(민족사)을 펴내고, 기념 법회와 학술세미나를 개최하였다.

2010년_ 『정본 한암일발록』(上·下, 2권)이 출간되었다.

2014년_ 한암과 탄허의 서간을 묶은 『한암·탄허 선사 서간문』(上下, 2권)(민족사)이 간행되다.

2020년_ 자현(월정사), 『한암 중원의 선불교와 교육사상 연구』라는 주제로 동국대에서 박사학위를 받다.

저자 **김광식**

건국대 대학원 수료. 문학박사, 현재 동국대 특임교수.
『한국근대불교사 연구』, 『한국근대불교의 현실인식』, 『근현대불교의 재조명』,
『우리가 살아온 한국불교백년』, 『새불교운동의 전개』, 『한국현대불교사 연구』,
『한용운 연구』, 『백용성 연구』, 『선학원 연구』, 『보문선사』, 『명성스님 수행록』 등의
저서가 있음.

그리운 스승 한암 스님

− 25인의 증언을 통하여 한암 선사의 진면목을 찾다 −

초판 1쇄 발행 | 2006년 4월 24일
초판 2쇄 발행 | 2011년 10월 30일
개정 신판 1쇄 발행 | 2024년 6월 20일

지은이 | 김광식

펴낸이 | 윤재승
펴낸곳 | 민족사

주 간 | 사기순
편집팀 | 정영주
홍보마케팅 | 윤효진
영업관리팀 | 김세정

출판등록 | 1980년 5월 9일 제1-149호
주 소 | 서울 종로구 삼봉로 81 두산위브파빌리온 1131호
전 화 | 02)732-2403, 2404 팩스 | 02)739-7565
홈페이지 | www.minjoksa.org
페이스북 | www.facebook.com/minjoksa
인스타그램 | www.instagram.com/minjoksa
이메일 | minjoksabook@naver.com

ⓒ 김광식 2006

ISBN 979-11-6869-055-4 03220